문법 교육의 이론과 응용 2

- 한국어 문법 교육론 -

민현식
왕　단·지현숙
김수정·박성일
김호정·엄　녀
신현단·박문자
강남욱·근보강
나카가와 아키오
김인규·최영란

태학사

문법 교육의 이론과 응용 ②
−한국어 문법 교육론

초판 1쇄 인쇄 | 2016년 10월 21일
초판 1쇄 발행 | 2016년 10월 28일

지은이 | 민현식 외
펴낸이 | 지현구
펴낸곳 | 태학사
등   록 | 제406-2006-00008호
주   소 | 경기도 파주시 광인사길 223
전   화 | 마케팅부 (031)955-7580~81   편집부 (031)955-7587~88
전   송 | (031)955-0910
전자우편 | thaehak4@chol.com
홈페이지 | www.thaehaksa.com

값은 뒤표지에 있습니다.

ISBN 978-89-5966-770-3   94710
ISBN 978-89-5966-768-0   (세트)

머리말

우리의 국어교육은 해방 70년을 넘어 2018년이면 대한민국 건국 70년을 바라보고 있다. 이에 국어교육 70년 역사를 돌아보고 성찰하여 곧 다가올 통일 한국 시대를 준비하며 10대 국제어에 들어갈 한국어 국제화 시대를 대비해 미래 국어교육의 등불을 밝혀야 할 때가 지금이 아닌가 한다.

돌아보면 우리는 사농공상(士農工商)의 부패한 봉건계급사회를 개혁하는 민족자강(民族自彊)의 근대화를 스스로 하지 않다가 치욕의 일제 식민지로 전락하였다. 그 결과 일제시대(日帝時代)에는 일본어가 국어이고 우리말은 조선어라 하여 제2 언어로 격하되기에 이르렀다. 총독부의 우민화 정책(愚民化政策)으로 민족은 집단 문맹 상태에 빠져 낫 놓고 기역자 모르던 시기가 먼 조선시대 이야기만은 아니다. 일제 말기에는 일제의 민족 말살 정책(民族抹殺政策)으로 민족어가 수난을 겪고 민족의 문맹은 심화되었다. 해방 직후 미군 군정청에서 조사한 조선의 문맹률이 77.8%이었으니 일제의 민족 말살 정책이 어떠했는지 가히 짐작할 수 있다.

우리는 일제의 우민화 및 민족말살정책 속에서도 우리 말글을 지켜 온 분투(奮鬪)의 역사가 있다. 주시경(周時經) 선생의 제자들이 결성한 '조선어학회' 선열들은 '(조선말) 큰사전' 편찬을 통한 민족어 보전의 항일 독립의 문화 운동을 벌이다 조선어학회 수난 사건(1942)으로 옥고와 고문을 당하였다. 그보다 앞서 청년학도들은 상록수(常綠樹) 정신으로 문맹퇴치를 위한 농촌계몽운동을 벌였고 암흑기에는 언론인과 문인들이 붓으로 저항하였고 다락방에서 몰래 시를 쓰며 그날을 기다렸다. 한국 교회는 한국어로 예배드리면서 노아의 방주(方舟)처럼 한국어 보전(保全)의 방주 역할을 하였고 신사참배(神社參拜) 거부와 순교(殉敎)로 저항하는 등 온 겨레가 민족 시련의 암흑기를 견디며 광복을 기다렸다.

1945년 8.15 해방 후 비로소 우리 말글을 찾아 우리 손으로 국어교육이 시작되었다. 의무교육과 기적의 한글 덕분에 한강의 기적도 가능하여 오늘날 10대 무역대국이 되었다. 국어교육도 교육과정의 변천 속에 국가발전의 동력이 되었다. 그러나 우리 사회는 지역, 계층, 세대, 성별, 직업차원에서 국어능력 곧 이해능력과 표현능력이 부족해 갈등을 빚으며 상호 소통능력이 부족한 불통사회의 모습을 보이고 있다. 각종 소통 매체는 다양하게 진화하는데 불통이 심화되는 이 역설과 모순의 해결을 위해 국어교육은 새롭게 각오를 다져야 한다.

이를 위해 국어생활의 기초가 되는 발음, 어휘, 문장을 올바르게 사용하게 하는 문법능력의 토대 위에서 말하기, 듣기, 읽기, 쓰기 능력과 이를 종합한 문학의 감상과 창작 능력을 발전시키도록 국어교육은 현장의 실천 경험에서 유용한 이론을 도출하고 적절한 교수 학습법을 개발하여 국어교육 현장에 실천할 수 있도록 하는 등 해야 할 일이 산적해 있다.

해방 후 70년이 지나면서 어문생활은 국한혼용체(國漢混用體)가 지배하던 시대에서 1990년대 이래로 몰아닥친 컴퓨터 바람으로 급속히 한글전용체가 지배하는 시대로 변하였다. 국어과에서 핵심 교육이었던 한자교육은 조상의 한자문화 전승 차원에서 국어교육에서 절대적이었는데 1993년 대학수학능력시험부터 한자 및 한자어 평가가 사라지고 이제는 한자 문맹이 심화되었다. 그래도 국민은 한글을 사랑하지만 초등학교 한자교육도 해달라고 국민 80% 안팎이 요구한다는 여론조사 결과를 국립국어원이 2005년부터 5년 단위로 공개하고 있지만 교육부는 아직도 이를 정책에 반영하지 않고 있다. 그 사이 한자교육은 사교육으로 전락하였고 대학생 20%가 자기 한자 이름을 쓸 줄 모르며 부모들 60%가 자기 자녀 한자 이름을 쓸 줄 모르게 되었다.

한자가 사라진 자리는 한글전용체로 채워진 것이 아니라 영어로 뒤덮여 영한혼용체가 학술 논저와 거리 광고물, 아파트 이름에 넘치는 시대가 되었다. 국어교육도 한자가 사라진 국어교육이 되면서 어휘교육이 부실하고 고전교육은 한자 없는 반신불수의 국어교육이 되어 버렸다. 미래적으로는 한글전용체가 정착되겠지만 이와 관계없이 우리 조상의 한자문화를 이해하고 각 교과별 전문 용어를 이해하려면 한자를 읽고 쓰는 능력은 국어과가 중심이 되어 공교육으로 제공해야 하는데 국어교육은 이를 방관하고 있다.

이와 같은 국어교육의 현안 문제는 허다하다. 국어교과의 교과목 정체성과 영역 간 위상 문제, 핵심 교육 내용의 선정과 조직에 따른 교육과정 편성의 문제, 매체언어의 홍수 속에 방황하는 교수 학습법의 문제, 최적의 국어능력 평가 방법 등 국어교육의 과제는 태산같이 쌓여 있다. 통일시대의 남북 언어 통합 문제, 다문화시대의 국민 통합의 국어교육 문제, 모어교육과 외국어교육의 관계 설정 문제, 국제화 시대 한국어교육의 발전 방안 등도 해결해야 한다.

국어교육은 전 교과 지식을 독해하게 하는 도구교과, 기능교과로만 존재하지 않으며 모어를 통해 자기와 민족의 정체성을 찾는 정신교과로서 인문교육, 인성교육의 핵심이며, 지식교과, 사고교과, 직업실무교과, 문화예술교과의 성격을 깃고 앞으로 통일시대, 국제화시대에는 그 역할이 더욱 높아질 것이다. 이러한 다양한 성격의 국어과는 앞으로 독서, 화법, 작문, 문학, 문법 교육의 유기적 위상을 정립하고 상호 융합의 방법으로 국민의 국어능력 증진에 기여해야 한다. 남북통일 시대를 대비해 자유평화통일에 기여하고, 국제화 시대를 맞아 모어 보전과 수호뿐 아니라 한국어의 국제화에도 힘써야 할 사명을 갖고 있다.

본서는 지나온 광복 70년의 세월을 돌아보며 주요 국어교육과 한국어교육의 현안이나 쟁점을 중심으로 엮었다. 특별히 이 책은 서울대 국어교육과 민현식 교수의 주요 논문에서 (한)국어교육의 쟁점을 찾아 제자들이 그 주제를 다시 심화시켜 쓴 논문을 1:1로 묶는 방식으로 국어교육 분야 13편을 제1권으로 하고 한국어교육 14편을 제2권으로 하여 각각 펴내게 되었다. 매우 성글게 엮인 담론의 모음이라 책 내기가 부끄럽기 그지없지만 교학상장(敎學相長)과 사제동행(師弟同行)의 마음으로 엮은 것임을 너그러이 이해해 주시기를 바란다. 여기서 다룬 주제는 독자 여러분께서 더욱 비판적으로 발전시켜 주시기를 기원하며 그동안 태학사 편집부 여러분께서 무더위 속에서도 책을 예쁘게 꾸미기 위해 애쓰신 것을 깊이 감사드린다.

2016. 9.

필자 일동

차례

21세기 한국어교육의 당면 과제[*]

민 현 식

요 약

주시경 선생의 '말이 오르면 나라도 오른다'라는 말처럼 나라가 바르게 세워지고 번영하려면 국민의 언어생활이 먼저 맑고 바르게 수행되어야 한다. 그런데 오늘날 한국어는 위기와 희망의 갈림길에 서 있다. 사회의 위기로 (1) 정치 위기, (2) 안보 위기, (3) 경제 위기, (4) 국민의식(정신)의 위기 등을 들 수 있고, 이념 갈등, 빈부 갈등, 세대 갈등이 증폭되면서 우리의 정신문화가 피폐해지고 있다. 국어 문해력의 위기로 OECD 국가에서 지식층으로 갈수록 최저 수준이며 국어능력의 기초가 되는 문법 능력도 발음, 어휘, 표기, 문장, 담화

* 이 논문은 한국어교육 발전에 평생을 헌신하신 하와이대학교 손호민 교수님의 팔순을 기념하여 하와이 주립 대학교 한국학연구소와 고려대학교 언어정보연구소 공동 주최로 2013년 11월 3일 고려대학교 국제어학원(IFLS) 321호에서 열린 "한국어학과 한국어교육 국제학술회의(International Conference on Current Issues in Korean Linguistics and Language Pedagogy)"에서 국립국어원장 초청 기조 강연으로 발표한 논문을 수정 보완한 것이다.

능력도 국어교육의 부실과 국어교양의 저하로 형편없이 낮아진 상태이다. 병리언어 현상도 늘어나 욕설 표현, 차별 표현도 다양하게 확산되고 있다. 이의 예방을 위해 가정, 학교, 공공기관, 매체의 국어 사용에 대한 대각성운동이 있어야 한다.

다행히 한국과 한국어에 희망도 있다. 언어활력의 관점에서 한국어는 인구, 정치, 경제, 문화 자본이 양호하므로 이를 잘 가꿔 한국어의 활력을 높여야 한다. 반도국가의 부정적 시각을 버리고 대륙문명과 해양문명의 융합적 창조 능력을 계발하여 21세기 선진국으로 도약해야 한다. 이를 위해 한국어교육은 세계 표준 한국어(World Standard Korean)를 정립하고 한국어 표준문법과 언어권별 대역 문법 용어 확립, 남북통일 대비 어문규범 정비, 언어권별 학습자 말뭉치 구축과 대조 문법 연구, 교수학습의 혁신, 다문화시대의 언어정책 이론 정립 등을 도모하여 한국어의 국제화에 기여해야 한다.

1. 머리말

　현대사회에서 모어와 외국어를 포함한 언어능력은 갈수록 중시되고 있어 개인의 언어능력은 평생의 자산일 뿐 아니라 국가경쟁력의 기초가 된다. 동서고금의 교훈에서도 국가나 개인이나 그 성패는 권력자든 개인이든 말을 잘 다스리는 일이라고 하여서 누구나 말을 올바르게 사용하고 다스려야 나라도 흥하고 백성도 편안해지고 성공한다고 했다. 논어의 자로(子路)편에서도 "名不正, 則言不順, 言不順, 則事不成, 事不成,則禮樂不興, 禮樂不興, 則刑罰不中, 刑罰不中, 則民無所錯手足, 故君子名之必可言也 言之必可行也 君子於其言 無所苟而已矣"[1]라고 하였다. 그런 점에서 우리 역사에서도 신라, 고려, 조선의 멸망은 말의 타락에서 시작하였다. 소통의 신무기인 한글을 홀대하고 한문으로 언문불일치한 불통이 지속되고 권력당파 싸움의 갈등과 백성들의 절망스러운 어법에서 나라의 멸망이 예고되었다. 오죽하면 '…죽겠다'가 보조용언화한 것이 우리말이다. 그래서 주시경 선생은 "말이 오르면 나라도 오른다"[2]라고 흥언흥국(興言興國) 망언망국(妄言亡國)을 설파하였다.

　그런데 오늘날에도 우리 사회에서 쉴 새 없이 쏟아내는 우리의 말과

---

1 "명분이 바로 서지 않으면 말이 순조롭게 전달되지 못하고, 말이 순조롭게 전달되지 못하면 모든 일이 성취 되지 못하고, 모든 일이 성취 되지 못하면 예악(禮樂)이 흥성하지 못하고, 예악이 흥성하지 못하면 형벌이 바르게 적중하지 못하고, 형벌이 바르게 시행되지 못하면, 백성들은 손발 둘 곳이 없게 된다. 그러므로 군자가 사물에 이름을 붙일 때에는 반드시 말로 순조롭게 전달되게 할 것이며, 말로 남에게 전달된 이상 반드시 실행되어야 한다. 군자는 말에 조금도 구차함이 없어야 한다."

2 이 말은 한힌샘 주시경 선생께서 한국 학교 교지의 효시인 보성중학교 교지 '보중친목회보(普中親睦會報)' 1호(1910.6.10:86~87)에 '한나라말'이란 제목으로 쓴 글에 나오는 말로 본문은 '말은. 나라를. 일우는. 것인데. 말이. 오르면. 나라도. 오르고. 말이. 나리면. 나라도. 나리나니라 (…) 이러함으로. 나라를. 나아가게. 하고자하면. 나라. 사람을. 열어야. 되고. 나라. 사람을. 열고자하면. 몬저. 그. 말과. 글을. 다스린. 뒤에야. 되나니라(…)"처럼 되어 있다.

글은 위기에 빠져 신음하고 있는 모습이 있다. 한편으로 한국은 10대 무역대국이 되어 한류가 불고 외국인들이 한국어를 배우려고 몰려와 희망도 보여 준다. 국내적으로는 국민의 국어능력과 국어교양을 더 높이며, 욕설과 외국어로 오염된 한국어의 위기를 극복하고, 국제적으로는 한국어를 배우려는 외국인들에게 한국어의 문법, 교육과정, 교재, 교수학습법, 평가시험 등에서 수준 높은 체제를 갖추어 한국어를 쉽고 재미있게 배우도록 희망을 보여 주어야 한다. 이를 위해 우리가 해야 할 과제를 살펴보도록 한다. 먼저 한국어가 직면한 위기의 본질을 살펴보도록 한다.

2. 한국어의 위기

2.1. 한국 사회의 위기

사회의 갈등이 심화되면 언어 갈등으로 나타나고 언어 갈등은 사회 갈등을 유발한다. 우선 한국 사회의 위기는 (1) 정치 위기, (2) 안보 위기, (3) 경제 위기, (4) 국민의식(정신)의 위기 등을 들 수 있다. 특히 (4)는 황금만능주의 사회 속에 살면서 이념 갈등, 빈부 갈등, 세대 갈등이 증폭되면서 우리의 정신문화가 피폐해지고 있다. 자살률은 인구 10만 명 당 30명으로 OECD 34국 중에 제일 높으며, 성폭력과 이혼율도 세계에서 1, 2위를 다투고 있고, 학교폭력에서 보듯이 청소년범죄도 폭증하고 있다. 2013년 4월에 나온 세계적 컨설팅사 맥킨지사는 한국의 경제성장률이 8% → 5% → 2%대로 추락하고 가계부채, 국가부채는 해마다 증가하므로 '한국 경제는 서서히 뜨거워지고 있는 물속의 개구리 같다, 정작 한국은 자신이 죽어가고 있다는 것을 모르고 있다'라고 경고하고 있다.

이러한 사회적 위기와 갈등은 언어의 혼란으로도 나타난다. 욕설, 막말의 범람을 비롯하여 '커피 만원이십니다'와 같은 과잉 존대법이라든가, '까도남(까칠한 도시의 남자), 지식(지하식당), 문상(문화상품권)'과 같은 과도한 줄임말의 남발처럼 국어 해체나 파괴로 나타나고 국어 애호의 정신이 많이 약화된 것으로 나타난다. 국립국어원의 국어의식조사(2010)에서 국어에 대한 관심 정도가 응답자의 45.5%(매우 관심: 6.2%, 어느 정도 관심: 39.3%)가 관심 있다, 54.5%는 관심 없다고 응답하였는데 2005년의 국어의식조사에서 국어에 관심 있다는 응답자(60.9%)와 비교할 때, 15%나 떨어져 국어의식을 높이는 범국민적 '국어 대각성 운동'이 절실하다. 이상과 같은 사회 위기 현상은 가족의 갈등과 해체로 나타나고 국어 오용과 병리언어로 나타나게 된다.

2.2. 국어 문해력(literacy)의 위기

학업성취도 국제비교 연구(PISA)[3] 결과로 보면 대체로 한국 학생들의 읽기 능력은 높게 나타나 2009년 평가에서도 한국 학생들의 디지털 문해력은 1위를 보여 IT 강국의 모습을 보인다. 그러나 학생들의 실제 독서 능력이 서구보다 빈약함을 생각할 때는 우리 청소년의 독서력은 미덥지 못하다. 성인 대상의 경제협력개발기구(OECD) 자국어능력 조사에서는 한국인의 자국어능력이 하위 수준으로 나타나기도 했다.[4] 1년에 국민 35%가 책을 한 권도 읽지 않는 실태임을 생각할 때 국민의 국어능력이

---

3 PISA 평가는 경제협력개발기구(OECD) 주관으로 1998년에 시작되었다. 3년마다 읽기, 수학, 과학 영역을 평가하며 가장 최근의 평가인 PISA 2009에는 65개국에서 47만 명이 참여하였다. 한국은 대도시, 중소도시, 읍면에서 157개 학교를 골라 만 15세인 중학교 3학년과 고교 1학년생 4,990명이 평가에 응했다. 중학교 공교육을 이수한 학생이라면 사교육이나 선행학습 없이도 풀 수 있는 수준이다.

4 이희수 외(2001)의 '한국 성인의 문해 실태 및 OECD 국제비교 조사연구' 참고.

나 문해력이 높지 않은 것은 당연한 결과라 하겠다.

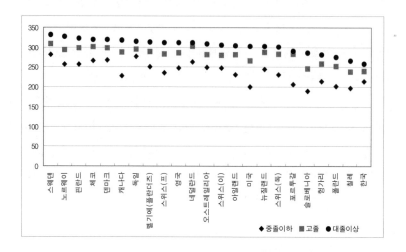

국립국어원(2012)의 국어능력 기초조사에서는 국어능력을 실험 평가하였는데 국어사용의 어법 능력은 66점으로 전체 능력 평균 72.7점에 못미쳤다. KBS 한국어능력시험에서도 문법 영역은 다른 영역보다 낮은 최저 점수로 나타나는데 이는 문법 교육이 부실하여 어법 능력이 부족한 때문이다.

2.3. 문법 능력의 위기

(1) 발음 능력의 문제

발음에서 '애-에(내-네), 에-의-이(강의의-강이에), 외-왜-웨' 혼동과 같은 표준 발음법의 문제가 있으나 '집어 - 찝어, 작아 - 짝아'처럼 과잉 된소리 현상의 개선이라든가 다음과 같은 준언어적(반언어적, paralanguage) 요소 즉 어조(말씨)를 거칠게 비교양적으로 발음하는 문제의 개선 노력이 필요하다. 장단의 퇴조로 발음의 여유를 잃어 이 부분에 대해서는 어려서부터의 어조 훈련이 중요하므로 가정에서부터 부모의 주의 깊은 지도가 필요하다. 한국어교육에서도 한국인의 억양, 고저, 강세 등에 대한 연구가 부족해 이 분야 연구를 토대로 하여 한국어를 좀 더 운율적으로 재미있게 배우는 길도 모색할 필요가 있다.

- 속도(rate, tempo): 빠르게 말하거나 느리게 말하는 소리 빠르기의 정도.
- 고저(pitch): 높거나 낮은 음으로 말하는 소리 높낮이의 정도.
- 강세(stress): 세거나 약하게 말하는 소리 세기의 정도.
- 장단(지속, 길이, duration, length): 발화 문장의 길이나 지속성의 정도. 현대에는 '병/병:, 밤/밤:, 벌(罰)/벌:(蜂), 경사(傾斜)/경:사(慶事), 거리/거:리(距離) 와 같은 단어의 장단이 거의 사라져가고 있다.
- 음량(loudness): 굵거나 가늘게 말하는 소리 크기의 정도. = 성량.
- 음질(quality, timbre): 감정을 넣어 말하는 다양한 표현의 방법. = 음색. 맑고 낭랑한 소리, 거친 소리, 날카로운 소리, 쉰 소리, 갈라지는 소리 등.

(2) 어휘 능력의 문제

어휘력은 국어능력의 근본으로 부정확한 어휘 사용은 고쳐야 한다.

① 어휘 혼동: 곤혹을 치렀다(→ 곤욕). 곤욕스럽다(모욕당하다)/곤혹스럽다(당황하다). 정수영 소떼 방북(→ 북송). ○○ 휴내폰 북미시장 2위 등극(→ 올라). 우리의 근현대사는 '오욕(汚辱)의 역사'이다 → 영욕(榮辱)

② 인접 관련어 혼동 현상: 열쇠가 안 열린다(→ 문/자물쇠가 안 열린다). 맨발 벗고 뛴다(→ 맨발로 뛴다/양말 벗고 뛴다).

③ 용어 미화의 문제: '사채업 → 상호신용금고 → 상호저축은행 → 저축은행'으로 변하면서 서민을 속임.

④ 인터넷 축약어 범람: 버카충(버스카드 충전), 솔까말(솔직히 까놓고 말해서), 화떡녀(화장 떡칠한 여자), 근자감(근거 없는 자신감), 깜놀(깜짝 놀랐어), 문상(문화상품권)

③ 비규범 표현: 비속어, 욕설, 은어 등

- 이눔의 기집애 진짜, 어디 간 거야. 〈KBS 넝쿨째 굴러온 당신(41회)〉
- 남자한테 채였나 봐. 〈KBS 넝쿨째 굴러온 당신(23회)〉

'기집애, 꼬시다, 삐지다, 짜르다, 띠껍다' 등은 드라마에서 매우 빈도 높게 쓰인다.

⑤ 사대적 표현: 미국(중국)에 <u>들어가</u>(→ 가, 건너가). 한국에 나와(→ 한국에 와 / 들어와). 미국 본토, 중국 본토, 일본 본토(한국은 본토의 변방으로 자인하는 표현).

⑥ 국어순화, 국어애호 의식의 결핍과 외래어, 로마자 표기 범람: 아파트 이름, 가게 회사 상호 이름, 지방자치단체 정책이름이나 구호에 외국어, 외래어, 로마자가 범람한다.

- 나한테 직접 얘길 했어야죠, <u>다이렉트로</u>. 〈KBS 넝쿨째 굴러온 당신(41회)〉

그런 <u>디테일한</u> 부분은 저희가 알아서 하겠습니다. 〈KBS 넝쿨째 굴러온 당신(58회)〉

- 'ㅇㅇㅇ 위클리, 가래떡데이. Hi 서울. Dynamic 부산. Colourful 대구. It's 대전. Fly 인천. KT, KB, LG, NH. 위크투게더 센터, The 편한일터, U-city 이니셔티브, 개도국 NAMA, 바이 탄소 하이 산업(Bye Carbon, Hi Industry), 기후변화위크…… 등

⑦ 국어 표기 파괴: 말아톤, 차칸 남자, 우와한 녀.

⑧ 한자 이해 능력 부실: 한자교육의 부실은 한자어 이해에 어려움을 준다.

(ㄱ) 동음 이의어: 진통(陣痛) - 진통(鎭痛). 이상(李箱)의 이상(理想)과

이상(異常).

(ㄴ) 유사 혼동어: 격멸(擊滅) - 경멸(輕蔑). 개발(開發) - 계발(啓發). 체제(體制) - 체재(體裁). 결재(決裁) - 결제(決濟). 의외(意外) - 이외(以外). 물의(物議) - 무리(無理). 이의(異義) - 의의(疑意) - 의의(意義). 괴멸(壞滅) - 궤멸(潰滅). 불한당(不汗黨) - 부랑아(浮浪兒) - 불량배(不良輩). 재현(再現) - 재연(再演).

자기의 한자 이름도 못 쓰는 초등생과 중학생은 반수를 넘고 부모의 한자 이름을 쓰는 학생은 10% 정도이다. 부모들조차 자식의 한자 이름을 한자로 쓸 줄 모르는 사람이 태반이다.[5] 한자 이해력의 부실은 온고이지신(溫故而知新)의 실패로 나타나고 국학 후속세대 양성의 위기로 나타나 한자 문맹은 고전 문맹 및 역사 문맹을 초래한다. 국립국어원(2005, 2010)의 국민의 언어의식 조사 등에서 국민 80% 이상이 초등학교 한자 교육을 희망하므로 1,000자 수준의 한자 이해력은 공교육이 제공해야 한다. 우리의 한자 능력 결핍이 고전 문해력 결핍으로 나타나는 것과 달리 중국 학생들은 초등학교와 중학교에서 고전 240편(초등 1, 2학년 50편, 3, 4학년 50편, 5, 6학년 60편, 중학 80편)의 암송 교육을 시행하고 일본도 소학교나 유치원에서 논어를 가르치므로 비교가 된다.

---

5 성균관대 한문교육과 이명학(李明學) 교수의 조사에 따르면 2011년 서울 거주 30~80대 부모 427명을 대상으로 자녀의 한자 이름을 쓸 수 있는지 대면(對面)조사한 결과, 47.8%가 제대로 쓰지 못했으니 17.6%(75명)가 자녀 이름을 틀리게 썼고, 30.2%(129명)는 아예 한 글자도 못 썼다. 자녀의 한자 이름을 정확하게 쓴 이는 52.2%(223명)였다고 한다. 틀리게 쓴 성씨 중에는 서(徐)씨와 최(崔)씨, 정(鄭)씨, 류(柳)씨, 오(吳)씨 순이고, 틀리게 쓰는 이름은 숙(淑)·규(葵)·원(媛)·태(泰)·석(錫) 등이었다고 한다. 월간조선 2013년 10월호 심층취재 "한자공부 하지 말자는 한국 사회의 知的 수준" 기사 참고.

(3) 표기 능력의 문제

① 표기 교육: 표기법에 대한 지속적, 체계적 교육이 이루어지지 않다 보니 인터넷 통신어의 영향으로 '갚다'를 '값다'로 쓰는 중학생들이 나오는 현실이다. 한글 맞춤법은 표음성이 높아 [i] 발음을 위해 bee, believe, deceive, beam… 등 10여 가지 철자가 따르는 영어 철자법에 비하면 쉬운 편이다. 따라서 표기 교육을 국어 학습 시간에 체계적으로 제공한다면 표기 능력은 개선될 수 있다. "한글 맞춤법은 표준어를 소리대로 적되, 어법에 맞도록 함을 원칙으로 한다"(한글 맞춤법 1항)라는 원리를 압축한 사례로 '얽히고설키다'라든가[6] '꾀꼴꾀꼴-꾀꼴이*-꾀꼬리; 개굴개굴-개굴이*-개구리' 등을 들 수 있는데 이런 사례 교육을 통해 표기의식을 높여야 한다.

② 띄어쓰기: "먹어 보자(원칙) - 먹어보자(허용)"의 사례처럼 언중의 편리를 위해 띄어쓰기는 원칙과 허용의 규정이 공존하지만 이런 규정은 규정이 있으나마나 하다는 비판을 받는다. 국어 띄어쓰기는 한글 표기법에서 원칙을 세워도 예외를 둘 수밖에 없는 부문이라 언중에게는 까다롭게 비친다. 다음 사례들은 모두 고도의 문법 논리에서 나온 규범 사항인데 교육이 이루어지지 않으니 까다롭다고 비판을 받게 된다.

(ㄱ) 너대로(조사) - 먹는 대로(의존명사)

　　삼년만 참아라(조사) - 삼년 만에 귀국하였다(의존명사)

(ㄴ) 명사구[좌측]와 합성명사[우측]의 구별

마당 가, 두만강 가	강가, 냇가, 수돗가
큰 별, 큰 사람	큰일, 큰길, 큰북, 큰비
가을 하늘, 가을 바다	가을바람, 가을비, 가을날

---

6 다음 네 경우에서 바른 표기는 '얽히고설키다'이다: 얼키고설키다*, 얽히고섥히다*, 얼키고섥히다*, 얽히고설키다(0).

우리 집, 우리 회사   우리나라, 우리글, 우리말

(ㄷ) 접두 파생어와 관형사의 경우

〈접두사 파생어의 예〉   〈관형사 구의 예〉

구시대, 구학문, 구제도   구 도읍지, 구 총독부

신세대, 신기록, 신인   신 교육과정, 신 개발지

*   전 세계, 전 직원, 전 노동력

헛소리, 헛걸음, 헛일, 헛되다   *

위와 같은 띄어쓰기 구분의 불가피성은 외국인을 위한 한국어교육에서도 교육되어야 한다.

(4) 문장 능력의 문제

① 성분 실종의 비문: 주어, 목적어의 생략을 잘못하면 주어, 목적어가 실종된 비문이 된다.

② 피동형 남용: 피동 표현은 공손 전략으로도 필요하나 과도한 피동 표현은 논설문 같이 자기주장을 보여야 하는 글에서는 부적합하다. 다음 사례도 과도한 이중 피동 표현들이다('보여진다→ 보인다; …로 생각된다/생각되어진다→ 라고 생각한다).

③ 높임법 오용: '남편분, 부인분, 남자분, 여자분, 친구분, 팬분, 스타분'처럼 '분'의 남용이라든가, 종업원이 손님에게 '아버님, 어머님'이라 호칭하고 종업원을 '이모, 언니'로 부르는 것은 친속 호칭어의 혼논을 조래한다. 다음과 같은 과잉 존대의 남용도 개선되어야 한다.

부장님 강아지가 예쁘십니다 → 예쁩니다.

부장님 넥타이가 예쁘시네요 → 예쁘네요.

커피는 7천원이십니다 → …입니다.

주문하신 커피 나오셨습니다 → 나왔습니다.

진하시면 물을 더 드리겠습니다 → 진하면….

이번 상품 디자인 너무 예쁘시죠 → 예쁘죠.

비수기 할인가격이세요. 세일 가격이세요 → 가격이에요.

간호사 "아버님, 혈압이 높게 나오시네요" → 나오네요.

보험회사 광고 "벌금이 나오셨다고요?" → 나왔다고요?

④ 번역투: 일본어투와 영어투 표현이 굳어진 경우가 많다. 일본어투 '…に於て/に おいて'에서 유래한 '…에 있어서'는 모두 '에서'로 바꾸어도 된다. '…에 다름 아니다(… に 他ならない/… に ほかならない)'도 '…에 불과하다, …일 뿐이다'로 써도 된다. 영어투 번역어인 '갖다' 표현(have a meeting 회담을 갖다→ 회담하다)이라든가, 인사말로 굳어진 '좋은 아침(Good Morning)'의 유행도 직역의 남용으로 보인다.

(5) 담화 능력의 문제

한국인은 가정, 학교, 직장 등의 언어생활에서 논리력, 설득력, 간결성을 갖추어 조리 있게 표현하는 능력, 요약 보고 능력, 전달 능력이 미흡하고 대화, 토의, 토론, 연설(자기소개, 인사말, 축사 등) 능력에 대한 훈련이 없다. 상투적인 말보다 비유와 재치와 유머가 넘치는 화법 능력을 함양하는 교육이 거의 전무하다. 가정언어(가족 대화, 가족회의, 가족 토의), 학교언어(질문, 토의, 연설)에서부터 대변혁이 일어나야 한다.

2.4. 병리언어의 문제

(1) 병리언어의 유형

① 거짓말 문화: 거짓말은 남을 속이는 말로 거짓 사상, 사이비 종교가

만들어내는 거대 담론에서부터 사기와 모함 등 개인이 행하는 거짓말이 해당된다. 거대 담론의 거짓말로는 증오를 부추긴 공산주의가 대표적인데 한국사회는 지금도 이로 인한 이념 갈등이 심각하여 주체사상이 한국사회에 주사파를 형성시키는 등 한국인의 정신건강에 끼치는 해악이 막대하다.

② 욕설 문화: 욕설은 남에게 가하는 저주, 비방, 모독, 증오, 비하, 무시의 폭언으로 입술의 암과 같다. 모든 폭력은 언어폭력에서 시작되며 나에게서 나간 언어폭력은 반드시 내게 보복으로 되돌아오는 법이다. 청소년의 대화는 대부분 욕으로 시작해 욕으로 맺으니 청소년의 욕설 문화는 일상화(욕을 안 쓰면 대화가 안 됨), 저연령화(유치원, 때부터 학습), 양성화(여학생도 욕설이 일반화), 보편화(모범생, 열등생 구분 없음), 매체화(욕설의 바다 인터넷에서 학습), 패륜화(엄마 욕하기 놀이, 각종 안티 카페 성행), 오락화(욕배틀이라는 욕설놀이 유행), 반권위화(교사에 대한 언어폭력), 정치화(정치인 막말 선동), 병리화(염세, 자조, 희화, 우울증화, 자살 풍조) 등의 특성을 보여 나라의 미래를 어둡게 한다.

- 니까짓 게 무슨 일을 해, 괜히 사기나 당할라구. 〈KBS 넝쿨째 굴러온 당신(25회)〉

- 너, 니 꼴을 봐. 퇴물이 다 된 가수 매니저 노릇이나 하고, 이게 일이냐? 늙은 빠순이 짓이지!〈KBS 넝쿨째 굴러온 당신(48회)〉

- 하여튼 저런 늙은 여자기 문제야, 이유 제수없어. 〈KBS 넝쿨째 굴러온 당신〉

- 딸들한테는 머리를 바리깡으로 밀어버린다, 다리를 똑 부러뜨린다 이러면서…〈KBS 넝쿨째 굴러온 당신(28회)〉

- 지금 당장 니 머리채를 휘어잡고 니 싸대기를 올리고 싶은 걸 온몸을 다해 참아내면서…〈KBS 넝쿨째 굴러온 당신(51회)〉

과거에는 욕설을 소수나 하는 정도였는데 요즘은 또래에서 따돌림을 당하지 않으려고 자기 보호 본능으로 위악적으로 '더 강하고 세게 보이고자' 욕설 경쟁에 뛰어든다. 청소년의 욕설문화는 습관화, 자동화되고 스트레스 해소용으로 정당화되기도 한다. 그러나 욕설은 스트레스 해소는커녕 욕을 듣는 사람을 위축시켜 자살로 내몰거나 피폐하게 만들고 더욱 강한 욕설을 하게 만들어 심리적 해악이 크기에 결코 입에 담아서는 안 된다. 한국원예연구소에서는 양파 재배 시 '그린 음악(농촌진흥청 개발 음악)'을 들려준 양파와 욕설을 들려준 양파가 15일 후에 자란 결과를 보니 그린 음악을 들려준 양파는 모두 잘 자랐으나 욕설을 들려 준 양파는 싹조차 나지 않고 성장도 불규칙했다고 한다. 한 마디의 말은 장전된 총알과 같아 칼보다 상처가 깊다는 격언이 있듯이 욕설은 살인 행위와 같음을 이런 실험이 입증하고 있다.

③ 차별 문화

(ㄱ) 양성 불평등 표현: 미혼모, 처녀작, 처녀출전, 학부형, 미망인, 여대생, 시집가다, 집사람, 바깥사람, 여편네, 마누라, 여시

(ㄴ) 신체적 특성 관련 차별 표현: 맹인, 귀머거리 정책, 외눈박이 행정, 언청이, 절름발이, 벙어리 냉가슴, 꿀 먹은 벙어리, 장님 코끼리 더듬기, S라인, 얼짱, 꽃미남

(ㄷ) 인종, 국적 및 지역 관련 차별 표현: 유색인종, 혼혈아, 흑진주, 코시안, '동포/교포/한국계'의 자의적 선택, 외국인 노동자, 탈북자 등의 표현, 서울 중심적인 사고를 드러내는 '서울로 올라가다', '지방으로 내려가다', '여의도 면적의 몇 배' 등도 문제이다.

(ㄹ) 직업 및 사회적 지위 관련 차별 표현: 잡상인, 간호원, 신용불량자, 사생아, 하급공무원

(ㅁ) 가치 판단의 기준에 따라 자의적으로 사용하기 쉬운 표현: 일류,

명문, 386세대, 명품, 진보, 보수, 고급, 고위, 군단, 전사, 용병, 세금폭탄, 강남, 용병, 세금폭탄, 성인가요, 살색, 양심적 병역 거부

(2) 병리언어의 원인

① 가정언어 문제와 가정의 붕괴: 대가족제도가 담당하던 사랑의 공동체 기능이 핵가족화로 붕괴되고 맞벌이 증가로 아이를 텔레비전이나 인터넷에 맡긴 채 부모의 훈육 기능이 무너졌다. 대화 문화가 사라지니 공부만 하라는 잔소리만 듣는 아이들은 인터넷과 폭력게임, 욕설놀이에 몰입하기 쉽다. 가정언어의 문제는 폭력성, 무례성, 비협동성, 대화의 결핍을 들 수 있다.

② 학교언어 문제와 학교의 붕괴: 가장 중요한 인생 진로와 상담 지도를 받아야 할 초등 고학년생과 중학생들이 입시, 선행학습의 과외 경쟁으로 내몰려 성적 경쟁에서 밀린 학생들의 분출구가 따돌림과 욕설로 나타난다. 학교는 사회의 축소판으로 교사의 권위와 교칙을 통해 법치를 훈련하는 곳인데 이제는 학교의 법치가 무너져 경찰이 학교에 출동하는 시대가 되었다. 이러한 학교의 붕괴는 가정의 붕괴와 사회의 법치 붕괴가 선행된 후에 나타난 결과이다.

질문 없는 교실, 토의 토론 부재 교육은 질문 토의 중심의 유대 교육과 대조적이다. IQ 1위는 106의 한국이고 이스라엘은 94인데도[7] 노벨상 수상자 1/4은 유대인이다. 이는 성적보다 실력을 중시하는 유대인의 교육

---

[7] 영국 '더 타임스'지 2003.11.10일자 보도에 의하면, 영국 얼스터 대학교의 심리학 교수 리처드 린과 핀란드 헬싱키 대학교의 타투 반하넨의 연구팀이 세계 185개국 국민 평균 IQ와 세계 60개국의 IQ 및 국민소득을 조사 연구한 결과 국민의 지능과 국내총생산(GDP) 간에 분명한 상관관계가 있는 것으로 확인되었다고 한다. 이 조사에서 한국은 평균 106으로 1위였고 이스라엘은 94로 45위였다고 한다. 월간조선 2004년 2월호 기사 'IQ 1등 국가, 한국인의 두뇌 연구' 참고.

에 원인이 있으니 질문과 토론이 없는 한국 교육과 질문과 토론이 치열한 이스라엘(유대인) 교육법의 차이에 근본 원인이 있다. 원래 두뇌 발전은 손(젓가락 사용), 입(암송, 토론, 이야기), 발(달리기) 운동을 많이 할수록 좋다고 한다. 유태인은 젓가락 문화가 아니지만 입의 활동은 활발해 '하브루타'라고 하는 대화 토론 문화가 활발하다(전성수 2013). 그리하여 질문을 많이 하는 아이가 총명하고 교실에서도 질문을 많이 한다. 질문을 많이 하는 만큼 지적 성장이 빠르고 사고능력이 깊어진다.

한국의 어머니들과 이스라엘의 어머니들은 서로 교육열이 높지만 어머니들은 교육 방식이 다르다. 한국인 어머니들은 자녀가 학교를 다녀오면 "오늘 선생님께 무엇을 배웠니?"라고 묻는다. 유대인 어머니들은 학교에서 돌아오는 자녀에게 "오늘은 선생님께 무엇을 질문하였니?"라고 묻는다. "무엇을 배웠느냐?"라는 질문과 "무엇을 질문하였느냐?"라는 질문이 가져오는 결과는 완전히 다르다. 배우기만 하는 학생은 수동적이고 소극적인 학생으로 자란다. 질문하는 학생은 창의적이고 능동적인 학생으로 자라게 된다.

소크라테스의 질문 교육법인 산파술처럼 역사에 등장한 위대한 스승들은 제자들에게 끊임없이 질문하는 스승들이었다. 스승은 끊임없는 질문을 통하여 제자를 도와준다. 학생들에게 질문을 많이 하는 스승이 좋은 스승이고 스승에게 질문을 많이 하는 학생이 유망한 학생이다. "질문 속에 답이 있다". 이 말을 바꾸어 말하면 질문이 없으면 답도 없다. 가정에서부터 교실, 직장에서 질문하고 토의하고 대화를 생활화하고 습관화하는 전통과 분위기를 만들어 나가야 한다.

③ 공공언어의 철학 부재: 공공기관의 공문서, 법률, 보도자료, 홈페이지 등의 공공언어가 난해하고 때로는 외국어 혼용이 극심하여 국민의 대정부 불신과 불통을 야기하는 것도 병리현상의 하나인데 그 원인은 공공기관의 국어수호 의지의 상실 탓이다. 자국어를 바르게 사용한다는 자부

심이 결여되어 공공언어의 개선이 아직도 이루어지지 않고 있는 것이다.

④ 매체언어, 영상언어의 상업주의 문제: 신문, 방송, 인터넷의 오용언어는 상업주의 구독률 및 시청률 경쟁에 내몰려 선정적, 선동적 기사가 양산되고 기자들의 어휘, 문장, 담화 능력이 충분히 훈련되지 못한 탓이다. 언론인의 기사문, 논설문의 수준은 언론인 스스로의 지적 수준과 전문성에 달려 있어 지속적인 문필 능력 강화를 위한 노력이 요구된다.

⑤ 영상언어 문제: 문자언어가 쇠퇴하고 인터넷, TV, 스마트폰 등의 영상언어가 범람하면서 청소년의 사고력을 약화시키고 중독 현상을 낳는다. 급기야 청소년 범죄의 하향화, 흉포화까지 초래하고 있다. 혹자는 스마트폰을 어린이에게 줌은 마약을 줌과 같다고 할 정도로 스마트폰의 병리 현상도 심각하여 영상기기의 통제와 절제의 교육이 필요하다.

(3) 병리언어 해결 방안

① 가정의 회복: 가족 대화, 식탁 교육부터 회복해야 한다. 자녀들에게 자존감을 심어 주는 자기 정체성 교육을 통해 사랑으로 훈육하며 남을 배려하고 격려하는 국어예절을 가르쳐야 한다. 사회의 법치와 교양 회복은 폭력시위를 청산하고 의회주의와 법치를 복원하며 물질만능, 퇴폐문화를 청산하고 국민 교양과 도덕의식을 높이게 될 것이다.

② 학교의 회복: 교사들의 입시 중심 교수법부터 바꾸고 토의식 질문 교육을 강화하여 생각하는 교육이 되도록 하며 문제학생일수록 사랑의 언어로 치유하는 교사의 헌신이 필요하다. 욕설에 대해서는 교사 일방적 훈육 대신 학급회의 등을 통해 학생 수도적 해결을 유도하고 스스로 '욕설 안하기 실천 계획'을 수립 발표케 하며 교실에서 누군가 욕설을 하면 모두가 "멈춰!"(Stop!)라고 집단 외침을 하거나 높임법 국어예절 교육을 강화해야 한다. 동시에 학생들의 잠재력을 개발 격려하고 꿈을 심어 주는 진로교육을 시행하며 자아 정체성, 국가 정체성 교육을 통해 자존감

을 일깨워야 한다.

③ 공공언어의 각성: 정부 기관들도 국어 의식을 가지고 공공언어를 생산하는 철학이 필요하다. 이를 위해서는 정부는 국어 문제에 대한 자체 교육을 강화해야 한다. 국립국어원의 문화학교가 그 역할을 일부 수행하고 전국 20여 국어문화원도 그런 사업을 수행하는데 예산이나 교육 수요를 충분히 감당하지 못하고 있다. 특히 지방자치단체의 공공언어에 문제가 더욱 많아 지방기관일수록 특별한 대책이 필요하다.

④ 매체의 각성: 신문, 방송, 인터넷으로 대표되는 매체들의 언어문제는 통제 불능 상황이라고 해도 과언이 아니다. 신문, 방송사는 물론 포털 업체들이 국어 문제를 각성하여 유해 언어를 걸러내는 역할을 하여야 하는데 현재는 사후 약방문 처리도 제대로 안 되는 상황이다. 국립국어원에서 매체 감시를 통해 오남용 사례를 발송하고 있으나 언론사 자체의 내부 회람도 제대로 이루어지고 있는 것 같지 않다.

⑤ 국어의식 강화: 생각과 말은 현실이 된다. 말하는 습관을 바꿔야 한다. 가급적 진실, 긍정, 칭찬, 격려, 위로의 말, 선한 말, 좋은 말을 해야 한다. 우리를 넘어뜨리는 것은 환경이 아니다. 환경에 관한 우리의 부정적 '생각'이 우리를 파멸시킨다. 패배의식이 개인을 절망으로 몰아간다. 우리의 생각에는 막대한 힘이 있다. 우리의 삶은 평상시에 생각한 그대로 펼쳐진다. 우리 인생의 방향은 생각의 방향과 정확히 일치한다. 가장 중요한 것은 국어교육에서 말의 힘 곧 말의 파괴력과 치유력을 가르쳐 말에 대한 자각을 일깨우고 실천하는 일이다.

동서양의 경전도 모두 언행을 신중히 할 것을 주문하니 불교에서는 '불망어(不妄語)'라 하여 망령된 말을 하지 말라 하였고, 성경에서는 "죽고 사는 것이 혀의 권세에 달렸나니 혀를 쓰기 좋아하는 자는 그 열매를 먹으리라"(잠언 18:21), "형제에게 노하는 자마다 심판을 받게 되고 형제를 대하여 '라가'(머리가 텅 빈 자라는 뜻의 욕)라 하는 자는 공회에 잡히게 되고 '미련한 놈'이라 하는 자는 지옥불에 들어가게 되리라"(마태 5:22)면서 욕설의 범죄성을 경고하고 있다. 인간의 상호 비방은 죄의 악순환을 낳기 때문에 욕설 금지와 말조심 교육은 어려서 가장 먼저 가르쳐 습관화해야 한다. 함부로 욕설을 하고 친구를 괴롭히는 행동을 해서는 안 됨을 학생들 스스로 토론 속에 깨닫게 한다면 욕설로 중병에 걸린 국어는 다시금 건강한 생명력을 회복할 수 있으리라 믿는다.

3. 한국어의 희망

3.1. 한국과 한국어의 활력

천연자원이 부족한 한국이 인적자원만으로 성공한 배경에는 한국인의 높은 교육열, 헌신적 지도자, 도전적 기업인과 성실한 근로자, 공무원과 교원들의 헌신 등을 들 수 있는데 그중에 빼놓을 수 없는 것은 문맹퇴치에 성공한 한글에 의한 국어교육의 힘이다. 일제강점기에 민족 말살정책으로 문맹률이 80~90% 수준이었는데 해방되어 한글 교육이 문맹 퇴치교육 차원으로 이루어지면서 한글의 기적이 한강의 기적을 가능하게 만들어 한국어의 활력을 높여 주었다.

랜드리와 얼라드(R. Landry & R. Allard)는 언어 활력(ethnolinguistic vitality)의 요소로 ① 인구 자본(demographic capital: language population, 사용 인구수), ② 정치 자본(politic capital, 정치 영향력), ③ 경제 자본(economic capital, 경제력), ④ 문화 자본(cultural capital, 문화 수준)을 제시하였는데 한국어는 네 요소를 고르게 갖추어서 언어 활력이 매우 높다.

(1) 인구 자본: 한국어는 중국어, 영어, 러시아어, 스페인어, 힌디어, 벵갈어, 포르투갈, 독일어, 일본어, 아랍어, 프랑스어, 이탈리아어에 이은 13위권의 대국언어이다(남 5천만, 북 2,300만, 해외 750만). 전 세계 60%는 다중언어사회에 살고 있고 대부분은 2개 이상의 언어를 익혀야 경제 생활을 한다. 한국 내 200만 외국인이 있으며 매년 2만 명이 귀화신청을 해 13,000명이 귀화한다. 외국인의 한국어능력시험 TOPIK 응시 인구가 100만을 돌파하여 영어 산업이 영국의 2위 산업이듯이 21세기는 한국어 산업화, 한국어 문화화가 요구된다(한국어 교육산업, 한국어 교재, 한국어 능력시험, 한국어통번역 서비스, 한류, 한국학 등).

유엔 6대 통용어(영어, 불어, 러시아어, 중국어, 스페인어, 아랍어)가 있지만 앞으로 한국어가 국제어에 들어갈 날을 기대해야 할 것이다. 2007년에 유엔에서 10대 실용어를 발표하였는데(영어, 일어, 독어, 불어, 러시아어, 스페인어, 한국어, 아라비아어, 중국어, 포르투갈어) 2039년에는 중국이 미국을 추월해 중국어가 세계 통용어가 된다는 미래 예측 보고서도 있다(박영숙 외 2013).

(2) 정치 자본: 영국의 주간지 이코노미스트 계열사인 Economist Intelligence Units가 매년 발표하는 '민주주의 지수' 서열은 세계 167개 국을 대상으로 한다. 이들을 완전한 민주주의(full democracy), 결함 있는 민주주의, 혼합 민주주의, 권위주의의 네 범주로 나누는데 채점 기준은 선거과정의 공정성, 정부 기능, 정치 참여, 정치문화, 시민의 권리 보장 등 5개 분야이다. 2010년부터 한국은 '완전 민주국가'로 분류되었다. 그 이전에는 한국이 '결함 민주주의' 국가로 분류되었으나 2010년 조사에서 한국은 20등으로 일본(22등)을 앞섰다. 2011년 조사에선 한국이 일본 바로 다음인 22등이었다. 2012년 결과는 25개의 완전한 민주국가군에서 20위로 미국 21위, 일본 23위, 프랑스 28위를 앞섰다. 중국은 142위, 북한은 꼴찌인 167위이다.

(3) 경제 자본: 20～50클럽(2만 달러 5천만 인구 달성 국가)에 1위로 도달한 나라는 1987년에 일본이었다. 이어 2위는 1988년에 미국, 3위/4위는 1990년에 프랑스와 이탈리아, 5위는 1991년에 독일, 6위는 1996년에 영국이었다. 그런데 16년 만인 2012년에 한국이 이들 민족보다 최소 인구인 5천만으로 2만 달러 국민소득에 도달하였다. 앞으로 30～50 클럽에도 진입해야 하는 과제가 놓여 있다. 그러나 전 세계적 불황과 경제 위기로 국민소득 3만 달러 달성이 쉽지 않아 국민적 단합이 요구된다.

무역 규모에서도 1조 달러 규모를 달성하여 2011년 12월 5일에 수출 5,150억불, 수입 4,850억불로 도합 1조 달러를 달성하여 1조 달러를 이룬 아홉 번째 나라(미국, 독일, 중국, 일본, 프랑스, 이탈리아, 영국, 네덜란드, 한국)에 들었으며, 2012, 2013년에도 달성하였다(cf. 과거의 무역 규모: 1948년 1,900만 달러, 1962년 4억 7,800만 달러 규모. 1960년에 국민소득 79 달러. 수출의존도 높은 국가 1위).

5위권 안에 든 한국의 산업으로는 IT 반도체, 철강, 조선, 자동차를 들 수 있고, 1961년 5.16 군사혁명 이후 김영삼 정부 초기인 1995년까지 36년 간 대한민국 평균경제성장률은 7.1%로 세계 174개국 중 1위를 차지한다.

(4) 문화 자본: 한국은 반만년 문화를 보전해 왔고 한자문화로 동양의 유교, 불교문화를 수용 발전시켰고, 한글문화로 서양의 기독교문화, 의회민주주의를 수용 발전시켰다. 1960년대 이후 태권도가 한류의 원조로 역할을 하였고 2000년 이래 드라마, 노래 등의 한류가 세계에 전파되고 있다. 문화민속으로 문화유산이 풍부하고 학문석, 교육석 성취노 높아 PISA 능력 평가에서 OECD 34개국 중에 수학 1위, 읽기 1～2위, 과학 2～4위로 OECD 최상위 수준이고 세계 최고 대학진학률의 고학력국가로 인적 자원이 우수하다.

유네스코 세계문화유산(UNESCO World Heritage)에 등재된 것으로는 '석굴암과 불국사, 종묘, 해인사 장경판전, 창덕궁, 수원 화성, 고창・화순·강화의 고인돌 유적, 경주 역사지구, 제주 화산섬과 용암동굴, 조선 왕릉, 한국 역사마을(하회, 양동마을), 남한산성, 백제 역사유적지구' 등 12개가 있다.[8]

1997년부터 매 2년마다 선정하는 세계기록문화유산(Memory of the World)으로는 세계 300개 등록물 중에 한국은 '훈민정음, 조선왕조실록, 직지심체요절, 승정원일기, 조선왕조의궤, 해인사 대장경판, 동의보감, 일성록, 난중일기, 새마을운동기록물, 5.18 민주화운동 기록물' 등 11건 이 등재되어 있는데 미국 6건, 일본 3건, 중국 9건, 독일 17건과 비교해 적은 것이 아니다.[9]

유엔 산하 세계지식재산권기구(WIPO)는 스위스 제네바 제43차 총회 (2007.9.27)에서 183개 회원국 만장일치로 모든 특허를 번역해 공개하는 '국제 공개어'에 한국어와 포르투갈어를 포함키로 해 국제특허조약에 따른 국제 공개어는 8개(영어, 프랑스어, 독일어, 일본어, 러시아어, 스페인어, 중국어, 아랍어)에서 10개로 늘어났다. 한국은 세계 4위의 특허 출원국이면서 세계 5위의 PCT(Patent Cooperation Treaty·특허협력조약) 출원국이다.

문화 선진국은 학문과 예술에서 뛰어난 문화유산을 남기고, 뛰어난 작품, 이론, 법칙을 창작, 발견, 발명한 인물들을 많이 배출한 나라인데 한국은 아직 이 분야에서 미흡하여 앞으로 세계적 학자와 예술가를 더 많이 배출해야 한다.

---

8 백제역사유적지구는 2015년 7월 세계문화유산으로 등재되었다. 등재 확정 지역은 송산리 고분군 2곳과 공주의 공산성, 부여의 관북리 유적/부소산성과 능산리 고분군, 익산의 왕궁리 유적과 미륵사지 2곳, 정림사지와 부여 나성의 4곳을 합친 총 8곳이다. 이제 한국은 총 12건에 이르는 세계유산 보유국이 되었는데 북한의 고구려 고분군, 개성역사유적지구, 중국 동북지방 일대의 고구려 유적을 합치면 15건에 이른다.

9 이상의 국가별 세계문화유산 목록은 '유네스코와 유산 누리집 참고. www.unesco.or.kr/heritage

3.2. 한국문화의 융합적 창조

오늘의 한국의 번영은 조선말, 일제강점기를 거치면서 건국 세대, 6.25 호국세대, 근대화 산업화 세대, 민주화 세대 등 모든 세대가 고난의 시대를 겪으면서 기여해 온 근면과 성실과 협동의 결과이겠지만 동시에 지리적 여건상 대륙문명과 해양문명을 융합하여 창조적으로 발전시켜 온 결과로 볼 수 있다.

(1) 대륙 문명(중국, 인도 등 대륙으로부터의 수용)
    ① 천손 민족: 단군신화, 삼국의 제천(祭天)신앙, 샤머니즘
    ② 유교: 충효열(忠孝烈), 인(仁), 삼강오륜(三綱五倫)
    ③ 불교: 자비, 무소유, 구제, 일체유심조(一體唯心造)
(2) 해양 문명(미국, 유럽 등 해양으로부터의 수용)
    ① 기독교/천주교: 구원, 사랑, 용서
    ② 의회 민주주의
    ③ 시장경제(자본주의)

따라서 앞으로도 대륙문명과 해양문명을 능동적으로 융합 재창조하여 국가 생존의 토대를 이루고 한국어교육도 그러한 토대 위에서 발전 전략을 짜야 한다. 한국의 국가 미래 목표는 통일 일류 선진국가인데 일류 국가는 대체로 지성학적, 민주성치적, 역사문화적, 국민교육적 조건이 유리해야 한다. 지정학적으로 한국은 주변에 4대 강국이 있어 이들의 문명을 흡수하는 조건에서 유리하다. 민주정치적 조건으로는 민주국가의 경험이 비록 70년이 안 되지만 세계 20위권의 민주국가를 이루었다. 역사문화적으로도 반만년 역사로 독창적 문자와 문화 예술이 존재한다. 국민교육적으로 국민의 지능, 체력, 교양, 성품이 좋은 편이다. 한국은 국

민평균 IQ가 최고 수준이고 체력은 아시아 최고이다. 높은 교육열이 있으나 국민 교양의 증진이 과제이다. 한국은 경제력, 군사력, 과학기술 분야에서는 이미 일류국가이다. 앞으로 통일을 어떻게 하느냐에 따라서 미래가 달라진다. 자유통일을 하면 1류 국가, 분단고착이 되면 3류 국가, 적화통일이 되면 야만국가가 된다. 정치, 법치, 언론, 교육 등이 선진화해야 일류국가가 된다. 과거에 통일신라야말로 호국불교를 기반으로 김유신, 김춘추 등의 통일 영웅들이 일류국가를 이룬 경험이 있다. 문제는 국민교양의 수준과 지도층의 솔선수범의 지도력이다. 1994년 2월 26일자 영국 가디언(Guardian)지는 '돌고래 한국'이란 글에서 한국의 미래를 낙관하였다.

"한국 속담에 〈고래 싸움에 새우등 터진다〉는 말이 있다. 한국은 지난 역사의 전환기마다 주변 고래들의 싸움에 등이 터지는 새우였다. 1990년대에 이르러 한국은 또다시 주변 고래들의 싸움에 휘말리게 되었다. 그러면 한국은 다시 등이 터질 것인가? 아니다. 한국은 이제 새우가 아니다.

한국은 이제 세계 10~20위권의 무역대국, 경제대국이 되었다. 아직 큰 고래는 아니지만 앞으로 큰 고래가 될 수 있는 영리하고 민첩한 돌고래가 되었다. 한국이 앞으로 큰 고래가 되어 21세기 태평양 시대를 주도하는 나라의 하나가 될 것인지, 아니면 새우로 전략하여 다시 등이 터질 것인지는 아무도 모른다."

4. 한국어교육의 당면 과제[10]

---

10 강현화(2009)에서는 한국어 문법 연구의 과제로 ① 교사 문법과 학습자 문법, ② 이해 문법과 표현 문법, 텍스트의 이해(듣기, 읽기)용 문법과 텍스트의 생산(말하기, 쓰기)

우리는 한국어교육의 당면과제로 10개 사항을 제시한 바 있다(졸고 2012ㄴ).[11] 여기서는 한국어교육의 발전을 위한 토대로 시급한 것 몇 가지를 제시한다.

4.1. 세계 표준 한국어(World Standard Korean)의 정립

한국어를 배우려는 사람들은 대부분 현대 서울말을 배우려고 한다. 우리는 한국어를 배우고 가르칠 때 한국의 자국민에게 서울 중심의 표준어를 교육하듯이 외국인과 동포들에게 서울 중심의 표준어를 가르치는 문제와 조선족, 고려인, 재일동포, 재미동포 등 세계 각 지역의 지역 한국어를 어떻게 대우할 것인지 정립해야 한다. 따라서 서울말과 이질적이라는 점만 강조할 것이 아니라 서울말과 공통점이 더 많다는 점을 부각시키고 그 공통점을 기반으로 한국어를 익히기가 쉽다는 점을 주지시키고 이해시키는 전략이 필요하다. 세계 표준 한국어를 설정하려면 한국어의 중심부와 주변부의 상황을 종합적으로 조망할 필요가 있다. 중심부 한국어의 실태와 주변부 한국어의 비교 연구, 확장 한국어 학습자의 모국어 대조 연구 등이 이루어져야 한다. 현재 한국어의 양상은 다음의 분류가 가능할 것이다.

(ㄱ) 중심 한국어: 서울말 / 평양말

용 문법, ③문어 문법과 구어 문법, ④교수 문법과 참조 문법의 구별을 주장한 바 있다.
  11 졸고(2012ㄴ)로 발표한 10대 과제는 다음과 같다. (1) 세계 한국어 표준문법 확립과 세계 한국어 실태조사, (2) 언어권별 학습자 말뭉치 구축과 대조 문법 연구, (3) 한국어 교육문법의 확립, (4) 표준형에서 맞춤형 교육과정으로의 발전, (5) 한국어교육학의 학문적 이론 체계의 수립, (6) 학습 목적 한국어와 KSL 체계의 수립, (7) 교수학습 관리의 과학화, (8) 맥락 의존 탈문법 교육의 강화, (9) 다문화사회의 언어정책 개발, (10) 한국어 문화교육의 재정립

(ㄴ) 주변 한국어: 한국어가 제2 언어인 동포지역어 - 재중 동포어(연변어), 재일 동포어, 재미 동포어, 재러 동포어 등

(ㄷ) 확장 한국어: 한국어를 외국어로 배우는 지역의 학습 한국어(일반 학습 및 여행/무역/학문 등 목적 한국어)

위와 같은 개념은 영어에서 세계 영어를 Kachru(1985)가 'inner, outer, expanding circle'의 세 가지로 분류한 것에서 따온 분류이다. 세계 영어에 대한 연구는 굉장히 다양하다는 점을 생각하면 세계 한국어도 연구 방향은 무궁무진하다.[12]

4.2. 한국어 표준문법과 언어권별 대역 문법 용어 확립

한국어를 외국인에게 쉽고 재미있게 가르치려면 한국어 표준 문법도 끊임없이 한국어 사용 실태를 기반으로 정밀 기술되어야 한다. 더 나아가 학문문법을 교육에 적용한 교육문법(pedagogical grammar)을 구축해야 한다. 이는 내국인용과 외국인용이 구별되는데 가령 '은/는 - 이/가', '-아서/어서, -니까, -므로, -기 때문에', '-던, -았던' 등의 차이점 설명은 내국인보다 외국인 학습자에게 더욱 필요하므로 내국인용 교육문법 (학교문법)과는 차원이 다른 설명력 있는 외국인용 교육문법을 갖추어야

---

12 Hans-Georg Wolf & Frank Polzenhagen(2009)에서는 세계영어에 대한 인지언어학적 연구 방법으로 영어학적 접근(English studies approach), 영어 말뭉치언어학적(English corpus linguistics), 사회언어학적(sociolinguistic), 피진과 크레올어 연구(Pidgins and creole studies), 사전학적(lexicographical), 응용언어학적(applied linguistics), 일반오류연구(Common errors studies), 생태언어학적(ecology of language), 비판언어학적(critical linguistic), 생성적(generative) 접근법 등을 들고 있어 세계 한국어의 실상도 이런 다양한 연구가 일어나야 한다. 우리는 세계 한국어의 개념도 형성되어 있지 않고 재외동포 언어조사도 방언학적 접근에 머물러 있다.

한다. 이를 위해서는 표준 한국어 문법의 정비도 필요하다. 1985년의 학교문법 통일 이래 사라진 부사형 어미를 2001년 고교문법에서 재도입해 개선하였으나 아직 한국어교육계 일부에서는 1985년판 학교문법이 가르쳐지고 있다.

'건강하세요, 행복하세요' 등도 형용사에는 명령법이 안 되므로 잘못된 표현이라고 가르치기보다는 명령형이 기원형(희망형, 청원형)의 의미로 쓰일 때는 가능한 것으로 수정되어야 할 것이다. '바라/바래, 놀라/놀래' 등에 대해서도 '애 불규칙' 인정 가능성을 검토해야 할 것이다.

특히 표준문법의 확립에서 필수적으로 갖추어야 할 것으로는 표준문법 용어 체계 확립으로 학습자 언어권마다 이런 표준 한국어 문법 체계와 그 대역어 용어를 갖추어 표준화시켜야 한다. 다음은 한국어 교재의 입문기 교재에서 발음 교육 부문인데 이들 대역어 용어가 엄정한지 검토가 필요하다.

[음운 규칙 설명 교재 비교]

하와이 주립대 (9개 규칙)	로스 킹·연재훈 (10개 규칙)	김수희(12개 규칙)	교육과정평가원 교재
Rule 1: Resyllabification(재음절화). 읽어요[일거요]. 읽어요[일거요]	10개 음운 규칙뒤에 남한식 한글 자모 명칭 예시 4.1. Automatic Voicing of Plain ㅂ, ㄷ, ㅈ, ㄱ: 유성음화 현상	E-2 Pronunciation Rules: 발음 규칙 12개 1. The Seven Representatives: 7종성 끝소리 규칙	〈한국어(입문편)〉에서는 발음 규칙을 다루고 있지 않음. '발음' 부분이 〈한국어 1, 2〉에는
Rule 2: Syllable-final closure(unrelease). 꽃[꼳]	4.2. Noun-release of Final Consonants: 끝소리법칙 폐쇄음의 비파열(non-release) 현상	2. The Spill-over Rule: '빛 - 빛에'와 같은 연음법칙	없고 〈한국어 3, 4〉에서만 '발음'이라고 설정하여 다루며 다시 〈한국어 7, 8〉에는
Rule 3: Nasal assimilation(비음화). 입맏임만. 끝나다[끈나다]	4.3. The Gang of Seven ㄹ, ㅁ, ㄴ, ㅇ, ㅂ, ㄷ, ㄱ: 끝소리법칙의 7종성	3. Syllables ending in consonant sequences: '앉다, 끊다 - 앉아, 끊어'처럼 자음군 받침의 연음 현상	'발음과 표기'라고 하여 다루고 있다. 3과부터 겹자음 발음 ㄺ, ㄲ, ㄶ, ㅀ, ㅄ 등
Rule 4: ㄴ to ㄹ assimilation(자음동화)			

| · 진리[질리]
달님[달림].

Rule 5:
Tensification(경음화).
학생[학쌩] 없다[업따]

Rule 6: Aspiration and
ㅎ
weakening(유기음화).
좋고[조코] 입학[이팍]

Rule 7: Double
consonant
reduction(자음단순화
법칙). 여덟[여덜].
없다[업따]

Rule 8:
Palatalization(구개음
화). 붙이다[부치다]

Rule 9: Place
assimilation(위치동화)
· 빗물[빈물/빔물] | 현상과 연음 현상
4.4. Other Gang of
Seven Situations:
7종성 끝소리현상
4.5. When the Gang
of Seven Gets Up
Your Nose: '합니다,
십류, 독립' 역행동화
현상
4.6. Peculiarities of
the Korean ㄹ: '일년,
신라' ㄹ 동화 현상,
'철도, 결정' 순행
된소리화 현상
4.7. Automatic
Doubling: '약방,
작다, 덥다, 십삼'과
같이 폐쇄음 밑의
된소리화 현상
4.8. Leap-frogging ㅎ
h: '좋고, 좋다'처럼 ㅎ
유기음화 현상
4.9. Pronunciation of
ㅌ before i:
구개음화.
4.10. Long & Short
Vowels: '밤, 굴, 말,
눈, 거리, 연기'
장단음 현상
4.11. The Names of
the Korean Letters:
한글 자모 남한식
명칭 | 4. Tensed out:
'먹고[먹꼬];
발달[발딸] 된소리화
현상
5. ㅎ you are the
weakest link:
'많이[마니]' ㅎ 약화
현상
6. ㅎ-combo:
'업혀서[어퍼서],
넣고[너코]' ㅎ
유기음화
7. Assimilation to the
ㄱ kind: '연극[영극],
친구[칭구]' 과잉
역행동화
8. ㄹ-strong:
'신라[실라]' ㄹ
역행동화/ '찰나[찰라]'
ㄹ 순행동화
9. Weird: '같이[가치],
맏이' 구개음화
10. Combined rules:
'몇 해〉멷해[며태]'
음운 규칙 복합 현상
11. Simplicity is the
word: 음운 단순화
현상. '시계[시게],
계피[게피]'
12. somthing about
의: 조사 '의'의 [의/에]]
발음 현상 | 익힘.

연음현상(받아서[바다
서]),
ㅎ
탈락(좋아요[조아요]),
격음화(북한[부칸]),
좋다[조타],
입학[이팍],
싫지[실치],
경음화(축구[추꾸],식
당[식땅], 십분[십뿐]),
받지[받찌]),
자음동화(한국말[한궁
말], 뒷머리[뒨머리],
십년[심년]) |

北京大 〈韓國語1〉	중국 〈韓國語入門〉	서울대 〈한국어1〉
9과 語音 變化 1. 元音的變化 1) 元音 脫落, 縮約: 가+아→ 가, 보+아→ 봐 2) 元音 和諧: 모닫아, 먹어, 소곤소곤	一. 韓文(한글) (1-7과에 걸쳐 한글 자모와 서 사법 설명) 二. 語音(발음) 1. 發音方法	발음 규칙을 따로 설명하고 있지는 않다. 본문 1과부터 [발음]란을 두어 주요 단어의 발음을 [ ]로만 보여 주고 있 다. 설명 제시 없이 다양한 단 어 발음을 익히면서 국어 발

2. 輔音的變化	(1) 元音	음 규칙을 체득하게 하는 방식이다.
1) 連音化現象: 이것은[이거슨]	(2) 輔音	
2) 緊音化現象: 있다[읻따]	(3) 韻尾	
3) 同化現象: 국물[궁물]		1과 [발음] 예: 이것[이걷], 이
4) 送氣音化現象: 입학[이팍]	2. 音變	것은[이거슨], 책상[책쌍], 무
5) 顎化現象: 굳이[구지]	(1) 連音	엇입니까[무어심니까]
6) 添加現象: 밤일[밤닐]	(2) 輔音同化	
7) 脫落現象: 좋아[조아]	(3) 送氣化	2과 [발음] 예: 시계[시게], 아
3. 不規則音變現象	(4) 韻尾脫落	닙니다[아님니다], 꽃[꼳]
6종(ㄷ, ㅂ, ㅅ, ㄹ, 르, ㅎ) 불규칙현상 설명	(5) 緊音化	
	(6) 添加音現象	
	(7) 輔音字母名稱的特殊發音	
10과 語音 總結		
명칭, 사전 자모 순서, 음운분류표, 모음4각도, 구강도, 받침종류표 제시	3. 語音小結	
	(1) 字母及其名稱	
	(2) 元音和輔音的特点與分類	

한국어 문법 용어의 언어권별 대역어 사업은 해당 언어권별로 한국어 교육자와 국어학자, 외국어 전문가 등이 공동 협업으로 추진되면 가능할 일이다. 한자문화권이라고 해도 우리가 만든 한자어 문법 용어는 한중일 공통으로 통용되기 어렵다. 한국 문법 용어에는 일본계 한자 용어가 많아 공통점이 높지만 어미 분류를 어떻게 하느냐에 따라 용어는 달라지므로 두 언어의 문법 체계와 학습자 배경 지식을 고려해 최적의 번역 용어를 만들어야 한다. 즉 종결형은 '終止形', 관형형은 '連體形', 명사형은 '體言形'(-기), 연결형은 '接續形'으로 하는 일본의 한국어 교재도 있으므로 한자어 용어 체계도 심도 있는 논의가 필요하다. 선어말어미도 '-시-'를 尊敬 接尾辭, '-겠-'을 意思·推量 接尾辭, 시제 선어말어미도 時制 接尾辭로 보는 경우도 있어 우리의 '접미사' 개념과 다르다. '硬音'은 '濃音'이라고 한다거나 의존명사를 '不完全名詞'로, 단위 의존명사는 '名數詞'로 부르고 용언에 지정사(이다, 아니다)와 존재사(있다, 없다, 계시다)를 설정하고 불규칙 활용은 '變格用言'이라 하는 경우도 있어 일본어 문법에 영향을 받는 문법 번역 용어의 존재를 인정하고 논의해야 한다.

영문법 체계와 비교할 때, 격조사나 보조사를 모두 particle, 연결어미
는 connective, '-시-'는 honorific ending, '-았/었-'은 tense marker 등으
로 표현하는데 조사를 marker, suffix, particle 중에 어떤 것으로 해야
하는지 명확히 정의하고 써야 할 것이다.

4.3. 남북통일 대비 어문 규범 정비

어문 규범 일부의 까다로움은 내국인도 그동안 불편을 느꼈던 사항이
라 개정이 필요한 것인지 심도 있는 논의를 하여 언중에 실용적이고 편
리한 규정이 되도록 개선할 필요가 있다. 이는 내국인이 느낄 불편을 외
국인도 한국어 학습 시 겪을 가능성이 높기 때문에 개정 여부의 검토가
필요하다. 특히 다가올 남북통일을 대비해 통일 규범을 미리 만들어야
한다. 국립국어원에서는 우리 어문 규범의 문제점을 파악하고 개선하기
위해 어문규범 영향 평가를 해 왔고 규범위원회를 설치해 문제 규범에
대한 검토를 하고 있다. 앞으로 한글 맞춤법과 표준어 규정의 관계에 대
해 전면 재검토가 필요하다.

(1) 한글 맞춤법 문제

① 자음 명칭 개선: 한국어를 배울 때 입문기에는 자모 명칭을 배우고,
자음, 모음을 익히면서 발음과 표기법을 익혀 나간다. 그런데 한글은 입
문기에서부터 자음 명칭을 익히는데 불편하다. '기역, 니은, 디귿, …, 시
옷, 키읔…'처럼 '이으' 방식에 일관성이 없다. 앞으로는 외국인을 배려한
다면 '기윽, 니은, 디읃, 리을…'처럼 일관되게 나아갈 필요가 있다. 이제
는 우리 기준보다 외국인의 학습 효율성을 기준으로 어문 규정을 바라보
아야 한다.

② 어종에 따른 까다로움의 예: 몇 가지 맞춤법이 한국인도 판단하기

어려워하는 어종을 기준으로 만들어져 까다롭다. 가령 '-난, -란(欄)'의 표기가 '어린이난, 어머니난; 가십난, 스포츠난'처럼 고유어와 외국어종이면 '-난'이고 '비고란, 문예란'처럼 한자어이면 '-란'으로 하였는데 까다롭다. '이탈리아 인, 프랑스 어'처럼 외래어가 붙은 경우 띄게 한 것도 어종에 따른 표기법으로 시각적 일관성을 생각한다면 까다롭다. '전셋집-전세방-셋방'의 경우는 1988년 규정에서 '전셋집'은 한자어+고유어의 구조라 ㅅ이 붙고 '전세방'은 한자어에 붙이지 않는 내원칙에 따라 붙이지 않으며 '셋방'은 그것의 예외인 여섯 한자어 목록이라 ㅅ이 붙는데 고유어, 한자어라는 어종에 따라 규정을 만들다 보니 이런 까다로움이 생긴다.

③ 사이시옷 문제: 한글 맞춤법 30항의 사이ㅅ 규정에도 불구하고 동일 환경의 표기 혼란이 있다. 가령, '머리말, 인사말; 존댓말, 혼잣말'은 음운 환경이 모음 아래인데도 발음차 때문에 표기를 구별하는데 '머리말, 인사말'도 상당수 사람이 [머릳말, 인삳말]로 하는 경향 때문에 ㅅ을 적으려는 경향이 나타난다.

1988년 사이시옷 규정에 따르면 '수돗물, 전깃불, 출셋길, 김칫국, 나룻과, 메깃과, 절댓값, 최솟값, 근삿값, 등굣길, 휴갓길, 자줏빛…'처럼 3음절어 단어 중에 ㅅ을 적을 일이 너무 많아 '굣'과 같은 이상한 표기도 나타난다. 이들은 1988년 규정 공포 이전에는 사이시옷을 대부분 하지 않은 경우인데 갑자기 사이시옷을 강제로 표기하게 되어 불만이다.

그리고 6개 한자어 사이시옷 문제도 6개만 표기하다 보니 가령 '셋방'은 6개라 하고 '전셋집'은 한자어+고유어 구조의 사잇소리 환경이라 표기한다면 '전세방'은 어찌 할 것인가? '전세방'은 6개 단어 목록이 아니라 하지 않는다는 논리로 할 것인가 아니면 '셋방'을 내포한 구조라 할 것인가? 현재의 표준사전은 6개 목록 논리로 '전세방, 월세방'은 사이시옷 없이 등재하고 있다.

④ 파생부사 '-이/히' 규정: '-이/히' 규정은 "분명히 '이'로만 나면 '-이'

로 적고, '히'로만 나면 '-히'로 적으며 '이'나 '히'로 나면 '-히'로 적는다"는
것이다. 그러나 발음이 분명히 '-이'로 나는 것, '-히'로 나는 것, '-이/히'로
헷갈리는 것의 세 경우를 '분명히'구별하는 기준은 개인이나 지역 방언에
따라 차이가 있어 현 규정도 매우 애매한 규정이다. 가령, '곰곰이 - 꼼꼼
히'에 '-이/히'가 구별 표기됨은 논리적 근거가 없으며, 어간이 똑같이 ㄱ
음으로 끝난 다음 단어들에 대해 표준국어대사전과 금성국어대사전에서
는 다음 (ㄱ)의 경우 '-이'로 적혀 있고 (ㄴ)은 '-히'로 되어 있는데 구별
표기에 대한 논리적 근거가 없고 사람에 따라 '-이/히'로 혼동되고 있어
어느 한 가지로 통일하거나 복수 표준어로 허용하도록 해야 할 것이다.

(ㄱ) 그윽이, 깊숙이, 빽빽이, 수북이, 소복이, 자욱이, 시무룩이
(ㄴ) 가득히, 머쓱히, 똑똑히, 넉넉히, 솔직히, 톡톡히

⑤ 전문용어 띄어쓰기: "전문용어는 단어별로 띄는 것을 원칙으로 하
고 붙여 쓸 수 있다."(한글 맞춤법 50항)라고 하는 대전제의 규정이 있지
만 현실은 어지럽다. 실제로 표준국어대사전에서는 국어사전의 전문용
어 처리에 3유형을 보여 주는데 기준이 무엇인지 문제이다.

(ㄱ) 무품사 처리 전문어
경제^가치(經濟價値)『경제』경제 활동에 따라 생겨나는, 재화의 가치.
경제^개발(經濟開發)『정치』산업을 일으켜 국가 경제를 발전시키는 일.
경제^개발^오^개년^계획(經濟開發五個年計劃)『정치』우리나라에서 국
민 경제를 계획적으로 발전시키기 위하여 5년 단위로 시행한 경제 계획

(ㄴ) 품사 처리 전문어
경제-사상(經濟思想)「명사」『경제』인류가 재화를 획득하고 사용함으

로써 생활을 유지하고 향상시키려는 사상.

경제-생활(經濟生活)「명사」『경제』 사람이 살아가는 데 필요한 재화나 용역을 생산·교환·분배·소비하는 모든 활동.

(ㄷ) 전문어 표시가 없는 단순 합성어

경제-관념(經濟觀念)「명사」 재화나 노력, 시간 따위를 유효하게 쓰려고 하는 생각.

경제-속도(經濟速度)「명사」 자동차, 항공기 따위의 탈것이 연료를 되도록 적게 소비하여 가장 많은 거리를 운행할 수 있는 속도. ≒ 경제속력.

경제-평화(經濟平和)「명사」 선진국과 개발도상국 간의 격차를 줄이고 자원을 공정하게 분배하는 등 국제 경제 질서를 실현함으로써 이루어지는 평화.

그런데 우리 사전의 무품사 전문어는 일부 영어 사전에서도 나타나는 방식이다.[13] 그러나 이런 처리가 영어에서도 혼란이라 우리가 그것을 답습할 이유는 없다. 위 전문용어의 띄어쓰기는 대부분 붙여 쓰려는 언중의 경향이 강하므로 현 규정과 정반대로 "전문용어는 (대부분 합성어 구조이므로) 붙여 씀을 원칙으로 하고, (음절이 길어져 가독성을 위해 형태 경계의 구분이 필요할 때는) 띄어 쓸 수 있다."로 하는 것도 한 방안으로 고려할 수 있다.

---

13 웹스터 사전에서도 품사 표시 없이 실려 있는 구형(句形) 복합어들이 있다. air mail, air force, air gun, air letter 등은 품사 표시 없이 등재된 것들이고 air-condition, air-cool, air-dry는 짧은 줄로 연결되고 품사 표시가 된 단어들이고, airbus, aircraft, airflow는 붙여 쓴 명사 합성어이다.

(2) 표준어 규정과 표준 발음법

표준어 규정의 총칙 "표준어는 교양 있는 사람들이 두루 쓰는 현대 서울말로 정함을 원칙으로 한다."라는 규정은 '교양 있는'이란 표현이 방언 사용자들에게 교양 없는 사람이란 차별감을 준다고 2006년에 헌법소원이 제기되어 2009년 판결까지 갔던 규정이다. 당시에 헌재 재판관 2인은 문제 있다고 공감을 표했던 규정이다. 표준어 규정(1988)에는 비속어에 속하는 비표준어도 표준어로 인정하는 경우가 다음과 같이 다수 나오므로 삭제하거나 재정리해야 한다.

시러베아들, 튀기, 상판대기, 까뭉개다, 짓고땡, 서방질·화냥질, 오사리잡놈, 오색잡놈, 털어먹다, 발모가지, 발목쟁이, 죽살이, 한통치다, 늙다리, 개다리소반, 뒤통수치다, 빙충이, 까까중/중대가리, 볼따구니/볼통이/볼때기

표준 발음법의 단모음 수효도 재고할 필요가 있다. 표준발음법에서는 단모음을 10개로 하고 있으나 'ㅚ, ㅟ'는 단모음으로서의 발음이 거의 소멸되어가는 중이라 단모음을 8개로 하여 학습이 편리하게 해야 한다. 'ㅚ, ㅐ, ㅔ'의 발음은 다소 까다롭지만 입문기에 주의시키면 변별력이 높아질 것이다.

4.4. 언어권별 학습자 말뭉치 구축과 대조 문법 연구

한국어 말뭉치 연구가 사전 편찬을 목적으로 국립국어원과 일부 대학에서 이루어졌지만 양적 규모나 질적 측면에서 새롭게 한국어 문어/구어 말뭉치가 구축되어야 한다. 언어권별로도 한영, 한중, 한일, 한러 등의 대조문법 연구를 토대로 언어권별 학습자 말뭉치를 구축해 오류 유형을 정리하고 언어권별 한국어교육과정, 교수학습, 교재 개발에 응용되도록

해야 한다.

현재 국내외 한국어 학습 현장이 다양해져 언어권별, 국내외 대학별 연결망(네트워크)만 구축한다면 한국어 말뭉치는 거대자료(big data) 차원에서 구축이 가능할 것이다. 과거 말뭉치 구축의 어려움과 실수를 거울삼아 앞으로 구축될 말뭉치는 기초 설계, 자료 수집 등에서 구체적 전략과 지침을 수립하는 일은 어렵지 않을 것이다. 문제는 치밀한 설계와 형태소 분석기의 효용성이다.

4.5. 교수학습의 혁신

외국어교육에서 교수학습의 효과를 높이기 위해 한국어 교수학습법에 대한 연구가 많이 이루어져야 한다. 아울러 약화된 문법 교육을 일정하게 강화하는 노력도 필요하다. 교수학습의 근원적 쟁점에 대한 논의들은 Lightbown & Spada(2006)의 열일곱 가지 질문에서도 나타난다. 이런 쟁점들이 한국어교육에 시사하는 바를 찾아 교수학습의 혁신에 기여할 방안을 다양하게 개발하도록 해야 한다.

(1) 언어는 주로 모방을 통해 학습되는가?

학습자는 전에 들어볼 수 없었던 새로운 문장들을 만들어내기 때문에 언어는 모방을 통해서만 학습된다고 보기는 어렵다. 그러나 모방이 언어 학습에서 중요한 역할을 하는 것도 사실이다. 제2언어 학습에서 모방은 발음, 억양의 발달에 기여한다.

(2) 부모는 어린이가 문법적 오류를 범할 때 교정해 주는가?

부모가 아동 발화를 교정해 줄 때는 아동 연령과 부모들의 사회적, 언어적, 교육적 배경에 따라 차이가 나는데, 아동 발화 교정 시에는 형태보다 의미에 초점을 두는 경향이 있다.

(3) 높은 지능을 가진 사람들은 우수한 언어 학습자인가?

지능이 높은 학습자는 문법 규칙이나 어휘 항목 학습을 성공적으로 한다. 그러나 자연스러운 언어 학습 환경이나 상호작용적 언어사용을 통한 언어 습득을 강조하는 교실에서도 여러 가지 다른 종류의 지적 능력을 가진 학습자가 성공적인 학습자가 될 수 있다.

(4) 제2언어 습득 성공에서 가장 중요한 요인은 동기인가?

학습 동기를 가진 학습자는 그렇지 않은 학습자보다 잘 하는 경향이 있다. 교사는 제2언어 학습에 대한 학습자의 내적 동기를 자극하고 교실에서 학습자들의 나이, 흥미 그리고 문화적 배경에 어울리는 활동을 만들어 학습자의 동기를 불러일으켜야 한다.

(5) 제2 언어교육은 빠를수록 좋은가?

제2언어 또는 외국어 수업의 도입 시기는 언어 프로그램의 목표에 따라 결정해야 한다. 조기 교육에는 장단점이 있다.

(6) 제2언어 학습자가 범하는 대부분의 실수는 제1언어의 간섭 때문인가?

모국어 지식의 전이는 학습자 언어에 나타나는 실수나 오류의 주요 원인 중 하나이다. 그러나 차이가 난다고 더 어렵게 습득되는 것은 아니다. 제1언어는 제2언어 학습에 영향을 미치는 유일한 요소는 아니다. 모국어 배경이 다른 학습자들도 똑같은 종류의 오류를 범한다.

(7) 어휘 학습에서 가장 좋은 방법은 읽기인가?

이는 절대적으로 옳다고 할 수 있지만 그것이 전부가 아니다. 제2언어 학습자들도 읽기를 통해 어휘 지식을 습득하지만 텍스트에서 90% 정도의 새 단어를 알고 있기가 어렵다.

(8) 제2언어에서는 학습자들이 개별 음을 발음할 줄 아는 것이 필수적인가?

발음 연구가들은 제2언어 화자 능력이 개별 음을 발음하는 능력보다 억양이나 강조 유형을 재현하는 데 의존한다고 하며 대부분의 언어가 매우 다양한 변이음으로 발음된다고 강조한다. 따라서 학습자에게 하나의 변이음만을 가르치는 것은 좋은 교사가 아니며, 그보다는 의사소통하는 데 필요한 다양한 변이음을 이해하고 생산할 수 있도록 가르쳐야 한다.

(9) 학습자들이 1천 개 기본 어휘와 기본 구문을 알면 원어민과 대화가 가능한가?

대화에서 제한적인 단어와 문장 유형만이 사용되는 것은 맞지만 학습자들은 새 언어의 화용적 특성들을 이해할 때 대화를 더 쉽게 이해할 수 있다. 감사, 사과, 요구 화행 등에 주의함이 좋다. 단어나 문장 구조가 정확해도, 문화적 차이 때문에 의사소통의 장애가 나타난다.

(10) 교사는 문법 규칙을 한 번에 하나씩 제시해야 하고, 학습자는 다른 것을 배우기 전에 그 한 가지의 사례를 연습해야 하는가?

제2언어 학습은 선형적으로 이루어지지 않는다. 학습자는 특정 형태를 X 상황에서 정확하게 사용했다가도 Y 상황에서는 실패하고 Z 상황에서는 성공하기도 한다. 이는 학습자가 자신의 중간언어에 새로운 정보를 통합하는 방식으로 언어를 습득함을 보여 준다. 언어 발달은 규칙을 단선적, 선형적으로 누적하는 것이 아니다. 그보다는 새 형태나 문형을 중간언어에 통합하여 이를 재조정하고 재구조화하는 방식으로 이루어진다. 구조 중심 교수법은 제2 언어 학습을 규칙의 누적으로 이루어진다고 오해하고 있다. 이러한 '고립된 제시'는 언어 발달에 도움이 되지 않는다. 첫 번째로 학습한 언어 자질을 계속 듣고 보고 사용하시 않으면 결국 잊혀진다.

(11) 교사는 복잡한 구문보다 쉬운 구문부터 가르쳐야 하는가?

학습자에게 쉬운 구문부터 제한적으로 노출시키는 것이 반드시 옳은 것이 아니다. 제2언어 학습자들이 모어 화자나 유창한 이중언어자들을 통해 자신의 발화를 수정하는 데 도움을 얻는 것은 상호작용 덕분인데 이런 상호작용 언어는 쉬운 구문과 복잡한 구문을 모두 포함하고 있다.

(12) 학습자의 오류는 잘못된 습관을 형성하기 때문에 즉시 교정해야 하는가?[14]

오류는 언어 학습의 자연스러운 부분이고, 학습자의 중간언어 발달 과정을 반영한다. 교사는 학습자가 최선을 다하도록 도와야 하며, 오류에 대해 명시적이고 형태 중심적인 피드백을 해 주어야 한다. 오류에 대한 과도한 피드백은 동기 면에서 부정적인 효과를 낳으므로 교사는 학습자

---

14 오류 교정 방법에 대해서는 Brown(2001:288~294)에서 개괄하고 있다. Thornbery (1999:117~119)는 오류 교정 방법을 12가지나 제시하고 있다.

① 부정하기: "틀렸어요"(No)라고 명확히 부정적인 피드백을 주며 학습자에게 무엇이 틀렸는지 어떤 단서도 제공하지 않는다. 학습자는 자가 교정할 수 있어야 한다.

② 교체 표현 즉시 제시하기: 이것은 틀린 부분을 직접 교사가 고쳐 주는 방법이다.

③ 문법 용어를 사용해 오류 지적하기: "조사가 틀렸어요."처럼 문법 용어로 해당 오류 부분을 지적하는 방법이다. 학습자가 이미 문법 용어를 알고 있어야 한다.

④ 틀렸어요. 다른 사람 없어요?: 다른 또래 구성원을 통해 교정을 유도하는 방법이다. 학생의 자가(自家) 교정 기회를 막아 학생에게 창피를 줄 수 있다.

⑤ 오류 앞부분 반복하기: 교사는 오류가 나타난 부분 앞까지 학습자의 발화를 반복하거나 오류 부분을 손가락으로 지적하여 오류를 발견 교정할 수 있게 하는 방법이다.

⑥ 반복 발화 반문하기: 학습자 발화를 반복하되 무엇인가 이상하다는 의문의 억양으로 하여 오류를 깨닫게 하는 방법이다.

⑦ 발화 재반복 요구하기: 학습자에게 못 알아들었다고 밝힘으로써 무언가 틀렸음을 암시하며 재발화를 요구하는 것이다.

⑧ 오류 상황을 적용하기: 오류 표현대로 이해했을 때의 문제점을 지적하는 방법이다. 가령, 의존명사 사용을 "한 개의 종이"라고 했을 때 "종이가 한 개라고?"처럼 지적하거나 반문하여 문제를 깨닫게 하는 방법이다.

⑨ 즉시 교정: "한 개의 종이"에서 "한 개의"는 "한 개의 상품"처럼 쓰고 '종이'는 "한 장의 종이"로 해야 한다고 즉시 교정하는 방법이다.

⑩ 교정하여 들려주고 반문하기: "아, 한 장의 종이, 그렇지?"처럼 바른 표현을 알려 주고 반문하는 방법이다.

⑪ 긍정하기: "좋아요"(Good)라고 일단 오류를 무시하고 소통에 기여하는 쪽으로 수용하는 방법이다.

⑫ 오류 판서하고 나중에 다루기: 교사는 아무 말을 하지 않고 오류를 칠판에 써 두었다가 뒤에 다루는 방법이다.

반응에 민감해야 한다.

(13) 교사들은 이미 배운 구문만을 학습자에게 노출시킨 교재를 사용해야 하는가?

이러한 교재는 학습자에게 이해 가능한 입력을 제공할 수 있지만 새로운 것이 없는 교재는 부정적 결과를 낳는다. 학생들이 교실 밖에서 사용할 언어를 준비하려면 실제적 교재를 통해 관련 전략들을 발달시켜야 한다. 특정 형태를 처음 소개하거나 교사들이 지속적인 문제를 교정해 줄 필요가 있을 때, 하나의 맥락 안에서 하나의 항목을 고립시켜 제시하는 한정된 초점의 교재가 적절하다. 그러나 학생들이 그러한 교재만 배타적으로 사용하도록 하는 것도 해가 된다.

(14) 학습자들은 그룹 활동과 짝 활동으로 자유로운 상호작용을 할 때 서로의 실수를 따라하는가?

짝 활동이나 그룹 활동은 교사 중심 수업보다 훨씬 더 실제적인 의사소통 경험을 제공한다. 학습자는 자신보다 유창한 화자나 모어 화자와 말할 때보다도 자신과 비슷한 수준의 학습자와 대화할 때 오류를 덜 생산한다.

(15) 학생들은 배운 것만 학습하는가?

교사들은 학생들이 교사가 가르쳐 준 모든 것을 학습하지 않는다. 학생들은 직접 배운 것보다 더 많은 것을 알고 있다. 많은 입력을 제공하였다고 해서 입력 사항을 학습자가 곧바로 습득하는 것은 아니다. 어휘는 언제든지 가르칠 수 있나. 학습자들은 자신의 내적 학습 원리에 따라 아무도 가르쳐 주지 않은 많은 것을 학습할 수 있다. 따라서 학생들은 가르쳐진 것보다 훨씬 더 많이 학습한다.

(16) 교사는 학생이 오류를 범할 때, 그것을 명시적으로 지적하기보다는 정확한 표현으로 바꿔 말해 주어야 하는가?

'고쳐 말하기(recasts)'는 제2언어 교실에서 가장 일반적 유형의 피드백이다. 다양한 교수학습 모형에서 사용되며 상호작용의 흐름을 깨지 않는다는 이점이 있다. 이는 학생을 당황시키지 않으면서 정보를 제공해 주는 간접적이고 정중한 방식이다. 성인 학습자를 대상으로 할 때, 특히 문법과 정확한 사용에 초점을 둘 때, 학습자들은 이러한 종류의 피드백에 잘 반응한다. 내용 중심의 수업, 어린 학습자들을 위한 회화 수업에서는 보다 명시적인 피드백이 학습자들에게 즉각적인 반응을 일으키는 데 효과적이다. 고쳐 말하기는 교사가 목소리 억양이나 제스처, 얼굴 표정 등으로 학생에게 '지적을 하고 있다는 사실'을 알려줄 때 더 효과적이다.

(17) 학생들은 과학이나 역사 등의 과목에서 제2언어로 학과 수업을 할 때, 언어와 학문 내용을 동시에 학습할 수 있는가?

교재가 학생들에게 본질적 가치를 지니게 될 때, 학습 동기는 증가한다. 내용 중심 교육은 학생들에게 목표 언어와 더 많은 시간 동안 접촉 기회를 준다. 학과 수업을 통해 접하게 되는 어휘와 구문의 범위는 언어 교실에서 접하는 것보다 훨씬 더 다양하다. 내용 중심 수업이나 몰입 수업의 학생들이 이해 능력, 어휘력, 일반적인 의사소통 능력을 발달시킴을 확증해 준다. 그러나 내용을 이해하고 교실에서 상호작용하는 능력이 학습자가 제2언어의 특정한 측면에서 특히 정확성 측면에서 지속적 발달을 보장해 주지는 않는다. 가령, 불어 몰입 교실의 학생들은 수년간 불어를 배우고도 명사의 성(gender)이나 동사의 시제를 정확하게 익히지 못하였다. 형태 초점 수업은 이런 측면에서 내용 중심 수업을 보완해 줄 수 있다.

4.6. 다문화시대의 언어정책 이론 정립

(1) '다문화사회/다문화가정'이라는 용어의 문제점
한국사회는 200만 외국인이 거주하고 매년 2만 명이 귀화신청을 하는

사회가 되었다. 대체로 이민자가 10%를 넘으면 다문화사회라고 부르므로 미국, 캐나다, 호주와 같은 이민자들로 구성된 사회를 가리킬 때는 다문화사회라고 부름이 타당하지만 우리나라는 아직 외국인 이민자는 4% 수준이므로 미국, 캐나다식의 '다문화사회'와 동일 호칭으로 사회를 규정함은 문제가 되므로 (소수) 이주자/이민자 사회 또는 (제한) 이주자/이민자 사회라고 부름이 더 정확한 것이다. 다양한 문화가 수백년 형성된 사회가 아니고 겨우 10~20여 년 외국인 거주가 이루어지고 있는 사회라는 점에서는 '이주자/이민자 사회 → 다민족사회 → 이중/삼중언어사회 → 다언어사회 → 다문화사회'로 이행되는 것으로 보아야 할 것으로 생각된다.

국내 결혼이주 여성들의 가정에 대해서도 '다문화가정'으로 부름도 차별 표현이 되어 아주 잘못된 것이다. 그들 가정은 한국인 남편과 외국인 여성의 2개 문화만 있는데 다문화가정으로 부름은 고쳐야 하며 이미 당사자들과 그 자녀들은 새로운 차별 표현이라며 반발하고 있다.

(2) 기초소통능력(BICS)와 학습언어능력(CALP)

커민스(James Cummins)가 제안한 기초소통능력(생활언어, BICS: Basic Interpersonal Communication Skills) 개념과 교과언어능력(학습언어, CALP: Cognitive Academic Language Proficiency) 개념은 우리나라의 중도 입국 이주민 자녀를 위한 KSL 과정에서도 도입되기 시작하였다. 기초소통능력은 일상생활어 소통의 기술을 가리키며 교과언어능력(CALP)은 교과 학습활동을 위한 언어 사용 기술을 가리키므로 초등학교, 중학교 수준에서 한국어 학습을 할 때 기초소통능력과 학습언어능력을 구별해 학습 전략, 교재 구성 전략을 짜는 것이 필요하다.

(3) 학습자의 모어 보전 전략 필요

외국인 근로자 및 유학생 부부에게서 태어난 청소년들이라면 "모어로 교육받을 권리를 존중하고, 모어를 확실히 익히는 것을 제1의 원칙으로 해야 한다."라는 전제 아래 외국인 학습자의 모국어를 보전하면서 한국어를 습득하도록 하는 것이 이상적이다.

단순히 기술이나 학문의 취득을 위해 한국어를 익히고 자신의 모국어를 유지하는 것은 개인의 정체성에 별 영향을 끼치지 않는다. 그러나 외국에 거주하게 되면서 자신이나 자기 자식이 거주 언어를 습득하면서 정체성의 문제가 대두된다. 성인조차 거주 언어를 못하면 억울한 차별이나 불이익을 당할 수 있고 심리적으로 위축된다. 또한 외국어나 제2언어를 배운다는 것은 자아 정체성을 배경으로 한 심리적 동기가 매우 중요하므로 적극적 학습 동기를 형성하는 것이 외국어 학습 성패를 크게 좌우한다.

다언어교육에서 언어습득은 모국어 유지와 한국어 학습 환경을 잘 병존시키는 환경을 조성하고 언어의 자연습득을 유지하는 환경을 조성하는 일이 가장 중요하다. 10세 이후 학생은 모국어 유지가 가능하지만 10세 이하 학생은 모국어 유지가 어려워 모국어 소멸의 길을 걷게 되는데 이를 막기 위해 이중언어교육이 필요한 것이다. 따라서 학습자를 배려하는 진정한 목표는 한국어 습득보다도 모국어 정체성을 유지해 주고 배려하는 마음과 태도를 전제로 하는 그런 태도 기반의 정책이다.

그 밖에 맞춤형 교재 개발, 한국어 능력시험 평가 체제의 표준화와 다양화, 교사 양성-임용-연수 제도와 한국어 강사의 신분 및 대우 개선 문제 등도 해결할 과제이다.

5. 맺음말

지난 60년 우리나라와 우리 말글의 위상은 달라졌다. 한국어는 언어 인구수로도 남북한과 국외 동포 등 8,000만이 사용하는 13위권의 대국언어로 자리 잡았고 유엔 등 국제기구들도 한국어를 10대 실용언어로 간주하기 시작했다. 우리는 무역 1조 달러 시대를 열어 10대 무역대국이 됐고, 5,000만 인구로 국민소득 2만 달러를 이룬 일곱 번째 나라가 되었고 무역 규모 1조 달러를 아홉 번째로 이룬 무역대국이 되었다. 지하자원이 부족한 악조건 속에서 오직 배우기 쉬운 '한글의 기적' 덕분에 '한강의 기적'을 이룬 것이다. 이제 한국어가 국제 통용어로 공인받아 한국어 산업이 영어 산업처럼 번영할 문화 융성의 시대가 다가와 우리 세대는 수세기 전에 영국, 프랑스 국민이 꿈꾸었던 선진 문화강국을 이룩해야 하는 절체절명의 과제를 부여받았다.

그러나 우리 사회는 우리의 말과 글에 대한 파괴가 극심하고 여야·지역·남녀·세대·계층·노사의 소통 장애도 심각하다. 신문, 방송, 인터넷, 드라마, 영화, 광고, 공공언어는 외국어와 비속어가 범람한다. 학술 언어에도 영한혼용체가 증가하여 한국어만으로 학문하기가 갈수록 어려워지고 있으며, 청소년의 욕설문화는 한국어의 미래를 암담하게 만들고 있어 단군 이래 한국어가 가장 타락한 시대가 아닌가 한다. 가정과 학교에서부터 언어 예절, 경청의 대화, 논리적 언어 훈련이 부족하고 권위적 하향식 언어폭력이 흔하니 사회에 나와서도 일방적 의사결정, 막말의 비이성적, 폭력적 언어생활이 지배한다.

이런 국어환경을 개선하여 21세기에 한국어를 국제통용어로 인정받고 한국을 선진문화강국으로 만들려면 가정과 학교에서부터 우리말과 글을 아름답게 가꾸는 선진 국어생활이 이루어져야 한다. 온 국민이 국어 교양을 확립하고 바르고 고운 국어생활을 실천해야 한다. 국어 능력의 함양이 평생의 자산이고 국가 경쟁력의 기본으로 문화 융성을 가장 적은 비용으로 이루는 길임을 깨닫고 한국어교육자들부터 이를 자각하여 한국어 환경을 개선하고 한국어 정신을 드높여 한국어교육학 발전의 원동력으로 삼아야 할 것이다.

주제 1 : 한국어교육의 거시 담론과 표준화

민현식(2003), 국어 문법과 한국어 문법의 상관성, 한국어교육 제14-2집, 국제
　　　한국어교육학회.
왕　단(2009), 한국어 교육용 문법 용어의 중국어 표준화 연구.

　　언어 교수의 역사는 문법 교수에 대한 찬성과 반대의 역사라고 할 수 있을
정도로 문법교육 찬반론의 첨예한 대립 논쟁이 있어 왔다. 학계의 이러한 분
위기는 한국어 교육에도 많은 영향을 주었다. 특히 문법교육을 교육의 시발
점으로 여긴 문법-번역식 교수법이 의사소통 능력이 문법 규칙에 대한 지식
이상의 것으로 인식되고 있는 의사소통 중심 교수법으로 대체되면서 '문법교
육이 학습자의 한국어 능력 향상에 얼마나 유용하게 기여하느냐'라는 문제에
대하여 논쟁이 계속되어 왔다. 그리고 이 문제에 대한 대답이 긍정적이라면
외국인을 위한 한국어 문법교육을 내국인을 대상으로 한 문법교육과 같은 체
계와 내용으로 가르칠 것인가, 국어 문법과 한국어 문법은 어떤 관계인가라
는 문제도 제기될 것이다. 이 문제도 역시 한국어 교육에서 아주 중요한 과제
이며 많은 연구자에 의하여 언급되어 왔지만, 아직까지 논의의 여지가 남아
있는 명제이다.

　　민현식(2003)은 문법 지식의 교수 학습이 성인기에 세련된 고급 언어 능력
을 위해서는 유용하다고 주장하고 교육 내용과 목적의 비교, 국어 문법과 한
국어 문법 기술의 상이 사례의 분석, 문법 교수법 모형의 제시 등을 통하여
국어 문법과 한국어 문법의 상관성을 명확하게 피력한 대표적인 연구 성과이
다. 논문에서 제시된 국어와 한국어 규범 문법교육 내용과 목적, 그리고 용어,
분류 체계, 품사 설정, 개별 문법 범주의 설명 등 문법 기술의 상이성에 대한
언급은 외국인을 위한 한국어 문법교육 내용의 선정과 기술, 그리고 교수·
학습법의 설계 등에 많은 시사점을 주었고 국어 문법과 한국어 문법의 상관
성 연구에 지대한 영향과 기여를 한 선구적인 연구 성과라고 할 수 있다.

　　왕단(2008)은 민현식(2003)에서 제기한 "국내 한국어 교재에서의 문법 체계
의 간결화, 표준화, 문법 용어의 통일, 학습자 언어로의 문법 번역 용어 통일
등은 시급한 과제가 아닐 수 없다"는 주장에서 영감을 얻어서 중국에서의 '한
국어 교육용 문법 용어의 중국어 표준화' 문제를 인식하여 이에 대한 해결 방
안을 모색하기 위해 이루어진 연구이다. 민현식(2003)의 3장 1절 '문법 용어와

분류 체계 문제' 부분의 내용은 왕단(2008)에 연구 동기를 제공해 주었고, 민현식(2003)은 한국어 문법은 국어 문법과 동일한 내용 분류와 체계를 보이는 규범 문법이어야 하며 단지 교수법, 교육과정의 구성 차원에서는 상이하다는 등의 주장은 왕단(2008)의 한국어 문법 용어 중국어 표준화 원칙을 수립하는 데 많은 시사점을 주었다.

국어 문법과 한국어 문법의 상관성*

민 현 식

요 약

  한국어 문법교육은 두 가지 개념을 포함한다. 하나는 언어 사용 능력을 보다 더 잘 수행하기를 원하는 내국인을 위한 국어 문법교육이고, 다른 하나는 목표어의 기본적인 언어 능력을 획득하고 한국어를 모국어 화자처럼 잘 구사하기를 원하는 외국인 학습자를 위한 문법교육에서 나온 것이다. 한국어 문법교육을 할 때 이러한 두 가지 개념에 따라 교육과정, 교재, 교수·학습법, 그리고 평가 등을 설계하고 수행해야 한다. 따라서 한국어 문법의 두 가지 개념은 공통적인 특징도 있고 서로 다른 특징도 가지고 있다. 문법교육의 효용성 문제에 대한 논쟁이 계속됨에도 불구하고 많은 가설은 보다 더 수준 높고 더 효과적인 언어 학습을 위한 문법교육의 효용성과 필요성을 입증해 주고 있다. 한국에서는 1963년에 내국인을 위한 첫 번째 표준 규범 문법 체계인

* 『한국어교육』 제14-2집(국제한국어교육학회 2003년 발행)의 107쪽부터 141쪽까지에 수록되었음. 또한, 요약은 원문에 수록된 영문 초록을 기초로 하여 정리한 것이다.

'학교문법통일안'이 이미 나왔고 1985년부터 실질적으로 통일되어 온 국정 고교 문법 교과서의 지식 체계가 규범 문법교육의 유일한 기준이 되어 왔다. 하지만 외국인을 위한 한국어 문법교육에서는 아직까지 통일된 체계가 확립되어 있지 않다. 대부분의 한국어 교재의 문법 설명은 진부하고 다소 혼란스럽게 전개되어 있다. 원칙적으로 한국어 표준 규범 문법은 내국인이나 외국인에게 똑 같이 제시해 주어야 한다. 다만 교육과정, 교수 모형, 교재 등은 학습자의 배경을 고려하여 차별적으로 제시하는 것이다. 문법은 학습자의 수준에 따라 명시적이거나 암시적으로 가르쳐야 한다.

한국어 교육용 문법 용어의 표준화*

왕 단(북경대학교)

I. 머리말

모국어를 이미 습득하였고, 성숙된 지식을 갖고 있는 성인 학습자를
대상으로 한 문법교육은 세련된 고급 외국어 능력을 위해서 아주 유용하
다. 이러한 문법교육의 필요성과 효용성은 한국어 교육에서도 마찬가지
로 적용된다. 지금 중국에서의 한국어 문법교육은 이미 그 필요성 여부
에 대한 논란에서 벗어나 어떻게 하면 더 체계적이고 효과적인 문법교육
을 수행할 것인가에 대한 논의가 진행되고 있다. 이런 노력의 일환으로
최근 몇 년 간 중국어로 작성된 한국어 문법 교재가 우후죽순처럼 쏟아
져 나오고 있다. 이런 현상은 참으로 고무할 만한 일이지만 이들 문법
교재를 분석해 보면 전혀 문제가 없는 것이 아니다. 그중 가장 눈에 띄는
것은 문법 용어 사용의 혼란이다. 같은 문법 현상을 서로 다른 용어로
기술할 경우, 이 문법 교재나 한국어 기초 교재를 접한 학습자들이 이해
의 어려움을 겪을 것은 너무도 당연한 일이다. 따라서 '한국어 문법 용어
의 중국어 표준화 문제'는 우리들이 꼭 풀어 가야 할 시급한 과제가 아닐

---

* 『한글』제282집(한글학회 2008년 발행)의 277쪽부터 316쪽까지에 수록된 '한국어 교
육용 문법 용어의 중국어 표준화 연구'를 실음.

수 없다.

그동안의 '외국인용 한국어 문법 용어'에 대한 연구는 이렇다 할 성과를 내지 못했다. 하지만 현장의 한국어 교육자들이나 연구자들이 이러한 문제를 전혀 의식하지 못한 것도 아니다. 이에 일부 연구자들은 한국어 문법교육에 대한 초보적인 논의를 시작하면서 '문법 용어가 갖는 이질성'에 대한 이견을 지적하기 시작했다. 민현식(2002)은 간결한 체계와 설명력 있는 문법 체계를 갖추는 일이야말로 한국어를 배우기 쉽게 만드는 기초 작업이므로 한국어 문법교육의 표준화는 시급한 일이며 문법 용어의 표준화도 당연한 과제이라고 언급한 바 있고, 중국 국내에서 김병운(2005), 왕단(2005, 2007) 등이 중국에서 사용되는 한국어 문법서나 한국어 교재 중 문법 용어의 사용 양상을 논의하고 문법 용어의 통일 문제를 하루빨리 해결하자고 제의한 바 있다. 하지만 이들 논의는 단순 문제 제기의 단계일 뿐이고, 이 문제의 구체적인 해결 방안을 제시한 것은 아니다. 외국인 학습자에게 한국어 문법 용어를 체계적으로 제시해야 할 문제의식을 가지고 구체적인 문법 용어의 실제를 짚어보고, 또 구체적인 제시 방안을 마련하거나 문법 용어를 제시하는 데 꼭 해결해야 할 문제를 지적해 준 연구는 방성원(2002), 이관규(2005) 등의 것이 있다. 이들 연구는 특정한 언어로 번역된 문법 용어에 관한 내용이 아니므로 언어 간의 계열적 차이를 극복할 수 있는 문법 용어의 번역과 제시는 역시 해당 언어의 사용자만이 해결할 수 있는 문제라고 보여진다. 하지만 최근에 비약적인 발전을 하고 있는 중국내 한국어 교육의 수많은 성과들 중에 한국어 문법 용어의 중국어 표준화 문제를 전문적으로 다룬 논문은 이득춘(2000), 이득춘(2001), 손정일(2002), 손정일(2005) 등 몇 편에 불과하다.

이득춘(2000)은 조선어(한국어) 교재 편찬의 중요성을 인식하고 13개 교재들의 문법 술어에 대한 비교를 통하여 편찬된 교재들의 문제점을 지적하고 있다. 그리고 발음, 품사, 형태론, 구문론 등으로 나누어 검토하면서 '통용교재든 자체교재든 문법술어만은 마땅히 통일을 기해야 할 것이다'라고 문법 용어 통일의 필요성을 역설하고 있다. 그리고 이득춘(2001)은 『한국어표준어법』이라는 특정한 문법 교재의 술어 선택을 위해 문법 용어 선택의 6가지 원칙을 제시하기도 하였다. 이런 연구를 통해 인용된 4개의 원칙과 6개의 표준은 실제적인 교육이나 문법 교재 집필 과정에서 부딪혔던 문제점들을 풀어 가는 과정에서 이루어진 것이기에 설득력을 가진다고 할 수 있다. 이를 기초로 하여 손정일(2002)은 발음, 품사, 형태론, 구문론 등 네 영역으로 나누어 거기서 나온 문법 용어를 재정리하면서 자신의 견해를 덧붙이고 있다. 그리고 문법 용어의 통일 문제는 방법과 시기의 문제이기도 하겠지만 우선은 의지와 성의의 문제라고 '한국어 교육 1세대의 경험과 2세대의 열정, 그리고 3세대의 순수한 창신이 어우러질 수 있는 지금이야말로 한국어 문법의 한어용어 통일을 이루어 낼 수 있는 적기라고 생각한다'고 논의하고 있다. 그리고 손정일(2005)은 그가 3년 전에 제시한 제안에 대해 학계의 아무런 가시적 움직임이 보이지 않자, 이러한 상황에서 특히 논란의 여지가 많은 33개 문법 용어의 표준화 문제를 다시 언급하고 있다. 이상의 성과는 교재 출판이 줄을 잇고 있는 중국내 한국어 교육이 문법 용어의 자의적 사용을 지양하고 효과적인 한국어 문법교육을 꾀하는 데 많은 시사점을 준다고 할 수 있다. 하지만 이들 논의에서는 학습자의 요구에 대한 철저한 조사를 기초로 한 것이 아니므로 학습자들의 문법 학습의 편의를 얼마 정도 반영할 수 있을지가 의문이다. 이런 점을 감안하여 본 연구에서는 학습자의 문법 용어 사용에 대한 요구 분석을 기초로 하여 문법 용어 사용의 과학성을 지니면서도 중국인 학습자의 학습 특징을 충분히 반영하고 문법 학습 효과를 최대한으로 확대할 수 있는 문법 용어의 표준화 방안을 제안하고자 한다.

Ⅱ. 문법 용어 사용에 대한 학습자의 요구 분석

구체적인 논의를 시작하기 전에 먼저 밝혀 두어야 할 것은 여기서 거론되는 문법 용어의 중국어 표준화 문제는 이론 문법이 아니라 한국어 교육용 문법이라는 것이다. 한국어 교육용 문법이라면 교육의 대상인 학습자를 염두에 두고 해야 하는 것이다. 물론 한국어 교육용이라고 하는 것은 문법 체계를 따로 세우고 내용을 내국인을 위한 학교 문법과 다르게 정리하라는 뜻은 아니지만, 문법 기술이나 문법 용어 사용 등의 측면에서 중국인 학습자의 특성을 반영해야 한다. 문법 용어의 선택이나 번역은 한국어 교육자나 연구자들이 고민해야 할 문제인 것은 분명하지만, 문법 용어를 이해하고 사용하는 주체인 학습자의 요구를 전혀 배제해서는 안 된다. 다시 말해서 우리가 문법 용어의 중국어 표준화를 꾀하기 전에 우선적으로 고려해야 할 문제는 학습자들이 왜 한국어를 배우는가, 한국어 문법을 배우는 목적은 무엇인가, 현행 문법 용어를 이해할 수 있는가, 문법 용어를 어떻게 번역하면 문법 항목을 이해하는 데 도움이 되는가 등이다. 이러한 문제에 대한 조사는 문법 용어 번역을 위한 기초 작업이요 학습자의 요구를 충족시키고 문법 용어의 번역에 실용성을 부여하는 중요한 절차이다. 본 연구자는 문법 용어의 번역에 대한 학습자의 요구를 알아보기 위해 2007년 9월에 중국 베이징과 톈진 등지의 대학교 한국어학과 1~4학년 학부생과 대학원생 모두 150명[1]을 대상으로 설문 조사를 실시하였다. 다음은 이 조사에서 문법 용어의 사용과 직접 관계된 몇 가지 사항에 대하여 분석할 것이고, 이러한 분석은 문법 용어의 중국어 표준화 방안을 마련하는 데 기초 자료가 될 것이다.

---

1 본 조사 대상인 학습자의 학년별 분포는 1, 2, 3, 4학년 학생과 대학원생으로, 각각 42명, 46명, 44명, 12명, 6명이다.

질문 1: 한국어를 왜 배우는가?

학습자들이 왜 한국어를 배우는가라는 문제는 한국어 교육의 내용 선정이나 교수 방법을 구안하는 데 반드시 고려해야 할 문제이며, 한국어 문법교육과도 직접적인 관련이 있다. 학습자들은 학습 동기에 대한 질문에 대체로 도구적 동기(진학, 취직 등)와 통합적 동기(한국 사람과의 의사소통, 한국 문화에 대한 이해 등)으로 응답을 해 왔는데, 그 구체적인 양상을 그림으로 정리하면 다음과 같다.

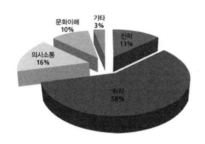

그림 1 한국어 학습 동기에 대한 대답

위의 그림 1을 통하여 우리는 한국어학과 학생 중에 취직을 목적으로 하는 학생이 대다수(58%)이고, 한국 사람과 의사소통을 하기 위한 학생, 진학을 목적으로 하는 학생, 한국 문화를 이해하기 위한 학생이 각각 16%, 13%, 10%로 나타났다.

질문 2: 한국어 문법을 왜 배우는가?

한국어 문법의 학습 동기를 조사하는 것은 문법교육을 어떻게 수행할 것인가, 그리고 문법교육 내용의 설명을 어떻게 할 것인가와 직접적으로 관련된 것이다. 학생들의 응답 중에 한국어 문법에 대한 학습을 통하여

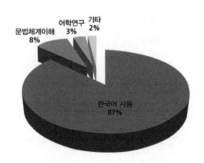

그림 2 문법 학습 동기에 대한 응답

듣기, 말하기, 읽기, 쓰기 등 언어 기능을 수행한다고 대답한 학생은 압도적으로 많았고(87%), 한국어 문법 체계를 이해하기 위하여 배운다고 대답한 학생은 8%이며, 앞으로 한국 어학을 연구하기 위해 문법 공부를 한다고 대답한 학생은 3% 밖에 안 된다.

질문 3: 지금 교재에서 사용되고 있는 문법 용어를 이해하는가?

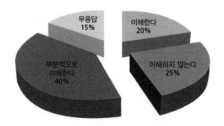

그림 3 문법 용어 이해도에 대한 응답

이 질문에 대하여 이해한다고 대답한 학생은 20% 밖에 없고, 문법 용어의 일부분만 이해한다거나 이해하지 못한다고 대답한 학생은 합쳐서 65% 정도에 달한다. 이는 기실 문법 용어가 학생에게 매우 어려운 내용이라는 점을 보여 준 실증이라고 할 수 있다. 그리고 이상하게도 설문에 꼼꼼히 답을 해 준 학생 중의 15%가 이 질문에 대해서는 무응답이었다.

이 현상은 정작 학생들 입장에서 문법 용어의 이해도에 대해서는 그다지 큰 확신이 없는 것으로 해석해 볼 수 있다.

질문 4: 한국어 문법 용어를 중국어로 어떻게 번역하면 문법 학습에 도움이 되는가?

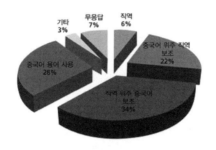

그림 4 문법 용어 번역 방법에 대한 응답

이는 한국어를 외국어로 배우는 학생에게 있어서 다소 어려운 질문이지만, 대다수의 학생들은 이 질문에 대하여도 자기의 학습 경험에 비추어 성의껏 대답해 주었다. 우리는 그림 4를 통하여 학생들이 한국어를 글자 그대로 중국어로 직역하는 방법과 한국어 문법 용어를 전부 다 중국식으로 번역하는 방법에 대하여는 부정적인 견해를 가지고 있고(이 두 가지 방법에 대한 선호도는 각각 6%, 22%에 불과하다), 이에 비하여 한국어 문법 용어와 중국어 용어의 뜻이 비슷한 경우 직역하고 중국어에는 없거나 중국어 용어와 의미 차이가 있는 경우에 직역을 위주로 하며 중국어의 상관 용어로 보충하는 방법에 대한 선호도는 34%이고 중국어 용어를 위주로 하고 한국어 용어에 대한 직역을 보조적으로 하는 방법에 대한 선호도는 28%로 나타났음을 알 수 있다.

지금까지 중국인 학습자를 상대로 실시한 설문 조사 중에 문법 용어의 선택과 번역에 직접 관계된 몇 가지 질문에 대한 학습자 요구 분석을 실시했다. 문법 용어의 중국어 표준화 문제를 원만하게 해결하기 위해서는 물론 한국어 교육자나 연구자의 의견을 고려해야 할 뿐만 아니라 교육의 대상인 학습자의 의견도 최대한 반영해야 한다. 그러므로 이상의 분석은 이어서 논의될 문법 용어 중국어 표준화 원칙의 확립과 중국어 표준화 방안의 제시에 중요한 참고가 되리라 생각된다.

Ⅲ. 문법 용어의 중국어 번역 양상과 문제점

한국어 문법 용어가 중국에서 어떤 용어로 번역되어 쓰이는지, 그 사용 양상을 알아보기 위해 지금 중국에서 출판된 8가지 중국어판 문법 교재[2]의 문법 용어를 형태론과 문장론의 측면에서 고찰하고자 한다.[3]

㉮ 朝鮮語基礎語法, 宣德五, 商務印書館, 1997.3

㉯ 韓國語標準語法, 李得春 외, 吉林人民出版社·延邊教育出版社, 2002.5

㉰ 韓國語實用語法, 崔羲秀·兪春喜, 延邊大學出版社, 2003.6

㉱ 韓國語基礎語法, 崔羲秀, 黑龍江朝鮮民族出版社, 2005.2

㉲ 現代韓國語語法, 許維翰, 北京大學出版社, 2006.6

㉳ 韓國語基礎語法與練習, 朴善姬, 北京大學出版社, 2006.8

㉴ 新編韓國語實用語法, 韋旭昇·許東振, 外語教育與研究出版社, 2006.9

㉵ 簡明韓國語語法, 朴淑子·禹佳京, 中國宇航出版社, 2006.12

---

2 이들 문법서는 대부분이 머리말이나 일러두기를 통해 그것이 한국어를 외국어로 공부하는 학습자를 위해 편찬한 것이라는 사실을 명시하고 있다. 따라서 여기서는 이들을 '문법 교재'라고 부르기로 한다.

3 지면 관계상 이 8개 교재에 나온 모든 문법 용어를 모두 다루기는 어렵고, 그중 각 교재에 보편적으로 나온 기본 용어를 비교 대상으로 삼고자 한다.

표1 문법 교재의 기본 문법 용어 번역 양상

번호	교재 용어	㉮	㉯	㉰	㉱	㉲	㉳	㉴	㉵
1	주어	主語	主語	主語	主語	主語	主語	主語	主語
2	서술어	謂語	謂語	謂語	謂語	謂語	敍述語	謂語	謂語
3	목적어	賓語	賓語	賓語	賓語	賓語	目的語	賓語	賓語
4	보어	補語	補語	—	—	補充語	補語	轉成賓語	補語
5	관형어	定語	定語	定語	定語	定語	冠形語	定語	定語
6	부사어	狀語	狀語	狀語	狀語	狀語	副詞語	狀語	狀語
7	독립어	獨立成分	獨立成分	獨立成分	獨立成分	獨立語	獨立語	獨立成分	獨立成分
8	홑문장	單句	單句	單句	單句	單句	—	單句	單句
9	겹문장	復句	復句	復句	復句	復句	—	復句	復句
10	이어진문장	—	連結復句	—	—	連接句	接續句	—	—
11	안은문장	包孕句	包孕句	—	—	包孕句	內包句	包孕句	包孕句
12	높임법	尊稱	尊敬法	尊稱	敬語形式	階稱	敬語法	尊稱	敬語法
13	시제	時制	時制	時態	時態	時制	時制	時制	時間
14	서술문	陳述句	平敍句	陳述句	陳述句	陳述句	平敍句	陳述句	陳述句
15	의문문	疑問句	疑問句	疑問句	疑問句	疑問句	疑問句	疑問句	疑問句
16	명령문	命令句	命令句	命令句	命令句	命令/祈使句	命令句	祈使句	命令句
17	청유문	共動句	請誘句	共動句	共動句	請誘/共動句	請誘句	共動句	共動句
18	구	—	詞組	短語	短語	短語	句	—	—
19	절	子句	小句	—	—	節	節	子句	子句
20	문장	句子	句子	句子	句子	句子	句子	—	句子
21	형태소	詞素	詞素	語素	語素	詞素	形態素	詞素	詞素
22	단어	詞	單詞	詞	詞	詞	詞	詞	詞
23	단일어	—	單純詞	單純詞	單純詞	單一詞	—	—	—
24	복합어	—	複合詞	合成詞	合成詞	複合詞	—	—	—
25	접사	詞綴	詞綴	詞綴	詞綴	接詞	—	詞綴	詞綴
26	접두사	接頭詞	前綴	前綴	前綴	接頭詞	接頭詞	前綴	接頭詞
27	접미사	接尾詞	後綴	後綴	後綴	接尾詞	接尾詞	後綴	接尾詞
28	품사	詞類	品詞	詞類	詞類	—	詞類	詞類	詞類
29	체언	體詞	體詞	體詞	體詞	體詞	體詞	體言	體詞
30	용언	謂詞	用詞	謂詞	謂詞	謂詞	用言	謂詞	謂詞
31	관계언	—	—	關係詞	關係詞	關係詞	關係言	關係詞	—

번호	교재 용어	㉮	㉯	㉰	㉱	㉲	㉳	㉴	㉵
32	수식언	−	修飾詞	修飾詞	修飾語	修飾詞	修飾言	修飾詞	−
33	독립언	−	−	獨立詞	獨立語	獨立詞	獨立言	獨立詞	−
34	명사	名詞	名詞	名詞	名詞	名詞	名詞	名詞	名詞
35	의존명사	不完全名詞	依存名詞	依存名詞	依存名詞	依存名詞	依存名詞	不完全名詞	依存名詞
36	대명사	代詞	代名詞	代詞	代詞	代名詞	代名詞	代詞	代詞
37	수사	數詞	數詞	數詞	數詞	數詞	數詞	數詞	數詞
38	서수사	序數詞	序數詞	序數詞	序數詞	序數詞	序數詞	序數詞	序數詞
39	양수사	基數詞	量數詞	基數詞	基數詞	基數詞	量數詞	基數詞	基數詞
40	조사	體詞詞綴	助詞	助詞	助詞	助詞	助詞	助詞	助詞
41	격조사	格詞綴	格助詞	格助詞	格助詞	格助詞	格助詞	格助詞	格助詞
42	접속조사	−	竝列助詞	−	−	接續助詞	接續助詞	−	−
43	보조사	添意詞綴	補助詞	添意助詞	添意助詞	補助詞	補助詞	添意助詞	添意助詞
44	동사	動詞	動詞	動詞	動詞	動詞	動詞	動詞	動詞
45	타동사	他動詞	他動詞	及物動詞	及物動詞	他動詞	他動詞	及物動詞	他動詞
46	자동사	自動詞	自動詞	不及物動詞	不及物動詞	自動詞	自動詞	不及物動詞	自動詞
47	보조동사	輔助動詞	補助動詞	−	補助動詞	輔助動詞	補助動詞	輔助動詞	輔助動詞
48	형용사	形容詞	形容詞	形容詞	形容詞	形容詞	形容詞	形容詞	形容詞
49	관형사	冠形詞	冠形詞	冠形詞	冠形詞	冠形詞	冠形詞	冠詞	冠形詞
50	부사	副詞	副詞	副詞	副詞	副詞	副詞	副詞	副詞
51	감탄사	感嘆詞	感嘆詞	嘆詞	嘆詞	感嘆詞	感嘆詞	感嘆詞	感嘆詞
52	어미	謂詞詞綴	詞尾	詞尾/語尾	語尾	詞尾	語尾	詞尾	詞尾
53	선어말어미	−	非語末詞尾	前置語尾	−	先詞末詞尾	先語末語尾	−	−
54	어말어미	−	語末詞尾	後置語尾	−	詞末詞尾	語末語尾	−	−
55	종결어미	終結詞綴	終結詞尾	終結語尾	終結語尾	終結詞尾	終結語尾	終結詞尾	終結詞尾
56	연결어미	接續詞綴	連接詞尾	連結詞尾	連結語尾	連結詞尾	連接語尾	連接詞尾	連接詞尾
57	전성어미	−	轉成詞尾	轉類語尾	轉類語尾	轉成詞尾	轉成語尾	−	−
58	관형사형 어미	定語時制詞綴	冠形詞形詞尾	定語型形詞尾	定語型語尾	冠形詞轉類語尾	冠形詞形語尾	定語詞尾	定語詞尾
59	명사형어미	體詞形詞綴	名詞性詞尾	名詞型語尾	名詞型轉類語尾	名詞形詞尾	名詞形語尾	名詞形詞尾	體詞形詞尾
60	부사형어미	−	−	−	−	−	−	−	−

이상으로 기존의 8가지 문법 교재에 대한 고찰을 통하여 한국어 문법 용어의 중국어 번역 양상을 살펴보았다. 한국어 문법 교재에 나타난 문법 용어 번역의 주요 문제점은 다음과 같이 몇 가지로 나누어 정리할 수 있다.

첫째, 하나의 개념에 대하여 다양한 중국어 번역이 존재한다는 것이 가장 큰 특징이다. 위의 표 1에서 보는 바와 같이, 대부분의 문법 형태에 대하여 다양한 번역어가 존재하는 경우가 매우 많다. 예를 들면 접사를 詞綴, 接詞, 의존명사를 不完全名詞, 依存名詞처럼 두 가지 용어로 번역하는 경우가 가장 보편적인 현상이고, 절을 小句, 子句, 節, 구를 詞組, 短語, 句, 용언을 謂詞, 用詞, 用言, 보조사를 添意詞綴, 補助詞, 添意助詞, 어미를 謂詞詞綴, 詞尾, 語尾처럼 세 가지 용어로 번역하는 예도 있으며, 심지어 선어말어미처럼 하나의 용어를 非語末詞尾, 前置語尾, 先詞末詞尾, 先語末語尾로 네 가지 용어로 번역하는 경우와 관형사형어미처럼 體詞形詞綴, 名詞性詞尾, 名詞型語尾, 名詞型轉類語尾, 名詞形詞尾, 名詞形語尾, 體詞形詞尾 등 7가지 용어로 번역하는 경우도 있어 이 문제의 심각성을 충분히 보여주고 있다. 같은 문법 현상을 서로 다른 교재에서 이렇게 각양각색의 용어로 기술하고 있으니 학습자가 이해의 어려움을 겪는 것은 당연하다.

둘째, 용어가 같으나 지시하는 대상이 서로 동일하지 않은 경우도 있다. 예를 들면, 홑문장과 겹문장의 경우는 한국어에는 주어와 서술어가 한 번 나타나면 홑문장이고 두 번 이상 나타나면 겹문장이 된다. 그리고 겹문장은 다시 이어진 문장과 안은 문장으로 나눈다. 전자는 홑문장과 홑문장이 대등하거나 종속적으로 이어지는 것이고, 후자는 홑문장이 다른 문장 속의 한 문장 성분이 되는 것을 뜻한다. 중국의 한국어 문법 교재를 보면 문장의 짜임새를 기술할 때 홑문장과 겹문장을 대부분 각각 單句와 復句로 번역해 주기는 하지만 한국어의 홑문장, 겹문장이 지시하는 대상이 동일하다고 볼 수 있는 것은 교재 ㉯, ㉱, 그리고 ㉶ 밖에 없다. 나머지 교재 중에 교재 ㉮, ㉰, ㉳, ㉵는 홑문장과 겹문장으로 이분되어 있지만 안은 문장은 겹문장에 속한 것이 아니라 홑문장에 속한다. 즉 이들 교재에서의 單句는 한국어의 '홑문장+안은 문장'과 비슷한 개념이고, 復句는 한국어의 이어진 문장과 비슷한 개념이다. 이외에 교재 ㉷에서는 單句, 包孕句, 復句로 삼분되어 있다. 그중에 單句는 한국어의 홑문장과 같은 개념이고 包孕句는 한국어의 안은 문장과 비슷한 존재이지만 單句에 속한 것도 아니고 復句에 속한 것도 아니며 이들 문법서에서의 復句는 한국어의 겹문장 중의 이어진 문장과만 같다. 그리고 교재 ㉳의 경우 한국어의 9 품사 중의 조사를 품사 중에 제외시키고 한국어 품사 분류에 없는 量詞, 象徵詞, 連詞를 품사 분류에 첨가하는 것이다. 그중에 量詞는 의존명사의 일부분이고, 象徵詞는 의성의태어이며 連詞는 연결 부사와 같은 개념이다. 그러므로 이 교재에서 다루는 名詞, 副詞는 한국어의 명사, 부사보다 그 범위가 좁아진 것이 사실이다. 그러면 이 교재에 나온 명사, 부사라는 용어는 다른 교재의 용어와 같은 개념을 의미한다고 할 수 없을 것이다.

셋째, 한국어의 원어를 그대로 차용하여 한자로 표기하는데, 그 용어가 지시하는 대상은 중국어 문법 용어가 지시하는 대상과 전혀 다른 것이다. 예를 들면 한국어의 보어는 거의 다 補語라고 번역해 주지만, 한국어의 보어는 '되다. 아니다'와 같은 서술어를 필요로 하는 문장 성분이고 (서울대학교 국어교육연구소, 2002), 중국어의 보어는 일반적으로 형용사, 동사, 구 등으로 구성되어 홑문장 중에 中心語를 보충 설명하는 성분을 말한다(陳學忠, 2006). 이 보어는 중국어의 補語와 용어가 같지만, 안에 내포되어 있는 개념은 전혀 다르다. 그러므로 이 용어의 사용은 학습자들의 이해의 혼란을 야기할 수도 있다.

넷째, 서로 다른 문법 개념에 대하여 동일한 번역어가 사용되는 경우가 있다. 예를 들면 교재 ㉮에서는 접사와 조사 그리고 어미를 다 詞綴이라고 번역해 주고 있지만 한국어의 접사와 조사, 그리고 어미는 그 기능과 분포가 다 같은 것이 아니기 때문에 이 용어를 이렇게 번역해 주는 것은 분명히 문제가 된다.

다섯째, 같은 교재 안에서 문법 용어상의 혼란이 보인다. 이 문제는 교재 ㉮에서 그 실례를 바로 찾을 수 있다. 예를 들면 이 교재의 7장은 한국어의 어미에 관한 내용이며 어미에 대하여 설명할 때는 거의 다 글자 그대로 語尾라고 번역해 주었지만, 제7장의 페이지마다 그 머리말에다 詞尾라고 표기되어 있어 용어 사용의 일관성이 결여되었다는 인상을 지울 수 없다.

이상은 문법 교재의 용어 번역 문제에 대한 간단한 분석이다. 이런 분석을 통하여 기존의 문법 교재는 '용어의 번역에서 비롯된 이질성'이라는 심각한 문제를 안고 있다. 이런 현상이 발생한 원인은 여러 가지가 있겠지만, 그중 한국어 문법 체계, 특히 교육 문법 체계에 대한 이해, 문법 용어 간의 대응 관계에 대한 판단, 신조어를 만드는 방법의 차이, 번역자가 받게 되는 한국어 용어나 중국어 용어의 간섭과 영향 등이 중요한 원인으로 분석될 수 있다.

Ⅳ. 문법 용어 중국어 표준화의 기준과 그 원칙

이렇게 번역자 개인의 판단과 인식에 의해 각각 다르게 번역된 용어를 좀 더 보편적이고 효율성 있게 번역하기 위해 우선 일정한 기준과 원칙을 세워야 한다. 이 기준과 원칙을 설정하기 전에 미리 고려해야 할 사항은 이들 용어를 사용하는 학습자의 요구 사항이다.[4] 학습자들이 문법 공

---

4 이 문제에 대해서는 방성원(2002)도 다음과 같이 논의한 바 있다. '문법 설명을 이루

부를 하는 목적은 한국어 문법 체계를 알거나 언어학을 공부하는 것보다 언어 기능을 잘 수행하기 위해서라는 것은 위의 2장에서 실시한 학습자 요구 조사를 통하여 확인할 수 있다. 따라서 문법교육이 수행하는 기능은 문법 지식을 잘 아는 언어 연구자나 학자를 양성하는 데 기여하기보다 한국어 사용으로서의 한국어 습득을 위한 참조 문법 의 기능을 하는 것이고, 아울러 듣기, 말하기, 읽기, 쓰기 등 한국어 구사 능력의 습득, 발달에 기여한다는 것이다. 이런 의미에서 볼 때 우리가 지향하는 문법 용어 표준화의 가장 큰 전제는 학습자 중심의 문법 용어라는 것이고 문법 용어의 적절하고 정확한 번역을 하기 위해 우선 학습자들의 문법 학습에 꼭 필요한 용어, 학습자들이 쉽게 이해할 수 있는 용어, 그리고 학습자의 문법 이해와 사용에 실질적인 도움이 되는 용어이어야 한다.

또한 문법 용어의 중국어 표준화를 도모하기 위하여 우선 명확히 해둬야 할 또 한 가지의 문제는 어떤 문법 체계를 따라야 하는가라는 문제이다. 원어의 표준화가 일차적으로 이루어져야만 번역어의 표준화가 이루어진다는 취지에서 문법 체계의 표준화 문제는 문법 용어의 표준화를 논할 때 피할 수 없는 중요한 과제라고 볼 수 있다. 한국어 문법교육을 실시할 때 저마다 다른 문법 체계를 따르면 결국 통일된 문법 용어는 기대할 수가 없으므로 이 문제의 해결은 문법 용어 표준화의 필수 조건이라고 생각된다. 최근 몇 년간 중국에서의 한국어 문법교육은 종전의 조선 문법 체계를 따르는 것에서 지금 현재의 한국 문법 체계를 따르는 것으로 전환하는 추세를 보이고 있다. 일부 한국어 교육자는 조선 문법이 더 간결하고 명확하다고 생각하고 여전히 조선 문법 체계를 따라야 한다고

는 근간이 되는 문법 용어에 대해서도 학습자를 고려할 필요가 있다. 문법 용어는 문법 형태를 설명하기 위한 메타 언어의 구실을 하는 것이므로, 메타 언어가 문법 형태 자체보다도 더 어려운 대상이 되는 것은 바람직하지 않다.'

조선 문법 체계에 대한 미련을 느끼고 있으나, 지금 학습자들이 배우고 있는 언어가 한국어이고, 쓰고 있는 교재가 한국어 교재이기 때문에 한국식을 따라야 교수, 학습의 혼란을 피할 수 있을 것이다. 그리고 한국식을 따른다고 하더라도 내국인을 위한 학교 문법과 외국어로서의 한국어 교육 문법의 경계를 어떻게 그어야 할지도 문제가 된다. 이 문제에 대해서는 학자들의 의견이 분분하다. 한국어 교육용 문법이 내국인을 위한 학교 문법과 동일해야 한다든가 외국인 학습자를 위한 문법이라 학습자의 학습 편의를 위하여 재구성되어야 한다든가 등이 그 것이다. 본 연구자는 한국어 교육용 문법 용어는 기본적으로 내국인용 학교 문법에 기반을 두되, 세부적인 분류나 기술, 그리고 구체적인 용어의 선정 및 사용은 학습자의 학습 특징을 충분히 고려하여 보다 더 간결하고 쉽게 이해하는 방향으로 나가자는 입장이다.

따라서 한국어 교육용 문법 용어의 표준화는 위에서 논의한 기본 전제 하에 다음과 같은 몇 가지 원칙을 따라야 한다.

첫째, 정확성이다. 정확성은 문법 용어 번역의 필수 조건으로 학습자들이 문법 개념을 정확하게 이해하고 문법 항목을 적절하게 사용하게 하는 데 매우 중요하다. 정확하지 않은 용어는 생명력이 없는 용어이므로 용어를 번역할 때 최우선적으로 고려해야 할 원칙이다.

둘째, 체계성이다. 체계성은 매우 중요한 가치로서 문법 용어에 있어서 불가결한 존재이다. 용어의 체계성은 '용어의 형태와 의미, 즉, 용어를 구성한 어소의 형태와 배열 형식, 범주표시 어소의 존재, 용어의 음절수 등이 그 용어의 지시대상인 개념 및 물질이 지니는 체계나 계통성을 표현하는 성질'이라 정의할 수 있다(임병권, 2002). 한국어 문법 용어 중에는 전체 용어의 체계성을 해치고 있는 몇몇 용어가 있는데, 한국어의 '단어, 어, 사, 언'이 그 예이다.[5] 이러한 용어를 체계적으로 번역해 주는 것은 문법 용어의 체계성을 살리고 일관성을 확보하는 중요한 작업이라고 할 수 있다.

셋째, 생산성이다. 항상 체계성과 관련지어 언급된 원칙 중의 하나는 다른 용어를 새로이 구성하고 확장하는 생산성이다. 문법 용어를 체계적으로 번역해 주면 학습자들은 자기가 아는 용어를 통하여 그와 관련 있는 용어의 의미를 이해할 수 있고 그리고 그 용어가 지시하는 대상이 무엇인지 유추할 수 있어 문법 학습의 효과를 한층 높일 수 있는 좋은 방법이다.

넷째, 경제성이다. 문법 용어 사용자의 부담을 덜기 위해 갖추어야 할 요건 중의 하나이다. 중국인 학습자의 현실에 비추어 볼 때, 이미 중국어 문법과 영어 문법의 용어를 익힌 학생들이 그 용어를 별도로 배우지 않아도 그가 지시하는 대상이 무엇인지 이해하거나 유추할 수 있게 하는 것을 의미한다. 이럴 때 중국어 용어와의 대응 관계를 잘 파악하고 이미 배운 중국어 문법 용어나 영어 문법 용어로의 적절한 번역이 필요하다.

이상은 문법 용어를 번역할 때 꼭 염두에 두어야 할 몇 가지 기준이다. 이들 원칙은 어디까지나 문법 용어 번역의 가장 기본적인 기준일 뿐이고, 실질적으로 문법 용어를 번역하려면 이보다 더 구체적인 기준을 설정해야 한다. 이득춘(2000)은 문법 용어 사용의 다음과 같은 원칙을 제시하고 있다.

(1) 대다수 학자들이 공인하고 다수 저서들에서 사용할 수 있는 술어여야 한다.
(2) 한어에 대등한 술어가 있을 경우, 다시 말해서 대상어와 모어 사이에 대등 술어사일 경우 모어의 것과 일치시켜 언어습득자의 구미에 맞게 해야 한다.

---

5 이러한 용어의 번역 방법은 다음 장에서 구체적으로 다룰 것이다.

(3) 조선과 한국어의 부동한 문법체계 중에서 과학적 표준어에 따른 취사
선택을 해야 한다.

(4) 국제적인 통용 술어와도 맞고, 일반 언어학의 내용과도 일치되는 술
어여야 한다.

위에서 제시한 원칙들이 성격상 서로 맞물려 있기 때문에 막상 용어
번역에 착수하려면 이들 원칙 가운데 어느 것을 우선순위로 하느냐에 따
라 그 선택이 달라진다. 따라서 이득춘(2001)은『韓國語標準語法』을 집필
하는 과정에서 만났던 문제들을 하나씩 풀어 가는 과정에서 다음과 같은
6가지 원칙을 설정하고 풍부한 실례를 통하여 문법 용어의 번역 문제를
논의하고 있다.

(1) 한국의 표준 문법 술어에 기댐.
(2) 한국어와 한어 술어 사이에 개념 차가 있을 때는 한국어를 우선으로 함.
(3) 한국어와 한어의 내포가 대등할 경우 독자를 중심으로 함.
(4) 기왕에 널리 쓰인 용어는 이를 따름.
(5) 둘 이상의 한국어 용어는 중국인의 이해 편의를 따름.
(6) 한국에서 쓰이는 한자어 용어에 문제가 없을 때는 그대로 씀.

위의 6가지 원칙은 한국어 문법 체계에 대한 충분한 이해와 풍부한
한국어 교육 경험을 바탕으로 제시한 것이므로 상당한 설득력을 갖는다.
하지만 설령 이 원칙에 따라 문법 용어를 번역한다 해도 여러 가지 현실
적인 문제를 접하게 된다.

이에 본 연구자는 2장에서 실시한 학습자 요구 분석의 결과와 3장에서
제시한 문법 용어 번역의 문제점을 염두에 두고 이득춘(2000, 2001)이
제시한 문법 용어 번역 원칙을 중요한 토대로 하여 연구자 개인의 의견을

덧붙여 다음과 같은 문법 용어 표준화의 원칙을 제안하고자 한다.

(1) 한국어와 중국어의 용어가 형태도 같고 내포된 의미도 같을 경우 한국어 용어를 중국어로 직역한다.

(2) 중국어에 없고 한국어에만 있는 용어는 한자 그대로 전사해도 쉽게 이해할 수 있으면 한자 그대로 전사하고 그렇지 못할 경우 학습자들이 이미 알고 있는 일반 언어학이나 중국어 그리고 영어의 문법 용어를 참조하여 번역한다.

(3) 중국어 문법 용어와 형태가 같지만 의미 차이가 있거나 완전히 다른 경우 학습자의 잘못된 이해를 모면하기 위하여 다른 용어를 채택한다.

(4) 중국어 문법 용어와 비록 형태는 다르지만, 지시 대상이 동일할 경우에는 중국어 용어의 사용을 선호한다.

물론 이상의 여러 지향과 원칙들 역시 대략적인 것이고 실제로 문법 용어를 번역하는 과정에서 상호 충돌하고 갈등을 일으켜 어떻게 번역하면 좋을지 결정하기 어려울 때가 있기 마련이다. 따라서 과연 어떤 번역 용어를 채택하는 것이 정확성, 체계성, 생산성, 경제성을 두루 겸비한 문법 용어가 될 수 있을 지, 이는 실질적인 번역 과정을 통하여 확인할 수밖에 없다.

V. 문법 용어 중국어 표준화의 실제

여기에서는 이상의 논의를 기초로 실질적인 번역 실례를 통한 한국어 문법 용어의 표준화 문제를 논의하고자 한다. 3장에서 제시된 용어를 여섯 부분으로 나누어 살펴보고자 한다.

1. 문법 단위와 관련된 용어

```
형태소, 단어, 구, 절, 문장
```

한국어의 문법 단위는 형태소, 단어, 구, 절, 문장 등 다섯 층위로 나눌 수 있다. 학교 문법에서는 이들 용어에 대하여 다음과 같이 정의하고 있다(서울대학교 국어교육연구소, 2002).

형태소: 일정한 뜻을 가진 가장 작은 말의 단위를 형태소라고 한다.

단어: 자립할 수 있는 말이나, 자립할 수 있는 형태소에 붙어서 쉽게 분리할 수 있는 말들을 단어라고 한다.

구: 두 개 이상의 어절이 모여서 하나의 단어와 동등한 기능을 하는 것을 구라고 한다.

절: 두 개 이상의 어절이 모여 하나의 의미 단위를 이룬다는 점에서 구와 비슷하다. 그러나 주어와 서술어를 갖고 있다는 점에서 구와 구별되고 더 큰 문장 속에 들어 있다는 점에서 문장과 구별된다.

문장: 우리가 생각이나 감정을 완결된 내용으로 표현하는 최소의 언어 형식이다.

중국어에도 비슷한 문법 단위가 있지만, 문장까지는 다섯 층위가 아니라 詞素(語素), 單詞, 詞組, 句子 네 가지이다. '형태소'라는 용어는 중국어 문법에는 없는 용어라 그와 의미가 같은 용어는 일반적으로 語素라고 부르고 그 기본적인 기능은 단어를 구성하는 것이므로 詞素라고 부르기도 한다. 문법 용어의 체계성을 고려하여 한국어 교육용 문법에서는 형태소를 詞素라고 번역할 것을 권장한다. '단어'라는 용어는 영어의 word에 해당하는 용어이고 중국어는 詞라고 번역하는 것에 이의가 없다. 한국어의

'구'와 '절'은 중국어에는 詞組라는 하나의 용어와 대응하는 것이다. 두 용어의 차이는 전자는 詞組와 같은 것이고 후자는 詞組의 하위 단위인 主謂詞組와 같은 것이다. 3장에서 밝힌 바와 같이 중국의 문법 교재에는 절을 '子句, 小句, 節로 번역하기도 하지만, 기실 이들 용어가 일반언어학이나 중국 문법에는 없는 용어라 이해하기가 어렵고 정확성도 떨어진다. 따라서 본 연구자의 소견은 구와 절을 각각 詞組, 主謂詞組라고 번역하는 것이 타당하다고 본다. '문장'이라는 용어는 글자 그대로 전사하면 文章이지만 중국어의 文章은 한국어의 월, 글월, 이야기, 글, 그리고 텍스트라는 용어와 같은 의미(남기심·고영근, 2001)로 문장보다 한 단계 높은 문법 단위이다. 그러므로 한국어의 문장은 글자 그대로 전사할 수는 없고 중국어의 句子로 번역할 수밖에 없다.

2. 단어의 형성과 관련된 용어

단일어, 복합어, 접사, 접두사, 접미사

한국어 학교 문법에서는 하나의 어근으로 된 단어는 '단일어'라고 하고, 어근과 파생 접사로 이루어진 단어는 '복합어'라고 하며 복합어는 다시 '합성어'와 '파생어' 두 종류로 나뉜다. 한국어의 단일어를 중국어의 單純詞로 번역하는 것은 공인된 것이지만, 복합어는 複合詞로 번역하기도 하고 合成詞로 번역하기도 한다. 合成詞로 번역하는 것은 중국어 문법 체계의 영향과 한국어 이론 문법의 영향으로 귀결할 수 있다. 중국어 문법에는 거의 대부분이 單純詞와 合成詞로 나누고 合成詞는 다시 複合詞와 派生詞로 나누고 있다(葉蜚聲·徐通鏘, 2001; 陳學忠, 2006; 朱成器, 2002, 岑運强, 2003). 그리고 한국어의 일부 이론 문법에서도 학교문법과 다르게 분류하고 있는데, 즉 복합어와 합성어라는 용어는 학교 문법에서의 용어와 반대로 사용되고 있다(이익섭·이상억, 1997; 민현식, 1999). '합성'이나 '복합'이란 말은 동의성이 크지만 그 구별 또한 가능하다. 엄격하게 말하면 '합성'이란 용어는 단순히 '합쳤다'는 뜻만 드러나는데 비해, '복합'은 '동등한 요소가 중복되어 합쳤다(중복 합성)라는 뜻이 드러난다.[6] 이런 의미에서 볼 때 중국어 문법이나 일부 한국어 이론 문법의 분류가 더 타당하다고 본다. 앞으로 학교 문법에서도 이 용어에 대한 수정을 기대하며 본 연구에서는 이론 문법의 체계와 용어에 따라 분류하고 번역하기로 한다. 즉 단어는 單純詞와 派生詞와 複合詞로 나뉘고 派生詞와 複合詞는 묶어 合成詞라고 보는 관점이다.

'접사'라는 용어는 일반언어학이나 중국어 문법, 그리고 영어 문법에는 다 이에 대응하는 용어가 있는데 그것은 바로 詞綴이다. 詞綴이라는 용어는 학습자에게 있어서 아주 낯익은 용어라 接詞보다 詞綴이라는 용어로 번역하는 것이 용어 번역의 경제성 원칙을 더 잘 반영하고 있다고 생각된다. 접사의 기능은 단어를 구성하는 것이므로 더 구체적으로 말하면 이는 構詞詞綴이다. 이에 따라 접두사와 접미사는 각각 前綴, 後綴로 번역할 것을 권장한다.

---

6 민현식(1999)은 이 문제에 대하여 "어근과 접사와 같은 비대등적 요소의 합성이 아니라 어근과 어근의 결합과 같이 대등적 요소의 합성일 경우는 어근이 대등한 자격으로 중복되었다는 뜻에서 '복'이 들어 있는 '복합어'라는 용어를 씀이 좋을 것이다. 그리고 어근과 접사의 합성인 파생법과 어근과 어근의 합성인 복합법을 모두 포괄하는 상위 개념으로는 어근이나 접사의 요소가 단순히 합쳤다는 뜻에서 '합성어'라는 용어를 씀이 좋을 것이다"라고 논의하고 있다.

3. 품사와 관련된 용어

> 품사, 체언, 용언, 관계언, 독립언, 수식언, 명사, 대명사, 수사, 동사, 형용사, 부사,
> 관형사, 감탄사, 조사, 의존명사, 타동사, 자동사, 보조 동사, 서수사, 기수사, 보조
> 사, 접속조사, 격조사

품사에 관한 용어의 번역 문제를 논의하기 전에 우선 '어, 사, 언' 등
몇 가지 용어에 대하여 그 의미를 명확하게 하고자 한다. 한국어는 '단어'
라는 의미를 표현할 때 '어, 사, 언' 등의 어소가 포함된 문법 용어를 이용
하는데, 그 예는 다음과 같다.

  어: 단일어, 복합어, 어미, 어근, 어휘[7]
  사: 품사, 명사, 동사, 형용사, 부사
  언: 체언, 용언, 관계언, 독립언, 수식언

이상의 예를 통하여 '어, 사, 언' 등은 복합어의 어소로 사용되는데 중
국어의 詞, 영어의 word로 번역되는 용어이다. 그러므로 '단일어', '어휘',
'체언' 등의 용어는 각각 '單純詞', '詞彙', '體詞' 등으로 번역할 수 있다.
한국어의 '품사'라는 용어는 明治時代에 일본에서 번역되었다가 나중에
한국과 중국에 전해진 것으로 보인다(임병권, 2002에서 재인용). 품사(品
詞 parts of speech)란 단어를 그 문법적 성질에 따라 분류한 한 갈래
한 갈래를 가리킨다. 품사는 곧 단어들의 유(類 word-class)인 것이다(이
익섭, 2002). 즉 품사라는 용어는 한국인들이 일반적으로 인지하고 있는
한자어 상식으로 한눈에 그 의미 분석이 되는 용어가 아니다. 그리고 품

---

7 여기서 말하는 '어'는 형태론에서의 개념이며, 통사론에서 자주 거론되는 '주어, 서술
어' 등에서 말하는 '어'와는 다른 개념이다.

사라는 용어는 동사 品(분류하다)과 명사 詞(단어)의 결합이지만, 한국어의 품이라는 말은 '분류하다'로 잘 사용되지 않을뿐더러 '品詞'와 같은 구조의 단어도 흔치 않아 이 용어의 사용자에게 상당히 부담이 되는 용어라고 할 수 있다. 연구자 개인 생각으로는, 이 용어를 장차 사류(詞類)나 사품(詞品)과 같은 용어로 대체하면 좋겠다는 생각인데, 이와 동시에 중국어의 詞類로 번역할 것을 권한다.

한국어의 단어는 문장 속에서 담당하는 기능에 따라 '체언', '용언', '관계언', '수식언', '독립언'으로 분류하고 있다. 중국어 문법에는 體詞, 謂詞라는 용어가 있는데, 각각 한국어의 체언, 용언과 비슷한 개념이지만 관계언, 수식언, 독립언이라는 용어는 존재하지 않는다. 하지만 위에서 '언'은 중국어의 '詞'로 번역한다고 지적하였으니, '關係, 修飾, 獨立'이라는 말은 그 의미 자체가 이해하기 어렵지 않으므로 각각 '關係詞', '修飾詞', '獨立詞'로 번역해도 그 문법 기능을 쉽게 파악할 수 있을 것이다.

그리고 한국어의 품사 중에 '명사', '수사', '동사', '형용사', '부사', '서수사', '기수사' 등 7개 용어는 중국어에 각각 대응하는 용어가 있어 그것들을 名詞, 數詞, 動詞, 形容詞, 副詞, 序數詞, 基數詞로 그대로 직역하면 된다. 나머지 용어에 대해서는 약간의 보충 설명이 요구된다.

한국어의 '대명사'는 대상의 이름을 대신하여 그것을 가리키는 말로 사용하는 체언의 한 가지이고 명사를 대신하는 말이다. 그러나 대명사의 이러한 정의는 명사와 구별되는 어떤 문법적 성질을 제시해 주지 않으므로 품사의 본질에 잘 맞지 않는 정의라고 볼 수 있다(이익섭, 2002). 이와 동시에 '이것, 그것' 등의 대명사는 명사를 대신하는 것 외에 수사나 문장도 대신할 수 있기 때문에 중국어 문법 용어인 '代詞'라는 말이 더 적합한 용어일 것이다.

'관형사'는 체언 앞에 놓여서 체언, 주로 명사를 꾸며 주는 단어이다. 이 용어를 글자 그대로 전사하면 그가 지시하는 대상이 무엇인지 짐작하기가 어렵고 영문법의 'particle'이란 개념과 동일하게 볼 우려가 있으므로 이 두 용어가 아닌 또 다른 용어로 번역해야 한다. 손정일(2002)은 이 용어를 '限定詞'로 번역하자는 제안을 해 주었는데 이는 현실성이 있는 용어라고 본다.

한국어의 '감탄사'는 중국어의 일부 문법서에서도 感嘆詞라고 보고 있지만, 대부분의 문법서에는 嘆詞라고 한다. 感嘆詞와 嘆詞는 기본적인 의미가 같기 때문에 그냥 感嘆詞라고 직역해도 무방하다.

한국어의 '조사'는 주로 체언 뒤에 붙어서 다양한 문법적 관계를 나타내거나 의미를 추가하는 역할을 한다. 조사에 관한 내용은 중국인 학습자에게 있어서 한국어 학습의 아주 중요한 내용이자 아주 어려운 내용이다. 중국어의 품사 중에도 助詞라는 분류가 있지만 중국어의 助詞는 단어, 구 혹은 문장에 붙어서 어떤 구조 관계나 의미를 타나내는 것인데 結構助詞(的, 地, 得, 所), 比況助詞(似的, 一樣), 動態助詞(着, 了, 過), 그리고 語氣助詞(嗎, 啊, 吧, 罷了) 등으로 분류한다. 이 용어는 한국어의 조사와는 같은 용어라고 할 수 없고 조사를 그대로 助詞로 번역하면 이 용어에 대한 인식에 혼란을 초래한다. 일반언어학 이론에 의하면 한국어의 조사는 독립적인 품사이기보다 접사와 더 유사하다.[8] 민현식(1999)도 조사를 단어로 보면 '일시에, 진실로' 따위를 각각 '단어+단어'의 복합어로 보는 문제까지 일으키므로 이런 모순을 예방하기 위해서는 조사는 굴절접사적 가치로 보아야 좋을 것이며 조사를 굴절접사에 준하는 비어근어 즉 준단어로 보자고 지적하고 있다. 따라서 학교 문법의 전체적 체계와 품사 기술의 편의상 이를 단어로 편입시키더라도 이 용어는 그냥 助詞라

---

8 일반언어학에서 詞綴은 構詞詞綴과 構形詞綴로 나눌 수 있는데, 복수의 의미를 나타내는 중국어의 '문', 영어의 '-s' 등이 그 예이다(王德春, 2000). 한국어의 조사는 독립의 품사보다 詞綴 중의 構形詞綴과 더 가까울 것이다.

고 번역할 수는 없고 詞綴이라고 번역하는 것이 더 적합하다. 여기서 또한 가지 고려해야 할 사항은 이미 앞에서 단어의 형성에 관한 용어 중에 詞綴(접사)이라는 용어가 나왔는데, 두 개념이 모순이 되지 않는가하는 것이다. 실은 이 두 개 접사의 전자는 단어를 구성하는 構詞詞綴이고 후자는 문법적 기능을 담당하는 構形詞綴이다. 한국어 조사에서 전자는 詞綴이라는 용어가 단독적으로 나오는 것보다 前綴, 後綴의 형식으로 더 많이 나오고 후자는 일반적으로 격조사, 보조사, 접속조사로 나누어서 설명하기 때문에 크게 혼란이 되지는 않을 것이다.

조사의 하위분류인 '격조사', '보조사', '접속조사'의 번역 방법은 다음과 같다. 격조사는 앞에 오는 체언이 문장 안에서 일정한 자격을 가지도록 하여 주는 조사이기 때문에 格詞綴이라고 번역하고 접속조사는 언어학 용어인 連接詞綴(王德春, 2000)로 번역한다. 그리고 보조사라는 용어는 글자 그대로 補助詞라고 번역하면 보조 역할을 하는 단어와 보충해주는 조사 이 두 가지 뜻으로 이해할 수가 있으므로 오해를 낳을 수 있을 것이다. 오히려 이 용어는 중국에서 널리 사용하고 있는 添意詞綴이라는 말을 쓰는 것이 더 명확한 용어가 되지 않을까 생각된다.

한국어의 명사 중에는 그 앞에 꾸며 주는 말, 즉 관형어가 있어야만 문장에 쓰일 수 있는 명사가 있는데, 이를 의존명사라고 한다. 의존명사는 전에 不完全名詞로 불렸다가 근래에 한국 문법 용어에 따라 依存名詞라고 부른다. 依存名詞라는 용어는 不完全名詞보다 그 문법적 의미를 더명확하게 규정해 주고 있기 때문에 여기서도 依存名詞라는 용어를 더 선호한다. 그리고 동사의 하위분류에는 보조 동사, 타동사, 자동사라는 용어들이 있는데 그에 대한 번역도 간단하게 지적해야 한다. '보조 동사'는 혼자서 쓰이지 못하고 반드시 다른 동사의 뒤에 붙어서 의미를 더하여주는 것을 말한다. 보조 동사는 한자로 전사하면 補助動詞이지만 補助라는 말은 중국어에는 일반적으로 '경제적인 도움을 준다'는 뜻으로 쓰이고

補助보다는 중국어의 다른 단어인 輔助가 '보조적인, 비주요적인' 뜻으로 쓰여 보조 동사의 의미와 더 가깝다. 따라서 보조 동사나 보조 형용사는 輔助動詞, 輔助形容詞로 번역하면 그들이 지시하는 개념이 더 확실할 것이다. 한국어 동사 중에 움직임이 그 주어에만 관련되는 것이 '자동사'이고 움직임이 다른 대상, 즉 목적어에 미치는 것이 '타동사'이다. 중국어에는 이렇게 자동사, 타동사와 대응하는 용어가 있는데 그것은 不及物動詞, 及物動詞이다. 하지만 본 연구자는 自動詞, 他動詞라는 용어로 번역할 것을 권한다. 그 이유는 두 가지가 있다. 첫째는 자동사나 타동사라는 용어는 이해하기가 어렵지 않아 이 용어만 보아도 어떤 의미인지 추측할 수 있다는 것이고, 둘째는 이 용어가 비록 중국어 문법에 널리 쓰이는 용어는 아니지만, 일부 문법서에는 더러 사용되기도 한다(朱成器, 2002). 이상의 이유로 본 연구자는 한국어의 자동사, 타동사를 중국어로 그대로 전사할 것을 제의한다.

4. 단어의 활용과 관련된 용어

> 어미, 어말어미, 선어말어미, 연결어미, 종결어미, 전성어미, 관형사형어미, 부사
> 형어미, 명사형어미

이 부분에서는 어미에 관한 몇 개 용어의 번역 방법에 대하여 논의하고자 한다. 위에서도 밝혔듯이 '어미'는 詞尾로 번역하면 된다. 그리고 본 연구자는 '어말어미'와 '선어말어미'라'는 용어가 학습자에게 큰 학습 부담을 줄 것이고 그것을 잘 이해하더라도 실질적인 한국어 학습에는 도움이 되지 않을뿐더러, 잘못하면 학습자들이 혼란에 빠지기도 한다. 그리고 선어말어미라는 용어도 너무 추상적이어서 학습자들뿐만 아니라 한국어 교육자들까지도 이 용어의 사용을 기피하는 게 사실이다. 그러므로 본

연구자의 현장 교육의 경험에 비추어 볼 때, 이 층위의 어미 분류는 생략해도 무방하다고 본다. 굳이 번역하려면 각각 詞末詞尾, 非詞末詞尾로 할 수는 있다. 그리고 '종결어미'와 '전성어미'는 終結詞尾, 轉成詞尾로 번역하면 무방할 것이고 '연결어미'는 連接詞尾 혹은 連結詞尾로 번역하는 경우가 있는데, 중국어에는 連接, 連結, 聯結, 그리고 聯接이라는 유의어가 있는데 4개의 단어 또한 전혀 차이가 없는 것은 아니다. 4개 단어의 심층적 의미를 파악하여 본다면 역시 '서로 이어진다'의 뜻만 나타내는 連接과 '정신적인 연결'의 뜻을 나타내는 聯結, '성질이나 외형이 같은 물건의 연결'의 뜻을 나타내는 聯接보다는 '서로 이어지고 결합한다'는 의미를 나타내는 連結이 가장 적합하다. 따라서 연결어미는 連結詞尾로 번역할 것을 권한다. 그리고 전성어미의 하위분류인 '관형사형어미', '명사형어미', '부사형어미'는 각각 限定詞形詞尾, 名詞形詞尾, 副詞形詞尾로 번역하면 된다.[9]

5. 문장의 유형과 관련된 용어

홑문장, 겹문장, 안은 문장, 이어진 문장, 서술문, 의문문, 청유문, 명령문

이미 3장의 문법 용어 번역 양상에 대한 고찰을 통하여 한국어 문장 유형에 관한 용어를 번역할 때 걸리는 문제가 무엇인지 살펴보았다. 즉 '홑문장', '겹문장', '안은 문장', '이어진 문장' 등 문법 용어를 각각 單句,

---

[9] 3장의 중국 현행 문법 교재에 대한 고찰을 통하여 중국의 한국어 교육 문법 체계에서 한국어의 부사형 어미는 전부 다 연결어미로 취급된다는 사실을 알 수 있는데, 부사형 어미의 문법적 의미와 한국어 교육 문법의 체계성을 고려하면 이는 전성어미로 보는 것이 더 타당하다.

復句, 包孕句, 連結復句로 번역하는 것은 크게 문제가 안 되지만 안은 문장은 홑문장에 속하는가, 겹문장에 속하는가 아니면 독자적인가라는 것은 아직 통일적인 해답을 찾을 수 없다. 이에 본 연구자는 한국어 학교 문법의 체계를 따라서 안은 문장을 이어진 문장과 같이 겹문장에 귀속시킬 것을 주장한다. 따라서 두 용어를 각각 包孕復句, 連結復句로 번역한다. 그리고 한국어 문장은 진술의 목적에 따라 '서술문', '의문문', '청유문', '명령문'으로 나눌 수 있는데, 이는 중국어의 문장 유형과 크게 다를 것이 없다. 앞에서도 지적했듯이, 한국어의 문장은 중국어의 句子와 대응하는 용어이므로 한국어 문장론에서 말하는 '문'은 바로 문장이고 중국어의 句로 번역한다. 그리고 '서술'과 '청유'라는 비교적 낯선 용어보다 중국인 학습자들이 상대적으로 익숙한 '陳述'과 '共動'으로 바꾸면 학습자들이 더 쉽게 받아들일 것이다. 따라서 4개 용어는 각각 陳述句, 疑問句, 共動句, 命令句로 번역한다.

6. 문장 성분과 관련된 용어

주어, 목적어, 서술어, 보어, 관형어, 부사어, 독립어

3장에서는 문법 성분에 관련한 용어의 고찰을 하였는데, 이 부분과 관련된 용어의 번역은 다른 문법 사항에 비해 중국어 문법의 영향을 더 많이 받는다는 현상을 발견할 수 있었다. 이는 학습자의 이해 편의를 우선적으로 고려했기 때문이라고 해석된다. 우선 '주어'라는 용어는 主語로 번역하고 '서술어'는 謂語라고 하는 것이 일반적인 의견이다. 그리고 '관형어'와 '부사어'는 글자 그대로 冠形語와 副詞語로 번역하면 의미가 조금 애매모호하여 학습자의 용어 이해에 부담이 될 우려가 있다. 그러므로

이와 지시 대상이 같고 중국어 문법에서 널리 쓰이는 定語, 狀語로 번역하는 것이 타당하다고 본다. 그리고 '독립어'는 중국의 기존 문법서에는 대부분 獨立成分이라고 번역되지만 문법 용어의 체계성과 일관성을 고려하여 이것을 獨立語로 번역하고자 한다. '목적어'는 서술어의 동작 대상이 되는 문장 성분인데, 중국어에 이와 대응되는 용어는 일반적으로 賓語이다. 賓語라는 용어로 번역하는 것은 目的語라는 용어를 그대로 옮겨 쓰는 것보다 쉽고 빠르게 이해될 수 있을 것이다(손정일, 2005).

문장 성분에 관한 용어 중에 가장 문제가 되는 것이 '보어'이다. 중국어에서의 補語는 동사 뒤에 붙어서 결과, 방향, 정도, 상태, 가능 등을 나타내는 용언 성분이고 일명은 後置狀況語이다. 한국어 문법에서는 '되다'와 '아니다'와 같은 서술어를 필요로 하는 문장 성분만을 가리킨다. 하지만 중국의 한국어 문법 교재에는 한국어의 보어를 대부분 補語로 번역하여 사용하고 있다. 이렇게 볼 때, 중국의 補語 개념에 익숙한 중국인 학습자에게 한국어의 보어를 그대로 補語라고 번역해 주는 것은 학습자의 혼란을 초래할 만한 일이 아닐까 걱정된다. 이에 본 연구자는 한국어 보어와 중국어 補語와의 경계를 분명하게 긋고 한국어 보어를 韓式補語라고 명명하며 그것을 일종의 특수구문으로 설명해 줄 것을 제안한다.

7. 문법 요소와 관련되는 용어

시제, 높임법

중국어 문법에서 시제는 時라고도 하고 時態, 時制라고도 한다. 이 용어를 번역할 때는 한국어 학교 문법의 원어 그대로 번역하는 것이 더 타당할 것이다. 그리고 높임법에 대하여도 여태까지 尊稱法, 尊敬法, 階稱, 敬語法 등 여러 가지 용어로 설명해 왔는데, 한국어의 높임법은 상하

관계와 친소 관계에 따라 높임 표현과 낮춤 표현을 구별하여 쓰기 때문에 엄격하게 말하면 이것을 階稱이라고 번역해야 한다.

이상으로 중국 문법 교재에 나온 60개 문법 용어의 구체적인 번역 방안에 대하여 간단히 논의하였다. 이외에도 중요한 용어가 많지만, 지면 관계상 모두 다루지는 못했다. 이제 이상의 논의를 통하여 얻은 결과를 표 2를 통해 정리하고자 한다.

표 2 한국어 문법 용어 중국어 대역표

원어	번역어	원어	번역어	원어	번역어	원어	번역어	원어	번역어
형태소	詞素	용언	謂詞	조사	構形詞級	선어말어미	非詞末詞尾	의문문	疑問句
단어	詞	관계어	關係詞	의존명사	依存名詞	연결어미	連結詞尾	청유문	祈使句
구	詞組	독립언	獨立詞	타동사	他動詞	종결어미	終結詞尾	명령문	命令句
절	主謂詞組	수식언	修飾詞	자동사	自動詞	전성어미	轉成詞尾	주어	主語
문장	句子	명사	名詞	보조동사	輔助動詞	관형사형어미	限定詞形詞尾	목적어	賓語
단일어	單純詞	대명사	代詞	서수사	序數詞	부사형어미	副詞形詞尾	서술어	謂語
복합어	合成詞	수사	數詞	기수사	基數詞	명사형어미	名詞形詞尾	보어	韓式補語
접사	構詞詞級	동사	動詞	보조사	添意詞級	홑문장	單句	독립어	獨立語
접두사	前綴	형용사	形容詞	접속조사	接續詞級	겹문장	復句	관형어	定語
접미사	後綴	부사	副詞	격조사	格詞級	안은문장	包孕復句	부사어	狀語
품사	詞類	관형사	限定詞	어미	詞尾	이어진문장	接續復句	시제	時制
체언	體詞	감탄사	感嘆詞	어말어미	詞末詞尾	서술문	陳述句	높임법	敬語法

본 연구자가 여기서 제안한 용어 번역의 원칙이나 번역 방법에 대하여, 어쩌면 일부 학자들은 번역 대상인 한국어 문법 용어 중에 한자어가 많다는 특수성이 있는데, 그것을 굳이 힘들게 번역하기보다, 그냥 한국어 원어를 그대로 차용하면 한국어 문법 용어의 표준화 문제를 쉽게 해결할 수 있지 않는가라고 반문할지도 모른다. 하지만 본 연구자의 생각

은 다르다. 용어를 번역하는 과정에서 문법 용어의 직역을 가장 큰 원칙으로 삼고 번역할 때에도 최대한으로 이 원칙을 존중하지만, 전적으로 원어 그대로를 전사하는 것은 불가능한 일이며 그렇게 할 필요가 없다고 보기 때문이다. 그 이유는 우선 한자어인지 고유어인지 그것은 중국인에게 있어서는 어디까지나 외국어일 뿐이다. 한자어라고 해서 중국인들이 다 이해할 수 있는 것이 아니다. 그리고 '문장', '조사', '보어', '구' 등과 같은 용어의 전사는 학습자의 문법 이해에 큰 혼란을 초래하기 때문에 문법 용어 중의 상당 부분은 직역을 못한다는 것이다. 또한 만약 한자어를 차용하지 않고 중국식으로 번역해 준다면 학습자들이 한국어로 된 문법서를 볼 때 용어의 불일치로 인한 혼란을 느끼지 않을까 하는 우려도 있지만, 이미 2장에서 살펴본 문법 용어 사용에 대한 요구 분석을 통하여 학습자들이 문법을 공부하는 주목적이 한국어 듣기, 말하기, 읽기, 쓰기 등 언어 기능을 수행하기 위함에 있고, 진학을 위해 배우는 학생은 전체 학생수의 13% 밖에 없고, 설사 진학한다 해도 언어학을 공부하려는 학생은 많지 않을 것이다. 이 극소수의 학습자를 위해 대다수 학습자의 학습 편의를 희생할 경우, 실제 얻는 것보다 잃는 것이 더 많다. 그리고 향후 한국어 문법 공부를 하려는 학습자를 위해서라면 한국어 문법 용어의 중국어 번역어를 제시할 때 한국어 원어를 같이 제시해 주고 그것을 그냥 하나의 단어로 인지하게 하는 것도 방법 중의 하나이다. 우리들이 대학에서 한국어를 교육하는 과정에서 학습자에게 제공할 수 있는 문법 용어의 수는 제한되어 있기 때문에 이들 용어를 단순히 공부의 대상으로 삼을 경우 학습자에게 큰 학습 부담은 되지 않는다. 이상의 이유로 본 연구자는 한국어 문법 용어에 대한 지나친 차용이나 직역을 지양하고 그것을 외국어 단어로 보고 적절하게 번역해 주어야 한다고 생각한다. 그리고 한국어 용어의 표준화를 도모하는 것은 결국 한국이나 일본 등 다른 나라와의 문법 용어 통일을 위한 것이 아니라 중국에서의 한국어 문법교육을 더 효과적으로 진행하기 위한 중국 내에서의 통일이라는 것을 거듭 강조하고 싶다.

Ⅵ. 맺음말

본 연구는 중국인 학습자들의 한국어 문법 용어에 대한 요구 분석과 중국에서의 한국어 문법 용어 번역 양상에 대한 고찰을 통하여 기존의 한국어 문법 용어의 중국어 번역상에 존재하는 문제점의 인식에서 비롯되었다. 연구 내용은 이에 대한 합리적인 문법 용어의 중국어 표준화 원칙을 제기하고, 60개 한국어 문법 용어의 구체적인 번역 방법에 대하여 논의하였는데, 물론 지면의 제한과 본 연구자의 역량 부족으로 인해 중요한 한국어 문법 용어에 대한 전면적인 논의에 이르지는 못했다. 설사 논의한다고 하더라도 본 연구자의 개인적인 견해에 불과하고 이론적으로 더 많은 논증 과정이 필요한 부분도 더러 있다.

하지만 문법 용어 사용상의 혼란과 문법 용어의 표준화가 한국어 문법교육이나 한국어 교재의 개발에 가져다 줄 큰 의미를 인식하면서도 이 문제에 대한 충분한 중시를 환기하지 못한 학계의 현실에 비추어 볼 때 본 연구자의 목소리가 비록 크지 않더라도 이러한 문제의식과 호소는 그 자체가 사뭇 의미가 있다고 본다. 하지만 이 연구를 하는 과정 내내 한국어 문법 용어의 표준화 과제는 어느 한 개인의 힘으로, 개인적인 차원에서 실현할 수 있는 것이 결코 아니라는 것을 새삼 느꼈다. 한국어 교육자, 연구자 간의 협력이 필요하고 권위 있는 기관의 주도가 필요하다. 한국의 중국언어연구회가 외국어로서의 중국어를 배우는 학습자를 위해 17년 전인 1991년에 이미 '중국어 문법용어 통일 시안을 통과시켰는데, 이에 비해 60여 년의 유구한 역사를 자랑하는 중국의 한국어 교육계는 아직까지 제대로 된 중국의 한국어 문법 용어 표준화 방안을 마련하지 못한 상태이다. 비록 쉬운 일은 아니지만 한국어 교육자나 연구자들이 한국어 문법교육을 발전시키기 위한 일념으로 꾸준히 힘을 모아준다면 한국어 문법 용어의 표준화 방안이 마련될 날이 멀지 않으리라 생각한다.

민현식(2008), 한국어교육에서 소위 다문화교육의 문제점에 대해, 한국언어
문화학 제5-2집, 국제한국언어문화학회.
지현숙(2010), 한국어교육에서 문화 교육과정 연구의 새로운 탐색-소위 '다문화
교육'을 넘어-, 한국언어문화학 제7-2집, 국제한국언어문화학회.

현재 한국어교실에서 이루어지고 있는 문화교육은 동화주의적 방식이나
이념적 편향주의를 벗어나고 정체불명의 다문화주의도 극복하여 새로운 패
러다임을 마련해야 할 필요가 있다. 한국 사회의 맥락에서 소위 다문화교육
이라는 연구 주제는 외국어로서의 한국어교육(TKFL)과 제2언어로서의 한국
어교육(TKSL)을 구분지어 주면서 교육적 담론과 실천을 매개하는 기능을 한
다. 그러나 관련 연구사들을 살펴보면 한국어교육이든 국어교육이든 문화 교
육과정을 중심으로 교육적 지향을 논의하는 것이 본격적으로 시도되지 않았
음을 알 수 있다. 이러한 배경 하에 민현식(2008)의 연구는 다문화와 관련한
연구 동향과 그간 이루어져 온 다문화 교육론의 쟁점들을 개관하고 과도한
다문화교육론이 가져오는 다원주의 문화교육의 위험성을 경고하면서 국가성
기반의 교육을 기본으로 한 세계성 교육을 제안하였다.

지현숙(2010)은 민현식(2008)이 바로잡은 다문화 관련 개념들을 계승·발전
시키고 소위 '다문화 교육론'을 본격화하기 위해 시도되었다. 한국어교육 전공
생, 한국어 교사, 대학 교직원 등 한국어교육 관련자를 대상으로 한 다문화 관
련 인식 조사, 기존 문화 교육 이론의 비판적인 수용, 한국어 교육기관의 문화
교육 내용 조사 및 문화 교재 분석 등을 통하여 문화 교육과정을 설계하기 위한
이데올로기를 마련하고 제안하였다. 이를 바탕으로 올바른 문화 교육의 실천은
일방적인 동화의 강요가 아니라 조화와 상생을 추구하는 것에서 비롯되며 한국
어가 모국어가 아닌 외국인과 한국어가 모국어인 교육 관련자 사이의 상호교섭
적인 교육이 절실함을 강조하였다. 덧붙여 실제 교수법을 통해서 문화 교육과
정의 실천 방안들을 구안하여 보여주었다. 민현식(2008)에서 정립된 다문화 관
련 이데올로기를 기반으로 한 지현숙(2010)의 연구는 문화 교육과정의 설계, 결
혼 이주 여성 혹은 유학생 대상 문화 교재의 제작, 문화 교육을 담당할 교사
훈련 등으로 확장될 수 있는 단초를 마련했다는 점에서 연구사적 가치가 있다.

한국어교육에서 소위 다문화교육의 문제점에 대해[*]

민 현 식

요 약

지구촌의 세계화가 급격하게 진행되면서 소위 다문화교육은 긴급한 현안이 되었다. 다문화교육은 여러 학문이 연합하는 학제적 성격이 강하므로 본고에서는 그간 이루어져 온 다문화교육론의 쟁점을 개관하고 한국어교육에서 과도한 다문화교육론이 가져오는 다원주의 문화교육의 위험성을 경고하고자 하였다.

본고는 다문화교육에 대한 잘못된 개념들을 바로잡고 특히 결혼 이주 여성 가정의 지원 실태와 문제점을 학습 동기와 한국어 능력, 문화 충격, 모국어

---

[*] 『한국언어문화학』 5권 2집(국제한국언어문화학회 2008년 발행)의 115쪽부터 150쪽까지에 수록되었음. 또한, 요약은 원문에는 수록되지 않았던 것을 이 책에서 새롭게 작성한 것이다.

교육 등을 중심으로 살펴보았다. 결혼 이주 여성은 결혼으로 한국인이 되었기에 그 가정을 다문화가정 보다는 '외국인가정'으로 부르는 것이 적절하며 이들에게는 애국 시민 양성을 주로 하는 국가성 기반의 교육을 기본으로 다문화 사회의 세계시민 양성을 부수적으로 추구하는 세계성 교육이 합당함을 제안하였다.

본고의 논의는 현행 다문화교육이 가진 한민족 중심의 동화주의적·민족주의적 경향을 탈피하고 엄정한 국가주의 교육에 기반을 두어야 하는 근거를 마련한 의의가 있다. 또 자국민 중심의 국가 정체성 교육을 강조하여 다양성 속에서 통일성이 조화를 이루는 국어문화교육을 제안했다는 점에서 연구의 가치를 가진다.

한국어교육을 위한 문화 교육과정[*]
-소위 '다문화 교육'을 넘어

지 현 숙(배재대학교)

Ⅰ. 서론

지하철 문이 열린다. 출근을 서두르는 사람들이 쏟아져 나온다. 쏟아져 나오는 사람들 가운데 백 명에 세 명은 외국인이다. 한국에 거주하는 외국인 수가 120만 명을 훌쩍 넘어섰다. 한반도에도 지구촌의 세계화가 이루어졌다고 해도 과언이 아닐 듯하다.

그런데 이것이 반드시 한국에만 나타나고 있는 사회 현상은 아니다. 세계는 지금 너나 할 것 없이 다양한 출신의 인종이 바쁘게 소통하고 이동하며 살아가는 시대가 되었다. '인종의 세계화'는 지구촌에서 보편적으로 일어나고 있는 현상인 것이다.[1] 한국에 외국인이 많아진 것이, 외국인과 결혼하는 비율이 높아진 것이 마치 한국 사회에서만 특별하게 일어나고 있는 일인 양, "단일 민족인 한국인이 혼혈화 되고 있다."며 놀랄

---

[*] 『한국언어문화학』 제7(1)집(국제한국언어문화학회 2010년 발행)의 261쪽부터 290쪽까지에 수록된 '한국어교육에서 문화 교육과정 연구의 새로운 탐색'을 실음.

[1] 특히 1990년대 이후로 '이주의 여성화' 경향이 두드러지게 나타나고 있다고 보고되고 있다. 아시아 지역 국가의 빈곤 심화와 세계화의 특성에 따라 노동 이주보다 상대적으로 용이한 국제결혼을 통해 일종의 신분 상승을 꾀하는 여성의 이주가 급증하는 추세이다. 이주의 여성화와 관련한 논의는 박홍순(2009:68~73)을 참고

일은 아닌 듯하다.

오래 전부터 한국어교육에서 문화 교육은 필수적인 것으로 언급되어 왔다. 교실에서 한국 속담이나 관용 표현 속에 숨겨진 한국인의 정서를 가르치든, 시나 소설 작품을 가지고 한국 문학 수업을 하든, 김치박물관에 가서 그 많은 김치 종류를 구경하고 김치 이름 몇 가지를 적어 나오게 하든, 어떤 형태로든 한국어교육에서 문화를 가르치고 있다고 우리는 믿어 왔다. 연구자는 이러한 과거의 문화 교육은 문화 교육이 아니라고 부정하는 것에서 연구의 출발점을 삼기로 한다. 기존의 문화 교육은 한국어 숙련도를 높이기 위한 보조적 수단으로 행해진 것이었지 진정한 문화 교육은 아니었다는 것이다. 우리는 한국어를 가르치면서 때때로 문화를 교육하기도 했는데, 이 때 우리의 주된 관심은 '언어'였지, '문화'가 무엇이고 '어떤' 문화를 '어떻게' 교육해야 하는가에 대해서는 그다지 깊은 고민을 하지 않았다.

이제 문화 교육은 이전과는 상당히 다른 패러다임 하에서 변화된 관점을 정립하여 운용해야 하는 시대를 맞이하게 되었다. 한국어교육에서 문화 교육과정 설계는 '한국'의 언어와 문화를 설명해 주고 체험하게 하는 동화주의적 방식을 넘어서, 현재의 주된 패러다임이 되고 있는 '다문화 교육'을 넘어서, 21세기에 적합한 새로운 이념을 모색해야 할 필요성이 있다. 본 연구는 소위 '다문화 사회, 다문화주의, 다문화 교육, 다문화 가족' 등의 용어를 둘러싼 선입견과 몰이해, 편향주의를 비판하고 이를 극복할 수 있는 문화 교육의 방향을 제안하기 위한 시도이다. 다시 말해서, 본고는 한국어교육 관련자들이 현재 별 의심 없이 실행하고 있는 문화 교육의 방법이나 문화 교수요목, 문화 교육에 대한 인식 등이 가진 문제점을 비판하고 대안적 관점으로서의 문화 교육과정 설계의 원칙과 지향점, 교수 방안을 제안하는 것에 그 목적이 있다.

그렇다면 왜 교육과정인가? 교육과정 이론은 외국어교육에서 문화 교육에 관한 전문성을 재정립할 수 있는 실마리를 제공하기 때문이다. 교육과정 연구는 '어떤 이론적 관점을 가지고 있는가?'가 가장 중요하다.[2] Pinar(2004)가 보았던 대로, 오늘날 교육과정의 연구 방향은 '문화 연구'로 전환되었고, 교육과정 연구자들은 무엇이 가장 가치 있는 지식인가를 탐구하는 것에 집중해야 한다. 이제 한국어교육에서도 문화 교육과정을 설계할 때 어떤 관점에서 어떤 문화를 교수하는 것이 가장 가치 있을 것인가를 '사람'과 '때'와 '곳'을 고려하여 결정해야 할 것이다.

본고는 지금까지 이루어져 온 소위 '다문화 교육'을 둘러싼 한국어교육 관련자들의 인식을 검토하고, 다양한 문화 교육 이론들을 비판적으로 수용하여 문화 교육과정을 설계하기 위한 새로운 방향을 제안하는 순으로 전개될 것이다. 현재 시행되고 있는 문화 교육의 양상들은 한국어 교육 기관의 교육 내용을 조사하고, 한국 문화를 교육하기 위해 만들어진 교재의 분석을 통해 살필 수 있을 것이다. 또한 한국어교육을 전공하는 학부 학생 및 대학원생, 한국어 교사, 교수, 행정 직원 등의 교육 관련자들(stake-holders)을 대상으로 질문지법을 통해 그들의 인식을 조사·분석함으로써 문화 교육의 새로운 방향을 조망하는 근거 자료로 삼고자 한다.[3] 이에 덧붙여 가장 대중적인 일간 신문의 사설을 바탕으로 다문화에

---

2 교육과정에 관한 논의가 무엇이고, 어디까지 다루는가는 연구자에 따라 매우 다양하다. H. D. Brown(2000)은 목표, 요구분석, 교수법, 교재, 시험, 평가의 여섯 영역을 다루었다. D. Nunan(2003) 경우는 교수요목 설계로 초점화하여 필요와 목적, 내용 선정, 과제 선정 및 등급화, 목표 산정 및 등급화 등으로 나누어 논의한 바 있다. W. F. Pinar(2004)는 쿠레레(currere)를 통하여 실증적으로 현대 교육과정을 연구하였는데 본고에서는 Pinar의 논의를 수용하여 주로 문화 교육과정 설계에 요구되는 교육자적 철학과 전제적 인식을 집중적으로 다룰 것이다.

3 교육과정론에서 '교육 관련자(stake-holders)'를 대상으로 한 '요구 분석'은 정확하고 설득력을 가진 교육과정을 설계할 수 있는 직접적인 정보를 제공하기에 중요한 의미를 지닌다. 학습자 외에 학습자를 둘러싼 교사, 교육과정 설계자, 행정 직원, 정책 입안자, 학부모 등의 교육 관련자가 학습자에게 미치는 영향은 결코 적지 않다. 그 중에서도 특히 현장에서 교육을 담당하는 교사는 학습자에게 직접적인 영향을 끼치므로 이들을 대상으로

대한 인식을 살펴볼 것이다.

기존의 언어-문화의 통합적 관점 혹은 언어 속에 문화를 내포한 관점에 대한 일종의 대안적 관점에서 출발한 본 연구에서 필자가 설정한 연구 문제는 다음의 세 가지이다; 첫째, 한국어교육에서 이루어지고 있는 소위 '다문화 교육'은 그 실체가 무엇이고 어떤 한계를 가지고 있는가? 둘째, 외국어 교육과정 연구에서 문화 교육 영역은 현재 어떤 이론적 패러다임 속에 있으며 한국어교육에서 이를 어떻게 비판적으로 수용할 수 있겠는가? 셋째, 향후 한국어교육에서 문화 교육과정 설계의 모형은 무엇이며 구체적인 문화 교수요목으로는 어떤 것이 제시될 수 있겠는가?

본 연구가 대상으로 하는 문화 교육의 학습자 층은 대학 혹은 대학원 진학이 목적인 외국인 유학생과 결혼 이주여성, 노동자 등이다. 필자는 이 중에서 유학생의 비중을 가장 높게 두고자 하는데, 그것은 2010년을 전후로 국내 대학의 한국어 교육기관에 한국어를 배우기 위해 와 있는 학습자의 대부분이 '진학'을 목적으로 하는 경향을 보이고 있기 때문이고,[4] 그들은 (본격적인, 제대로 된) 문화 교육을 한국 대학에 진학하기 위하여 경험하게 된 한국어교육 프로그램에서 '처음으로' 받게 되는 경우가 많을 것이기 때문이다.

한 요구 조사는 매우 중요하다. 문화 교육과정 설계에 있어서 교사의 문화에 대한 인식, 식견, 교수법, 교재관 등이 학습자의 문화 학습이나 인식에 가장 큰 영향력을 행사하기 때문이다.

4 이와 같은 경향은 특히 수도권 외 지역 대학으로 갈수록 더욱 심화된다. 필자가 속한 배재대학교의 경우는 한국어 교육기관에서 한국어를 배우는 학습자의 약 95%가 학부 혹은 대학원 진학을 목적으로 한다.

Ⅱ. 한국어교육에서 이루어지고 있는 문화 교육의 비판적 분석

본장에서는 현재의 한국어교육에서 문화와 관련한 교육이 어떻게 이루어지고 있는가를 살피고 그 문제점들을 분석하고자 한다. 먼저 한국 내에서 대중화되어 사용되고 있는 '다문화' 관련 용어들의 혼란상을 비판하고 그 대안을 제시할 것이다. 또한, 한국어교육에서 문화 교육의 실태를 분석하기 전에 어떤 전제가 필요한가에 대해서도 논의할 것이다.

1. 분석의 시각

한국어교육에서 이루어지고 있는 문화 교육의 양상을 분석함에 있어서 먼저 소위 '다문화 사회 담론'에서의 주요 개념들을 정확하게 이해하고 사용해야 할 필요가 있다. 다문화와 관련하여 현재 한국 정부는 물론이고 교육, 언론, 시민사회 등의 각 분야에서 심각한 용어의 혼용을 보이고 있다. 민현식(2009)에서도 다문화에 대한 용어의 잘못된 사용을 명확하게 지적한 바 있다. 그는 '다문화 가정'이라는 용어의 오용을 언급했는데, 한국 남성에 의한 국제결혼 가정은 한국문화가 주류 문화이고 외국인 배우자의 문화가 부수적인 종속 문화이므로 두 개의 문화가 나타날 뿐인데 이를 마치 한 집에 여럿의 문화가 있는 양 '다문화 가정'으로 명명함은 부적절하다고 보았다. '다문화 사회, 다문화 가정'의 의미가 한국 사회 전체에서 다양한 외국인이 살면서 나타나는 사회문화 현상이라는 뜻으로는 겨우 쓸 수 있겠지만 이 용어가 기껏해야 이중문화 정도에 그치는 개별 가정들에 대해 '다문화 가정'으로 부르는 것은 과도한 용어 사용이라고 지적한 것은 타당하다. 이에 덧붙여서, 필자는 '다인종 사회'와 '다문화 사회'는 본질적으로 다르므로 구분해서 써야 한다는 것도 언급하고자 한다. 왜냐하면 최근 들어 빠른 속도로 한국 사회의 인적 구성이

'다인종화' 된 것이지 문화적 다양성을 전제로 한 원래 의미의 '다문화주의' 사회가 도래하였다고는 볼 수 없기 때문이다(박흥순 2009; 유철인 2009; 최현덕 2009 등). 본 연구에서는 문화 교육의 실태를 분석함에 있어서 다음과 같은 전제적 인식을 가지고 있다.

첫째, 현재의 한국 사회를 다문화주의에 입각한 다문화 사회로 '정형화'하여 한국 문화를 교육하고 있는 것에서 벗어나야 한다. 정형화는 '모름지기 문화 교육이란 이러저러해야 한다.'는 고정된 틀을 가지고 있어 문제를 일으킨다. 정형화된 문화 교육은 맥락을 고려하지 않은 판에 박힌 것이므로 실제성(authenticity)을 담보하기에 부족하다. 어찌 학위 취득을 위해 유학 온 학생 대상의 문화 교육과, 한국 배우자와 결혼하여 한국에서 평생을 살아갈 여성을 대상으로 한 문화 교육의 내용이 같을 수 있겠는가? 지금까지 한국어교육에서 '문화' 교육은 '언어'에 비해 심도 있는 연구를 바탕으로 하여 이루어져 온 것이 아니기에, 이 시점에서 새롭게 돌아보고 과감하게 개혁하는 일이 필요하다. 덧붙여서, 현재 이루어지고 있는 한국어교육에서의 결혼 이주여성 혹은 국제결혼 자녀, 이주 노동자, 유학생, 새터민 등 광범위한 층을 대상으로 한 문화 교육을 한데 묶어서 '다문화 교육'이라 부르고 개념화하는 것은 적절하지 않다는 것도 지적하고 싶다. 한국어교육에서 문화 교육이 담당해야 할 학습자 층은 이주 노동자, 유학생, 결혼 이주 여성 정도가 합당할 것이다. 국제결혼 자녀, 새터민은 엄연한 한국인이므로 '국어교육'이 감당하는 것이 적절하다고 본다.[5]

다문화 교육의 대상에 대한 경계화와 함께 '다문화주의'에 대한 비판에

---

5 국제결혼 자녀 가운데 한국에서 출생하지 않고 학령기에 한국으로 이주한 경우는 지극히 소수이므로 논외로 한다. 이들을 '국어교육' 혹은 '한국어 교육'이 감당해야 할지에 관해서는 속단하기 힘들다.

도 귀 기울일 만하다. 한경구(2010:90)는 다문화주의는 자칫하면 문화의 경계를 강고한 것으로 간주하는 등 철저한 상대주의로 흐르면서 분리주의를 조장할 수 있고 심지어 소수집단의 독재를 예찬하는 결과를 낳을 수도 있다고 경계한다.[6] 어쩌면 다문화주의는 모든 문화가 동등한 가치를 가진다는 상대주의를 표방하면서도 개인을 문화의 구성원으로만 본다는 점에서 "현대 관리 국가의 이데올로기(한경구 2010:115)"라 비판받을 수 있을 것이다. 더욱이 한국의 다문화주의는 동남아권의 사회경제적으로 열악한 여성과 노동자들을 달래는 정서적 기제로 작용하면서, 한편으로 한국 사회를 이끌어갈 때에는 단합과 통일을 강조하는 동화주의를 적용시키는 이중적 잣대에 사용되고 있다는 점 때문에 바람직하지 않은 용어이다. 이는 결혼이주여성의 한국어 능력 강화를 강조하는 분위기가 날로 팽배해 가고 있고 이주여성센터에 TOPIK 대비반이 증가하는 추세, 외국인의 한국 국적 취득에 상당한 난이도의 한국 문화 지식을 평가하는 점 등을 통해서 그 이중적 잣대를 확인할 수 있다.

둘째, 우리는 외국인 노동자, 유학생, 이주 여성 등을 '타자화' 하고 있다. 타자화란 '남으로 만들어 버리기'로써, 이들에 대한 타자화는 한국 사회에서 수용하기 힘든 이질적 존재로 인식하여 의식적·무의식적인 차별과 사회적이고 물리적인 박해를 가하는 것으로 나타난다. 우리들은 외국인을 토종 한국인의 도움이 절실하게 필요한 대상이자, 혼란을 겪고 있는 대상이자, 우리가 동화시켜야 할 대상으로 인식하는 경향이 있다.[7]

---

6 기존의 다문화주의에 대한 정부의 관심과 지원의 방향이 최근에 어떻게 변화하고 있는가를 보이는 일례로, 호주가 다문화주의에 대한 반발과 우려를 극복하고자 2007년 1월부터 '이민·다문화부(Dept. of Immigration and Multi-cultural Affairs)'라는 정부기관의 명칭을 '이민시민권부(Dept. of Immigration and Citizenship)'로 바꾼 것을 들 수 있다.
7 필자의 설문조사에서 '다문화'하면 떠오르는 것이 무엇이냐에 대한 응답으로 1위부터 10위까지의 순서는 결혼이주여성, 혼혈(혼혈아), 지방(시골, 농촌), 외국인, 한국어교육, 자녀교육, 차별(소외), 문화차이(문화충돌), 국제결혼, 언어 문제였다. 한국어교육 관련자들

결혼 이주여성을 한국이 원하는 아내이자 며느리로, 한국에 유학 온 외국인 엘리트를 "한국 사람이 다 된" 전형적인 한국인으로 양성하는 것이 문화 교육의 목표가 되어서는 곤란하다. 우리에게 필요한 것은 한국어를 학습하는 외국인에 대해서 세계 시민으로서의 일체감을 가지고 진정한 내 이웃으로 받아들이는 태도이다.

여기에서 잠시, 한국 사회가 다인종 사회로 가는 것에 대해서 한국어 교육 관련자들은 어떻게 인식하고 있는가에 대한 조사 결과를 살펴볼 필요가 있다. 단지 미래를 섣불리 예단하여 한국 사회의 다인종화를 당연시하고 있지는 않은가, 기존의 순혈주의는 고리타분한 것이고 세계화에 뒤처지는 전근대적 생각이라는 논리로 '개방'을 추구해야 한다고 인식하지는 않는가에 대해서 알아볼 필요가 있다.[8] 필자는 지난 2010년 4월 25일부터 5월 10일까지 공주대학교, 배재대학교, 서울대학교, 충남대학교, 우석대학교, 충남 및 경기 지역의 다문화센터 등의 교육기관에 소속한 한국어교육 전공자, 한국어 강사, 행정 직원, 교수 등 140명을 대상으로 소위 '다문화'와 관련한 인식 조사를 실시하였다. 5점 척도에 대한 반응형 8문항과 개방형 3문항으로 구성된 질문지를 통해 시행되었으며 연령, 성별, 학력 등의 변인에 따른 비교를 위하여 1차적으로 집계된 문항에 대한 각각의 반응 숫자를 2차적으로는 백분율로 환산하였다. 다음은 그에 대한 결과이다.

의 다소 부정적이고 타자화 된 인식을 확인할 수 있다.

8 한국은 애초에 순혈주의가 용인되는 단일 민족국가가 아니었으며 마치 하나의 혈통을 가진 단군의 자손이라는 단일민족주의는 일제강점기에 투쟁의 대상이 되었던 일본판 민족주의에 대한 대응으로서 확대된 단일민족주의가 오늘날까지 이어져 온 것이라고 보는 견해도 있다. 한경구(2010:120)는 조선시대조차도 "많은 성씨가 스스로 외래에서 기원했음을 강조했고 단일민족이라 생각하지도 않았고 단일 민족이어야 할 필요성도 느끼지 않았다"고 한다.

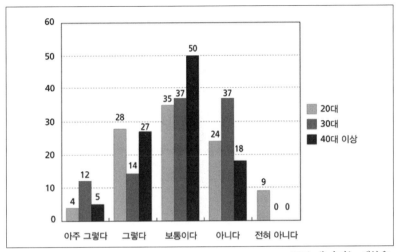

(도표 내 숫자는 백분율)

그림1 연령과 단일 민족적 자부심 간의 상관성 비교[9]

　한국이 단일 민족이라는 사실에 대해 자부심을 가지고 있다는 반응
('아주 그렇다'와 '그렇다'를 합침. 35명)이 자부심이 없거나 전혀 자부심
을 느끼지 않는다는 반응('아니다'와 '전혀 아니다'를 합침. 44명)보다 낮
은 것으로 조사되었다. 그림 1에서 알 수 있듯이 조사 대상자의 연령은
단일 민족에 대한 자부심과 그다지 관련이 없었다. 이와 더불어 국제결
혼에 대한 인식 조사 결과도 살펴볼 만하다.

---

　9 설문 문항 4번, "나는 한국이 단일 민족 국가였다는(국가라는) 사실이 자랑스럽다."에
대한 분석 결과이다.

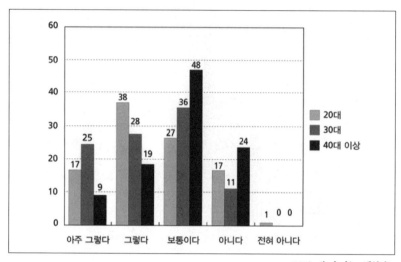

(도표 내 숫자는 백분율)

그림 2 연령과 국제결혼의 허용 정도 간의 상관성 비교[10]

국제결혼에 대한 인식 조사에서 '외국인과 결혼해도 괜찮다'가 70명('아주 그렇다'와 '그렇다'를 합침), '안 된다'('아니다'와 '전혀 아니다'를 합침)가 24명의 응답자수를 얻음으로써 대체로 개방적임을 알 수 있다. 연령별로 보면, 20대의 55%, 30대의 53%, 40대 이상의 28%가 국제결혼에 대해 찬성한다고 답하였다. 한편으로, 학력이라는 변수가 국제결혼에 대한 인식에는 별 영향을 미치지 않는 것으로 나타났는데, 그림 2에서 알 수 있듯이, 학부 학생 55%, 석사 과정 재학생 49%, 석사 혹은 박사 학위를 가진 자의 44%가 외국인과 결혼하는 것에 대해서 긍정적인 입장을 보였다.

---

10 설문 문항 5번, '나는 나 또는 나의 형제/자매가 외국인과 결혼하는 것에 대해서 아무렇지도 않다.'에 대한 분석 결과이다.

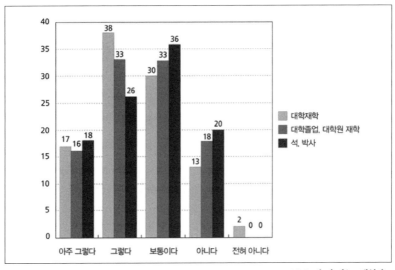

(도표 내 숫자는 백분율)

그림 3 학력과 국제결혼의 허용 정도 간의 상관성 비교

주지하다시피 문화는 매우 복잡한 것이다. 그럼에도 한국에서의 다문화주의는 외국인의(특히 동남아권의) 음식과 생활 풍습 등에만 한정하여 단순화하는 양상을 보이고 있다. Tomalin과 Stempleski(1994)에서 제안된 '소산, 관념, 행동'이라는 문화의 구성 영역 가운데 '관념' 영역은 그다지 다루어지지 않고 문학, 음악, 공예품 등의 '소산'과 습관, 의복, 음식, 레저 등의 '행동' 영역의 일부에만 치중하여 한국 문화를 교육하고 있는 것으로 생각된다. 신념, 가치, 태도 등의 관념 영역은 문화 교육의 대상이나 내용에 포함되지 못한 편향성을 나타내고 있는 것이다. 이제 한국어교육에서 문화 교육은 세계화 교육, 시민 교육의 일환으로 시행될 필요가 있다. 앞으로 세계는 지금보다도 더 상호의존성이 강화될 것이며 국민 국가가 자국의 경쟁력을 높이기 위해서도 국제사회에 대한 이해 교육은 필수적이다. 세계화가 가속화될수록 우리 주변에 산재해 있는 인권 문제, 환경오염 문제, 기아와 빈곤, 민주 의식의 고양 등을 어떻게 해결

해 나가야 할 것인가가 고민되어야 한다. 우리에게 필요한 시각은 '지금, 현재' 어떤 시대적 흐름 속에 놓여 있는가에 대한 정확한 판단을 내리는 것이며, 이에 대한 판단을 근거로 하여 향후 한국어교육에서 문화 교육을 조망하고 설계해 나가는 일이다.

2. 한국어 교육기관의 문화 교육과정

필자는 한국어 교육기관의 주된 교육 목적을 기준으로 하여, 대학 내에 부속된 한국어 교육기관, 결혼 이주여성을 대상으로 하는 다문화 센터, 노동자 대상의 근로자 센터, 시민단체 등이 운영하는 기타 기관 등으로 분류하고자 한다. 한국어 교육기관의 문화 교육과정 파악을 위해 필자는 각 기관의 교육 담당자에게 직접 문의하거나 홈페이지에 공개된 교육과정 자료 등을 살핌으로써 30여 곳의 한국어 교육과정이 시행하고 있는 문화 교육의 내용과 문화 활동 등을 조사하였다. 아래 표 2를 보면 알 수 있듯이, 현재 대학 내 한국어 교육기관의 학습자들은 '학문 목적'의 유학생들이 주를 이루며 그렇기 때문에 기관의 고유한 특성을 반영한 문화 교육을 시행하기보다는 대학에 입학하기 전의 예비 과정으로서 일반적인 언어 중심의 교육과정 속에 극히 일부 시간을 할애하여 시행하고 있다고 보인다. 이러한 현실이 대학 기관에서만 나타나는 것은 아니다. 다문화센터, 노동자 복지회 등 대부분의 국내 한국어 교육기관의 문화 교육은 체계성을 가진 교육과정으로 운영되기보다는 한 학기 한두 번 일회적이고 자족적인 방식으로 시행되는 경우가 많다. 다음 표는 국내 한국어 교육기관에서 운영되고 있는 문화 관련 교육 내용을 대략적으로 정리한 것이다.

표 1 국내 한국어 교육기관의 문화 교육 내용[11]

기관구분	교육 기관명	문화 교육의 주요 내용	문화 활동
대학 내 한국어 교육 기관	KW대학교	"문화 수업은 한국과 한국문화에 대한 이해를 높일 수 있도록 구성되었다." 명시. 한 학기 1회 관람과 체험으로 이루어짐.	강화도, 남이섬 여행. 폐교 방문하여 김장하기, 연 만들기 실시
	KJ대학교	교육과정 속에 '문화' 과목이 별도로 존재. 한 주에 세 시간씩 전담교사를 두고 운영. 초급~고급 숙련도 구분 없이 함께 참여하여 동료학습자끼리 상호 조력.	테마별 운영 : 한국 음식, 한국 무용, 명절, 사물놀이, 한국 의상 등
	SU대학교	급별 문화 활동 실시	도장 만들기, 서예, 한지 공예 실습, DMZ 방문
	H연구원	학위과정생 전원을 대상으로 실시	파주 헤이리 마을, 임진각 등지 방문
	WS대학교	교과과목에 '한국전통문화체험'이 있음. <u>기본과목(6)</u>으로 한지, 한식, 한옥, 한복, 한방, 한춤, 한글 개설. <u>심화과목(4)</u>으로 한국 정신문화, 생활문화, 예술문화, 역사유적이 개설되어 운영되고 있음.	전주문화축제와 결연하여 참여
	PC대학교	급별 현장 학습 실시	계룡산 국립공원, 전주 한옥마을, 대전 엑스포 과학공원 등지를 방문
	CN대학교	단체 문화 체험 방식으로 운용. 한국 노래 부르기, 한국영화 관람, 한국음식 실습, 한복 입어보기, 명절놀이 체험 등 다양	요리 실습실을 이용하여 한국 음식 만들기를 실습한 후 시식, 판소리 배우기, 짚을 이용한 공예품 제작
다문화 센터	D시 이주여성 인권센터	교육과정에 한국어 교육 외 컴퓨터교육, 직업교육, 노래수업, 문화체험 및 교류 등이 포함됨. '문화 수업'은 자유 토론(수다) 형식으로 진행, [문화속의 한국어] 교재 사용	자유 토론, 노래 교실, 김치 만들기
	P시 다문화	남성 교사가 유일하다. 이주여성의 결	시댁 식구와의 관계,

	센터	혼생활과 관련한 상담을 해주는 것을 문화 수업으로 인식하고 있음.	육아 등 생활문화 학습에 대한 학습자의 요구 많음.
	H 외국인 비전센터	교육과정에 "한국문화에 대한 이해와 문화 소개 및 배움을 통한 체험을 추구한다."고 명시	좌담회를 통한 한국 문화, 경제, 역사 등의 영역별 자유 토론
노동자 센터	S시 외국인 근로자센터	한 학기 1회, 문화 체험 수업을 실시. 영화나 공연 관람이 주를 이룸.	경복궁 방문, 노동자를 다룬 연극이나 영화 '반두비' 등을 관람[12]
	M(이주노동자복지회)	교육목표에 "한국의 전통 문화를 전수하여 노동자를 이웃으로 생각하고 그들이 본국으로 돌아가서도 한국에서 배운 기술을 토대로 잘 살 수 있게 하는 것이다."라 명시	'서강한국어' 교재 내의 문화 기술 내용을 읽고 설명하는 것으로 문화 교육을 대체
기타	OO YMCA	한 학기 1회 소풍 겸 체험 활동 위주로 운영됨.	사찰, 산 및 고궁 방문, 김치·도자기 만들기
	SOO (NGO의 하나)	교육목표에 "한국문화를 체험한다." 명시	한국인과의 교류 기회를 통해 한국 문화를 경험

표 1을 통해서 국내의 한국어 교육기관은 대체로 다섯 유형의 문화 수업을 진행하고 있음을 알 수 있다. 첫째, 부채, 도장 만들기 등의 문화 체험, 둘째, 불고기, 비빔밥, 두부 만들기 등의 한국 요리 실습, 셋째, 인근 지역의 문화 유적지 방문, 넷째, 지방자치제가 홍보하는 축제나 행사 참여, 다섯째, 놀이공원이나 인삼, 딸기, 포도 등의 특산물 생산지 체험 등의 내용으로 문화 교육을 시행하고 있음을 알 수 있다. 위와 같이 문화

---

11 교육 기관명은 정보 제공자의 요청으로 익명으로 나타내었다.

12 2009년도 영화 '반두비'는 여고생 민서의 방글라데시 출신 노동자 카림과의 만남을 다룬 영화이다. 서울외국인근로자센터는 노동자 각자의 문화권에서 촬영된 작은 영화 (8mm, 16mm)의 감상을 통해서 동료학습자 나라의 문화를 간접 경험하고 체험하게 하는 프로그램을 시행하고 있다. 필자는 이 기관의 문화 활동이 비록 18주에 1~2회 이루어지는 것이지만 상당히 바람직하다고 본다.

교육이 정례화 되어 있는 경우도 있지만, 체계적으로 운영되기보다 교사의 재량에 의존하여 한국어 교재가 다룬 문화 내용을 독습하거나 학습자가 드라마나 문학 작품 감상을 함께 하고 마는 경우도 있다.

두 번째로, 표 1 중에서 특히 '다문화 센터'에서 이루어지고 있는 문화 교육을 일별하면, 문화 교육에 대한 기본적인 이해와 인식이 부족한 것으로 보인다. 그 가운데 결혼이민자 지원연대나 시민단체에서 실시하는 한국인 배우자에 대한 문화교육은 문화 교육에 대한 근본적인 이해가 부족하여 상당한 문제점을 노정하고 있다. 이주자에 대한 공적 지원이 결혼 이주여성에 편중되어있음에도 문화 교육에 대한 깊이 있는 연구나 지원이 저조한 것은 안타깝다. 한국어교육은 교재 개발이나 강사 교육 면에서 크게 개선되어 가고 있으나(한경구, 2010:123), 문화 교육은 정확한 개념조차 확립되지 않아 엄청난 예산이 투입되고 있지만 그 성과는 매우 미약하다. 여기에서는 대부분 김치 담그기, 찌개 끓이기 등의 한국 음식 강좌, 시부모와 남편, 친지에 대한 가부장적 질서를 체화시키는 전통 예절 교육, 관광이나 여흥을 위한 지역문화재 탐방, 기타 꽃꽂이ㆍ한지 공예와 같은 전통문화 체험, 다도 체험 등으로 진행되어 전형적인 '동화주의'를 강조한 형태를 띤다. 이는 현대 한국의 결혼생활에 대한 적응 교육이라고 이해하기에도 그 내용이 일반적이지 않고, 강사 섭외나 프로그램의 구성 면에서 편의주의의 일면들이 적지 않다. 더욱 안타까운 것은, 남편이나 시부모를 대상으로 하여 결혼이주 여성 본국의 문화를 교육하는 내용도 간단한 인사나 단어를 가르치는 겉핥기식이라는 데 있다. 배우자의 출신국 문화에 대한 교육은 국가의 정보를 단편적으로 알려주고 언어 교육은 음식의 이름 정도를 가르치는 수준에 머무르고 있으니 안타깝다. 이렇게 '다문화 센터'에서 이루어지고 있는 문화 교육이 진정한 문화 교육이 되고 있지 못한 것은 문화 교육과정에 대한 고민이나 이론적 탐색 없이 필요성과 명분만으로 급조되어 시행되기 때문이다. 문화 간 이해 능력과 태도에 대한 깊이 있는 교육과 훈련보다는 그 때 그 때 당면한 문제만을 불끄기 식으로 해결하려고 하다 보니 빚어진 문제로 보인다.

3. 문화를 다룬 한국어 학습자용 교재

2000년대 이후로 국내에서 출간된 한국어 교재 가운데 본격적인 문화 교육용 교재라고 할 수 있는 것으로 『한국언어문화사진집(2005)』과 『한국언어문화듣기집(2005)』이 있다. 이 두 교재는 한국 문화를 '한국에서 생활하는 데 필요한 문화(한국 살기)', '한국을 알기 위해 필요한 지식(한국 알기)', '한국을 즐기기 위해 알아야 할 문화(한국 즐기기)' 등의 세 분야로 분류하여 집필되었다. 현대 한국인의 생활 문화를 있는 그대로 객관적인 입장에서 소개하려고 했으며, 교수도구로서 효과성이 큰 '사진' 과 '듣기' 기능을 교수하기 위한 문화가 결합되어 시도된 점에서 그 의의가 있다. 여기에서 제시된 문화 교수요목은 명절, 관습, 지리, 음식, 관혼상제, 오락 등 50여 개이다.

『한국문화읽기(2007)』는 고급 한국어 학습자를 위한 문화 교재로 배재대학교 한국어교육원에서 출간했다. 700시간 이상 한국어를 학습한 수준에 맞춰져 있으며, 대학 진학을 준비 중인 학습자의 심화 학습 교재이자 학부의 외국인 전용 교양과목 교재를 지향하고 있다. 한글, 한국의 사계절, 온돌, 김치, 인사동, N세대의 문화, 놀이 문화, 접대문화, 화장과 문신, 다이어트, 마라톤, 인물 등이 주요 문화 교수요목으로 다루어졌다.

『함께 배우는 한국어(2008)』는 해외에서 한국어를 독학하는 선교사들의 자녀를 대상으로 한 내용 기반 통합 교재이다. 전체 15개 단원으로 구성되었고 3개 단원마다 '쉬어가기' 코너를 주어 한국 문화와 관련한 정보를 제공하고 한국어 학습의 흥미와 효율성을 높이고자 했다. 한국 전통 문화에 대한 궁금증을 해소하고 한국 문화의 우수성을 알 수 있게 배려하였다. 한국의 명절과 세시풍속, 한국의 돈, 한국인의 동물-호랑이, 한국에 온 선교사들로 교수요목화되어 있다.

『여성결혼이민자와 함께하는 한국어(2009)』1과 2는 언어편, 문화편으로 분리되어 있다. 1권의 문화편은 인사예절, 생일문화, 교통문화, 음식문화, 태극기와 애국가의 다섯 개 단원으로 구성되어 있고, 2권은 한국의 지리, 쇼핑 문화(쇼핑 장소, 흥정과 덤), 건강(보건소와 의료보험, 민간요법), 의생활(한복, 바른 옷차림), 집안일(쓰레기 배출법, 옛날과 현대의 비교)로 구성되어 있다.

『쉽고 재미있는 한국어문화(2010)』는 부산 지역의 한국어 연수프로그램 지원 사업의 하나로 중고급 과정에 '문화기반 한국어' 강좌를 개설하고 이에 사용될 교재로 개발된 것이다. 개발자의 입장은 한국어 의사소통 능력과 문화 능력을 동시에 함양하기 위한 목적 하에 "한국문화를 이해하고 수용하며 때로는 창조할 수 있는 문화 능력은 의사소통 능력과 어떤 관계에 있는가"를 정립하고자 노력하여 이 둘은 상호보완적이며 통합적인 교육을 통해 길러져야 한다는 것이다. "한국어교육에서 문화 능력은 의사소통 능력과 별개의 중요한 학습목표가 되어야 한다"고 보아 "읽기, 쓰기, 말하기, 듣기의 네 기능 활동으로 추동되도록 고안하고 직접적인 문화 체험, 학습자의 모어 문화와의 비교, 상호 텍스트적 활동 등을 다양하게 실현할 수 있게" 개발되었다. 부산외국어대학의 한 학기 교육과정에 맞추어 전체 15 단원으로 편성하였는데, 세부적으로 언어문화 3, 생활문화 4, 대학문화 1, 지역문화 2, 전통문화 2, 문학문화 3 개의 단원으로 구성되어 있다. "외국인 유학생들이 꼭 알아야 할 한국문화"에 초점을 두었으며 이 교재가 제시한 문화 교수요목으로 교통카드, 태권도, 한글, 높임말, 경주, 주요 명절, 계절 축제, 돼지꿈, 한국음식, 관용표현, 한국의 대표적인 시, 사랑손님과 어머니 감상 등이 대표적이다.

국외에서 출간된 문화 교재에 대한 현황 분석은 관련 소논문의 내용으로 대신한다. 이에 관한 연구로는 중국 대학교 한국어학과의 문화 교육을 다룬 박춘연(2010)이 있다. 여기에서는 19종의 중국 내에서 사용되고 있는 한국어 교재의 분석을 통해 문화 교육의 내용을 살피고 있다. 그가 지적한 것은 교재가 문화 교육을 염두에 두고 집필되지 않았으며, 문화 항목이 절대적으로 부족하고 편차가 심하다는 것과 학습자의 언어 수준이 고려되지 않아 과학성이 부족하며 흥미와 실용성이 떨어지고 체계적이지 않다는 점 등이다.

이들 교재가 다루고 있는 문화의 교육 내용을 종합해 볼 때 외국인 학습자라면 반드시 알아야 할 한국 문화에 관한 지식을 넓히고 한국 문화를 수용하고 동화하기 위한 관점이 반영되어 있다고 할 수 있다. 강현화(2006:104~105)의 지적처럼 단순한 정보 문화의 제공에 머무르지 않고 가치 문화 및 행동 문화의 차이를 인식하고 이해할 수 있는 수준에 이르지 못하였을 뿐만 아니라, 학습자의 고유한 문화를 인정하면서 동시에 목표 문화인 한국 문화에 적응할 수 있도록 배려한 문화 간 의사소통의 관점이 미약하게 추구되었다. 이러한 문제와 함께 문화들 사이의 교류를 넘어서서 문화 속에 내재한 보편성과 유대, 내적 연관성 등이 다루어지지 않았다는 점에서 한계를 가진다.

Ⅲ. 문화 교육과정 연구의 새로운 관점

1. 문화 교육과정 연구의 모형

지금까지 외국어 교육에서 추구하는 교육과정은 학습자가 언어를 가지고 '무엇을 할 수 있는가?'에 초점을 두고 학습 결과 중심성과 교육적

산물 및 객체를 우선시하는 경향을 가져왔다. 다시 말해서 교육과정 연구는 Tyler(1987) 이래로 목표나 학습의 결과를 기술하거나 규정하는 활동으로 인식되어 왔다. 그러나 Pinar(2004)에 의해 주창된 새로운 교육과정 연구는 "코스에서 한 학습자가 달리면서 갖게 되는 교육적 경험"으로서 재해석되기 시작했다. 그는 쿠레레(currere)가 가진 동사적 의미를 강조하여 교육과정 연구는 최종 목표에 학습자가 얼마나 도달하였는가나 최종 목표의 충족 요건은 무엇인가를 연구하는 것보다 경주로에서 학습자가 달리는 과정에서 어떠한 의미와 경험을 하였는가 그 자체에 대한 탐구가 오히려 어원에 충실한 교육과정 연구가 될 수 있다고 주장하였다.

문화 교육과정을 설계할 때 우리가 주력해야 할 것은 한 개인이 목표 문화를 학습하게 되면서 가지게 되는 구체적인 경험이 무엇인가에 초점을 두면서 문화 학습을 통하여 자신의 정체성을 탐색하고 재구함과 동시에 자아의식과 억압을 성찰할 수 있는 기회를 제공하는 것이다. 한국어교육에서 문화 교육과정 연구는 다양한 교육 경험이 기반이 되어 고유한 역사, 복잡한 현재, 불확실한 미래를 껴안아야 하는 복잡한 연구이므로 '상상력'이 요구된다. 문화 교육과정 연구는 한국어교육이라는 광범위한 영역을 독자적인 시각으로 아우를 수 있는 교육학의 한 분야이다. 본고는 문화 교육과정 연구의 모형을 세우는 데 있어서 Pinar(2004)를 따르고자 한다. 그는 현상학적 방법에 의거, 회귀(regressive), 전진(progressive), 분석(analytical), 종합(synthesis)의 네 단계로 교육과정이 연구된다고 이론화한 바 있다. 이를 문화 교육에 적용하면, '회귀'는 과거의 한국어교육에서의 문화 교육의 경험을 회상하고 묘사하는 단계이다. 여기에서는 정보 수집의 차원에서 교육과정을 생동감 있게 기술하는 일이 중요하다. '전진'은 미래를 논의하고 상상하는 단계로 현실에 대한 명확한 이해에서 출발해야 한다. 현재 한국어교육에서 문화교육이 10년, 20년 후에는 어떻게 될 것인가를 조망하는 단계이다. '분석' 단계는 회귀 후 전진함을 통해 현재의 모습이 분석되고 확장됨으로써 최고로 복잡해진다. 마치 과거, 미래, 현재의 사진 석 장을 펼쳐놓고 분해하듯이 철저하고 엄격하게 비판하고 분석하는 일이 요구된다. 한국어교육에서 문화 교육이 지녔던 '동화주의'를 비판하는 것은 이 단계에서 필수적이다. 우리가 지금까지 해왔던 문화 교육과정에 잠재된 반지성주의, 획일주의, 차별의식 등을 돌아보고, 현장에서 해왔던 수업 시나리오의 천편일률성, 호혜주의의 맹목적 추종 등을 반성하게 된다. 마지막 '종합' 단계에서는 현재 주어진 한국어교육에서 문화교육의 의미를 자문하고 제대로 가고 있지 않은 문화교육의 문제들을 해결하기 위한 방안들을 모색하게 될 것이다. 이를 통해 반성과 객관화를 통한 문화 간 의사소통 능력 함양을 위한 문화 교육과정을 설계하게 될 것이다.[13]

한국어교육에서 다문화에 대한 시각은 '한류'와도 연관되는 바가 있어 보인다. 한국어를 배우는 외국인 학습자의 증가에 일조를 한 한류를 더욱 적극적으로 세계 시장에 내다팔기 위해서는 순혈주의나 민족주의는 장애가 된다고 여기는 것이다. 한국이 또 한 번 세계 시장에 경제적, 정치적 위치를 공고히 하기 위해서는 한류는 매우 강력한 동인이 될 것이라고 보면서 세련된 개방주의, 국제주의야말로 지금의 우리에게 절실하게 요구되는 소양이라는 주장도 있다.[14]

---

13 조수진(2009)에서는 이를 '간문화 교육'이라 하고 정의적 태도 교육의 일환으로 교수-학습 모형을 제안한 바 있다.

14 현재 한국에서 대중적인 일간지의 하나인 조선일보의 사설을 통해서 이와 관련한 인식의 일면을 발견할 수 있다. 2010년 5월 10일자 조선일보 사설은 "귀화 외국인 지방의원 후보 純血主義 깨는 계기돼야"라는 제목 하에 일본에서 귀화한 여성은 경기도의원으로, 필리핀에서 귀화한 여성은 서울시의원 비례대표 후보로 영입되었다는 뉴스를 보도하였다. "외국인노동자건 결혼이주자건 굉장한 삶의 결단을 하고 한국에 건너온 사람들이다. 우리가 그들을 얼마나 부드럽게 수용하느냐가 한국사회의 개방도를 재는 척도가 된다."고 하면서 "대한민국이 미래에 얼마나 쭉쭉 뻗어갈 수 있느냐의 여부는 우리가 외국 출신의 부지런한 손과 뛰어난 두뇌를 얼마나 불러들여 우리의 힘으로 만들 수 있느냐"에 달려있다고

이러한 복잡다양한 문화를 교육과정으로 설계하기 위해서는 아마도 다음의 요인들이 핵심적으로 고려될 수 있을 것이다. 그 첫째가 '실용성'이다. 실용성은 외국어 교과를 사용하는 사람들의 수효가 얼마나 많으냐의 문제이다(배두본, 2000:19). 실용성을 염두에 둔다면, 본고가 다루는 한국어교육의 문화 교육과정에 대해서 그 교육적 적용이나 혜택을 가장 많이 받을 수요자는 과연 누구일까를 가장 우선적으로 고려해야 할 것이다. 이렇게 볼 때, 서두에서 강조하였듯이, 외국인 유학생과 결혼 이주 여성이 문화 교육과정의 가장 주된 학습자 층임은 두말할 나위가 없다. 따라서 실용적인 목적의 학문하기의 도구로 문화 교육이 그 역할을 해야 할 것이고, 교양과 태도, 한국 문화의 사회적 연습 차원의 역할도 감당해 낼 수 있어야 실용성이 높다할 것이다. 둘째는 '사회문화적 요인'이다. 이는 목표 언어권의 역사적, 문화적 전통, 환경적·종교적 거리 등이 문화 교육과정 설계에 중요한 고려 대상이 되어야 한다는 것이다. 한국어교육에서 문화 교육이 현재 한국 사회가 당면한 다인종화, 국제화의 조류 속에서 어떤 사회문화적 정체성을 형성해 가는 데에 기여할 것인가가 중요하게 다루어져야 한다. 셋째가 '교육적 기여성'이다. 문화 교육과정의 논의가 한국 사회와 한국어교육의 발전에 어떤 기여를 할 수 있을 것인가도 중요하지만 한국어를 배우는 학습자의 성장과 진보에 어떤 기여를 할 수 있을 것인가가 또한 고려되어야 할 것이다. 갓 20대의 문턱에 들어온 연령의 외국인 유학생들이 자신이 추구하는 학업 목표와 계획, 자아 추구의 이상을 실현할 수 있는 디딤돌의 역할을 할 수 있도록 한국 문화 교육은 설계될 필요가 있다. 또한 여러 가지 어렵고 복잡한

주장한다. 그러기 위해서는 세계의 인재가 한국으로 모여들게 해야 하는데 하는데, 그러자면 "피부색이나 언어를 따지고 드는 인종적 순혈주의부터 벗어나야 한다."고 논하였다. 문화적 다수 집단이 소수 집단을 인정하자는 일종의 '승인의 정치'와 관리 국가의 이념을 표방하고 있는 글로 읽힌다.

동기를 가지고 결혼이라는 방법을 통해 한국 사회로 이주한 외국인 여성들이 당당한 한국 시민의 하나로 자리 잡을 수 있도록 문화 교육은 기여해야 할 것이다.

2. 문화 교육과정 설계의 세 차원

이제 우리는 문화 교육의 목표와 목적, 가르치는 방법, 교재 등에 대한 진지하고도 치열한 고민이 필요하다. 문화 교육은 특정한 문화가 가진 다양한 특징들을 지식적으로 체계 있게 학습하는 것이 포함되어야 한다. 이와 더불어, 문화 자체 혹은 이문화를 자연스럽게 받아들일 수 있으며 문화란 인류 보편의 것이고 어떤 문화이든 개방적인 자세로 수용하고 받아들여야 한다는 감수성 훈련을 내재해야 한다. 나아가 학습자가 놓인 해당 문화권에 적응하기 위한 구체적이고 실천적인 태도 교육도 함께 이루어져야 한다.

따라서 필자는 한국어교육에서 문화 교육과정 설계는 다음의 세 차원에서 진행되는 것이 합당하다고 생각한다. 첫째는 '문화 감수성 고양을 위한 문화 교육', 둘째는 '문화적 규범과 지식 함양을 위한 문화 교육', 셋째는 '태도 훈련을 위한 문화 교육'이다. 인간이 문화 공동체의 일원으로서 자리 잡기 위해서는 감수성, 규범, 지식, 태도, 신념 등이 어우러져서 문화 정체성을 형성하기 때문이다. 문화 교육과정 안에서 이것이 제대로 훈련된다면 Bourdieu(1977, 2000)가 말한 아비투스(habitus, 습관)가 길러질 수 있을 것이다(Hall, 2002:38).

그림 4 문화 교육과정 설계의 세 차원

‘문화 감수성을 높이기 위한 교육’은 문화란 과연 무엇이며, 문화 차이는 어떤 것이 있고, 어떻게 차이를 줄여가며 조화롭게 살아갈 수 있을 것인가를 성찰하고 생각해 볼 수 있게 이끄는 교육을 말한다. 한국어를 배우기 이전에는 미처 타자화하여 보지 못했거나, 미처 조망할 기회가 없었던 학습자가 여러 개의 문화를 새롭고 낯설게 보는 경험을 가지게 하는 기회를 제공하는 것이 이에 해당될 수 있을 것이다. 더 나아가 한국인 교육의 차원에서(한국어교육이 아님에 유념하자.) 이주여성센터나 구민회관, 마을 회관 등지에서 외국인 여성을 가족으로 맞이한 시부모나 배우자, 친척 등을 대상으로 한국 문화를 다시 보는 기회를 가지는 연습을 해 보는 것도 문화 감수성을 높이기 위한 훈련의 일환이 될 수 있다. 이런 점에서 문화 교육의 교육 관련자의 이데올로기와 역할이 매우 중요해진다. 교육과정 설계자, 교사, 교재 개발자 등은 “무엇보다도 자신의 문화유산을 거의 반사적으로 옹호하는(최현덕, 2009:95)” 것을 이제 그만 두어야 한다.

‘문화적 규범과 지식 함양의 문화 교육’은 문화란 일차적이고 사회 구성원들이 합의한 실체이며 안정적이라고 보는 데에서 출발한다. 이러한 전제 하에서 개인은 문화적 규범과 지식을 공유하기 때문에 이를 문화 교육과정의 내용으로 담아야 한다고 보는 것이다. 현재 대학 내 한국어 교육기관의 학습자 대부분이 대학이나 대학원 진학을 위한 예비 과정으로서의 학문 목적 학습자임을 감안할 때 요구되는 형태이다. 학문 목적 학습자라면 고도의 한국어 숙련도가 요구되는 바, 이 숙련도 속에는 상당한 수준의 문화적 규범에 대한 지식들이 포함되기 때문이다.[15] 목표 문화로서의 한국 문화에 대한 규범과 지식을 가르치는 것은 물론이거니와 세계가 한 울타리에서 살고 있는 시대의 흐름에 부응해서 국제 이해 차원의 다양한 문화 규범과 지식의 함양은 필수적이다.

'태도 훈련을 위한 문화 교육'은 이문화에 대해 편견을 가지지 않고 적극적으로 상호작용하려는 자세를 갖출 수 있게끔 학습자를 훈련하는 것을 가리킨다. 편견을 가진 태도는 불충분한 지식, 잘못 알려진 고정관념, 지나친 민족 중심주의적 사고에서 비롯된다(Brown, 2005:210). 문화 교육에 있어서 태도 훈련은 교사와 동료 학습자의 태도, 다른 생각을 가진 다양한 계층의 사람들과의 만남과 교류, 개인의 정의적 요인 등에 의해 이루어진다. 지금까지의 다양한 연구들이 언어 학습에 대한 태도의 효과를 강조하였는데, 한국어 교사가 목표 문화인 한국뿐 아니라 다양한 국가의 문화에 대해 가지고 있는 집단 고유의 태도는 이들로부터 문화를 교육받는 학습자에게 영향을 미칠 것이며 이를 통해 한국어 학습에 있어

---

15 이와 관련해서는 Shea(1994)의 연구가 흥미롭다. 유학생과 지도교수 간의 상호작용의 두 가지 사례를 비교한 이 연구는 의사소통의 어려움은 의사소통의 방식에 있기보다는 상호작용의 협력이 부족해서라는 것을 밝혀냈다. 쉐아의 연구가 시사하는 것은 상호작용을 제대로 하기 위해서는 사회문화적, 정치적, 역사적 담론을 종합적으로 통찰하여 의사소통을 해야 하는 복잡한 사안에 대해 면밀하고 섬세하게 해결하는 자세가 필요하다는 것이다.

서도 통합적인 성향을 가지게 하면서 성취도를 높여줄 것이다. 한국어 학습자는 이문화에 대해 긍정적 태도를 견지함으로써 언어적 입력도 높일 수 있고 한국어 숙련도도 빠르게 향상시킬 수 있다. 이 때 한국어교사는 학습자가 긍정적 혹은 부정적 태도 둘 다 가지고 있음을 알아야 하며 부정적 태도는 "다른 문화에 대한 통념을 없앰으로써(Brown, 2005:211)" 극복할 수 있다. TV나 영화, 인터넷, 잡지 등의 매체를 통해 편파적으로 혹은 극히 일부 현상만을 다룬 자료를 경험한 것을 계기로 타문화에 대한 잘못된 통념은 생겨난다. 문화 교육과정 속에 이러한 잘못된 통념을 불식시키는 내용을 포함시킴으로써 중립적이고 건설적인 문화 교육은 이루어질 수 있다. 정확하게 이해하고 서로 인정하고 가치를 진심으로 존중하는 태도를 가질 수가 있다는 것이다.

한국에 거하고 있는 모국어가 한국어가 아닌 외국인 학습자는 목표 문화가 한국 문화가 아니라 포스트콜로니얼적인 문화가 되어야 한다.[16] 이와 더불어 한국 외에 거주하고 있는 동포 학습자에게 있어서 문화 학습은 향수나 복귀로서의 한국 문화 학습이 더 이상은 아니어야 한다. 포스트콜로니얼적인 관점과 이에 부응하는 태도의 정립이 필요한 때이다. 한 가지 더 유념할 것은 이러한 문화적 태도가 바람직하고 세련된 것이라는 의미 부여와 훈련이 상당히 장기간 동안 지속적으로 이루어져야 비로소 학습자에게 내재화가 될 수 있다는 사실이다.

문화 교육에서 태도 훈련은 학습자 개개인이 국제이해 교육이라는 담론적 공간에 자신의 정체성을 열어놓을 때 제대로 이루어질 수 있다. 태도 교육의 성공 여부는 특정한 사회문화의 맥락 안에서 조율과 융통성이

---

16 '해방'과 '탈식민지화'를 강조하는 포스트콜로니얼적인 시각은 정치적 억압과 경제적인 속박을 넘어서 문화적 종속과 정신의 식민지화에 대한 깊은 반성에서 출발한다(박홍순 2009:82).

어느 정도로 확보되어 있는가에 따라 결정될 것이다. 사실 이러한 태도 훈련은 한국어교육에 종사하는 '교사'를 대상으로 지역 사회의 문화적 다양성과 고유성에 대해 인정하고 이문화에 대해 열린 태도를 연습(practice)하는 것도 포함된다. 기존의 한국어교육에서 문화교육은 한국 문화를 적극적으로 알리고 차이를 설명하는 정보의 교환과 습득에 주안점이 있었다. 그러나 한국 문화를 많이 배웠다고 해서 '글로벌한(global) 문화 시민'이 되었다고 하기는 어렵다. 우리는 그동안 너무 서두르고 허둥대었으며 한국어교육에서 문화를 가르치는 것을 빼놓을 수는 없다는 것에 지나치게 급급했던 것은 아닌가 싶다. 필자의 다문화 인식 조사에서도 드러난 대로, 한국 문화로의 '동화'가 능사라고 여기는 한국어 교사들의 의식을 바꾸는 것이 당면한 과제가 되지 싶다. 우리는 새로운 이즘을 정립해야 하겠다. 우리가 문화 교육에서 다루고자 하는 교육 내용은 이제 설계자(교수자)의 자기반성, 지적인 판단, 윤리 등으로 조절되어야 한다. 여기에서 나아가 한국어 교사 교육에서 팽배해 있는 직업 교육 중시주의, 반지성주의를 또한 통렬하게 반성해야 할 것이다.

3. 문화 교육과정 설계의 원칙

이제 우리는 기존의 언어 중심 교육에서 문화 교육으로 지평 넓히기를 해야 한다. 언어는 단순히 의미 전달의 수단으로 사용되는 것 이상의 사회문화적인 쓰임새를 가진다. 단순히 언어적 숙련도를 높이는 데에서 벗어나 사회 통합 교육의 차원에서 학습자들을 바라보고 국제이해적인 시각을 길러줄 수 있어야 한다. 우리는 한국어교육에서 의사소통 능력의 향상에 지나친 할애를 한 나머지 언어가 가진 사회문화적 통합 기능에는 등한시했던 것은 아닌가? 반성하면서 자신의 언어와 문화를 공존해 갈 수 있는 능력을 키워야 할 것이다. 우리는 학문과 대중문화를 폭넓게 보고 비판적 시각으로 정확히 현상을 묘사하고 공공의 문화 공간을 만들어 가야 한다. 이것이 가능하기 위해서 문화 교육과정 설계는 다음의 몇 가지 원칙을 준수할 필요가 있다.

첫째, 언어 교육으로부터 '독립성'을 가진 문화 교육과정 설계가 필요하다.

언어와 문화가 서로 분리될 수 없는 것은 자명한 사실이다. 그러나 지금까지 우리는 '언어를 가르치기 위한 도구로서의 문화'와 만남을 계속해 왔다. 이제는 문화 교육이 목표어의 숙련도를 높이기 위한 보조 교육으로서의 위상을 극복해야 할 때이다. 문화 교육과정을 통해서 학습자 자신이 가지고 있는 문화, 인종, 종교적 유산 등을 자랑스러워하고 유지하는 의식을 키워갈 수 있어야 한다. 글로벌 시대를 살아갈 수 있는, 알아듣고, 읽고 쓰고 말할 수 있는 기술을 숙달하도록 도와 국제화된 사회에 적응하며 살아나갈 수 있도록 한다. 또한 자신이 속한 공동체에서 각자의 역할을 다하는 데 필요한 지식, 태도, 기능 등을 연마하여 세계 시민의 하나로 우뚝 설 수 있도록 한다.

둘째, 학문 간 통섭을 추구해야 한다.

문화 교육과정 설계에서도 학문 간 교류를 활성화해야 할 필요성은 크다. 학술회, 세미나, 학술지 등에 여성학, 남성학, 지역학, 대중문화연구 등의 다른 전공 분야의 논의들이 적극적으로 개진될 수 있도록 유도하고 그 성과들이 실제 현장에 적극적으로 투여될 수 있도록 해야 할 것이다. 이러한 학문 간 교류가 이루어져야 문화교육학이라는 학문의 독자적인 정체성이 확보될 수 있는 길이 열릴 것이다.

셋째, '주관성'과 '주관주의'를 추구하는 방향으로 교육과정이 설계되어야 한다.

문화 교육에 대한 독자적인 시각으로 교육적 이데올로기를 선택할 수밖에 없다. 모든 학습자에게, 모든 환경에 두루 사용될 수 있는 문화 교육과정은 있을 수 없고, 있어서도 안 된다. 교육과정은 맥락을 고려하여 상황적 요소와 요구에 초점을 맞추어 설계되어야 한다. 이것이 교육의 주관성, 교육과정 설계의 주관주의이다. 주관성은 앞서 제안한 여타의 원리들이 상호 공존하며 함께 마련되었을 때 그 의미를 더욱더 강하게 발휘하게 될 것이다. 그밖에 문화와 관련한 주제나 내용에 대해 '개방성'을 지닌 문화 교육과정 설계가 필요하다. 한국어 학습자로 하여금 결론을 정해놓지 않은, 어떤 결론도 정해지지 않는 문화 교류의 장으로 수업을 인식하도록 유도해야 할 것이다.

본 연구의 초점은 문화 교육과정 설계에 있었고 필자는 설계에서 무엇이 우리의 철학적 입장이 되어야 하는가에 대하여 논의하였다. 그러나 이 논의가 한국어교육에서 어떻게 현장에 접목되고 실현될 수 있을 것인가의 가능성에 대해서는 아직 타진해 보지 않았다. 여기에서 필자는 실제 교수법을 통해서 본고에서 제안한 문화 교육과정이 어떻게 실천될 수 있을 것인가의 몇 가지 방법들을 제안하고 끝맺고자 한다.

- 다양한 집단의 한국에 대한 기여도 분석
- 한국 문화의 보편적인 상황에서 이루어지는 관습적인 행동에 대해 잘 인식하게 만들기
- 한국어의 구 혹은 절, 문장 단위의 표현이 가지고 있는 문화적 함축 내용을 이해시키기
- 문화 간 공통점과 차이점 찾기
- 비판적 사고 키우기
- 다양한 관점 가지도록 훈련하기
- 학습자의 경험과 문화 요소를 연계시키기
- 문화적 융통성 가르치기
- 문화 학습에 대한 의욕 고취하기

Ⅳ. 나가기

지금까지 필자는 현재 한국어교육에서 별 문제의식 없이 이루어지고 있는 '동화주의'적 문화 교육을 비판하였다. 이른바 '다문화 교육'의 문제점을 열거하면서 외국어 혹은 제2언어로서의 한국어교육에서 문화 교육은 일방적인 동화의 강요가 아니라 조화와 상생을 추구하는 것이 되어야 함을 강조하였다. 한국 사회의 다인종화를 제대로 이해하고 올바른 국제이해 교육의 하나로 문화 교육을 실천하려면 한국어가 모국어가 아닌 외국인과 한국어가 모국어인 교육 관련자 사이의 상호교섭적인(interactional) 교육이 전개되어야 함을 논의하였다.

한국어교육에서 이제 문화 교육은 한국어 속에 내재한 문화를 가르치는 데에서 벗어나 21세기를 함께 살아가기 위해 요구되는 문화적 감수성과 지식, 태도 등의 등가적인 '공존'을 이룰 수 있도록 설계 되어야 할 것이다. 한국어교육의 테두리에서 이를 어떻게 구체적으로 실천할 수 있을 것인가의 방안 모색은 추후 연구로 미룬다.

주제 2 : 한국어와 외국어의 비교와 대조

민현식(2006), 한국어 교육에서 문화 교육의 방향과 방법, 한국언어문화학 3-2, 국제한국언어문화학회.

김수정(2011), 한·일 신체언어 비교 연구: 손짓언어를 중심으로, 언어사실과 관점 제27집, 연세대학교 언어정보연구원.

민현식(2006)은 기존 논의들을 세밀하게 살피고, 국어정책부분의 연구 성과와 외국의 사례들을 면밀하게 분석하여, 이론·정책적인 면은 물론이고, 교과교육학적인 접근을 통해 거시적인 한국어 문화 교육을 체계화하려는 시도였다. 기본 문화 교육의 내용을 11개 영역에 걸쳐 구성하여, 한국어 문화 교육에서 다루는 문화 현상에 대해 제한적 접근과 포괄적 접근을 고려한, 학습자에게 보편성과 흥미를 유발할 수 있는 한국어 문화교육의 체계화에 획을 긋는 획기적인 논문이다. 특히, 한국어 문화 교육에서 문화다원주의와 비교문화적 관점의 교육과 교사양성과정의 교사를 위한 문화 교육 강화 등을 소개·제안하고, 한국학의 틀 안에서 문화 교육이 이루어지도록 정보 공유와 전략이 필요하다고 강조하였다.

김수정(2011)은 이러한 연구 성과에 힘입어 한국의 언어문화 11개의 항목 중 비언어적 표현 요소에 주목한 미시적인 언어문화 교육의 논의라고 할 수 있다. 김수정(2011)은 한국과 일본의 손짓 언어를 의미별 분류를 중심으로 분석하여 차이점을 조사한 한·일 신체언어의 대조 언어문화론적 접근이라고 볼 수 있다. 한국과 일본의 손짓 언어의 차이점들을 각각 ① 의례·평가 동작, ② 요구·청유 동작, ③ 감정 표현 동작, ④ 정보 제공 동작, ⑤ 지시 동작 등으로 분류하여 분석하였다. 이러한 차이점들은 일본어 화자의 한국어 문화 숙달도를 한층 더 고양시키는 문화 항목과 문화 지도 방안의 구상을 제안해 보았다.

민현식(2006)은 한국어 문화 교육론 전반에 대한 총괄적인 구도를 제시하였다는 점에서 시사점을 제공한다. 또한, 각론으로서 대조언어문화론의 연구 발전 및 성과를 촉발시킨 논문으로서 연구사적 가치가 확인된다.

한국어 교육에서 문화 교육의 방향과 방법[*]

민 현 식

요 약

21세기는 문화 경쟁, 문화 전쟁의 시대라고 하는 말이 나올 정도로 문화에 대한 관심이 많다. 국외적으로는 한류가 화제이고, 국내적으로는 유행하는 문화 흐름에 맞추려고 각 분야마다 분주하다. 국어와 문화를 연계한 학제간 분야로 '국어 문화론'의 영역이 필요하다는 주장을 동조하여 왔지만 늘 이런 방법론적 정당성에서는 확신이 서지 않는 것이 현실이다. 본고는 외국어로서의 한국어 교육 분야에서 문화 문제를 어떻게 접근하여 들어갈지 그동안의 논의를 연구사 중심으로 정리, 소개하여 몇 가지 방향과 방법을 제기해 본다.

외국어로서의 한국어 문화 교육은 국어 문화의 내용이 가진 제한 관점과 포괄 관점으로 구성되고 기본 문화 교육의 내용을 11개 영역에 걸쳐 구성해 보았다. 한국어 문화 교육은 교육과정, 교재, 교수학습 방법에서 한국어 습득

---

[*] 『한국언어문화학』 3-2(국제한국언어문화학회 2006년 발행)의 137쪽부터 180쪽까지에 수록되었음. 또한, 요약은 원문에는 수록되지 않았던 것을 이 책에서 새롭게 작성한 것이다.

을 목표로 언어와 문화가 통합된 교육이 이루어져야 할 것이므로, 학습자 요구 분석 조사, 흥미로운 교재 구성, 문화 교수학습의 전문화, 문화 애호가 모형 제시, 문화 교수학습 포털 사이트의 구축 필요, 문화다원주의와 비교문화적 관점의 교육 교사양성과정의 교사를 위한 문화 교육 강화 등을 소개하거나 제안하였다. 특히 올바른 한국어 문화 교육이 이루어지려면 한국학의 지식에 대한 올바른 이해가 선행되어야 한다는 점에서 한국학의 틀 안에서 문화 교육이 이루어지도록 정보 공유와 전략이 필요하다고 강조하였다.

한국어와 일본어의 신체언어 비교[*]
-손짓언어를 중심으로

김 수 정(일본 독협대학교)

Ⅰ. 들어가며

한국인을 대상으로 한 신체언어에 대한 연구는 동작 연구의 이론적 배경을 제시한 김영순(1998, 2000, 2002), 임지룡·김영순(1999) 등이 있으며, 커뮤니케이션학에서는 이노미(2008, 2009), 독일어 교육에서는 추계자(1998, 2005, 2007), 일본어학에서는 홍민표(1998, 2007), 프랑스어학에서는 장한업(2001), 서덕렬(2003), 스페인어학에서는 조혜진(2002), 한국어 교육에서는 이중언어교육에서의 동작 교수의 중요성을 강조한 성광수(1999)와, 한국 문화 교육 측면에서 접근한 조현용(2009) 등이 있다.

아가일(Argyle, 1969)에서는 사회적 상호작용에서 가장 중요한 분야 중의 하나가 비언어 커뮤니케이션이며, 상이한 문화권에서는 의사소통의 어려움으로 상징적인 기호체계인 '손짓, 몸짓, 눈짓'의 비언어적 요소가 커뮤니케이션의 도구로 유용하다고 하였다. 특히 신체언어 중 사용빈도가 가장 높은 것이 손짓언어이다. Morris(1996)에 의하면 관절의 움직임이 자유로운 두 손은 팔, 얼굴, 귀, 코, 눈, 머리 등 신체부위와 결합하여

---

[*] 『언어사실과 관점』 제27집(연세대 언어정보연구원 2011년 발행)의 93쪽부터 116쪽까지에 수록된 '한·일 신체언어 비교 연구'를 실음.

각기 다른 3천여 개의 다양한 동작을 생산한다고 한다. 손짓의 사전적 의미는 '손을 놀려 어떤 사물을 가리키거나 자기의 생각을 남에게 전하는 일이며 손동작은 손의 움직임으로 정의되어 있다(국립국어연구원, 1999).

손짓은 '손동작'을 사용하여 어떤 사물을 '가리키'거나 자기의 생각을 남에게 '전하는' 정보 메시지가 포함된 행위를 의미한다. 그렇기 때문에 손짓언어는 언어 메시지를 대체(substituting)하거나 반복(repeating)하여 언어를 보완(complementing), 강조(accenting), 규제(regulating)하는 기능을 수행한다(Taylor, 1977)

이노미(2008)에 의하면, 한국과 아시아 지역의 76개 손짓언어의 동작 유형을 비교분석한 결과 한국과 동일 손짓언어가 가장 많은 곳은 대만 84%, 일본 82%, 중국과 필리핀이 각각 79%의 순으로 나타났다. 홍민표(2007)에 의해서도, 한국, 중국, 미국, 일본의 손짓언어를 조사한 결과, 역시 일본의 손짓언어와 동일한 것들이 많은 것으로 나타났다.

본 연구는 한국과 일본의 신체 언어가 상당한 부분 동일하다는 조사 결과에도 불구하고, 차이점의 20%에 주목하고자 한다.

Ⅱ. 한·일 손짓언어의 조사 방법

본 연구에서는 이노미(2008:18)의 언어 행위 분류를 차용하여 한국과 일본의 손짓언어를 조사하기로 한다. 손짓언어의 의미 분류로 ① 의례·평가 동작 ② 요구·청유 동작 ③ 감정표현 동작 ④ 정보제공 동작 ⑤ 지시 동작으로 나누어 조사하고자 한다. 조사 대상으로는 한국과 일본의 CF를 분석하였다. 한국의 CF는 광고 Print를 중심으로 1950년부터 2010년까지 32,250개와 TV CF 400편 중에서 손짓언어를 조사하였다. 일본의 CF는 광고 print 60개와 TV CF 820편 중에서 손짓언어와 관련된 부분을

조사하였다. 또한, 어린이 TV프로그램인 한국의 교육방송 EBS 어린이 프로그램인 '방귀대장 뿡뿡이'와 NHK 교육방송의 어린이 프로그램인 'お かあさんといっしょ를 조사하였고,[1] Hamiru-aqui, Aileen Chang(2004), "70 Japanese Gestures"와 인터넷 사이트 등을 참고하여, 손짓언어의 양상을 보충하였다. 본 연구는 조사대상의 손짓언어를 사진과 동영상 자료 분석, 문헌 조사만으로 이루어져 있다는 점에서 한계를 가진다.

1. 손짓언어의 분석 유형

이노미(2008:18)에서는 손짓언어의 주요 변인으로서, 의미적 분류와 형태별 분류로 나누어 제시하고 있으며 다음과 같다. 본 연구에서는 아래의 분류 중 의미별 분류에만 한정하여 자료를 분석하고자 한다.

분류 기준		변인의 내용
의미별 분류	의례·평가 동작	만세, 국기의례, 선서, 기도, 작별인사, 거수경례, 승리, 환호, 찬사, 칭찬
	요구·청유 동작	사죄, 부탁, 성원, 약속, 전화, 식사, 음주, 흡연, 기립, 착석, 동작 중지, 조용히 등
	감정표현 동작	사랑, 수줍음, 화남, 답답함, 역겨움, 창피, 눈물, 울음, 허기, 포만감, 경고, 협박, 위협, 조롱, 외설, 욕설 등
	정보 제공 동작	부정, 거절, 찬성, 해고, 체포, 돈, 애인, 사장, 수다, 섹시, 임신, 현명, 우둔, 강인, 악인, 돼지코, 조금 등
	지시 동작	호출, 환기, 지명, 추방, 뒤, 방향 등
형태별 분류	동일 손짓언어	
	개체 손짓언어	독립손짓언어, 고립손짓언어
	다중 손짓언어	다중동작 손짓언어, 다중의미 손짓언어
	무형 손짓언어	

---

1 EBS의 '방귀대장 뿡뿡이'는 EBS 홈페이지가 서비스로 운영하는 VOD를 참고로 하였으며, NHK교육방송의 'おかあさんといっしょ는 DVD「ありがとうの花」,「ファミリーコンサート 星空のメリーゴーラウンド」,「ファミリーコンサート モノランモノラン こんにちは!」등과 You Tube를 참고하였다.

① 의례·평가 동작

커뮤니케이션의 기본 형식인 인간이 지켜야할 의리와 예절을 비롯하여, 긍정, 부정에 대한 의도 혹은 타인의 행동이나 발화에 대한 평가를 표현하는 동작으로 정의한다. '앉고 서는 예절, 인사 예절 등을 비롯하여, NO, 만세, 맹세' 등이 여기에 속한다.

② 요구·청유 동작

발신자의 요청과 요구를 수신자가 수행하여 실천하기를 기대하는 동작을 의미한다. 요구·청유 동작에는 '사죄, 부탁, 약속, 전화, 식사, 음주, 조용히, 금지' 등을 요구하거나 청유하는 동작을 지칭한다.

③ 감정표현 동작

메시지 발신자의 감정과 심신 상태가 외부로 표출되어 수신자에게 직접 전달되는 손짓언어이다.

④ 정보제공 동작

상호행위적 의사소통에 있어서 자신의 정보를 전달하거나 남의 정보를 묻는 동작이 여기에 속한다. 즉, 사람이나 목표대상에 대한 상황과 상태, 상대방 의견에 대한 응답 반응, 수량에 대한 정보를 제공하는 동작이다.

⑤ 지시관련 동작

'이, 그, 저' 등의 지시사를 동반한 지시 관련 동작들과 '호출, 방향 등을 나타내는 동작들이 여기에 포함된다. 이들 동작의 전제로는 지시 대상이 있다.

2. 한국과 일본의 손짓언어의 특징

일본인의 가장 일반적으로 유명한 손짓언어는 '자기 자신을 가리키는 손짓언어'로 '검지로 자기 코를 가리키는 동작'이다.(②에 해당)

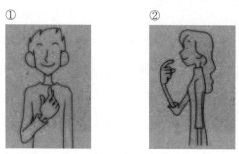

http://www.sanseido.net/Main/Words/Patio/Article.aspx)

그림 1 자기 자신을 가리키는 손짓언어

홍민표(2007)에 의하면, '자기자신을 가리키는 제스처'를 조사한 결과, 한국인은 주로 '손바닥을 가슴에 댄다'(①에 해당)고 답하는 사람이 압도적으로 많았고, 일본인의 경우, '검지로 자신의 코를 가리키는 제스처'가 많이 알려져 있으나, '여성이 동년배와 이야기할 때 사용하는 제스처의 하나'이며, 東山他(1973)을 인용하여, ① 본인을 말하는 것인지를 확인할 때 ② 자기라는 것을 강조할 때 ③ 자신의 존재를 상대에게 각인시킬 때 ④ 자신에게 시선을 향하게 할 때 사용한다고 한다고 서술하고. 성별, 대상별로 큰 차이가 있음을 밝혔다.

'화가 났다'는 손짓언어는 한·일 양국 모두 동일하게 '양쪽 검지를 뿔 모양으로 머리 양쪽에 대는 동작'의 손짓언어를 사용한다.

그림 2 '화가 났다'는 손짓언어[2]

본 연구에서의 대상 자료에서는 나타나지 않았으나, 2008년 2월부터 2008년 8월까지 총 66부로 끝난 KBS 2TV 드라마의 타이틀이 '엄마가 삘났다'의 의미가 한국인이라면 바로 '엄마가 화가 났다'는 (그림 2)와의 동일 의미를 가진다는 것을 알 수 있을 것이다.

'돈'을 의미하는 손짓언어는 '엄지와 검지를 동그랗게 만드는 동작'으로 엄지와 검지로 만드는 동작은 같으나 그 외의 손가락들이 향하는 위치에 따라 의미가 달리 사용하는 것을 알 수 있다.

①   ②

그림 3 '돈'을 나타내는 손짓언어[3]

---

2 70 Japanease Gestures p.48.

3 70 Japanease Gestures p.104.

일본에서는 ①과 같이 '엄지와 검지를 동그랗게 만드는 동작을 만들고, 엄지와 검지 외의 손가락들이 아래를 향하고 수평을 이루는 동작을 '돈'의 의미로 사용한다. 한국에서는 ②의 동작으로 '돈'과 'OK'의 다중의미 손짓언어를 사용하고 있다.

이렇게 한국과 일본은 동북아시아의 인접국가로서 유교와 불교의 영향을 받은 한자 문화권에 속하면서도, 상이한 손짓언어를 사용하고 있음을 알 수 있다.

Ⅲ. 한·일 손짓언어의 유형별 실제

1. 의례·평가 동작

커뮤니케이션의 기본 형식인 인간이 지켜야할 의리와 예절을 비롯하여, 긍정, 부정에 대한 의도 혹은 타인의 행동이나 발화에 대한 평가를 표현하는 동작이다. 본 자료 조사에서 포착된 손짓언어의 의례·정보 제공 동작은 'No'와 '잘했다, 최고다'가 발견되었다.

1) No

한국의 '아니다'라는 의미의 손짓언어는 손바닥이 바깥을 보이면서 얼

굴 아래 부분에서 좌우로 흔드는 동작을 취한다. 반면, 일본의 '아니다'라는 의미의 손짓언어는 손날이 보이도록 하여, 얼굴 부분까지 올려서 좌우로 흔드는 동작을 취하고 있다.

2) '잘했다'

'엄지를 세워 앞으로 내미는 동작'으로서 '잘했다', '최고'의 의미를 표현하는 손짓언어이며, 한·일 양국 모두 동일한 손짓언어이다.

홍민표(2007)에서는 '엄지를 세우는 동작'은 한국에서는 '최고다'의 의미로, 일본에서는 'OK'의 의미로 가장 많이 사용되고 있는 것으로 상황이나 장면에 따라서 격려나 칭찬에 사용되는 폭넓은 제스처로 기술하고 있으나 광고상에 나타난 한·일 손짓언어는 '최고다'의 의미가 압도적으로 쓰였다.

2. 요구·청유 동작

발신자의 요청과 요구를 수신자가 수행하여 실천하기를 기대하는 동작을 의미한다. 본 연구에서 포착된 요구·청유 동작은 '사과, 부탁, 약속, 식사, 조용히, 금지' 등이다.

1) 가벼운 사과 · 부탁

한국인들의 '가벼운 사과'를 할 때에는 우선 '머리를 긁적이는 동작'을 보인다. 광고 카피에도 나타나 있듯이 '죄송합니다'라는 메시지에 대한 보완(complementing) 기능을 보여주고 있다. 일본에서는 얼굴에 가깝게 두손을 모으는 동작으로서 '사과'를 표현한다. 이 두 동작은 '부탁'에도 쓰이는 다중 의미 손짓언어이다.

2) 약속

한국인들이 '약속하자'는 의미의 손짓언어를 표현할 때에는 새끼 손가락을 세우는 동작을 보여준다. 이에 나아가 상대방의 새끼 손가락을 거는 행위까지 요구하는 경우도 많다.

일본의 경우, '신체접촉을 꺼리는 일본인의 특성'으로서 손가락을 거는 행위는 거의 없으며, '새끼 손가락을 세우는 동작'은 '여자 친구'의 의미를 표현하는 것으로 나타난다.[4]

3) 식사

한국인들이 '식사하자'는 손짓언어는 '숟가락으로 밥을 먹는 동작'의 모방 동작을 보이는 한편, 일본인들은 '젓가락으로 밥을 퍼 먹는 동작'의 손짓언어를 보여주고 있다.

'식사하자'는 손짓언어의 한·일 양국의 차이는 오른손의 모양이다. 한국의 오른손 모양은 숟가락을 드는 자세를 보이고 있으며, 왼손의 손 모양은 바닥에 놓인 밥그릇을 잡는 자세를 취하고 있어 오른손과 왼손의 거리가 멀다. 일본의 오른손 모양은 젓가락을 표현하고 있으며, 왼손 모양은 밥그릇을 드는 자세를 취하고 있으며, 양손의 거리는 매우 밥그릇을 들고 먹는 식문화와 관련하여 매우 좁다.

4) 금지

'금지'의 손짓언어는 한국의 경우, '검지와 검지를 교차시키는 동작'과

---

4 홍민표(2007)에 의하면, 한국인은 '약속'의 의미로 62.7%, '애인'의 의미가 30.6%로 나타나 다중 의미 손짓언어로 나타났다.

'양손의 손목을 교차시키는 동작'을 보이고 있으며, 일본의 경우, '양손의 손목을 교차시키는 동작'을 보이고 있다.

'양손의 손목을 교차시키는 동작'의 손짓언어는 한·일 양국에서 모두 쓰이고 있으나, 한국의 경우, 이 동작의 교차점이 가슴에 가깝다. 일본의 경우에는 교차된 양손이 얼굴을 감싸는 형태로 양손이 얼굴에 좀 더 가까운 위치의 손짓언어를 구사하고 있음이 차이점이다. 이렇게 한·일 양국에 동일하게 쓰이는 손짓언어임에도 불구하고, 손짓언어 그 자체만으로는 동일성을 가지나 신체에서의 위치나 각도가 조금씩 다름을 알 수 있다.

3. 감정표현 동작

메시지 발신자의 감정과 심신 상태가 외부로 표출되어 수신자에게 직접 전달되는 손짓언어다. 본 연구에서 포착한 감정표현 동작은 '사랑, 화남,[5] 울음' 등이다.

1) 사랑
한국에서는 '손으로 하트를 만드는 동작'으로 단독으로 머리 위에 표현하는 것으로부터, 두 사람이 함께 하트를 만드는 동작, 가슴 부분에서

---

5 '화남'에 대한 손짓언어는 앞에서 언급하였으므로 생략한다.

양손으로 하트를 만드는 동작 등 다양한 손짓언어들이 만들어지고 있다.

2) 울음

한국에서는 '오른손으로 눈물을 닦는 동작'과 '양손으로 두 눈을 가리는 동작'으로 손짓언어를 표현한다. 일본에서는 '양손을 눈 옆에 대고 좌우로 흔드는 동작'과 '손가락을 엄지와 검지로 동그랗게 만들어 두 눈의 아래쪽으로 내려 눈물이 떨어지는 듯한 동작'으로 표현한다. 이밖에도 '한 손을 수평으로 세워 코를 막는 동작'으로서 '냄새가 난다'는 손짓언어나, 양손 검지를 펼쳐서 귀를 막는 동작'으로서 '시끄럽다'는 손짓언어들도 발견할 수 있었다.

4. 정보제공 동작

상호행위적 의사소통에 있어서 자신의 정보를 전달하거나 남의 정보를 묻는 동작이 여기에 속한다. 즉, 사람이나 목표대상에 대한 상황과 상태, 상대방 의견에 대한 응답 반응, 수량에 대한 정보를 제공하는 동작이다. 본 연구에서 포착한 정보제공 동작은 '배고픔, 돈, OK, 조금, 숫자를 나타내는 동작[6] 등이다.

1) '배고픔'

한·일 양국 모두 '손을 아랫배에 아래위로 문지르는 동작'으로서 '배고픔'을 표현하고 있다.

2) 'OK'

한국에서는 'OK'의 손짓 언어는 '돈'을 의미하는 손짓언어와 동일한 다중 손짓 언어이다. 엄지와 검지를 동그랗게 만들고 나머지 손가락들은 세우는 동작을 취한다. 일본에서는 양팔을 머리 위로 동그랗게 만들어

---

6 '돈, OK'에 대한 손짓언어는 앞에서 언급하였으므로 생략한다.

'O'의 형태를 만드는 손짓언어를 취하는 것을 발견할 수 있다.

3) '조금'

'엄지와 검지를 동그랗게 만들고 그 사이를 조금 벌려 약간의 공백을 두는 동작으로 '조금'의 의미를 나타내며, 한·일 양국 모두 동일 손짓언어이다.

4) 숫자를 나타내는 동작[7]

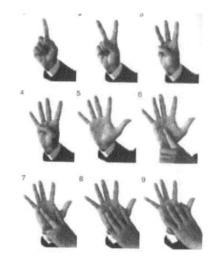

---

7 70 Japanease Gestures p.114.

| 6 | 7 | 8 | 9 |

한·일 양국은 1에서 5까지 숫자를 세는 동작과 10을 나타내는 동작에는 동일 손짓언어를 나타낸다. 그러나 '6, 7, 8, 9'를 나타내는 동작에서는 한국이 양손의 손바닥을 펼쳐서 보여주는 반면, 일본은 5를 나타내는 펼쳐진 손바닥 위에 손등을 보이면서 1에서 4까지 겹쳐 표현하는 손짓언어를 보여준다. 이렇게 우리가 쉽게 광고에서 볼 수 있는 1에서 3까지의 손짓언어를 보고 동일하다고 인식하지만, 좀 더 면밀하게 살펴보면 다른 점들을 발견할 수 있다.

5. 지시 관련 동작

'이, 그, 저' 등의 지시사를 동반한 지시 관련 동작들을 비롯하여, '호출, 방향 등을 포함한 동작들이다. 본 연구에서 포착한 지시관련 동작은 '호출, 방향, 나를 가리키는 동작[8] 등이다.

1) 호출
'양손을 펴서 입가에 갖다대는 동작'으로 '호출'을 나타내는 동작은 한·일 양국의 동일 손짓언어로 볼 수 있다.

---

8 '돈, OK'에 대한 손짓언어는 앞에서 언급하였으므로 생략한다.

2) 방향

'이것, 저것' 등의 지시사를 동반한 지시관련 동작으로서 '검지를 수평 방향으로 지시 대상을 가리키는 동작'이다. 특히 '이것'에 해당하는 동작 은 동일 손짓언어로 볼 수 있다.

Ⅳ. 한국어 텍스트를 활용한 한국 신체언어의 교수

앞에서 살펴본 바와 같이, 같은 동북아 문화권에 속해 있으면서도 한 ·일 양국이 전혀 다른 손짓언어를 가지고 있으며, 동일 손짓언어를 가 지고 있음에도 불구하고, 팔의 각도나 손의 위치에 따라 전혀 다른 의미 를 갖거나, 다중 의미 손짓언어의 경우, 선호도에 차이가 있는 등 실제로 커뮤니케이션상의 갈등이나 오해를 초래할 정도의 심각성은 가지고 있지 않으면서도, 약간의 차이를 무시할 수 없는 것도 현실이다. 더욱이 한국어 학습자로서 일본어 화자의 경우 높은 숙달도를 지향하는 상황에서는 문화적 숙달도를 높일 수 있는 신체언어의 체득을 중심으로 한 교수가 어느 정도 필요하다. 특히, 한국 신체언어 교수의 하나로서 대화 상황이나 발화를 신체언어와 보완하는 연습과 자국의 신체언어와의 비교를 통해서 다문화적인 사고를 병행할 수 있는 지도를 함께 하도록 하는 것을 목표로 삼는 지도를 제안할 수 있다.

〈대화 상황이나 발화에 몸짓언어를 보완하는 교수 방안〉

① 물건 사기

A: 어서 오세요. 무엇을 드릴까요?
B: 바나나요. 얼마예요?
A: 3000원이에요. 그런데 바나나는 오늘 안 좋아요.
B: 그러면 사과는 어때요?
A: 오늘 사과는 아주 좋아요.
B: 여섯 개 주세요.

(지도1) 대화의 내용을 숙지하고 대화 연습을 시킨다.

(지도2) 대화 중 들어갈 수 있는 몸짓이나 손짓을 생각하고 대사 옆에 쓰게 한다.

A: 어서 오세요.
　　무엇을 드릴까요?
B: 바나나요. 얼마예요?
A: 3000원이에요. 그런데 바나나는 오늘 안 좋아요.(의례·정보제공 동작-No)
B: 그러면 사과는 어때요?
A: 오늘 사과는 아주 좋아요.(의례·정보제공 동작-최고)
B: 여섯 개 주세요.(정보제공 동작-숫자)

(지도 3) 대화를 하면서 신체언어와 언어가 자연스럽게 서로 보완될
수 있도록 연습시킨다. 이때에 한국의 신체언어와 적합한지를 발표를 통
해 체크한다. 만일 일본어로 된 대화문이었다면 어떤 신체언어가 들어갔
을까에 대해 이야기해 보도록 한다.

② 사과하기

A: 영숙씨, 늦어서 미안해요.
B: 윌슨씨, 지금 몇시예요? 벌써 10분이나 기다렸어요.
A: 버스가 안 와서 지하철을 타고 오느라고 늦었어요. 다시는 안 늦을게요. 대신
　오늘 제가 점심 살게요.
B: 점심이 문제가 아니예요. 벌써 몇 번째예요? 다시는 안 늦겠다고 약속해요.
A: 알았어요. 빨리 점심 먹으러 갑시다.

(지도 1) 대화의 내용을 숙지하고 대화 연습을 시킨다.

(지도 2) 대화 중 들어갈 수 있는 몸짓이나 손짓을 생각하고 대사 옆에
쓰게 한다.

A: 영숙씨, 늦어서 미안해요.(요구청유동작-사과)
B: 윌슨씨, 지금 몇시예요? (지시동작-시계) 벌써 10분이나 기다렸어요.
A: 버스가 안 와서 지하철을 타고 오느라고 늦었어요. 다시는 안 늦을게요. (요구
　청유 동작-사과) 대신 오늘 제가 점심 살게요.(요구청유동작-식사)
B: 점심이 문제가 아니예요. 벌써 몇 번째예요? (정보제공 동작-숫자)다시는 안
　늦겠다고 약속해요.(요구 청유 동작-약속)
A: 알았어요. 빨리 점심 먹으러 갑시다.

(지도 3) 대화를 하면서 신체언어와 언어가 자연스럽게 서로 보완될
수 있도록 연습시킨다. 이때에 한국의 신체언어와 적합한지를 발표를 통
해 체크한다. 만일 일본어로 된 대화문이었다면 어떤 신체언어가 들어갔

을까에 대해 이야기해 보도록 한다.

(지도4) 약속 시간에 늦은 사람이 남자가 아니라 여자였다면 어떤 신체언어를 사용할까에 대해서도 생각해 보도록 한다.

V. 나가며

본 연구는 한·일 양국의 손짓언어에 대해 TV CF와 광고 Print, 양국의 TV 교육방송 어린이 프로그램과 기존 자료들의 성과를 중심으로 ① 의례·평가 동작 ② 요구·청유 동작 ③ 감정표현 동작 ④ 정보제공 동작 ⑤ 지시 동작으로 나누어 유형별로 조사하였다. 차이점을 보이는 동작만 정리하면 다음과 같다.

의례·평가 동작으로는 'No'와 '잘했다, 최고다'의 손짓언어를 조사하였는데, 'No'의 경우 동일 손짓언어이지만, 손바닥의 위치와 손을 흔드는 위치가 다름을 발견할 수 있었다.

요구·청유 동작으로는 '사과, 부탁, 약속, 식사, 금지'의 손짓언어를 조사하였는데, '가벼운 사과'의 경우, 한국은 '머리를 긁적이는 동작'으로 일본은 '두손을 얼굴 가까이에 모으는 동작'으로 나타났다. '새끼 손가락을 세우는 동작은 한국에서는 '약속하자'는 의미로 가장 널리 쓰이며 속된 의미로 '여자 친구'의 의미를 표현하는 경우도 있다. 일본의 경우는 '여자 친구'의 의미를 표현하는 것으로 나타났다. '식사하자'는 손짓언어는 한국인들은 '숟가락으로 밥을 먹는 동작'의 식문화를 반영하는 동작을 보이는 한편, 일본인들은 '젓가락으로 밥을 퍼 먹는 동작'의 식문화를 반영하는 손짓언어를 보이고 있다. '금지'의 손짓언어는 한국의 경우, '검지와 검지를 교차시키는 동작'과 '양손의 손목을 교차시키는 동작'을 보이고 있으며, 일본의 경우, '양손의 손목을 교차시키는 동작'을 보였다. '양손의 손목을 교차시키는 동작의 손짓언어는 한·일 양국에서 모두 쓰이고 있으나, 한국의 경우, 이 동작의 교차점이 가슴에 가깝다. 일본의 경우에는 교차된 양손이 얼굴을 감싸는 형태로 양손이 얼굴에 좀 더 가까운 위치의 손짓언어를 구사하고 있음이 차이점이다. 이렇게 한·일 양국에 동일하게 쓰이는 손짓언어임에도 불구하고, 손짓언어 그 자체만으로는 동일성을 가지나 신체에서의 위치나 각도가 조금씩 다름을 알 수 있다.

감정표현 동작으로 '사랑'은, 한국에서는 '손으로 하트를 만드는 동작'으로 손짓언어를 표현하고 있다. '울음'은 한국에서는 '오른손으로 눈물을 닦는 동작'으로, 일본에서는 '양손을 눈 옆에 대고 좌우로 흔드는 동작'으로 표현하는 것으로 나타났다. '화남'은 얼굴 표정으로 표현하는 방법도 있으나, '양쪽 검지를 뿔모양으로 머리 양쪽에 대는 동작'의 손짓언어를 사용하는 동일 손짓언어이다.

정보제공 동작으로 '돈'은 한국에서는 'OK'와 다중 의미 손짓언어이며, 엄지와 검지를 동그랗게 만들고 나머지 손가락들은 세우는 동작을 취한다. 일본에서는 엄지와 검지 외의 손가락들이 아래를 향하고 수평을 이루는 것은 '돈'을 의미한다. 'OK'는 양팔을 머리 위로 동그랗게 만들어 'O'의 형태를 만드는 손짓언어를 취하는 것을 발견할 수 있으며, '엄지를 세워 앞으로 내미는 동작'으로 'OK'를 표현한다는 조사도 있다. '숫자를 나타내는 동작은 한·일 양국은 1에서 5까지 숫자를 세는 동작과 10을 나타내는 동작에는 동일 손짓언어를 나타낸다. 6, 7, 8, 9를 나타내는 동작에서는 한국이 양손의 손바닥을 펼쳐서 보여주는 반면, 일본은 5를 나타내는 펼쳐진 손바닥 위에 손등을 보이면서 1에서 4까지 겹쳐 표현하는 손짓언어를 보여준다.

지시관련 동작으로 '나를 가리키는 동작'은 한국은 '손바닥을 가슴에 대는 동작'으로, 일본은 '검지로 자기 코를 가리키는 동작'으로 표현되어 서로 다른 손짓언어를 가지고 있다.

이러한 손짓 언어의 차이점들은 일본어화자의 언어 · 문화적 숙달도를 한층 더 고양시키는 방안으로서 한국어 텍스트 안에서 발화 상황에 보완할 수 있는 지도 요소로써 첨가시킬 수 있으리라 사료된다.

　마지막으로, 발화 상황을 보완할 수 있는 한국 신체 언어 요소, 성별에 따른 신체 언어의 상이점, 한국과 일본의 신체 언어의 유사점과 상이점을 지도 요소로 하는 다문화적 지도 방안의 구상을 제시하여 보았다.

민현식(2009), 한국어교육용 문법 요소의 위계화에 대하여, 국어교육연구 제
23집, 서울대학교 국어교육연구소.
박성일(2011), 한국어교재에서 경어법 제시 방식에 대한 비교 분석, 한중인문
학연구 제32집, 한중인문학회.

한국어 교육에서 문법교육은 문법 형태의 기능과 의미를 밝히는 데 초점이 맞춰져 있었다. 그러나 학습자의 언어 학습 발달을 고려하여 학년 군이나 단계에 따라 일정한 원리로 문법 요소들을 위계화하여 제시할 필요가 있으며 특히 교육과정과 교재의 내용을 구성할 때 각 문법 요소에 대한 위계화 전략이 필요하다.

이러한 가운데 민현식(2009)은 앞의 통합 문법교육의 개념을 다룬 "한국어 교육을 위한 문법 기반 언어 기능의 통합 교육과정 구조화 방법론 연구" (2008) 및 한국어 교재를 분석한 "한국어 교재의 문법 항목 위계화 양상에 대하여"(2008)의 두 편의 논문과 함께 한국어 문법 요소의 위계화 문제를 다루었으며 이론에서 실제에 이르기까지 체계적으로 설계하여 제시한 선구적인 연구 성과이다. 이 논문에서는 교육과정 구성의 단계별 모형을 제시한데 이어 교육용 문법의 위계화를 문법 내적 논리와 외적 변수의 관계 속에서 논의했고 입문기 문자와 발음, 조사, 비종결어, 종결어미와 높임법, 피·사동법의 위계화에 이르기까지 비교적 상세하게 기술하여 문법 요소 위계화의 방향과 틀을 제공했다.

박성일(2011)은 이러한 연구 성과에 힘입어, 민현식(2009)의 문법교육 위계화 논리를 되짚어 가는 가운데 한국어 경어법의 성립 요소들을 재정립하고 교재에서의 경어법 제시 방식과 위계화에 대해 구체적으로 적용하여 논의했다. 민현식(2009)에서는 문법 요소의 선정과 위계화는 문법 요소의 체계가 자체적으로 갖는 '문법 내적 논리'도 기본적으로 필요하지만 '문법 외적 논리'도 영향을 끼치므로 결국 위계화는 문법 내적 논리의 토대 위에서 외적 변수에 따라 위계화의 조정 작업을 하는 절차를 거치게 됨을 지적했다. 박성일(2011)은 한국어 경어법의 성립 요소로 언어 형식 외에 외적인 요소인 대화 참여자관계, 대화의 장, 대화의 목적, 화자의 태도를 함께 포함시켜 구분했고 여기에 기초해서 논의를 전개했다. 박성일(2011)은 민현식(2009)의 종결

어미와 높임법의 위계화를 참고하여 한국어 교재에서 반영되는 경어법 실현 형태, 대화 참여자 관계와 대화의 장 설정, 경어법 도입 순서, 경어법 관련 용어와 문법 설명 방식 및 종결어미 화계 및 연습문제 구성에 대해 비교적 상세히 분석했다.

한국어교육용 문법 요소의 위계화에 대하여[*]

민 현 식

요 약

교육과정과 교재의 내용을 구성할 때에 문법 요소를 어떻게 배열할 것인지의 위계화 전략이 필요하다. 우리는 국내외 한국어 교재들에서 문법 요소들이 어떻게 위계화 되었는가를 살피고 이들에 나타난 공통점과 차이점을 통해 문법 요소의 위계화에 대하여 시사점을 찾고자 하였다.

한글의 입문기 교육에서부터 교재들마다 문자 제시 순서, 발음 지도 방식에서 복잡하여 한국어 학습에 염증을 주는 원인이 되므로 입문기 교육 요령부터 정립되어야 한다. 또한 조사, 어미, 높임법, 피사동 요소에서도 1군, 2군, 3군의 단계별 항목 선정의 방향이 필요하여 이를 제시하였다.

문법 요소의 단위 영역은 음운, 단어, 문장, 담화의 네 영역으로 나눌 수

[*] 『국어교육연구』 제23집(서울대학교 국어교육연구소 2009년 발행)의 61쪽부터 130쪽까지에 수록되었음.

있다. 음운 영역은 문자와 표기, 발음 교육의 내용 요소들을 포함한다. 단어 영역은 매 과마다 배워 익혀야 할 단어의 양적, 질적 내용 요소들을 포함한다. 문장 영역은 습득 목표를 두고 있는 문장 구문의 표현과 그에 관여하는 문법 범주의 종류들을 포함한다. 담화 영역은 의사소통에 동원되는 담화 차원의 기능, 담화 주제, 담화 수준을 포함한다.

한국어 교재의 경어법 제시 방식 비교[*]
-중국어판 교재를 중심으로

박 성 일(한국체육대학교)

I. 들어가는 말

한국어에서 경어법은 사람 간의 관계, 말이 쓰이는 언어 사회 영역을 적극적으로 반영하며, 나아가 사회 변화와 화자의 태도나 전략에 따라 용법이 바뀌고 조정되는 역동적인 언어 범주이다. 한국어의 경어법 교육에 있어서 경어법을 실현하는 여러 요소들을 한국어교재에 적극 반영하여 학습자들의 자연스런 경어법 사용으로 이어지도록 교육하는 것이 사뭇 중요하다. 본 연구는 경어법을 실현하는 다섯 가지 요소에 기초하여 외국인을 위한 한국어교재에 반영된 경어법의 언어적 실현 형태, 대화 참여자 관계, 도입 순서, 문법 설명, 연습문제 구성 등에 대해 검토해보고자 한다. 이런 작업을 통해 각 교재의 차이점을 밝히고 중국인 학습자를 위한 한국어교재 편찬에서 경어법 제시 방식 개선을 위한 기초 자료를 제공한다.

---

[*] 『한중인문학연구』 제32집(한중인문학회 2011년 발행)의 261쪽부터 288쪽까지에 수록된 '한국어교재의 경어법 제시 방식에 대한 비교 분석'을 실음.

Ⅱ. 한국어교재 경어법 분석의 이론적 배경

경어법 연구에서 고려해야 할 요소들에 대해 학계 여러 학자들이 논의한 바 있다. 본 연구에서는 이 중에서도 경어법의 성립은 기본적으로 사회적 요인에 의한다는 주장을 따른다. 즉, "인간의 상호 관계에서 대우가 성립된다. 이러한 인간관계에 관련 되는 사람, 즉 대우에 관련되는 인물은 화자, 청자 및 제삼자 등이다. 결국 이들 삼자 간에 작용되는 여러 가지 요인에 의해서 대우가 결정되는 것이다. 인간관계는 횡적 친소관계와 종적 위계 관계 시점에서 관찰되고 구분될 수 있다."[1] 본 연구에서는 의사소통을 위한 경어법 연구에서는 누가, 어디서, 언제, 무엇을, 어떤 의도로, 어떻게 표현했는가 하는 것을 고려해야 함에 주목하여 대화 참여자, 대화의 장, 대화의 목적, 화자의 태도, 언어 형식을 경어법이 성립하는 다섯 가지 요소로 보고 여기에 기초하여 논의를 진행하고자 한다.[2]

[대화 참여자] 원활한 의사소통을 위해서는 대화의 상대가 상급자인가, 동료인가 혹은 화자와 친한 사이인가 등의 관계에 따라 서로 다른 경어법이 사용된다. 한국어의 경어법은 기본적으로 '누가, 누구에게, 누구의 일'에 관한 것인가를 파악하는 화자, 청자, 화제 중의 인물의 상호관계에서 성립된다. 대화에 참여하는 구성원으로는 화자와 청자가 있으며 이외 화제 인물로 제3자가 있는데 대화 참여자 요소는 바로 발화 시의 구성원인 화자와 청자 및 화제 인물의 관계를 가리킨다. 이런 관계는 언어공동체가 다름에 따라서 약간의 차이가 있지만 보통 힘(power)에 의한 상하관계와 거리(distance)에 의한 친소 관계가 작용한다. 여기서 말하는 힘은 "사람들 사이의 사회적 높낮이를 매겨서 아랫사람을 부리거나 따르게

---

1 성기철, 『한국어 대우법과 한국어 교육』, 글누림, 2007, 15쪽.
2 박성일(2012:17~32)를 참고, 보완하여 재구성함.

할 수 있는 권위와 권력"이다.[3] '힘' 관계의 성립여부에 따라 사회적 위계 차이가 있는 경우(+P)와 없는 경우(-P)로 나뉜다. 대화 참여자 관계에서의 거리는 "사람들 사이에 존재하는 물리적이고 심리적인 멀고 가까움의 정도"로 정의할 수 있다. '거리'도 거리가 있는 경우(+D) 혹은 없는 경우(-D)가 있다. 힘과 거리에 따른 대화 참여자 관계는 다음과 같이 구분해 볼 수 있다.[4] 즉, 상하 위계 관계(+P, +D), 상하 친밀 관계(+P, -D), 동급 존중 관계(-P, +D), 동급 친밀 관계(-P, -D)이다. 상하 위계 관계에서 대화 참여자는 서로 비대칭 관계이며 보통 상사와 부하, 선배와 후배 간의 관계가 여기에 속한다. 상하 친밀 관계에서는 비대칭의 힘이 여전히 존재하고 있기는 하지만 친밀한 관계로서 부모와 자녀 사이, 혹은 형제자매 간의 관계가 여기에 속한다. 동급 존중 관계는 대화 참여자 간 대등한 관계지만 처음 만난 사이거나 소원한 관계이고 동급 친밀 관계는 대화 참여자 간에 지위가 서로 대등하며 심리적으로 거리감이 없는 친한 관계를 가리킨다.

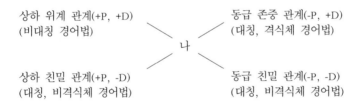

3 '힘'과 '거리' 혹은 '유대'에 관한 이론은 유송영, 「국어 청자 대우법에서의 힘과 유대(1)」, 『국어학』 24집, 1994, 291~317쪽, Ron Scollon & Suzanne Wong Scollon, 『Intercultural communication: a discourse approach』 施家煒 譯(2001), 『跨文化交際: 話語分析法』, 社會科學文獻出版社, 1995, pp.45~58. 이정복, 『한국어 경어법, 힘과 거리의 미학』 2008, 소통 등에서 다루고 있다.

4 Ron Scollon & Suzanne Wong Scollon, 『Intercultural communication: a discourse approach』 施家煒 譯(2001), 『跨文化交際: 話語分析法』, 社會科學文獻出版社, 1995, pp.45~58의 내용을 참조하여 연구자가 보충했다.

다음은 각 영역에 속한 전형적인 대화 참여자 관계와 이런 관계에서 발화 가능한 예문들을 제시한 것이다.

(1) 가. 김 대리, 오늘 고생 많았네. (사장→ 부하 직원)

　　나. 사장님, 차를 곧 준비하겠습니다. (부하 직원→ 사장)

　　다. 철수야, 오늘 학교 안 가? (아빠→ 아들)

　　라. 엄마, 나 배고파, 밥 줘. (아들→ 엄마)

　　마. 처음 뵙겠습니다. 저는 ○○○이라고 합니다. (교수→ 교수)

　　바. 철수야, 내일 경복궁 가지 않을래? (친구→ 친구)

위의 예문에서 (1가)와 (나)는 상하 위계 관계인데 여기서 상급자는 하급자에게 하게체 이하의 종결어미 화계를 사용할 수 있지만 하급자는 상급자에 대해 합쇼체나 해요체만 가능하여 경어법 사용의 비대칭 관계가 형성된다. (다)와 (라)는 상하 친밀 관계로서, 이때 화자와 청자 간 서로 해체의 사용도 가능하면서 경어법 사용에서도 대칭 관계가 형성된다. (마)의 동급 존중 관계에서는 화자와 청자 간 서로 대등한 경어법을 사용할 수 있지만 서로 소원한 관계이므로 해요체 이하의 안높임의 경어법은 사용되지 못한다. (바)는 동급 친밀 관계로서 서로 대칭되는 경어법 사용이 가능하며 종결어미 화계 제약도 제일 적다. 그런데 이와 같은 대화 참여자 관계에서 각자가 처한 세대나 사회 언어공동체의 특성에 따라 관계가 달라지고 또한 개인 간의 관계도 일정한 유동성이 있다. 예컨대, 동급 존중 관계에 있던 두 교수가 친해지면 동급 친밀 관계로 이동될 수 있으며 동급 친밀 관계이던 두 친구가 한 친구의 승진으로 인해 상하 위계 관계로 변하게 될 수도 있다. 아울러 위의 대화 참여자 관계는 포괄적이고 제한적이다.

[대화의 장] 언어 행위가 이루어질 때 '언제, 어디서, 어떤 상황에서'인

가에 따라 경어법 사용이 달라진다. 여기서 '대화의 장'은 대화가 이루어지는 장소, 영역, 상황을 말한다. 주로 대화가 이루어지는 장소가 공적 장소인가 사적인 장소인가로 구분되며, 3인칭 인물이 현장에 있느냐 없느냐로 구분된다. 보통 공적인 장에서는 사적인 장에서보다 더 높은 등급의 경어법이 적용된다. 한국어에서는 격식과 비격식의 차이에 따라 종결어미가 합쇼체와 해요로 구분되기도 한다. 화자와 청자가 30대의 나이가 비슷한 친구 사이의 직장 동료인 경우, 사적 혹은 비격식적인 자리에서는 해체나 해라체와 같은 낮은 등급의 경어법 형식을 사용하지만 공적 혹은 격식적인 자리에서는 상대를 높여 대우하는 경어법 형식을 사용하게 된다. 화자와 청자의 대면적 발화가 이루어지는 발화 현장에 3인칭 인물의 현장성 유무에 따라 화자의 이 3인칭 인물에 대한 경어법 등급이 달라질 수 있다.

[대화의 목적] 화자는 대화의 목적에 따라 청자의 행동을 요구하는 명령을 하기도 하고, 청자에게 정보를 요구하는 질문을 하기도 하며, 화자의 스스로의 어떤 행동을 약속하기도 한다. 한국어는 문장의 기능을 나타내는 표지가 문장 종결법과 맞물려 있으면서 대화의 목적을 나타낸다. 예컨대, 명령하고자 할 때는 '철수야, 밥 먹어라'에서 '-라'와 같이 명령형 종결어미를 사용하여 명령문으로 문장을 종결짓는다. 중급 한국어 학습자들이 "선생님, 같이 탑시다."와 같은 말을 연장자에게 거리낌 없이 사용하는 오류를 범하는 것은 대화 목적에 따라 달라지는 문장 종결법의 높임 등급에 대한 교육이 미흡하기 때문이라고 본다.

[화자의 태도] 사회적으로 높고 존귀한 인물일지라도 화자가 그 인물의 신분성을 낮게 부여하거나 그 인물을 높이고자 하는 의향이 없다면 경어법을 쓰지 않을 수 있으며 또한 화자가 청자에 대해서 소원한 관계를 나타내려면 비격식체를 써도 되는 때에도 격식체를 써서 화자의 청자에 대한 태도를 보여줄 수도 있다. 한국어의 경어법에 익숙하지 않은 학

습자인 경우, 높이려는 의지는 있어도 어떻게 높일지 몰라 제대로 높이지 못할 수도 있다. 경어법에서의 화자의 태도는 대화에 참여하는 화자, 청자, 제3자 및 그 인물과 관련된 행위, 사건, 사태 등에 대한 화자의 높이거나 낮추고자 하는 의지를 말한다. 화자는 화자 스스로를 낮추고, 또는 청자 혹은 3인칭 인물을 높일 것인가 안 높일 것인가, 높이되 어느 정도 높일 것인가를 결정하여 언어 형식으로 표현하게 된다.

[언어 형식] 한국어의 경어법은 명사, 대명사, 동사, 형용사, 조사 등의 어휘적 방식과 종결어미, 선어말어미 등의 문법적 방식에 의해 표현된다. 언어 형식은 어떤 경어법 표현 방식으로 내용을 전달하는가 하는 것이다. 만약 청자가 경어법의 표현 형태를 모른다면 화자의 의도나 전달 내용에 대해 이해 할 수 없게 된다. 또한 화자의 입장에서는 어떻게 전달하고 어떤 적절한 표현 형태를 찾아 자기의 의사를 전달하는가 하는 것이 사뭇 중요하다. 한국어에서 존대의 의미자질을 가지는 어휘적, 문법적 형식들은 다음과 같은 것들이 있다.

표1 한국어 경어법의 언어 형식

구분		한국어 예시
어휘적	존대 체언	선생님, 윌슨 씨, 저, 댁 등
	존대 용언	계시다, 잡수시다, 시장하다 등
	존대 조사	-께, -께서
문법적	선어말어미	-시-
	종결어미	합쇼체, 해요체 등

위의 경어법 성립의 다섯 가지 요소들을 정리하면 결국 누가, 어디서, 무엇을, 어떤 의도로, 어떻게 표현하는가의 문제이다. 이것을 다음과 같이 정리할 수 있다.

[대화 참여자] 화자, 청자, 제3자 (누가)

[대화의 장(場)] 공적인 위치와 사적인 위치 (어디서, 언제)

[대화의 목적] 질문, 요청, 명령, 진술 등 대화의 목적을 포함 (무엇을, 왜)

[화자의 태도] 높임 의지와 의도 포함 (어떤 의도로)

[언어 형식] 어휘적, 문법적 형식을 포함 (어떻게)

본 연구는 경어법 성립의 다섯 가지 요소에 기초하여 한국어교재에 제시된 경어법의 다음 관련 내용에 대해 검토하기로 한다.

첫째, 각 교재에서 경어법은 어떤 형태로 제시되었는가?

둘째, 대화 참여자 관계의 설정이 명확한가?

셋째, 경어법의 도입 순서가 적절한가?

넷째, 경어법 관련 용어에 어떤 차이가 있는가?

다섯째, 경어법의 문법 설명 방식이 명확한가?

여섯째, 연습 문제의 구성은 어떤가?

Ⅲ. 분석대상 교재 선정

본고에서는 한국과 중국에서 편집되고 출판된 한국어교재 4권을 조사 대상으로 선정했고 언어 학습 단계는 초급교재이다. 고찰 대상 교재는 다음과 같다.

[1] 서울대학교 언어교육원 편(2000), 『한국어 1, 2』,[5] [주]문진미디어.

---

5 서울대 『한국어 1』은 앞 부분의 예비편에 이어 본문은 1과부터 30과로 되어 있다.

孫玉慧 譯(2008), 外語教學與研究出版社.

[2] 연세대학교 한국어학당 편(2007), 『연세 한국어 1, 2(Chinese Version)』,[6] 연세대학교 출판부.

[3] 북경대학 조선문화연구소 편(2008), 『한국어 1(수정본), 2』,[7] 民族出版社.

[4] 강은국 외 편(2005) 『초급한국어(상)(하)』,[8] 上海交通大學出版社.

위의 서울대 교재와 연세대 교재는 한국에서 편찬되고 다시 중국어로 번역되어 출간된 교재이고 북경대 교재와 복단대 교재는 중국에서 편찬되고 출간된 교재라는 점에서 한국과 중국에서 교재 편찬의 특징들을 비교하여 살필 수 있고 모두 중국어로 설명이 되어 있으므로 문법 용어, 문법 설명 방식에 대한 검토도 용이하다.[9]

매 과는 제목, 삽화, 본문 대화, 단어, 발음, 문법, 어휘와 표현, 연습1, 연습2가 있다. 따로 문법 설명란을 설정하지 않고 각주를 통해 문법 설명을 하고 있다. 『한국어 2』도 비슷한 구성을 보이는데 1과부터 33과로 되어 있고 매 과에서 다루는 항목들은 1권과 비슷했으며 본문 대화 뒤에 대화 번역을 제시했다.

6 『연세 한국어 1』은 총 10개의 과로 이루어져 있으며 각 과는 5개의 항으로 이루어져 있고 제5항은 '정리해볼까요?'라는 이름으로 그 과를 복습하도록 했다. 매 과의 5항을 제외한 기타 각 항은 제목, 학습목표, 삽화와 도입, 본문 대화, 어휘, 문법 연습, 과제1, 과제2, 회화, 문법 설명, 대화번역, 듣기 지문의 순서로 구성되어 있다. 8명의 주요 인물들이 등장하며 이들 등장 인물들의 일상 생활을 중심으로 본문의 대화 내용이 구성되었다. 『연세 한국어 2』도 비슷한 구성을 보이고 있으며 총 10개의 과로 이루어졌다.

7 북경대 『한국어 1(수정본)』은 총 20개의 과로 이루어져 있으며 1과부터 10과까지는 어음부분이고 11과부터 본문 내용 부분이다. 매 과는 제목, 삽화, 본문1, 본문2, 본문3, 새 단어, 발음, 어휘와 관용어, 문법과 관용형 설명, 연습, 보충 단어의 순서로 구성되어 있다. 본문 1, 2는 대화문 형식이고 본문3은 서술문 형식으로 되어있다. 『한국어 2』는 총 15개의 과로 이루어져 있으며 매 과의 구성은 1권과 같았다.

8 『초급한국어(상)』은 총 30개의 과로 이루어져 있으며 1과부터 10과까지 어음부분이고 11과부터 본문 내용 부분이다. 매 과는 제목, 본문1, 본문2, 본문3, 단어, 발음, 문법, 연습, 보충 단어의 순서로 구성되어 있다. 본문 1, 2는 대화문 형식이고 본문3은 대화문 혹은 서술문 형식이며 본문3을 배정하지 않은 과도 있다.

IV. 분석 결과

1. 경어법 형식의 구체 형태 비교

한국어의 경어법은 문법적 요소와 어휘적 요소에 의해 실현되는데 주로 높임을 나타내는 체언, 용언, 조사, 선어말어미, 종결어미 등이 있다. 우선 각 교재에 나타난 경어법의 구체 형식들은 다음 표와 같다.

표2 각 교재에서 제시된 경어법의 구체 형태

	어휘적 형식	문법적 형식
서울대	*[1권]*선생님,부모님,아가씨,아저씨,아주머니,형님,-씨,댁,저,-분,-께,-께서,드리다,계시다,잡숫다*[2권]*연세,진지,말씀(하다),갖다 드리다,모시다,드리다,뵙다,주무시다	*[1권]*-시-,-(으)십시오,-(으)세요,-(이)세요?,-아/어주세요,-(으)십니다,-(으)ㅂ시다,-입니다,-입니까?,-ㅂ니다/습니다,-아요/어요,-ㄹ까요?,-이에요/예요,-(으)니까요,-(으)ㄹ거예요,-(으)ㄹ게요,-지요?,-군요,-는군요,-은요/는요? *[2권]*-ㄴ가요?-나요?-네요,-ㄴ데요,-ㄹ거야,-ㄹ건가요?-ㄹ래요?-아요,-았군요,-았을거예요,-ㄹ 건가요,-ㄹ 겁니다,-지 않아요?
연세대	*[1권]*선생님,부모님,손님,-씨,여러분,-께,-께서,드리다,드시다,계시다,주무시다,잡수시다,말씀하다,모시다 *[2권]*연세	*[1권]*-(으)시-,-(으)십시오,-(으)세요,-(으)ㅂ시다,-입니다,-입니까?,-ㅂ니다/습니다,-습니까?,-아요/어요/-여요,-ㄹ까요?,-(으)ㄹ거예요,-(으)ㄹ게요,-지요?,-는데요,-는군요 *[2권]*-ㄴ가요?-나요?-더군요,-은가요?
북경대	*[1권]*선생님,부모님,-님,아저씨,오빠,-씨,저,-분,-께,-께서,드리다,들다,계시다,주무시다,뵙다,말씀하다 *[2권]*그놈,당신,뵈다,사모님,여	*[1권]*-시-/-으시-,-(으)십시오,-(으)세요,-입니다/-입니까?,-ㅂ니다/습니다,ㅂ니까/-습니까?,-아요/어요/-여요,-ㄹ까요?,-이에요/예요,-(으)ㄹ게요,-지요?,-네요,-ㄴ가요/은가요

---

9 이 외에도 중국에서 출판된 교재 중에 『표준 한국어』(북경대 등 25소 대학 공동편찬), 『초급 한국어』(연변대) 등 교재들이 있지만 연구자의 연구 제한으로 인해 본 연구에서는 다루지 못했다.

	쭙다,자네,(전화를)드리다,진지	[2권]-죠,-ㄹ게(요)/-을게(요),-네(요),-대(요),-고(요),-는요/-은요,-건가(요),-죠,-대(요),-고(요),-는요/-은요,-ㄹ라까요/-이랄까요,-던가(요),-다면서(요)/-라면서(요)/-이라면서(요)
복단대	[1권]선생님,부모님,아저씨,총장님,형님,-씨,저,-분,-께서,드리다,계시다,뵙다,잡수시다,말씀하다[2권]께,사모님,사장님,시부모님,아드님,은사님,장모님,지도교수님,회장님,저희,여쭈다,주무시다	[1권]-시-,-(으)세요,-(이)세요?,-(으)ㅂ시다,-ㅂ니다/습니다,-ㅂ니까/-습니까?,-아요/어요-여요,-ㄹ까요?,-(으)ㄹ거예요,-지요?,-는데요,-거든요 [2권]-니까요/-으니까요,-던가요,-십시다,

위의 표에서 보다시피 초급 한국어교재에서 모두 110개의 서로 다른 경어법 형식이 제시되었으며[10] 이 중에서 네 개의 교재에서 모두 제시된 것은 17개, 세 개의 교재에서 공통으로 반영된 것은 16개, 두 개의 교재에 반영된 것은 16개였고 나머지는 각 교재마다 서로 다르게 나타났다. 공통으로 제시된 형태로는 다음과 같다.

네 교재에 모두 제시된 경어법 형태: 부모님, 선생님, 주무시다, 계시다, -께, -께서, -씨, 드리다, -(으)시-, -습니다, -ㅂ니다, -(으)세요, -아요, -어요, -거예요, -까요? -지요? (17개)

세 교재에 제시된 형태: 저, 아저씨, -분, 뵙다, 말씀하다, -입니다, -입니까, -습니까, -(으)ㅂ시다, -십시오, -여요, -게요, -(으)니까요, -ㄴ가요?, -은요, -는요? (16개)

두 교재에 제시된 형태: 사모님, 형님, 진지, 연세, 잡수시다, -ㅂ니까, -는군요, -이에요, -예요, -네요, -는데요, -고(요), -대(요), -은가요? -건가요? -나요? (16개)

---

10 어떤 종결어미는 의미와 사용이 비슷하여 함께 묶어 제시하는 경우도 있는데(예컨대 '-아요/어요-여요') 이와 같은 경우에도 형태는 다르므로 각각 다른 형태로 계산했다.

제시 방식에서 특이한 점으로는 청유형 종결어미 '-ㅂ시다'에 대해 북경대 교재에서는 이를 제시하지 않아 차이를 보였고 서울대 교재는 '-입니다, -입니까, -ㅂ니다/습니다'와 같은 형태를 구체적으로 'N-입니다, N은 N-입니까? 여기는 N-입니다, N이/가 A-ㅂ니다/습니다' 등 문형 형태로 여러 과에 나누어 제시한 반면, 기타 교재는 모두 초반에 첫 과에서 제시하고 있다. 이 외에도 연세대 교재와 북경대 교재에서는 '-입니다'와 '-ㅂ니다'를 구별하여 의문형과 함께 제시했지만 복단대 교재는 '-입니다'와 '-ㅂ니다'의 구별이 없이 '-ㅂ니다/습니다, -ㅂ니까/-습니까'의 한 형태로 묶어 제시했다.

2. 대화 참여자 관계 설정 비교

경어법은 화자, 청자 및 화제 인물인 제3자와의 관계의 차이에 따라 선택을 달리하므로 대화 참여자 관계가 경어법 사용에 미치는 영향이 무엇보다 크다. 대화 참여자 관계 제시 방식에 있어서 연세대 교재는 다른 세 교재와는 달리 교재의 앞 부분에서 모든 인물들의 관계를 소개하고 있다. 모두 8명의 인물이 등장하는데 외국인 4명, 한국인 4명이라고 국적을 각각 명시하고 학생, 회사원 등 직업도 부여하였으며 반 친구, 하숙집 친구, 회사동료, 여자 친구 등 관계도 제시해주고 있다. 기타 교재는 대화 참여자 관계에 대해 별도의 언급이 없이 본문 내용을 통해 학습자가 스스로 터득하도록 하고 있다.

대화 참여자 관계에 따른 언어의 사용이 실제 생활에서는 같은 인물이라 해도 상황에 따라 달리 사용될 수도 있지만 초급 교재에서는 학습자에게 일관성 있는 대화 참여자 관계를 보이는 것이 바람직하다. 다음과 같이 같은 대화 참여자 관계에서 서로 다른 경어법이 사용되는 경우도 발견되므로 이 부분에서 좀 더 세심한 배려가 필요하다. 예컨대,

(2) 가. 마리아 씨, 어디에 갑니까? (리에→마리아, 연세대 교재 1권:106)

　　나. 무슨 음식을 좋아하십니까? (리에→마리아, 연세대 교재 1권:114)

초급학습자에게 있어서 선어말어미 '-시-'의 용법을 금방 배웠는데 같은 인물에 대해 서로 다른 경어법이 사용되는 것은 인지적 부담을 증가시키게 되어 학습에 도움이 되지 않는다. 그렇다고 해서 북경대와 복단대 교재처럼 모든 대화 참여자 관계에서 '-시-'를 사용하여 대화 참여자 관계의 특징성이 없어지는 것도 삼가야 한다.

3. 경어법의 도입 순서 비교

경어법이 어느 시점에 어떤 방식으로 도입되는가 하는 것은 학습자의 인지적 부담의 크기와 관계된다. 도입 시기가 너무 빠르거나 혹은 설명이 이루어지기 전에 미리 사용된다거나 또는 다른 경어법 형식과의 호응관계를 고려하지 않고 도입하는 방식은 모두 학습자에게 부담을 주게 된다.

고찰 대상 교재에서 합쇼체와 해요체의 구체적인 도입 시기를 보면 다음과 같다. 서울대 교재는 합쇼체로 시작하여 8과부터 해요체를 도입하였고 그 뒤로는 고르게 배치하고 있다. 연세대 교재도 합쇼체로 시작하다 3과부터 해요체를 도입하는데 그 뒤로는 고르게 두 체가 나타난다. 북경대 교재는 본문이 시작되는 11과부터 합쇼체를 도입하였고 해요체는 17과부터 도입하고 그 뒤로는 두 체가 골고루 나타나며 해체는 2권 4과부터 도입된다. 복단대 교재도 본문이 시작되는 11과부터 합쇼체를 도입하였고 해요체는 15과부터 도입하고 있는데 다른 교재에 비해 다른 점은 해체를 1권 28과부터 도입되어 1권에 합쇼체, 해요체, 해체가 모두 도입되었다는 것이다. 위의 교재들은 모두 합쇼체를 먼저 도입하고 나중에 해요체를 도입하고 있지만 일부 그렇지 않은 교재도 있다. 예컨대, 서강대 교재나 경희대 교재는 합쇼체와 해요체를 처음부터 같이 도입하는 방식을 취하고 있다.

일반적으로 대부분의 교재는 격식체로서의 합쇼체를 먼저 도입하고 다시 비격식체로 해요체를 도입하는데 동시 도입 시의 혼란을 피하고 형태 결합에 있어서도 합쇼체가 해요체보다 좀 더 쉽다는 점에서 학습자의 초기의 부담을 덜기 위한 방법이기도 하다. 일부 교재는 양자의 구별이 없이 처음부터 함께 도입하는데 이와 같이 합쇼체와 해요체를 병행하여 도입하는 것에 대해 노마 히데키는 "일상생활에서 해요체의 사용빈도가 아주 높다는 점, 여성의 경우는 해요체로만 이야기 하는 경우가 많다는 점, 인사말부터 '안녕하십니까?', '안녕하세요?'의 두 가지가 있을 정도이므로 병행시켜도 혼란이 없고 오히려 자연스러운 회화체의 파악에 있어서 유리할 것"[11]이라는 데서 그 이유를 찾고 있다. "경어법의 합쇼체와 해요체의 선택 배열은 교재 개발자의 일관된 관점, 철학이 중요하다. 대체로 합쇼체를 처음부터 시작함은 정중한 격식체 표현을 익히는 장점이 있어 높임법 문화의 정수를 익히는 데 유리하며 해요체를 먼저 익힘은 회화용 비격식체를 먼저 익히는 장점이 있다".[12] 그리고 일반적으로 대부분의 교재는 '합쇼체-해요체-해체(반말체)' 학습을 1차적으로 구성하고 있고 노장년 층에서 쓰는 '하오체, 하게체'는 외국인 학습자들에게는 배우기 부담스럽고 당장 사용할 일이 없으므로 대부분 다루지 않고 있다.

해요체 도입에서 차이를 보인 특징이라면 각 교재마다 보통 '-아요/어요' 형태를 먼저 제시하지만 연세대 교재에서는 청자에게 건의하고 의견

---

11 노마 히데키, 『한국어 어휘와 문법의 상관구조』, 태학사, 2002, 335쪽.

12 민현식, 「한국어교육용 문법 요소의 위계화에 대하여」, 『국어교육연구』, 서울대학교 국어교육연구소, 2008, 23, 108쪽.

을 묻는 '-을까요/ㄹ까요'를 먼저 제시하여 다른 교재들과 차이를 보였다. 이는 화계가 높은 합쇼체 보다는 부드러운 제안으로 해요체가 더 자연스럽게 사용되는 경우를 고려한 것으로 판단된다. 예컨대,

(3) 가. 제가 도와드릴까요? (해요체)
    나. ?제가 도와드립니까? (합쇼체)

다음은 주체 경어법으로 쓰이는 선어말어미 '-시-'의 도입 시기와 인물 사이의 관계를 주체 존대 조사 '-께서'와 같이 고찰하기로 한다. 도입 시기와 화자, 청자, 지시 인물 간의 관계는 다음과 같다.

표 3 주체 경어법의 도입과 대화 참여자 관계

교재	도입 시기		화자·청자관계	지시 인물
	-시-	-께서		
서울대(1-30)	4과	27과	사제 간	청자인 선생님
연세대(1-10)	3과	3과	친구 간	화제 인물인 친구 부모
북경대(11-20)	14과	18과	친구 간	청자인 친구
복단대(11-30)	11과	13과	친구 간	청자인 처음 만난 친구

위의 표에서 보다시피 각 교재마다 '-시-'는 모두 교재 초반에서 도입되었음을 알 수 있다. 보통 합쇼체 종결어미인 '-입니다, -ㅂ니다, -습니다'의 연습이 마무리되는 시점에 제시된다. 복단대 교재는 본문이 시작되는 첫 과인 11과에 '-시-'를 도입하였는데 이는 처음에 등장하는 '안녕하십니까?'를 고려한 문법항 배치로 보인다. 그러나 이와 같을 경우 합쇼체 기본형과 함께 제시되면서 혼선이 빚어져 학습자들의 부담을 증가시킬 우려가 있다.

'-시-'는 화자와 문장에 등장하는 어떤 지시체 사이의 사회적 관계를

가리키는 사회적 지시와 관련된다. '-시-'로 지시하는 대상이 청자인 선생님, 화제 인물인 친구의 부모님, 청자인 친구 등 각 교재마다 다양하게 설정되었다.

(4) 가. 선생님은 무엇을 하십니까? (학생↔선생님, 서울대 교재)
    나. 부모님은 어디에 계십니까? (친구↔친구, 화제인물은 친구 부모, 연세대 교재)
    다. 양리 씨, 오늘 많이 바쁘셨습니까? (친구↔친구, 북경대 교재)
    라. 김민우 씨는 요즘 어떻게 지내십니까? (친구↔친구, 복단대 교재)

위의 예문에서 (4-가)의 경우 지시 인물은 청자인 선생님이고 (나)는 화제인물인 친구의 부모님이며, (다)와 (라)는 청자인 친구이다. (4-나)의 경우 힘의 관계로 볼 때 '부모님'은 [+P]의 관계가 형성되고 또한 청자와 가까운 제삼자이므로 '-시-'를 사용하여 존대하는 것이 원칙으로 작용한다. (다)와 (라)의 경우 친구 관계이므로 힘의 차이는 없는 [-P]의 관계이고 단지 초면이므로 거리감이 존재하는 [+D]의 관계인데 이와 같은 경우 변동성이 강하므로 꼭 '-시-'를 사용해야 하는 관계는 아니다. 경우에 따라서는 '-시-'를 쓰지 않을 가능성도 있게 되므로 거리감보다는 '선생님, 부모님'과 같이 신분직위에 따른 대화 참여자 관계를 선정하여 '-시-'를 제시하는 것이 바람직하다. 위의 예문 (4-가)와 (4-나)에서 주격 조사 '은'보다는 '-께서는'이 더 적절할 것으로 보이므로 '-께서'와 '-시-'의 호응관계를 고려해야 한다.

"선어말어미 '-시-'는 어떤 인물을 가리키는 상위의 신분성의 주어에 호응하여 그에 연관된 상위의 신분성 용언에 결합한다".[13] 이는 '-시-'와

---

13 이숭녕, 「경어법 연구」, 『진단학보』, 진단학회, 1964, 25~27, 318쪽.

주어 및 주격 존대조사 '-께서'와의 밀접한 호응 관계를 시사한다. 존대 명사와 존대 조사 '-께서', 높임 선어말어미 '-시-'는 서로 호응되어 함께 쓰이는 경우가 많으므로 함께 제시하는 것이 바람직하다. 다음의 설문 조사 분석에서 찾아서도 그 이유를 찾을 수 있다. 연구자가 중국인 학습 자와 한국인 모어화자를 대상으로 화제인물에 대한 응답자의 높임 태도 와 경어법 사용 양상에 대해 조사하고 분석한 결과 두 집단의 경어법 사용 양상에서 다음과 같은 차이를 보였다.[14]

표 4 화제 인물에 대한 경어법의 사용 양상 빈도

예시문	학습자(%)	모어화자(%)
(1) 과장님께서 출장가시다.	10	44
(2) 과장님께서 출장가다.	14	0
(3) 과장님이 출장가시다.	37	47
(4) 과장님이 출장가다.	35	9
(5) 과장께서 출장가다	2	0
(6) 과장이 출장가다.	2	0

위의 표현을 보면 예시문(1)에서처럼 존대 명사, 주격 조사 '-께서', 선 어말어미 '-시-'를 모두 사용한 학습자는 10%이고 모어화자는 44%를 차 지했다. (2)는 존대 명사와 '-께서'를 썼지만 선어말어미 '-시-'가 없는 경 우인데 학습자는 14%, 모어화자는 0%로 전혀 사용하지 않았다. (1)과 (2)에서 보다시피 학습자의 '-께서'의 사용이 저조함을 알 수 있고 또한 존대 명사, '-께서', '-시-'의 호응적 사용에서 모어화자와 차이를 보인다는

---

14 설문조사는 2011년 초에 진행했으며 조사방식은 높임 태도와 높임 사용을 측정하기 위해 각각 유사등간법(the method of equal-appearing intervals) 방식(박도순, 2006:19~ 39 참조)과 담화완성형 테스트(Discourse Completion Test: DCT) 방식을 사용하여 설문조 사를 진행했다. 담화 상황은 직장에서 직원이 상사인 자기 회사 과장을 화제 인물로 지칭 하는 경우이다. 조사대상은 중국인 학습자 49명, 한국인 모어화자 60명이다.

것을 알 수 있다. (3)의 경우처럼 '-께서'가 없이 주어 명사와 '-시-'로만 높임을 나타내는 비율은 두 집단이 모두 높게 나타났다. (4)의 경우는 주어 명사로만 높이는 경우인데 학습자는 35%를 차지하면서 높은 비율을 보인 반면 모어화자는 9%로 낮았다. 그런데 이 경우는 화자의 높임 태도와도 관련이 있는바 화자가 화제인물을 그다지 높이고자 하는 의향이 없으면 (4)와 같은 방식을 사용할 수도 있다. 학습자들의 높임 태도에서도 학습자 집단은 5.88의 높임 태도를 보여 학습자는 화제인물을 높이지 않으려고 작정한 것은 결코 아니다. 즉 학습자는 화제인물을 높이고자 하는 의도가 있고 또한 존대 명사 '과장님'을 썼지만 '-께서', '-시-'와의 호응관계를 분명히 하지 못하면서 결국 화제인물을 제대로 높이지 못한 것이다. 반대로 모어화자 집단의 태도 점수는 2.67로 나타나 모어화자가 이 표현을 쓴 것은 화제인물을 높이고자 하는 의도가 없기 때문인 것으로 분석된다. (5)와 (6)은 오류로 분류된다.

밀접한 호응관계가 있는 '-께서'와 '-시-'를 함께 비슷한 과에 제시하지 않고 너무 차이를 두고 제시하면 '-께서'와 '-시-'의 연동학습 효과가 떨어지게 된다. 교재에 반영할 때 '-님'을 포함하는 높임 주어 명사, 주격 조사 '-께서', 선어말어미 '-시-'를 함께 제시하여 함께 가르치는 방법을 권장하지만 교육과정에 따라 이런 배정이 어려운 경우는 '-님', '-시-'를 먼저 가르치고 다시 '-께서'를 가칠 수도 있지만 '-께서'를 너무 뒤에 배정하는 것은 피하는 것이 바람직하다고 본다.

'-씨'가 붙은 호칭어는 모든 교재에 나오는데 모두 첫 과에서 도입된다. 교재에 등장하는 '-씨'는 학교 친구사이에 '성+이름+씨' 혹은 '이름+씨'의 형태로 나타났으며 존대의 정도가 낮은 '성+씨'는 사용되지 않았다. 한국인의 실제 언어 생활에서 '김철수 씨'와 같이 '성+이름+씨'유형은 화자와 가까운 사이가 아니거나 혹은 청자와 직접적인 관련이 없는 사람을 지칭할 때 사용되고 친밀한 관계에 있을 경우는 '이름+씨'를 쓰는 것으로 나타났으나[15] 한국어교재에서는 이런 차이를 구분하지 않고 두루 사용하고 있었다. 각 교재마다 사용 빈도에서 차이를 보이는데 북경대 교재는 '-씨'의 사용이 65회로 제일 많았으며 복단대 19회, 연세대는 18회, 서울대는 13회 순으로 나타났다. 복단대 교재에서 '-씨'의 띄어쓰기 문제가 제기되는데 '장소영 씨, 소영씨, 이광호씨'와 같이 '-씨'의 띄어쓰기에 일관성 없으므로 수정이 필요하겠다.

4. 경어법 관련 용어 비교

학습 교재의 경우 다양한 용어 사용으로 인해 학습자에게 혼란스럽거나 잘못된 정보를 전달하여 인지적 부담을 늘리는 것은 바람직하지 않으므로 분명한 기준을 갖고 정확하면서도 명쾌한 용어를 골라 사용해야 한다. 고찰 대상 각 교재의 경어법 관련 용어의 차이를 표로 정리하면 다음과 같다.

표 5 한국어교재의 경어법 설명 용어 비교표

	서울대	연세대	북경대	복단대
경어법	敬語	敬語	敬語	尊稱
체언	體詞	-	體言	體詞
용언	謂詞	-	用言	謂詞
어간	詞幹	詞幹	語幹	詞幹
종결어미	終結詞尾	終結詞尾	終結語尾	終結詞尾
선어말어미	詞尾	尊敬詞尾	先語末詞尾	尊稱詞尾
평서문	陳述句	陳述句	平敘文	陳述
의문문	疑問句	疑問句	疑問句	疑問

---

15 국립국어원, 『연령별·계층별 언어 사용 실태 조사연구-일반 호칭어·지칭어를 중심으로』, 국립국어연구원, 2006 참조함.

명령문	命令句 (祈使句)	命令句	命令文	命令
청유문	共動形	共動句	請誘文	共動

위의 표에서 보다시피 북경대 교재는 한국어 언어학계에서 쓰는 용어를 직역하여 사용했고 기타 교재에서는 중국식으로 용어를 바꿔 사용했다는 것이 전체적 특징이다. 용어를 직역하는 방식은 학습자들이 교재에서 배운 용어로 기타 한국어 원문 참고서를 읽는데 도움이 되겠지만 다른 한 방면으로는 중국어에서 기존에 배웠던 용어와는 관계없이 새롭게 용어를 이해해야 하는 어려움도 있다. 반대로 만약 중국어에서 나왔던 용어들로 표기하면 초급에서 용어의 접근성은 쉬워지겠지만 서로 다른 언어에서 사용하는 용어의 의미가 일대일로 꼭 맞아떨어지는 것이 아니므로 고급단계로 올라갈수록 용어 의미의 비대칭성 때문에 혼란스러워지게 된다.

중국어에서 존대 방식은 주로 어휘에 의해 실현되므로 문법으로서의 경어법보다는 어휘로서의 의미로 敬詞, 謙詞, 尊稱, 敬稱라는 용어가 사용된다. 따라서 중국어에서 敬語라는 용어는 일본어의 敬語에서 비롯된 것이며 지금은 한국어교재에서도 널리 사용되고 있다. 체언, 용언의 중국식 표현은 體詞, 謂詞이고 의미상 한국어와 비슷하게 사용되므로 중국식대로 써도 방해가 되지 않을 것이다. 한국어에 있지만 중국어에는 없는 용어의 사용이 문제가 된다. 중국어는 고립어이고 한국어는 교착어에 속하므로 중국어에는 종결어미와 선어말어미와 같은 문법 용어를 찾아볼 수 없다. 종결어미를 북경대에서는 그대로 직역하여 終結語尾로 쓴 반면, 기타 교재는 終結詞尾를 썼고 선어말어미는 詞尾, 尊敬詞尾, 先語末詞尾, 尊稱詞尾로 각기 다른 용어를 쓰고 있었다. 그러나 선어말어미가 詞尾로 대응되는 용어가 아니므로 종결어미와 혼동해 이해할 가능성을 배제할 수 없다. 이 외에 청유문도 중국어에는 없는 용어이므로 請誘文으로 직역하거나 共動句로 의역하여 사용했는데 共動句가 화자와 청자가 함께 행동하게 되는 청유문의 속성을 잘 나타낸 용어라고 생각한다. 따라서 전적으로 중국식대로 용어를 쓰는 방법과 한국식대로 직역하여 사용하는 방법에 다 일부 문제점이 제기되므로 문법 용어의 쓰임은 각 학교의 교육 목표와 관련시켜 고찰해야 하고 향후 그 사용 추이를 더 지켜보면서 계속 토론되어야 하겠다.

5. 경어법의 문법 설명 비교

전반적으로 볼 때 문법 설명 방식에 있어서 서울대 교재와 연세대 교재는 규납적 접근 방식에 가까웠고 북경대 교재와 복단대 교재는 연역적 접근에 가까웠다. 예컨대 연세대 교재는 본문, 연습, 문법 설명의 순서로 되어 있고, 서울대 교재는 각주식 노트란을 통해 문법 설명을 하면서 직접적인 문법 설명을 가급적 줄이면서 먼저 연습을 하고 다시 거기에 따른 문법 설명을 하는 방식을 취했다. 반면, 북경대 교재는 해요체가 도입되는 17과에 한국어 경어법에 대해 전반에 걸쳐 설명하고 있는 등 전형적인 연역적 접근 방식을 취했다.

한국어교재에서 문법 설명이 비교적 높은 비중을 차지하고 있지만 실제로 교재의 문법 설명이 학습자들에게 결정적 도움을 주지 못하고 있는 것으로 나타났다. 김경화(2007)는 한국어과 학생들을 대상으로 같거나 비슷한 의미를 나타내는 서로 다른 형태의 문법항목을 어떤 방법으로 구별 인지하느냐에 대해 조사했다.[16] 조사 결과 문법 설명을 통해 인지하고 대답한 학습자는 20.3%를 차지하여 교수님의 강의를 통해서(59%), 연습

---

16 김경화, 「중국에서의 초급한국어교재 문법항목의 문제점 및 개선방안」, 『문법교육』, 한국문법교육학회, 2007.6, 41쪽.

문제를 통해서(35.9%)에 이어 세 번째 자리에 머물렀다. 이는 교재의 문법 설명이 명확하지 못하고 명시적으로 설명되지 못하고 있음을 보여주는 부분이기도 하다.

고찰 대상 교재의 경어법의 문법 설명 방법을 보면 대부분의 한국어교재와 마찬가지로 문법 설명과 예시문을 함께 제시하고 있었다. 서울대 교재는 문법 설명란을 따로 두지 않고 각주를 이용하여 제시하고 있다는 데서 차이를 보인다.

경어법 성립의 5요소인 대화 참여자 관계, 대화의 장, 태도, 내용, 형식에 따라 고찰 대상 교재들의 문법 설명 방식을 해요체인 "-어요/아요/여요"를 예로 들어 검토한다.

대화 참여자 관계에 대한 설명에서 서울대 교재와 연세대 교재에서는 해요체 '아요/어요'가 친구 사이에 쓰인다고 설명하고 있다.

(5) 가. 친한 친구사이의 대화에서 많이 쓰인다. [서울대 교재]
나. 친구사이의 대화문에 자주 사용된다. [연세대 교재]

다음은 대화의 장에 대한 기술은 서울대, 연세대, 북경대 교재에 나온다.

(6) 가. 개인적이고 [서울대 교재]
나. 비격식체 종결어미로서 [연세대 교재]
다. 구어에서 비교적 많이 쓰인다. [북경대 교재]

서울대 교재는 공적 영역과 사적 영역을 구분하여 설명하고, 연세대 교재는 격식체인 합쇼체와 비격식체인 해요체로 구분했고, 북경대 교재는 구어와 문어로 구분하여 설명했다. 태도에 관한 설명은 서울대, 북경대, 복단대 교재에서 찾아볼 수 있다.

(7) 가. 준(准)존대 화계의 종결어미로서 높임을 나타냄과 동시에 친밀하고 부드러운 말투이며 [서울대 교재]

나. 청자에 대해 높임과 친밀함을 나타내며 [북경대 교재]

다. 존대 종결어미로서 [복단대 교재]

서울대 교재와 북경대 교재는 높임과 친밀함의 태도를 보여준다고 설명하였고 복단대 교재는 존대의 의미를 가진 어미로만 설명하고 있다.

내용 부분은 평서, 의문, 명령, 청유문에서의 사용 여부에 대해 고찰한 것이다. 고찰 대상 교재에서 모두 이 부분에 대해 밝히고 있었으며 큰 차이를 보이지 않았다.

(8) 가. 어미의 억양의 높낮이에 따라 평서, 의문, 명령, 청유문으로 구분된다. [서울대]

나. 억양이 다름에 따라 평서문, 의문문, 명령문 혹은 청유문에 쓰인다. [연세대]

다. 평서문, 명령문, 의문문, 청유문 등에 쓰이고 [북경대]

라. 억양의 차이에 따라 "평서, 의문, 명령, 청유" 등 다른 의미를 나타낸다. [복단대]

각 교재의 차이점이라면 서울대, 연세대, 복단대 교재는 억양의 차이를 강조했지만 북경대 교재는 억양에 대해서는 언급하지 않았다는 점이다.

각 교재들에서는 앞 음절과의 결합에 따른 형태 변화를 비중 높게 다루고 있었다.

(9) 가. 앞의 어간의 마지막 음절이 ㅏ, ㅑ, ㅗ, ㅛ 일 때 아요를 쓰고, ㅓ, ㅕ, ㅜ, ㅠ, ㅡ, ㅐ, ㅔ 등 일 때는 어요를 쓴다. 하다형 단어일 때에는 - 해요로 변한다. [서울대 교재]

나. 만약 동사의 어간이 "아, 오, 야"로 끝나면 "-아요"를 쓰고, 기타 모음으로 끝나면 "-어요"를 쓴다. 동사"하다"는 "-여요"를 쓰는데 보통 "해요"로 축약해 쓴다. 만약 한 동사 어간이 모음으로 끝나고 또한 어미가 모음으로 시작된다면 두 모음이 결합할 때는 축약형을 쓰기도 하고 생략되기도 한다. [연세대 교재]

다.

ㅏ, ㅗ로 끝나는 용언	+	-아요
ㅏ, ㅗ로 끝나지 않는 용언, 이다, -았-/-었-/-였-, -겠-, -(으)시-	+	-어요
하다	+	-여요

[북경대 교재]

라. "ㅏ, ㅗ"로 끝나는 용언의 어간 뒤에 붙고 "-어요"는 "ㅏ, ㅗ"이 외의 모음으로 끝나는 용언의 어간 뒤에 붙으며 "-여요"는 "하(다)" 어간 뒤에 붙는다. [복단대 교재]

위의 각 교재에서 모두 '-아요', '-어요', '-여요'로 결합되는 경우에 대해 구분하여 제시하였고 앞 어간 마지막 음절의 제약 조건에 대해서도 상세히 설명하고 있다. 차이를 보인다면 '-아요'와 결합되는 제약조건에서 서울대 교재는 'ㅏ, ㅑ, ㅗ, ㅛ'일 때, 연세대 교재는 '아, 오, 야'일 때, 북경대 교재와 복단대 교재는 'ㅏ, ㅗ'일 때로 달리 설명하고 있다는 것이다.

북경대 교재에서는 '-어요'와 결합하는 형태에 대해 '이다'와 선어말어미와의 결합관계도 추가로 제시하고 있다. 이 외에도 연세대 교재는 동사 어간이 모음으로 끝나고 또한 어미가 모음으로 시작된다면 축약형과 생략형으로 사용되는 현상에 대해 예시로 보여주면서 상세히 설명하였다는 것이 특징이다.

각 교재에서 "-어요/아요"의 문법 설명에서 경어법 성립 5요소의 적용 여부를 정리하면 다음과 같다.

표 6 문법 설명 방식 비교

	대화 참여자 관계	대화의 장	화자의 태도	대화의 목적	언어 형식
서울대	+	+	+	+	+
연세대	+	+	-	+	+
북경대	-	+	+	+	+
복단대	-	-	+	+	+

다음은 종결어미 화계 구분의 차이이다. 경어법의 화계에 대해 한국어 학계에서 여러 가지 견해들이 공존하는 있는 것처럼 한국어교재에서도 여러 가지 분류 기준에 따라 다양한 분류 체계를 보이고 있었다. 각 교재에 나타난 화계 구분을 다음 표와 같이 정리하였다.

표 7 종결어미 화계 구분

교재	화계 구분
서울대	尊敬階, 准敬階, 非尊敬階로 구분했다. 대체로 합쇼체는 尊敬階, 해요체는 准敬階, 해라체와 해체는 非尊敬階에 포함시켰다. 그러나 합쇼체 등 용어는 쓰지 않았다.
연세대	格式體와 非格式體로 나누고 합쇼체는 格式體 해요체는 非格式體로 설명한다. 합쇼체 등 용어는 쓰지 않았다.
북경대	청자경어법 설명에서 합쇼체 등 용어를 쓰면서 각각 합쇼체와 해요체, 하오체와 하게체, 해라체와 해체를 두 개씩 함께 묶어 3개 등급으로 설명했다. 또한 格式體와 非格式體를 구분하였는데 합쇼체, 하오체, 하게체, 해라체는 格式體로 하고 해요체, 해체는 非格式體로 했다.
복단대	敬階, 基本階, 不定階로 구분하고 대체로 합쇼체와 해요체는 敬階, 해라체는 基本階, 해체는 不定階로 했다. 합쇼체 등 용어는 쓰지 않았다.

언어학적 연구를 목표로 하는 연구 참고서는 기술의 정확도를 높이기 위해 다양한 분류기준에 따라 유형을 달리 할 수 있다. 그러나 학습 교재의 경우 화계 구분이 각기 다르면 학습자들에게 상당한 불편을 주게 되므로 통일된 화계 기준 마련이 필요하다.

6. 연습 문제 구성의 차이

형태 위주의 연습에는 다음과 같은 연습 유형들이 투입된다. ① 빈칸 채우기, 답안을 채우는 연습, ② 제시된 견본에 따라 문장 만들기, ③ 다지선다 문항, ④ 대치 연습, ⑤ 문장 연결하기, ⑥ L1의 예문을 L2로 번역하기, ⑦ 주어진 구조를 사용하여 질문하고 대답하기, ⑧ 말하기의 유창성을 향상시키기 위해 문법에 초점이 맞추어진 연습 등이 있다.[17] 한국어 문법교육의 방법은 결과 중심 문법교육, 과정중심 문법교육, 기능중심의 문법교육 3가지로 나누어 볼 수 있다.[18] 결과 중심 문법교육은 특정한 형식과 의미에 초점을 둠으로써 학습자가 눈여겨보고 문법을 구조화하도록 도움을 주게 되는 문법교육으로서 주로 문형 연습으로 구체화된다. 위에서 제시한 연습 유형의 ①~⑥은 모두 여기에 해당된다. 과정 중심 문법교육은 언어 사용 기술들을 연습함으로써 학습자가 문법을 터득해 나가도록 지도하는 교육으로서 문제 해결 유의미적 연습이 있다. 기능 중심의 문법교육은 의사소통을 익히게 하는데 초점을 두고 학습자와 학습자의 상호작용을 유지하고 실행하는 학습자 중심의 문법교육으로서 의사소통적 문법 연습의 학습자 참여 활동으로 구체화된다. 연습 유형의

---

17 유럽평의회, 『언어학습, 교수, 평가를 위한 유럽공통참조기준』, 김한란 외 옮김(2007), 한국문화사, 2001, 174쪽.
18 권순희, 「한국어 문법교육 방법과 수업 활동 유형」, 『한국초등국어교육』, 한국초등국어교육학회, 2006, 31, 5~38쪽.

⑦, ⑧이 여기에 해당된다.

　다음의 표는 각 교재에서 모두 나타난 경어법 관련 문법항의 연습문제 유형을 빈도별로 정리한 것이다.

표8 각 교재에 나타난 경어법 연습 문제 유형

	서울대	연세대	북경대	복단대
-시-	②⑦	①①⑦⑧	①	-
-(으)세요	②	②⑦	②	-
-ㅂ니다	①①④	②⑦⑧	②⑦⑤⑧	⑦
-아요/어요	②⑦⑦	①⑧	⑧②	②②②
-ㄹ까요?	⑦⑧	①⑦	②⑧	②
-지요?	⑦	⑦⑧⑧	②	-

　위의 표에서 보다시피 각 교재 연습문제는 주로 ①빈칸 채우기, 답안을 채우는 연습, ②제시된 견본에 따라 문장 만들기 연습에 집중되었고 대화 참여자의 상호작용을 유도하도록 설계된 ⑦주어진 구조를 사용하여 질문하고 대답하기, ⑧말하기의 유창성을 향상시키기 위해 문법에 초점이 맞추어진 연습 문제도 제시되어 있었다. 위의 표에서 보여주다시피 한 형태에 대한 연습에서 다양한 연습 유형이 동원된 교재가 있는가 하면 연습이 잘 이뤄지지 못했거나 단일한 연습 유형만이 제시된 교재도 있음을 확인할 수 있다.

　연세대 교재는 한 과에서 한 개 혹은 소수의 학습목표 문법 형태에 초점을 맞춰서 집중적으로 그것과 관련된 연습문제를 배정하여 학습자들이 확실히 학습하고 넘어갈 수 있도록 하고 있다. 연세대 교재는 총 10개의 과로 이루어져 있으며 각 과는 5개의 항으로 이루어져 있고 매 과의 5항을 제외한 기타 각 항은 제목, 학습목표, 삽화와 도입, 본문 대화, 어휘, 문법 연습, 과제1, 과제2, 회화, 문법 설명, 대화번역, 듣기 지문의 순서로 구성되어 있다. 문법 연습과 과제1, 과제2가 먼저 앞에 나와 있고 나중에 문법 설명을 하는 규납적 접근 방식을 취하고 있다. 예컨대 '-으시-'도 먼저 연습을 하고 그 다음 문법 설명이 있다. 문법 연습란에 '-으시-'와 관련 연습임을 명시하고 형태 연습에 초점을 두고 답안을 채우는 연습을 제시하였으며 이어 학습자 간의 대화를 이끌어 내기 위해 주어진 구조를 사용하여 친구의 가족과 하는 일, 사는 곳에 대해 질문하여 표를 채우기 연습을 제시하였다. 그리고 여기에 기초하여 친구의 가족을 소개하는 내용의 연습을 제시하여 '-께서'와 '-시-'를 집중적으로 사용할 수 있게 했다. 복단대 교재는 학습 목표 문법형태는 충분히 제시하였지만 학습목표 형태에 초점을 둔 충분한 연습은 이뤄지지 못하고 있었다. 해요체가 처음 도입되는 15과에 '-아요/-어요/-여요, ㄴ데요/-는데요, -지요, -에요, -ㄹ까요/-을까요, -세요/-으세요'와 같이 해요체 종결어미를 대거 제시하다보니 개별 문법 형태에 초점을 맞추지 못했다. '초점이 맞춰져 있지 않다'는 말은 어떤 학습하고자 하는 학습목표 형태를 위한 연습문제에 기타 내용이 혼재하여 있음을 가리킨다. 학습목표 문법항에 맞는 적절한 방식을 이용하여 연습문제를 구성하고 또한 학습목표 항에 초점을 맞춰 연습이 이뤄지도록 하는 연습문제 구성이 필요하다.

V. 제안 및 마무리

본 연구는 경어법 성립의 다섯 가지 요소에 따라 고찰 대상 교재의 경어법의 제시 형태, 도입순서, 경어법 관련 용어와 문법 설명 방식, 연습 문제 구성에 대해 검토했다.

이에 기초하여 연구자의 제안을 다음과 같이 적어본다.

첫째, 도입 시기에 있어서 경어법의 각 형태 간의 호응관계에 대한 주의가 필요하다. 예컨대, 주체 존대 선어말어미 '-시-'와 주체 존대 조사

'-께서'의 호응관계를 이용한 제시 방식 등이다. 같은 과에 배정하여 함께 제시하는 방법을 권장하지만 이런 배정이 어려운 경우는 '-님', '-시-'를 먼저 가르치고 다시 '-께서'를 가칠 수도 있지만 '-께서'를 너무 뒤에 배정하는 것은 피한다. 높임대상과 안높임 대상을 함께 비교하면서 제시하는 방식이 유리하다. "동생이 공부를 합니다." "선생님께서 강의를 하십니다." '강의를 하다-강의를 하시다'와 같이 '하다'형 혹은 '강의하다-강의하시다'와 같이 '술어명사+하다'형을 예문으로 제시하고, '하다'형이 아닌 동사와 형용사도 각각 예문으로 제시한다.

둘째, 각 교재마다 서로 다른 문법 용어가 난용되고 있으므로 경어법 관련 문법 용어의 통일과 화계 구분의 통일이 필요하다. 문법 용어의 경우 교재 편찬의 목적에 따라 달리 선택 할 수 있다. 교육 목표가 전문인력 양성을 위한 것이라면 향후 대학원 진학을 대비하여 현행 한국어교육 연구에서 사용하는 용어를 직역하여 제시할 수 있다. 그리고 교육 목표가 한국어의 언어기능 학습에 있다면 중국어에 있는 문법 용어들을 선별하여 의역하는 방식으로 제시할 수도 있다. 그러나 통일된 기준안은 마련되어 학습자들이 교재마다 서로 다른 용어로 인해 학습에 불편을 겪는 일이 없도록 해야 할 것이다.

셋째, 경어법이 실현되는 요건들을 빠짐없이 간결하게 제시할 수 있는 경어법 성립의 5요소에 따른 문법 설명 방식을 제안한다. 특히 각 종결어미 문법 설명을 경어법 성립의 다섯 가지 요소 기준에 맞춰 제시할 경우 상황 변화에 따른 문법 형태의 의미와 용법의 차이를 쉽게 비교하면서 학습할 수 있게 된다.

넷째, 연습문제 구성에 있어서 학습목표의 한 형태에 초점을 맞춰 다양한 연습문제를 제시하는 것이 필요하다. 학습목표에 초점이 집중되지 않을 경우 학습자의 인지적 부담이 증가하므로 학습목표 형태에 집중하도록 연습문제를 배치하여 제시하는 것이 더 효율적이다. 물론 모든 연습문제가 새로 학습하는 신규 학습 형태거나 하나의 포인트만 선정하여 제시해야 한다는 말은 아니며 학습자에게 너무 어렵다거나 부담이 큰 항목들을 한꺼번에 제시하는 방식은 피면해야 한다.

주제 3 : 한국어 교사론과 교재론

민현식(2005), 한국어교사론: 21세기 한국어 교사의 자질과 역할, 한국어교육
        제16-1집.
김호정(2006), 한국어 교사에게 필요한 교육 문법 지식 내용 연구, 이중언어학
        Vol. 32.

그간 한국어교육 연구는 여러 방면으로 괄목할 만한 발전을 이룩하였으나 교수·학습법, 평가법, 특히 교사론 분야에서 미흡한 점이 많았다. 이에 민현식(2005)은 한국어 교사론 분야에서 교사의 자질과 역할에 관한 거시적 담론을 전개하여 교사론에 대한 본격적 논의의 물꼬를 열어주는 역할을 하였다. 김호정(2006)에서는 이러한 연구 성과를 토대로 한국어교사로서 언어교육자적 자질을 갖추는 데 필요한 언어 지식 내용을 구체적으로 논구하여 제시하였다. 교사론에 대한 이 같은 일련의 연구 성과는 한국어 교사 교육의 목표와 내용 체계의 틀을 제안하고, 교수 실행 단계에서 요구되는 교수 지식 내용을 실질적으로 구안하여 예시하였다는 점에서 교사 교육 연구에 일조(一助)한다.

민현식(2005)에서는 언어 교사가 갖춰야 할 자질을 일반 교육자적 자질, 언어적 자질, 언어교육자적 자질로 구분하고 세부 요소를 논의하였다. 일반 교육자적 자질은 교수·학습 상황과 과정을 운영할 수 있는 능력, 언어적 자질은 대상 언어에 대한 언어학적 지식, 언어교육자적 자질은 학습자와 교수·학습 상황 변인에 따라 교육과정을 개발하고, 교육 내용으로서의 언어 지식을 선택적으로 구성하고 교수할 수 있는 능력을 의미한다. 이 세 가지 자질은 각기 별개로 존재하는 것이 아니라, 일반 교육자절 자질을 바탕으로 그 위에 언어적, 언어교육자적 자질이 구성되는 관계를 형성한다. 따라서 한국어 교사의 특수성에 부합하는 자질을 갖추기 위해서는, 한국어 능력과 지식, 대조언어학적 지식을 숙지하고 그것을 한국어 교수·학습 상황 변인에 맞게 교수할 수 있는 능력을 갖추는 것이 무엇보다 중요하다고 보았다. 또한, 훌륭한 교육은 일관된 교육(consistent instruction), 적합한 교육(relevant instruction), 효율적 교육(efficient instruction)의 세 가지 조건을 만족시켜야 한다고 보고, 이를 위해 참관교육과 평가의 중요성을 강조하였다.

김호정(2006)은 한국어 교사가 구비해야 할 위의 세 가지 자질 중 언어교육

자적 자질의 하나로, 교사의 교육 문법 지식을 관형 표현을 중심으로 구체화하였다. 먼저, 한국어 학습자에게 문제가 되는 한국어 문법 특징을 알고, 학습자 오류 인식, 판별, 처치가 가능하며, 해당 문법에 관련되는 교재 내용을 분석하여 제이언어 습득 원리에 부합하는 수업안 및 교수법 개발을 가능하게 하는 지식 체계를 교육 문법으로 개념화하였다. 이어, 관형 표현의 구체적 교수 지식 내용으로 관형 표현의 형식 설정과 의미 기술 등의 문제를 논의하였다. 그 결과, 한국어 교사에게 요구되는 언어교육자적 자질 조건과 그 세부 요소로서 교육 문법 지식의 내용과 체계를 구안할 수 있었다. 이상과 같은 연구 맥락에 기반하여 향후에는 바람직한 한국어 교사 양성의 조건, 학문 구조, 교육과정의 체제 확립에 기여할 수 있는 연구가 좀 더 활발히 수행될 수 있을 것으로 기대한다.

한국어 교사론
-21세기 한국어 교사의 자질과 역할[*]

민 현 식

요 약

언어 교사의 자질은 교육자적 자질, 언어적 자질, 언어교육자적 자질로 구성된다고 할 수 있다. 한국어 교사는 한국어에 능통해야 하며, 한국어의 다양성에 대해 숙지하여야 한다. 아울러 학생과의 의사소통을 위해 영어와 학습자 모어에 대하여 알고 이중언어 학습자 수준으로 대조언어학적 비교 접근을 할 수 있어야 한다. 언어교육자로서는 기술적 지식(technical knowledge), 교육적 기술(pedagogical skills), 대인 기술(interpersonal skills), 인간성(personal

* 『한국어교육』 제16-1집(국제한국어교육학회 2005년 발행)의 131쪽부터 168쪽까지에 수록되었음. 또한, 요약은 원문에는 수록되지 않았던 것을 영문 초록을 중심으로 새롭게 작성한 것이다.

qualities)의 4가지 특징이 요구된다. 요컨대, 언어교사는 입으로, 몸으로, 머리로, 가슴으로 말할 수(가르칠 수) 있어야 한다.

21세기 교사교육은 현장 기반(field-based), 문제 중심(problem centered), 기술 중시(technology-driven), 경험 공유(experimental sharing), 성장 지향(developmental), 능력 기반(competency-based), 전문교사화(expertly staffed), 개방적(open-ended) 태도를 지향해야 할 것이다.

훌륭한 교육의 세 가지 조건은 일관된 교육(consistent instruction), 적합한 교육(relevant instruction), 효율적 교육(efficient instruction)이다. 참관수업은 교사를 성장하게 한다는 점에서 필요하다. 유능한 교사는 참관수업을 두려워하지 않으며 평가를 자기발전의 호기로 삼고 평가 스트레스를 이겨낸다. 교사는 스스로 자신, 동료, 학생, 교육과정, 교재, 교수법 개발 등에 적극적으로 나서서 자기 발전을 꾀하여야 한다. 이때 기관은 교사의 성장을 다각도로 지원할 수 있어야 할 것이다.

한국어 교사를 위한 문법 지식 내용[*]
-관형 표현을 중심으로

김 호 정 (서울대학교)

Ⅰ. 서론

1. 연구의 목적 및 필요성

본고는 한국어 교사에게 필요한 교육 문법 지식이란 무엇이며, 그것은 구체적으로 어떠한 내용을 포함하고 있어야 하는지를 관형 표현의 형식과 의미를 중심으로 살펴보고자 한다.

먼저 본고에서 관형 표현이라는 특정의 문법 현상에 주목하는 까닭은, 한국어 학습에서 관형 표현이 갖는 유용성과 중요성에 있다. 한국어 학습자들은 '-(으)ㄴ', '-(으)ㄹ'과 같은 관형형 학습을 통해서 '아름다운 자연환경', '새로운 일에 도전할 학생'과 같은 기본적인 한국어 내포문의 표현과 이해가 가능해질 뿐만 아니라, 하나의 표현 항목으로 제시되는 '-(으)ㄴ 후(에)', '-는 동안', '-(으)ㄴ/ㄹ 줄 알다/모르다'와 같은 표현을 확대 학습하는 것도 가능하다. 따라서 관형 표현은 한국어 교육 과정 중에 반드시 교수·학습되어야 할 필수 문법 항목으로 제시되고 있는

* 『이중언어학』 제32집(이중언어학회 2006년 발행)의 159쪽부터 190쪽까지에 수록된 '한국어 교사에게 필요한 교육 문법 지식 내용 연구'를 실음.

것이다.

그렇지만 한국어 교수·학습의 시작 단계에서 관형 표현이 가장 먼저 교육되는 문법 항목이라고 할 수는 없을 것이다. 관형절의 구조적인 측면과 관형형 어미 활용에 대한 학습의 난이도가 고려되어야 하기 때문이다. 그럼에도 불구하고 다양한 관형 표현의 적절한 사용은 중급 이상의 학습자에게는 필연적으로 요구되는 표현·이해 능력이라는 점에서 대부분의 한국어 교재들이 초급 후반에서 중급 단계 사이에 필수적으로 다루고 있는 문법 사항[1]인 것으로 파악된다.

본고가 관형 표현에 주목하는 또 다른 이유는, 한국어 교육 문법 연구가 선언적이고 추상적인 차원의 논의를 지양하기 위해서는 좀 더 구체적인 문법 현상을 천착해야 할 필요성이 실재하기 때문이다. 교육 문법의 필요성에 대해서는 대다수가 공감하고 있지만, 그것의 구체적이고 실질적인 내용에 대해서는 각론 차원의 논의가 면밀히 이루어지지 못했다. 이에 본고에서는 관형 표현이라는 구체적인 문법 현상을 가르치기 위해 한국어 교사가 알아야 할 교육 문법 지식이란 무엇인가를 자세히 논의해 보고자 한다.

2. 연구의 내용 및 범위

교사가 언제 어떻게 문법을 가르칠 것인가의 문제는 교육 상황에 존재하는 여러 가지 변인에 따라 달리 고려되어야 한다. 이때 교사가 언제, 어떠한 방법론을 선택하더라도 L2 교육[2] 전문가로서 교사에게 문법 지식

---

1 본고에서 분석 대상으로 삼고 있는 연세대학교 한국어학당(2002), 이화여자대학교 언어교육원(2002), 한국어문화연수부(2002) 교재의 경우 제1권 후반과 제2권에서 '-는, -(으)ㄴ, -(으)ㄹ, -던'을 다루고 있고, 서울대학교 언어교육원(2002)의 경우는 제1권 후반부터 2권에서 '-는, (으)ㄴ, -(으)ㄹ', 제3권에서 '-던'을 다루고 있다.

은 필수불가결한 것이다(민현식, 2005³). Celce-Murcia & Hilles(1988:7~8)는 교사가 문법 지식을 갖춤으로써 다음과 같이 중요하고도 기초가 되는 임무를 수행할 수 있다고 하였다.

- 교수요목에서 형식, 의미, 내용을 통합한다.
- 교수 자료와 교실 활동을 선택하고 준비한다.
- 필요한 어떤 시점에서 학습자의 오류를 집중적으로 파악하고 분석한다.
- 필요한 어느 시점에서 강조를 목적으로 문법적인 형식을 선택하고 위계화한다.
- 규칙을 제시하거나 오류 수정을 하는 데 적절한 연습과 활동을 준비한다.
- 학습자의 문법에 대한 질문에 답을 한다.

이 같은 내용은 교사에게 필요한 교육 문법 지식이 무엇인지, 혹은 무엇이어야 하는지를 역으로 보여주는 것이라고 할 수 있다. 그리고 이 여섯 가지 활동이 가능할 수 있도록 하는 지식은 교사에게 요구되는 교육 문법 지식이 된다는 점에서 일반 언어학이나 문법 지식과는 대별된다.

Ferris(2004)는 자신이 가르치고 있는 TESOL 교육 프로그램이 개편 작업을 통해 다음과 같은 세 가지 교과목을 선수, 혹은 필수 과정으로 요구하고 있음을 강조하였는데, 이러한 요구도 교사의 교육 문법 지식의 필요성과 함께 그 내용의 일단을 보여 주는 것이라고 하겠다.

- 선수 과목으로서 언어학과 문법에 대한 학부 과목. 이 과목은 "전통

---

2 제이언어 또는 외국어로서의 언어 교육을 총칭한다.
3 한국어 교사론 연구 분야에서 언어 교사가 갖춰야 할 자질을 일반 교육자적 자질, 언어적 자질, 언어교육자적 자질로 구분하여 세부 요소를 구체적으로 논의하고 있다.

문법과 표준 어법"이라고 하는 영어 전공 학과의 학과목과는 달리 "ESL 교수를 위한 문법"이라는 명칭으로 새롭게 개발된 과목이다.

- 대학원 과정의 필수 과목으로서 교육 문법(pedagogical grammar). 이 과목에서는 MA 학생들이 ESL 학습자의 오류를 분석, 그러한 오류에 역점을 둔 수업 안을 개발하고 문법 교재와 그 외의 학습 자료들에 익숙해질 수 있는 과제들을 다루어야 한다.
- 필수 과목으로서 새롭게 계발된 실습 과목. 이 과목에서 학생들은 6주 동안 ESL 학습자 작문의 문법을 개인적으로 지도해야 한다.

위와 같은 교과목의 개설은 문법 현상을 이론적으로 기술하고 체계화할 수 있는 문법 지식이 아니라, 교육 현장에서 문법교육을 위해 필요로 하는 교육 문법의 이론과 실제에 기반한 지식의 필요성에 부응하는 것으로 보인다.

본고도 한국어 교사에게 필요한 교육 문법 지식이란 다음의 세 가지 능력을 가능하게 하는 지식이어야 한다고 보고, 관형 표현이라는 구체적인 문법 현상에 대한 교육 문법의 구체적인 내용을 검토해 보고자 한다.

① L2로서의 한국어 학습자에게 문제가 되는 문법 특징을 안다.
② 학습자 오류를 인식, 판별하고 처치(treatment)할 수 있다.
③ 교재 내용을 분석하고 재구성하여 L2 습득의 원리에 따른 수업안과 교수법을 계발할 수 있다.

본고는 위의 세 가지 논의를 위한 기초 작업으로서 한국어 학습자의 관형 표현에서의 오류 현상을 고찰할 것이다. 이어, 일부 한국어 교재의 내용 분석을 실시한 뒤 그 결과를 토대로 교사에게 필요한 교육 문법 지식의 내용을 구체화할 것이다.

Ⅱ. 한국어 학습자의 관형 표현에서의 오류

한국어 학습자의 관형 표현에서의 오류 현상을 알아보기 위해서 미국 G 대학교 한국어 학습자 작문 53편과 한국 S 대학교 언어교육원의 한국어 학습자 작문 47편을 살펴보았다.[4] 관형 표현에서의 학습자 오류 현상은 그 실현 유형에 따라 다음과 같이 분류된다.

    A. 관형 표현 선택의 오류

     a. '-(으)ㄴ'/'-는'의 오류

      • 이 날에 특별하는(√특별한) 음식을 만드하고 예식 탁자에 갖다놓고 모신다.

     b. '-는'/'-(으)ㄹ'의 오류

      • 오늘은 이사할(√이사하는) 날이에요.

     c. '-(으)ㄴ'/'-(으)ㄹ'의 오류

      • 아홉 시쯤 헤어진(√헤어질) 시간이 됐다.

     d. '-던'

      • 의미를 깨닫던(√깨달은) 후에 돌아갑니다.

    B. '-었-'의 부적절한 결합

      • 하와이 대학에서 공부했는(√공부하는) 동안 후라 댄스 배웠어요.

      • 옷 입었는(√입는) 것을 도왔다.

위와 같은 오류 현상은 원인 분석에 따라 다음과 같이 해석될 수 있다.

---

4 본고의 목적상 '-(으)ㄴ', '-(으)ㄹ' 등의 관형형 교수 학습이 이미 이루어진 중급 학습자들의 자유 작문을 대상으로 하였다. 작문은 학습자들에게 과제 형식으로 주어진 것이었다. G 대학교 학습자들은 Korean-American 학습자가 9명, American 학습자가 6명이었다. S 대학교 학습자들은 중국 5명, 말레이시아 5명, 인도 2명이었다.

먼저, A와 같은 오류 현상은 '-(으)ㄴ, -는, -(으)ㄹ, -던'이라는 각각의 관형 형식이 갖는 고유의 의미 기능을 이해하지 못한 결과로 볼 수 있다. 또는 각각의 형식과 결합하는 서술어 혹은 관형형의 수식을 받는 명사의 의미 자질을 제대로 파악하지 못하여 나타나는 오류 현상으로도 해석될 수 있다. 이러한 오류는 학습자 자신의 모어와는 다른 한국어 관형 표현의 특징을 아직 숙지하지 못했다는 방증일 것이다.

'-던'은 학습자들이 특히 어려워하는 표현으로서 많은 학습자들이 회피하고 사용하지 않는 경향이 있다. 본고에서 분석한 학습자 작문의 경우도 오류 발생의 빈도에 있어서는 두드러지지 않았다. 그러나 다수의 학습자들이 '-던'의 의미를 정확히 파악하고 있지 못한 것으로 보였다. 이것은 '-던'이 학습자 자신의 모어에는 없는, 혹은 전혀 다른 문법 항목이기 때문일 수 있다. 또는 흔히 오류 원인 중의 하나로 지적되고 있는 '교사로부터 얻은 오도된 설명(신성철 역, 1996:307)' 때문일 수 있다.

두 번째 현상은 영어 모어 화자의 경우처럼 주절과 종속절의 소위 시제 일치 규칙을 잘못 전이하여 나타나게 된 오류로 해석된다. 관형 표현을 체계적으로 학습하지 않은 한국계 미국인(Korean-American) 학습자들이 흔히 범하는 오류 중의 하나이기 때문이다. 그러나 주지하는 바와 같이, 학습자 오류의 원인이 학습자 L1[5]의 간섭이라고만 단정할 수는 없다. Corder(1983)의 주장대로 학습자의 오류는 학습자가 무엇을, 어떻게 배웠느냐와 관련된다. 따라서 학습자의 오류 분석을 위해서는 교수·학습되는 입력(input) 내용도 분석되어야 한다. 본고는 이를 위해 학습자의 교재 내용을 분석해 보고자 한다.[6] 이 같은 분석은 교사에게 필요한

---

5 학습자의 제일언어 또는 모어를 총칭한다.
6 엄밀히 한다면, 실제 교수-학습 행위도 분석되어야 할 것이다. 그러나 '교재들은 특정한 수업안이 나올 수 있도록 교수방법의 개념과 원칙을 세분화하고 구체화한다(이광숙·이성만 역, 2002:23)'는 주장과 같이, 대부분의 교수-학습 행위가 교재 내용을 근거로 이루

교육 문법 지식으로 언급한 '교재 내용 분석 및 재구성을 가능하게 하는 지식'을 논의하기 위한 것이기도 하다.

Ⅲ. 교재의 문법 기술 내용 분석: '현재, 과거, 미래' 체계 기술의 타당성과 유용성

교재 분석을 위해 앞 장에서 언급한 학습자들이 배운 〈한국어 1, 2, 3〉(서울대언어교육원, 2002), 〈Integrated Korean Beginning 2〉(Young-mee Cho et al., 2001) 외에도 〈한국어 1, 2〉(연세대학교 한국어학당, 2002), 〈말이 트이는 한국어 1, 2〉(이화여자대학교 언어교육원, 2002), 〈한국어 1, 2〉(한국어문화연수부, 2002)를 대상으로 한다.

각각의 교재에서 관형 표현에 대한 구체적인 문법 기술이 정확히 일치하는 것은 아니지만, 대부분의 경우가 관형 표현 형식으로 '-는, -(으)ㄴ', '-(으)ㄴ', '-(으)ㄹ', '-던'을 설정하고 관형형 '현재', '과거', '미래' 및 '과거 회상 또는 과거반복습관'[7]의 의미를 갖는 것으로 기술하고 있다. 다만, 〈Integrated Korean〉의 경우는 '-(으)ㄹ' 형식을 'prospective noun-modifying form'으로 설명하고 있었다. 〈말이 트이는 한국어〉는 관형 형식의 의미를 기술하는 접근 방식보다는, 형용사와 동사의 관형형이 무엇인가를 설명하는 접근 방식을 취하고 있다는 점에서 차이점이 드러난다. 이것을 정리하면 다음 표 1과 같다.

어지고 있다고 보았다. 또한, 본고의 연구 목적이 입력으로서의 문법 현상 기술이 어떻게 되어있느냐에 초점이 놓여있는 만큼 학습자의 교재 분석에 한정하였다.

7 〈Integrated Korean〉과 서울대언어교육원의 〈한국어〉에서는 '과거반복습관'의 의미를 갖는 것으로 기술하고 있었다.

표1 한국어 교재에서의 관형 형식과 의미 기술

〈한국어 1, 2, 3〉〈서울대언어교육원〉, 〈Integrate Korean Beginning 2〉 〈한국어 1, 2〉〈연대 한국어학당〉, 〈한국어 1, 2〉〈한국어문화연수부〉			〈말이 트이는 한국어〉	
관형형	의미			관형형
-는	현재(동사와 형용사 '있다, 없다)		형용사의 관형형	-(으)ㄴ
-(으)ㄴ	관형형 현재(형용사)			-는
-(으)ㄴ	관형형 과거(동사)		동사의 관형형	-(으)ㄴ
-(으)ㄹ	관형형 미래(동사)	prospective		-는
				-(으)ㄹ
-던	과거회상	과거반복습관	과거회상 관형형	-던

위에서 살펴본 대부분의 교재에서 한국어 관형 표현을 설명, 기술하기 위해서 현재, 과거, 미래라는 시간을 설정하고 있었다. 또한, 각각의 관형형 선택은 결합하는 용언이 동사, 형용사임에 따라 달라지는 현상으로 기술되고 있었다. 그렇다면 교사에게는 이와 같은 문법 설명이 얼마나 타당하고 학습자에게 유용한 설명인지를 검토하고 판단할 수 있는 문법 지식이 요구된다. 이에 본고는 교육이라는 목적에서 관형 표현 형식과 의미 기술 체계의 타당성과 유용성을 검토해 보고자 한다.

상기한 대로, 한국어의 관형형으로서 1) 동사에 대해서 '-는', 형용사에 대해서 -(으)ㄴ, 2) 동사에 대해서 '-(으)ㄴ, 3) 동사, 때에 따라서는 형용사에 대해서 '-(으)ㄹ'을 설정하고 각각을 현재, 과거, 미래 시간 지시와 관련지어 설명하는 것이 가장 전형적인 관형형 설명 방식이라고 할 수 있겠다. 그러나 이 같은 전형적인 기술 방식은 지나치게 단순화되고, 잘못된 해석을 야기할 수 있다는 점에서 비판이 제기된다. Sohn(1995:134~135)에 따르면, 첫째, 소위 과거 시제라는 것은 (1a) 영어 번역에서 보는 바와 같이, 과거뿐만이 아니라 완료상을 포함한다. 둘째, 소위 현재 시제라는 것은 현재뿐만이 아니라 (1b)에서와 같이 (확정적인) 미래, 혹은 (1c)의 경우처럼 주절의 과거 시제와 함께 과거 시간을 가리킬 수도 있다. 셋째, (1d, e, f)에서와 같이 소위 미래 시제라는 것이 한국어에는 존재하지 않는다는 것이다.[8]

(1) a. 간 사람 'a person who went/has gone'

b. 내일 가는 사람 'a person who will go tomorrow'

c. 어제 우는 사람을 보았다. '(I) saw a person who was crying yesterday.'

d. 지금 갈 사람 'a person who may be going now'

e. 어제 갔을 사람 'a person who may have gone yesterday'

f. 메리는 어제 읽을 책을 오늘 읽었다.

'Mary read the book today that she was supposed to read yesterday'

이 같은 비판에도 불구하고 '현재, 과거, 미래' 관형형이라는 분류체계는 학습자들이 쉽게 이해할 수 있는 개념이라는 점에서 특히 학습자를 위한 문법에서는 거의 절대적으로 선호되고 있는 기술 방식이다. 가령, Sohn(1995)에서처럼 '-(으)ㄹ' 형식을 'predictive or prospective modal'로 설명하는 것보다는, '미래 시제 표지어'로 설명하는 것이 보다 쉬울 것이라는 판단에 따른 것으로 보인다. 그러나 Sohn(1995)이 제기하고 있는 문제점들이 단지 일부 한국어 관형 표현의 예외적인 사용에만 국한되는 사소한 비판이라고 할 수만은 없다는 점에서 이 같은 문법 기술 방식은 재고될 필요가 있다.

---

8 '-(으)ㄹ'은 미래 시제 표지어가 아니라 'predictive or prospective modal'로 설명되고 있다.

허웅(1983)에서도 매김말의 구실을 하는 풀이씨 활용법인 '매김법'의 씨끝이 때매김법을 함께 나타내는 특색이 있다고는 하였지만, 그것이 지금이나 지난적, 혹은 올적 여부와는 관계가 없음을 분명히 하고 있음이 확인된다. 예컨대, '밭 가는 사람'은 '(이) 사람'이 눈앞에서 일을 하고 있는 것으로 그리고 있는데, 이 움직임이 말하는 순간에 일어나고 있든, 그렇지 않고 다른 때에 일어난 것, 아니면 일어날 일이든지 상관이 없다는 것이다. 다음의 예문을 통해서 이러한 특징을 설명하고 있다.

(2) a. 나는 지금 밭 가는 사람을 본다.
b. 나는 어제 밭 가는 사람을 보았다.
c. 너는 내일 그 곳에 이르러 밭 가는 사람을 볼 것이다.

a는 지금 갈고 있는 일이며, b는 어제 갈고 있었던 일, c는 앞으로 있을 일을 나타낸다는 것이다. 따라서 '밭 가는'에서 '-는'이 관형형으로서 '현재'를 나타낸다고 하는 것은 학습자와 교사 간의 의사소통을 용이하게 한다는 장점에도 불구하고 지나치게 단순화되어 문법 현상을 잘못 해석 혹은 왜곡할 소지가 있다는 문제점을 안고 있다. 이러한 문제점은 다음과 같은 경우에 보다 구체적으로 살펴볼 수 있다.

1. 발화 시간 기준

현재, 과거, 미래 관형형의 설정은 한국어 관형형이 시제 표지의 기능이 있음을 전제하고 있는 것이다. 그런데 이때 '시제(tense)'라는 것은 발화시를 기준으로 한다는 점에서 여러 가지 문제를 야기된다. 예컨대, '-는'이 현재 관형형이라고 한다면 다음과 같은 학습자 발화의 오류를 설명하기가 어려워진다.[9]

(3) 오늘은 <u>이사할(√이사하는)</u> 날이에요.

표 1에 따르면, 위의 학습자 발화에서 '이사'는 발화시를 기준으로 할 때 아직 실현되지 않은 사건이라는 점에서 '-(으)ㄹ'의 선택이 적절할 것으로 판단된다. 그러나 실제로는 '(으)ㄹ'이 아닌 '-는'이 적절한 이유가 어떻게 설명되어야 할 것인가. 다음 예문과 같이 '내일'이라는 상황에 대해서도 마찬가지로 '-는'의 선택이 적절한 까닭이 설명되어야 할 것이다.

(4) 내일은 이사하는 날이에요.

2. 관형화 내포문의 시간 표현

상기한 대로, 표 1과 같은 설명의 전제는 단순문에서 시제 표지 기능을 갖는 일부 선어말어미와 같이, 관형절을 포함하는 복합문에서 관형형도 시제 표지 기능이 있음을 인정하는 것이다. 그런데 이 때 전자와 후자 경우의 시간 표현 방식은 동일하지 않다는 점이 간과되고 있다. 이것은 흔히 학습자를 대상으로 하는 교육 문법 내용은 학습자의 수준을 고려해 단순화되어야 한다는 사실이 지나치게 혹은 잘못 강조된 결과로 보인다. 관형절이라는 내포문 구성에서의 시간 표현은 단순문과 다른 방식으로 실현된다는 점에서 그 차이점이 보다 체계적이고 논리적으로 설명될 필요가 있다.

다음과 같은 학습자 오류는 학습자가 단순문에서의 시간 표현과 같이 '-(으)ㄴ'이 과거 시제 표지 기능을 하고 있는 것으로 이해하고 있다는 점에서 그 원인을 찾을 수 있을 것이다.

---

9 한편, 이 같은 설명 방식은 학습자의 오류를 유발하는 원인이 될 수도 있을 것이다.

(5) 삼겹살이 맛있었지만 반찬도 아주 맛있어서 조금 밖에 못 먹어서 많이 낭비했다. 아홉 시쯤 해어진(√헤어질) 시간이 됐다.

학습자는 '헤어짐'이 이미 과거 상황에 일어난 사건이라는 점에서 '-(으)ㄴ'을 선택하여 '헤어진'으로 표현한 것으로 해석된다. 그러나 허웅(1983)의 설명대로, 동사와 결합하는 '-(으)ㄴ' 표현도 그 끝남이 현재인지, 과거인지, 미래인지와는 관계가 없다. 위 (5)에서 적절한 선택으로 보이는 '-(으)ㄹ'도 말하는 시점(발화 시점)과는 상관이 없다. 따라서 '-(으)ㄴ'을 동사의 과거 관형형, '-(으)ㄹ'을 미래 관형형으로 설명하는 것은 지나치게 단순화된 문법 기술로 판단된다.

3. '-었-'의 결합 여부에 대한 일관된 기술

앞서 Sohn(1995)의 지적처럼 한국어에 미래 시제가 존재하지 않는다는 것은, '-(으)ㄹ'이 '-었-'과 결합되어 '-었을'이 가능한 예문을 통해서 주장되곤 했다. 즉, '-(으)ㄹ'이 미래 관형형이라면 '-었을'이 가능한 이유를 설명하기 어렵다는 것이다. 이처럼 일부 관형 형식과 '-었'의 결합 여부는 현재, 과거, 미래 관형형이라는 삼분 체계의 성립에 대해 의문을 갖게 하는 것이 사실이다. '-었을'이나 '-었던'처럼 '-었-'의 결합이 가능한 이유와 그 의미, 기능이 설명되지 않는다면 앞에서 잠시 언급한 다음과 같은 학습자 오류의 원인이 무엇인지를 설명하기가 어려워지는 것이다.

(6) a. 옷 입었는 것을 도왔다.
  b. 부모님또 15년동안 처음으로 한국에 돌아갔는 시간이었어요.
  c. 봄방학에 보스톤에 갔는 계획을 알고있지요?

영어 모어 화자인 (6)의 학습자들은 '-는'이 관형형 현재라는 것을 배웠더라도 자신의 모어에서 '시제 일치(tense agreement)' 규칙에 따라 자연스럽게 주절의 시제에 맞춰 관형형에도 '-었'을 덧붙이게 된 것으로 해석된다. 이러한 오류는 학습자가 '-었을'이나 '-었던'과 달리 '-었는'이 성립하지 않는 이유를 충분히 숙지하지 못했기 때문인 것으로 보인다. 달리 말해, '-는', '-었'이라는 각각의 표현 형식이 갖는 고유 의미가 효과적으로 교수 학습되지 않았음을 뜻한다.

4. 다양한 표현 항목에서의 관형형

'-는 중, -는 동안, -(으)ㄴ 후/다음, -(으)ㄴ/ㄹ 것 같다'와 같은 표현에서 관형형의 선택은 '-는, -(으)ㄴ, (으)ㄹ' 각각의 고유 의미와 관련된다. 그런데 이들 표현은 학습자들을 위한 교재에서 'while…', 'after…' 등의 의미로만 설명되고 각각의 표현에서 왜 '-는, -(으)ㄴ, (으)ㄹ'이 선택되었는지는 설명되지 않고 있다. 이들이 각각 현재, 과거, 미래 관형형으로 기술되었다면, 다른 표현 항목에서의 관형형도 각각 일관된 의미로 기술되고 설명될 필요가 있다.

Larsen-Freeman(2003)은 형식과 의미 간의 관계가 임의적인 것은 사실이지만, 일단 하나의 형식이 특정의 의미를 전달하게 되면, 그것이 존재하는 방식은 임의적이지 않다고 했다. 예컨대, 영어에서 '-ed'가 어떤 의미를 나타내게 된 것은 임의적이라고 할 수 있다. 그러나, '-ed'가 나타나는 모든 곳에서 '-ed'가 나타내는 의미는 임의적이지 않다는 것이다. 따라서 다음의 표에서 '-ed'가 나타내는 공통된 의미는 'remoteness'라고 설명하고 있다. 즉, '-ed'가 나타나는 자리는 비록 다양할지라도 그것이 나타내는 의미는 임의적으로 정해지는 것이 아니라, 일관되게 'remoteness'라는 공통의 의미를 갖고 있음을 파악할 수 있다는 것이다.

표2 영어에서 -ed의 의미와 기능(Larsen-Freeman, 2003:17)

문법적 구조	예문	의미
과거 시제	I walked to school yesterday.	과거 시간
완료 상	I have finished my homework.	완료성
수동태	The field was planted with corn.	행동의 수용 표지
조건	If he finished his homework, he would go.	가정
간접인용	Diane said that she liked grammar.	보고
형용	I was bored by the lecture.	감정의 경험 표지
제안으로서의 질문	Did you want something to eat? (The past tense with "do" is irregular.)	공손성
물음으로서의 질문	What sort of price did you have in mind?	공손성

한국어 관형형 '-는, -(으)ㄴ, (으)ㄹ'의 경우도 현재, 과거, 미래 의미를 갖는 관형형으로 기술되었다면 '-는 중, -는 동안에, -(으)ㄴ 후에' 등과 같이 다양한 위치에서 사용되더라도 그 각각의 의미는 일관되게 도출될 수 있어야 할 것이다. 그렇지 못할 경우, 문법은 자의적이라는 부적절한 편견을 갖게 하고, 일부 예에만 적용되어 많은 예외를 허용하는 문법 규칙의 교수 학습이란 유용하지 않을 뿐만 아니라 학습자의 흥미도 잃게 한다는 잘못된 결론을 유도하게 된다. 따라서 교사는 관형형 현재, 과거, 미래로서의 '-는, -(으)ㄴ, (으)ㄹ'의 의미가 다른 표현 항목에서도 일관되게 설명될 수 있는 논리를 가지고 있는지 여부를 고려해야 할 필요가 있다.

다음 (7a)와 같은 학습자의 오류는 앞에서 살펴본 것처럼, 영어 모어 화자가 영어 복합문에서 소위 시제 일치의 규칙에 따라 관형절에 '-었-'을 결합하여 '공부했는 동안'으로 표현했을 것으로 해석될 수 있다. 그러나 다른 한편, 학습자가 '-는'이 갖는 고유의 의미를 정확히 이해하고 있었다면 '-는'과 '-었-'이 결합할 수 없는 이유를 보다 분명히 깨달을 수 있었을 것으로 보인다. 예문 (7b)에서도 '-는'이 갖는 고유의 의미가 일관되게 학습자에게 설명되었다면 '-(으)ㄴ 동안'이 아닌 '-는 동안'이 되는 이유가 보다 논리적으로 이해되고 보다 쉽게 기억될 수 있었을 것이다. 그러나 대부분의 한국어 교재에서처럼, '-는'이 갖는 고유의 의미가 설명되지 않았기 때문에 '-는 동안'은 단순히 암기의 대상이 될 뿐이고, 학습자는 그 표현에 익숙해질 때까지 여러 번의 시행착오를 겪게 되는 것으로 보인다.

(7) a. 하와이 대학에서 <u>공부했는</u> 동안 후라 댄스 배웠어요.
　　b. 다른 Topic <u>쓴</u> 동안 더 좋은 Topic를 생각이 났어요.

그렇다면 앞 절에서 언급한 바와 같이, L2로서의 한국어 학습자가 한국어 관형 표현을 학습하는 데 문제가 되는 것이 무엇이며, 지금까지 살펴본 것처럼, 학습자가 범하게 되는 오류의 원인을 어떻게 분석하여 적절하게 처치할 것인가. 또한 교수 자료 분석을 토대로 어떻게 수업안 계획을 마련할 수 있는가. 이를 위해 필요한 교사의 교육 문법 지식이란 무엇이어야 하는가에 대해서 보다 집중적인 논의가 필요하다.

Ⅳ. 한국어 관형 표현의 특징에 대한 지식

한국어 교사는 한국어 관형 표현의 특징이 무엇인가를 알고 학습자에게 문제가 되는 점을 미리 알아 사전에 이에 대한 준비를 해야 한다. 구체적으로 이를 위한 교사의 문법 지식은 한국어의 굴곡 특성으로서의 관형형 어미의 활용 특성, 관형 표현의 형식과 의미, 한국어 동사의 의미론적 특성, 관형절 내 언어 형식들 간의 위치 문제와 관련된다.

1. 한국어의 굴곡 특성: 활용 어미

한국어는 언어 유형론적인 관점에서 볼 때 교착어에 속하는 것으로 분류된다. 명확한 문법적 관념을 가진 각각의 문법 형태소(굴곡접사)를 계속 첨가하여 문법 기능을 실현하는 언어인 것이다(권재일, 1992).[10] 이 때 문법 형태소 중에서도 특히 활용 어미가 다양하게 발달하여 문장의 문법적 관념이 이들 어미에 의해 실현되는 특징을 보인다. 따라서 한국어 문법 연구에서는 특히 순수한 굴곡에 해당하는 어미에 바탕을 둔 연구 방법론의 필요성이 강조되고 있는 것이다.

상기한 대로, 한국어 관형 표현도 굴곡에 해당하는 어미에 의해 실현된다는 특징이 있다. 따라서 다양한 활용어미에 의해 실현되는 여러 가지 문법 현상 중의 하나로서 관형 표현의 교수 학습도 용언을 중심으로, 특히 활용에 해당하는 어미를 바탕으로 해야 할 것이다.

이를 위해서는 한국어의 굴곡 현상의 특징으로서의 활용 어미에 대한 교수·학습이 처음 단계에서부터 체계적으로 다뤄져야 하고 그 중요성이 강조되어야 한다. 즉, 한국어 학습자들은 관형 표현 학습 이전에, 청자에 대한 화자의 태도를 드러내는 방법으로서의 문장 종결 어미 기능과, 문(文)과 문(文) 간의 관계에 대한 화자의 태도를 드러내는 방법으로서의 접속 어미 기능 및 활용 양상을 이해하고 있어야 한다는 것이다.[11] 한국어 교사는 이 같은 활용 어미에 대한 학습자의 문법 지식을 토대로,

---

10 권재일(1992)에서는 언어유형론의 한 관점인 문법범주 실현에 있어서도 형태론의 방법이 통사론의 방법보다 비중이 높은 언어라고 하였다. 따라서 한국어의 통사 연구에서는 문법형태소를 확인하여 그 기능을 밝히고 이를 바탕으로 통사 특성을 규명하는 것이 가장 기본적이고도 중요한 과제라고 한다.

11 예컨대, '만나', '만납니다' 등에서 종결 어미, '만나고', '만나서', '만나니까' 등에서 접속 어미의 활용, 선택에 따라 표현 의미가 달라진다는 것이 교수 학습에서 중요하게 다뤄져야 한다.

'-(으)ㄴ'과 '-(으)ㄹ'이라는 관형형 어미를 통한 한국어 관형 표현의 실현 양상을 각각의 어미가 가지고 있는 고유 의미와 기능을 중심으로 설명할 수 있어야 한다.[12]

이 같이 위계화되고 체계화된 교수 학습을 통해서 얻은 활용어미에 대한 지식은 학습자들이 이후에 자신들이 접하게 될 보다 다양한 한국어 굴곡 현상에 확대 적용될 수 있을 것이다. 아울러, 이 같은 지식은 한국어에 대한 인식(awareness) 능력을 고양할 수 있는 문법 능력의 토대가 되어줄 수 있으리라고 본다.

2. 관형 표현 형식과 의미

교사는 학습자에게 무엇을 제시할 것인가를 결정해야 할 중요한 책무가 있다. 모든 것을 다 제시할 수도 없고, 가르칠 수도 없기 때문이다 (Larsen-Freeman, 2003:45). 게다가 교사가 제시하는 언어 형식은 학습자의 언어 습득 과정에서 중요한 입력(input)이 된다는 점에서 소홀히 할 수 없는 것이다. 언어 교수 학습에서 입력이 중요한 까닭은 학습자들의 제이언어 또는 외국어 습득이 '가설 검증의 과정'으로 이루어지기 때문이고, 이러한 관점에서 입력을 증거(evidence)라고도 부르는 것이다 (황종배, 2004). 즉, 학습자들은 외부에서 들어온 입력을 바탕으로 가설을 세우고, 더 많은 입력을 통하여 자신들의 가설을 검증해 나가면서 외국어를 습득한다. 이때 긍정적 증거란 학습자들이 접하는 입력 중에서 문장이 올바르게 사용되는 것에 관한 입력을, 부정적 증거란 학습자의 발화가 옳지 않다는 정보를 주는 입력을 말한다. 학습이 일어나기 이전에 설명되는 문법 규칙은 학습자의 반응에 대한 피드백과 함께 부정적

---

12 관형형 각각의 의미, 기능은 4.2에서 자세히 논할 것이다.

증거로 분류되고 있다.[13]

그렇다면 한국어 학습자가 자신의 한국어 습득 과정에서 가설을 세우고 검증해 나가는 데 기저가 되는, 필요한 입력으로서의 한국어 관형 표현의 형식과 의미는 어떻게 제시되는 것이 적절하겠는가. 언어는 형식과 의미라는 두 가지 측면의 속성을 가지고 있으며, 이들은 문법에 의하여 서로 밀접한 관계를 맺고 있어 불가분의 관계에 있다. 따라서 형식이 어떻게 규정되느냐에 따라 그 의미도 달리 기술되는 것이다.

한국어 관형 표현의 형식은 앞에서 살펴본 한국어 교재들과 같이 '-는' '-(으)ㄴ', '-(으)ㄹ' 세 가지를 각각 인정하는 경우와 '-(으)ㄴ', '-(으)ㄹ' 두 가지를 독자적 형태로 인정하고, '-는' 형식은 '-느+ㄴ'의 결합으로 분석하는 경우로 나누어 살펴볼 수 있다. 전자의 경우는 흔히 현재, 과거, 미래 관형형으로 기술되는 경우로서, 이러한 설명 방식에서 논의의 여지가 있는 문제점들은 앞에서 살펴 본 바와 같다. 즉, 현재, 과거, 미래라는 시제 표지 기능에 대해서, 또한 동사와 결합하는 '-(으)ㄴ', 형용사와 결합하는 '-(으)ㄴ' 간의 불명확한 관계에 대해서 의문이 제기됨에 따라 궁극적으로 각각의 관형 형식이 갖고 있는 고유 의미가 무엇인가에 대한 회의가 있었다. 이와 달리 후자의 기술 방식이 갖는 이점에 대해서는 이익섭·임홍빈(1990:271~272)에서 다음과 같이 밝히고 있다.

가. 형용사의 경우 보문이 현재일 때 '-는'이 선택되지 않는 이유를 보다 쉽게 설명할 수 있다. 형용사는 과정성이 아니라 상태성을 표현하고 있기 때문이다.

나. '-(으)ㄴ'의 기능에 대한 설명이 일원적이 된다. '-은, -는'을 동시에 보문자로 설정하는 입장에 서면, '-은'이 동사의 경우에는 과거를, 형

---

13 이 같은 '입력 유형'에 대해서는 황종배(2004:127)의 그림 1 참조.

용사의 경우에는 현재를 나타낸다고 하여 이원적인 설명이 불가피한
데, '-는'에서 '-은'을 분리해 낼 경우 보문자 '-은'은 어느 경우에나 같
은 기능을 가지는 것으로 특징지을 수 있다.

다. '-는'을 '느+은'의 결합으로 보면 명사구 보문의 보문자는 '-은, -을' 두
종류밖에 남지 않게 되어 그 선택 조건을 명시하거나 그 기능을 변별
하기가 용이해진다.

이 같은 이점은 관형 표현이라는 문법 현상을 정확하고 체계적으로
기술하는 데뿐만 아니라 L2로서의 한국어를 배우는 학습자들에게 보다
적절한 입력으로 기능하는 데도 도움이 될 것이다. 앞의 표 1에서 보는
바와 같이 경우에 따라 다양하고 복잡한 형태로 실현되는 관형 표현 형
식이 '-(으)ㄴ'과 '-(으)ㄹ'이라는 두 종류의 형식으로 압축되어 보다 일목
요연한 입력 형태로 제시될 수 있기 때문이다. 즉 권재일(1992)의 설명
대로, 관형 표현 형식으로 '-(으)ㄴ'과 '-(으)ㄹ'을 설정하고, '-(으)ㄴ'은
'-느'와 '-더-'를 앞세우는 경우 '-는', '-던'이 실현된다고 한다면, 한국어
학습자에게 관형 표현 형식은 훨씬 체계적으로 설명되고 이해될 수 있을
것이다. 물론 이러한 설명 체계의 경우에도 '-(으)ㄴ'과 '-(으)ㄹ'의 선택
조건이나 기능이 어떻게 변별되며, '-느'와 '-더-'의 의미 기능을 어떻게
설명해야 할 것인가에 대한 과제가 남아있기는 하다.

이익섭·임홍빈(1990)은 '-은 -을'이 보문이나 보문명사의 성격과 적지
않은 관련을 맺고 있는 것이 사실이기는 하지만, 보문이나 보문명사의
성격만으로 '-은, -을'의 선택을 예측하기는 어렵다고 하였다. 따라서 '-은,
-을'은 그 자체로 고유한 의미 특성을 가지는 어휘적인 존재로서 그 의미
기능이 구별되어야 한다고 보고, 전자가 '현실에 주어진 것'을 나타내는
데 비해, 후자는 '현실에 주어지지 않은 것'을 나타낸다고 하였다. '붉을
꽃, 먹을 밥, 읽을 책' 등에서 '붉-, 먹-, 읽-'은 결코 현실에 주어진 것이

아니며, '붉었을 꽃, 먹었을 밥, 읽었을 책'이라고 하여도 '붉었-, 먹었-, 읽었-' 등과 같은 사실은 화자가 있는 세계에 직접적으로 주어진 것은 아니라는 것이다.

그런데 '읽은 책'과 '읽는 책'과 같이 '-(으)ㄴ'과 '-는'의 의미가 변별되기 위해서는 여기에서 '현실'이 가리키는 것이 무엇인지가 좀 더 명시적으로 기술될 필요가 있다. 본고에서는 이때의 '현실'이 발화 시점이나 표현 대상의 '사건 시점'에서의 현실 세계가 아닌, 표현 대상을 '인지하는 시점'에서 이미 주어진, 혹은 알려진 실상(reality), 또는 아직 주어지지 않은 혹은 알려지지 않은 실상을 가리키는 것으로 설명하고자 한다. 이것은 발화자가 어떤 상황(혹은 사태)을 실재적인 것으로 받아들이는 '기지 실상(known reality)'이 있고, 그렇지 않은 '비실상(irreality)'[14]이 있다고 하는 Langacker(1987)의 인지 모형(epistemic model)에 근거를 두고 있는 것이다.[15] 이 같은 인지 모형에 따라서 '-(으)ㄴ'과 '-(으)ㄹ'의 의미 기능을 설명한다면, 현재를 나타낸다고 하는 '예쁜 꽃'이 다음 예문과 같

---

14 기지 실상은 발화자가 알고 있는 실상을 넘어선다는 점에서 미지실상(unknown reality)이라는 훨씬 더 큰 지역에 둘러싸여 있다고 한다. 이러한 미지실상은 비실상의 일부이고, 비실상의 나머지 부분은 무실상(nonreality)이 된다고 한다.

15 이 같은 인식모형은 다음과 같은 그림으로 설명되고 있다(김종도 역, 1999:260).

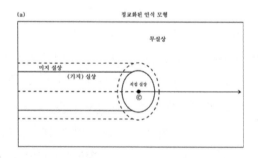

Langacker의 인식모형에 따른 소위 시제 표지어에 대한 설명과 관련해서는 김종도 (2002), 이기동(1981) 등 참고.

이 실질적으로 그 현실적인 사실이 언제 일이든 상관이 없는 이유를 설명할 수 있기 때문이다.

   (8) a. 예쁜 꽃을 본다.
      b. 예쁜 꽃을 보았다.
      c. 예쁜 꽃을 보게 될 것이다.

즉, '-(으)ㄴ' 형식이 발화자가 인지하는 시점에서 주어진 혹은 알려진 실상을 나타내고, '-(으)ㄹ'이 그렇지 않은 비실상을 나타내므로, 그것이 발화 시점이나 표현하는 대상의 사건 시점에서의 현재나 과거 혹은 미래와는 관련이 없다는 설명은 충분히 이해 가능한 것이다.

이때 '-느'는 인지 시점에서의 직접적인 현재 실상을 나타내고, '-더-'는 발화자의 직접적인 현재 실상의 인지가 과거 시점에 이루어졌음을 명시적으로 나타내는 언어 형식이라는 특징이 있다. 직접적인 현재 실상은 그 상황이 아직 종료되지 않았다는 점에서 '변화 혹은 조정'의 가능성을 함축하고 있다. 이 때문에 '-느'는 '직접성', '과정성'을 나타내는 언어 형식으로 설명되고 있고, 소위 형용사와 같이 (이미 주어진) 상태를 나타내는 서술어와의 결합을 허용하지 않는 것으로 기술되고 있는 것이다. 이에 비해 '-더-'는 '발화자 자신'의 '직접적인 지각'과 그 '지각의 시점'이 '과거'임을 나타내는 특징적인 언어 형식이라고 할 수 있다.[16] 그런데 이와 같은 의미를 갖는 '-더-' 형식이 하나의 형태소로서의 자리를 굳건히 하고 있는 데 비해 '-느'는 독자적인 형태소로서의 자질에 대한 논란이 많은 것이 사실이다. '-는'을 독자적인 관형 형식으로 인정하는 것도 '-는'을 '-느'라는 독자적인 형태소와 '-(으)ㄴ'의 결합으로 보기가 어렵다고 하는

---

16 이에 대한 자세한 논의는 장경희(1985, 1995) 참조.

관점에서 비롯된 것이라고 할 수 있다.

예컨대, '-느'를 독자적인 형태소로 인정한다면 '-느'가 결합된 것으로 추정되는 여러 언어 형식에서 '-느'의 독자적인 의미 기능이 설명될 수 있어야 할 것이다. 그러나 한 예로 '-는다'의 경우만을 보더라도 '-느'의 독자적인 의미 기능이 명시적으로 파악된다고 보기는 어려울 것이다. 게다가 '-느'의 독자적인 형식이 인정되기 위해서는 그 외의 다른 언어 형식에 출현하는 '-느'에 대해서도 일관된 의미 기능이 인정될 수 있어야 한다. 많은 경우에 '-느' 고유의 의미 기능을 설명하기가 쉽지 않은 것이 사실이다. 그러나 이것은 '-느'가 독자적인 형태소 기능을 상실하고 있는 과정에 있기 때문으로 보인다(권재일, 1992). 그럼에도 불구하고 '-는'을 '-(으)ㄴ'과는 별개의 독자적인 관형형식으로 파악하는 것은 적절하지 않아 보인다. 물론, '-느'의 이 같은 불안정한 특징을 고려하여 학습자에게 '-는'을 하나의 입력 형태로 제시하는 것도 하나의 방법이 될 수는 있을 것이다. 그러나 그러한 경우라고 할지라도 '-는'은 '-(으)ㄴ'과의 관련 속에서 '-느'가 나타내는 특징적인 의미 기능과 관련해서 기술되고 설명되어야 할 것이다. 이것이 '-(으)ㄴ'과 '-는'으로 실현되는 관형 표현 형식이 갖는 고유의 의미를 제대로 기술하는 방법과 내용이 되기 때문이다.

이 같은 문법 현상의 의미 기술을 교수 학습 차원에서 보다 구체화하기 위해서, 일반적으로 관형 표현이란 무엇이며 어떠한 기능을 하는 것인가에 대해 좀 더 논의해 볼 필요가 있다. 학습자를 위해서는 가장 일반적이고 전형적인 관형 표현의 예를 찾아 제시하고 설명할 필요성이 있기 때문이다.

흔히 관형 기능이란 대상이 되는 명사나 명사구를 수식하는 역할을 뜻한다. 이 때 명사나 명사구를 수식하는 가장 일반적인 예로는 영어의 'a pretty flower'에서 'flower'라는 대상의 상태를 기술해 주는 'pretty'와 같은 형용사가 있다. 그런데 한국어에서 형용사가 관형 기능을 수행하기 위해서는 다음 예문 (9a)와 같이, 관형형 어미를 취해야 한다는 특징이 있다. 즉, 한국어의 경우는 '예쁘다'라는 형용사가 그대로 관형 형식이 될 수 없다는 것이다. 이때 대상의 주어진 속성을 기술해 주는 가장 전형적인 관형 표현 기능이 '-(으)ㄴ'이라는 어미에 의해 실현된다. 즉, '예쁜 꽃'이나 '시든 꽃'처럼 이미 주어진 실상의 상태를 기술하는 경우가 '-(으)ㄴ'에 의해 실현되는 것이다. 이와 달리 '-(으)ㄹ'은 아직 주어지지 않은 실상을 표현한다는 점에서 차이가 있다. '예쁜 꽃'과 달리 (9c)처럼 '예쁠 꽃'이 다소 어색한 것은 주어진 현실에서 예쁘지 않은 꽃이 '예쁠' 가능성을 가지고 있다는 가정이 부자연스럽기 때문이다. 하지만 (9e)와 같이 '예쁠 얼굴'이라는 표현이 적절할 수도 있는 것은 '그 아이가 크면서 예뻐질 수 있는 가능성'이 있음을 전제하는 것이 충분히 가능한 상황이기 때문이다. '시들 꽃' 역시 적절한 표현이 될 수 있는 것도, '꽃'이라는 대상에 대해서 '시들다'라는 상황을 가정하는 것이 충분한 개연성을 지니고 있기 때문이다.

(9) a. 예쁜 꽃을 꺾었다.
   b. 시든 꽃을 꺾었다.
   c. (?) 예쁠 꽃을 왜 꺾었니?
   d. 금방 시들 꽃을 왜 꺾었니?
   e. 그 아이 얼굴은 크면 예쁠 얼굴이다.

따라서 기존의 일부 교재처럼 현재, 과거, 미래 관형형이라는 시제 표지 기능 분류에 따라 가장 먼저 현재 관형형으로서의 '-는'을 제시하기보다는, 보다 더 일반적이고 전형적인 관형 기능을 수행하고 있는 '-(으)ㄴ'을 제시하는 것이 보다 더 적절한 선택으로 보인다. 형태, 의미적으로도 '-느'라는 형태소가 결합되지 않은 '-(으)ㄴ'이 상대적으로 보다 무표적인 관형형이라고 할 수 있기 때문이다.[17] 또한, 이때 관형형과 결합하는 용언은 흔히 형용사라고 하는 일반적인 상태동사의 예를 보여주고, 이후에 위의 (9b)에서처럼 '시들다'와 같은 다른 유형의 동사가 결합된 예문을 제시하는 것이 적절할 것이다.

이후에는 그러한 예문을 포함하고 있는 실제 텍스트를 통해서 '-(으)ㄴ' 관형 표현에 익숙해지도록 한 다음에, '-(으)ㄹ'의 변별적인 의미 기능을 예문과 연습 과제를 통해 학습할 수 있도록 유도하는 것이 효과적일 것이다.

'-느-'와 '-(으)ㄴ'이 결합된 '-는'의 의미 기능은 그 다음 순서로 설명되어야 한다. '-느-'는 상기한 대로, 인지 시점에서의 직접적인 실상을 나타내므로 실상의 과정성, 직접성을 표현하게 된다. 이미 주어진 실상으로 존재하는 상태동사와의 결합이 부자연스러운 까닭이 여기에 있다. 흔히 형용사에서 예외적으로 '있다/없다'와 이들 결합형 용언만이 '-는' 관형 형식을 취하는 것으로 설명되는 것도 '있다/없다'라는 용언의 의미론적 자질 때문이다. 이들 용언의 의미 자질은 여타의 상태동사와 달리 '-느-' 가 표현하는 실상의 과정성이나 직접성과 충돌하지 않는다. 용어의 의미 자질과 관련된 이 같은 문제에 대해서는 다음의 4.3에서 보다 자세히 논의할 것이다. '-더-'와 '-(으)ㄴ'이 결합된 '-던' 관형 표현은 '-더라', '-더군' 에서와 같이 '-더-'가 갖는 고유의 의미 기능이 교수 학습된 이후에 제시하는 것이 바람직하다. 흔히 관형형에서의 '-더-'가 '-더라'나 '-더군'에서 의 '-더-'와 같은 형태소로 인정, 분석될 수 없는 까닭으로 서로 다른 통사 규칙, 예컨대 인칭 제약의 있고 없음을 드는 경우가 있다. 그러나 관형형 에서의 '-더-'는 '-(으)ㄴ'이라는 관형 형식의 특징적인 의미 기능과 함께

---

17 언어학적인 이론에 의하면 유표적인 언어 형식보다는 무표적인 언어 형식이 배우기가 쉬워 먼저 습득된다고 한다. 이와 관련해서는 황종배(2004:50~51) 참조.

논의되어야 한다. 따라서 '-던'이라는 실현 형식에 초점을 두어 굳이 '-더+ㄴ'의 형태로 제시하지 않더라도 '-던' 역시 기본적인 관형 표현의 실현으로서 '-(으)ㄴ'과 과거 인지 시점에서 발화자 자신의 직접적인 실상 지각을 표현하는 '-더-'(장경희 1995)와의 결합이라는 사실은 전제되어야 할 것이다.

이처럼 한국어 관형 표현으로서의 '-(으)ㄴ', '-(으)ㄹ'의 설정과 이들 각각이 갖는 고유의 의미 기능, 그리고 이들 형식과 '-느', '-더-'의 결합 형식인 '-는', '-던'이 갖는 의미 기능이 위계적으로 교수 학습된다면, 이후에 이들의 여러 가지 결합 형태로 나타나는 '-는 중/동안(에)', '-(으)ㄴ 다음(에)', '-는/(으)ㄴ/(으)ㄹ/던 것 같다' 표현 형식에서 적절한 관형형의 의미 기능을 전제로 하나의 표현 항목으로서의 의미 각각이 보다 체계적으로, 또 쉽게 이해될 수 있을 것이다. 예컨대, 직접성, 과정성의 의미를 포함하는 '-는' 형식이 '현재 진행되고 있음, 또는 무엇을 하는 동안'의 의미를 갖는 '중'과 결합되고, '이미 주어진 실상'을 나타낸다는 점에서 완료의 의미를 갖게 되는 '-(으)ㄴ'이 '다음'과 결합되는 논리가 보다 쉽게 설명될 수 있다는 것이다.

3. 한국어 서술어의 의미론적 특성

앞의 표 1과 같이 한국어 관형 표현의 형식과 의미가 여러 가지 경우로 나뉘어 설명되는 까닭은, 앞 절에서 살펴본 바와 같이 '-느', '-더-' 언어형식과 관련해서 관형 형식과 그 고유 의미의 타당한 기술 외에 관형형과 결합되는 동사의 의미론적 특징과도 관련이 있다.

주지하는 바와 같이, 한국어의 문장 성분 가운데 가장 중심적인 기능을 맡고 있는 것이 서술어인데 특히 어미의 선택이 서술어의 의미론적 특성과 밀접히 관련되어 서술어는 더욱 중요한 의미를 갖게 된다. 같은 이유로 한국어 관형 표현의 교수 학습에서도 서술어의 의미론적 특징은 중요하게 다뤄져야 한다. 즉, 학습자들은 앞의 표 1과 같이 제시되는 여러 가지 관형형을 동사, 형용사, '있다, 없다'가 각각 현재, 과거, 미래를 지시함에 따라 달라지므로 그 각각의 경우를 암기해야 할 문법 규칙으로 받아들이기보다는, 각각의 용언이 갖는 의미론적 특성과 관형 표현 형식이 갖는 고유 의미에 따라 어떠한 표현이 적절하게 선택될 수 있는가를 이해하는 것이 무엇보다도 중요하다.

따라서 교사는 예컨대, '있다, 없다'가 예외적으로 '-는' 관형형을 취한다고 설명하기보다는, 한국어에서 '있다, 없다'라는 서술어가 갖는 의미론적 특성에 주목하여 '-느'라는 형태소 의미와 상충하지 않고 결합할 수 있는 이유를 알게 해 주는 것이 보다 적절할 것이다. 즉, '있다, 없다'가 '-느'와 결합할 수 있는 까닭은 '있다, 없다'의 동작류적인 특성(고영근, 2004)에 말미암는 것이다. 그런데 이 같은 동작류적인 특성에도 불구하고 '흐르다'와 같은 동사가 '흐른'에서와 같이 '-(으)ㄴ' 형식을 취하는 것이 가능한 반면에, '있다, 없다'의 경우 그것이 어색하거나 용인되지 않는 이유도 '있다'와 '없다' 각각의 의미론적 자질에 따라 설명될 수 있다.[18]

이와 같은 방법을 통해서 한국어 학습자들은 크게 동사와 형용사로만 범주화할 수 있었던 서술어 체계가 의미론적 특성에 따라 보다 세분화될 수 있음을 알게 될 것이다. 이로써 학습자들은 '있다'와 '재미있다'와 같은 '있다' 결합 용언이 관형 구문 외에 다음 (10)과 같은 예문에서도 여타의 일반 형용사와는 다른 양상을 보이는 이유를 같은 맥락에서 이해할 수 있게 될 것이다.

---

18 이 때, '있다'의 경우 '-(으)ㄴ' 관형형을 취하는 것이 어느 정도 가능해 보인다. 이에 대해 고영근(2004:185)에서는 '있다, 없다'의 성격에 대하여 역대 한국문법가들 사이에 의견이 구구하지만 정인승(1956)의 견해를 따라, '있다'의 성격이 '없다'보다 더 동사에 가깝기 때문이라는 설명을 하고 있다.

(10) a. 영화가 재미있느냐?

　　 b. * 영화가 무섭느냐?

4. 관형절 내의 언어 형식들 간의 위치

문장 안에서 각 언어 형식 사이의 상대적인 위치를 어순이라고 하는데, 언어에 따라서는 이러한 상대적 위치가 각 문장 성분들의 문법 범주를 실현하는 중요한 방법이 된다고 한다(권재일, 1992:235). 한국어처럼 언어 형식들이 비교적 자유로운 어순을 가지는 경우는 문법 범주의 실현이 어순에 전적으로 의존하지 않는다. 그럼에도 한국어의 기본 어순에서 가장 고정적인 문장 성분은 서술어이고, 관형어와 부사처럼 수식하는 기능을 가진 성분은 수식하는 대상 바로 앞에 오는 것이 특징적이라고 할수 있다. 이러한 특징은 수식어가 수식받는 성분 뒤에 위치하는 인도-유럽어와 구별되는 것이다(권재일, 1992:236~237).

한편, 이 같은 특징은 집단/일원의 관계 진술에서도 가장 큰 실체가 가장 먼저 진술되고, 그 다음 크기의 것이 그 다음 번에 진술되는 것과도 관련된다. 예컨대, 주소를 적거나 날짜를 적을 때, 또는 이름이나 온도를 적을 때의 경우가 그러하다.[19] 이러한 경향은 개개 일원을 보다 큰 맥락에서 바라보는 동아시아 문화적인 태도가 반영된 것으로 설명되고 있다 (Kim-Reanud, 1992).

관형어도 수식하는 대상의 속성을 기술, 부연적으로 설명한다는 점에서 반드시 그 수식의 구체적인 대상 앞에 위치해야 하는 것이다. 권재일 (1992)에 따르면, 흔히 이를 두고 영어를 오른쪽으로 가지벋는 언어(우분지 언어)라고 하고, 한국어는 왼쪽으로 가지벋는 언어(좌분지 언어)라

---

19 '나라, 도, 시, 구, 동'의 순서로 주소를 적거나 '년, 월, 일' 순서로 날짜를 적는 것, '섭씨 3도'와 같이 온도를 표시하는 것 등이 포함된다.

하는데, 이러한 특징은 한국어가 문법의 중요한 사항들을 문장의 끝부분에서 결정하게 하는 한 요인이 된다는 것이다. 따라서 한국어 관형 표현의 교수 학습에서도 이 같은 소위 좌분지 언어적 특성은 중요하게 다뤄져야 할 것이다.

다음 예문 (11)과 같이 수식어가 수식받는 성분 앞에 위치해야 하는 어순이 지켜지지 않은 오류는, 언급한 대로 우분지 언어적 특성을 가지고 있는 영어를 모어로 하는 학습자들이 흔히 범하는 것이다. 제이언어 교사가 학습자의 문법 오류에 효과적으로 대처하기 위해서는 개개의 오류 모두를 지적하기보다는 오류의 유형에 따라 우선순위를 정하는 것이 필요하다. 이때 우선순위를 정하는 중요한 기준 중의 하나가 의사소통의 방해 정도이다. 다음 (11)에서처럼 수식어와 수식 대상 간의 위치 오류는, 학습자 모어로의 번역과 같은 해석이 없이는 그 의미를 바로 파악하기가 어렵다는 점에서 다른 오류보다 상대적으로 중요하게 다뤄질 필요가 있다고 본다. (11a)의 밑줄 친 오류 부분은 '마지막 25년'을 설명해 주는 수식어를 앞으로 위치시킴으로써 쉽게 이해 가능한 문장으로 만들 수 있다. 다음에서 (11a)는 학습자 작문의 전문을, (11b)는 학습자가 표현하고자 했던 의미를 학습자 자신의 모어로 표현한 것이다.

(11) a. 박정희의 군대일격 1961년부터 박정희의 암살이 1976년 남한 경제발전소 됐다. 마치막 25년동안 박정희의 경제모형 사용하는 세계 중에서 12근 경제가 발달 했다(√박정희의 경제모형을 사용하는 지난 25년 동안 세계에서 12번째로 큰 경제국으로 발전했다). 박의 경제군국주의와 공산주의와 자본이였다. 박정희의 노력이 끼 때문에 남한 경제적으로 독립나라됐다.

   b. From Park Chung Hee's military coup in 1961 to his assassination in 1979, Korea became an economic powerhouse. Over the last 25years using Park Chung Hee's economic model Korea developed into the world's 12th largest economy. Park's economy was as the same time militaristic, capitalist, and communist. Because of Park Chung Hee's effort South Korea became an economically strong nation.

한국어 교사는 수식 대상을 설명하는 수식어가 길어질 경우, 특히 모어 간섭으로 인해 위와 같은 오류가 발생할 수 있음을 알고, 교수 학습 상황에서 이에 대해 충분히 설명하고 학습자들에게 연습할 수 있는 기회를 주는 것이 필요할 것이다. 이처럼 관형 표현의 교수 학습을 위해서는 관형형의 선택뿐만이 아니라 그것이 관계를 맺는 다른 언어형식들과의 위치 관계에 대한 지식도 필요하다.

V. 결론

본고는 한국어 관형 표현이라는 구체적인 문법 현상과 관련해서 한국어 교사에게 필요한 교육 문법 지식이 다음과 같은 세 가지 능력을 가능하게 하는 것으로 보고 이들에 대해 논의해 보았다.

① L2로서의 한국어 학습자에게 문제가 되는 한국어 관형 표현의 문법 특징을 안다.
② 관형 표현에서의 학습자 오류를 인식, 판별하고 처치(treatment)할 수 있다.
③ 관형 표현에 대한 교재 내용을 분석하고 재구성하여 L2 습득의 원리에 따른 수업안과 교수법을 계발할 수 있다.

L2로서의 한국어 학습자에게 문제가 되는 한국어 관형 표현의 문법 특징은, 굴곡 현상의 특징으로서의 관형형 활용 어미, 형태통사적 차원에서의 관형 표현 형식의 설정과 의미 기술, 동사의 의미 자질에 따른 관형 표현 선택, 관형절 내의 언어형식 간의 위치와 관련된다고 보고 각각에 대해 교사가 알고 있어야 할 문법 지식 내용을 살펴보았다.

먼저, 한국어는 문법 형태소 중에서도 특히 활용 어미가 다양하게 발달하여 문법적 관념을 실현하는 것이 큰 특징이라는 사실을 다루었다. 한국어 관형 표현도 굴곡에 해당하는 어미에 의해 실현된다는 점에서 관형 표현의 교수 학습도 활용 어미의 특징에 대한 이해를 바탕으로 해야 함을 기술하였다.

또한, 대부분의 한국어교재에서 제시하고 있는 현재, 과거, 미래 관형형으로서의 '-는', '-(으)ㄴ', '-(으)ㄹ'의 설명 방식이 갖는 문제점을 살펴보고, 형태통사적 관형형으로 '-(으)ㄴ'과 '-(으)ㄹ'을 설정하는 이유와 각각의 변별적인 의미 기능이 무엇인지를 살펴보았다. 아울러, 관형형 어미와 결합하는 동사의 의미론적 자질에 따른 관형 표현의 선택 문제와 수식 대상이 되는 명사(구)와 그 배경과 근거를 제공하는 관형 형식 간의 위치 문제도 논의하였다.

한국어 교사는 이와 같은 교육 문법 지식 내용을 토대로 학습자의 오류를 인식하고 적절한 처치가 가능할 수 있는 원인을 분석할 수 있을 것으로 본다. 학습자의 오류는 크게 관형 형식과 의미 파악의 오류, 동사의 의미 자질에 따른 관형 표현 선택의 오류, 관형 절 내의 언어형식들 간의 위치 오류로 나눌 수 있을 것이다.

본고는 관형 형식의 제시와 관련해서 한국어 관형 표현의 문법적인 특징과 무표적인 언어 형식에서 유표적인 언어형식의 교수·학습이라는 측면을 고려하여, '-(으)ㄴ'〉'-(으)ㄹ'〉'-는'〉'-던'과 같은 입력 순서도 제안하였다.

민현식(2000), 한국어 교재의 실태 및 대안, 국어교육연구 제7집, 서울대학교
　　　　국어교육연구소.
엄　녀(2007), 평가 기준을 통한 중국대학교의 한국어 교재 분석, 한국어 교육
　　　　제18권 1호, 국제한국어교육학회.

　교육을 '누가 무엇을 누구에게 가르치는 행위'로 볼 때 교재는 이 '무엇'을
담고 있는 총체물이다. 교재는 교수·학습 내용 제공, 교수·학습 방법 제시,
학습 동기의 유발, 연습을 통한 기능 정착, 평가 자료의 제공 등 다양한 기능
을 한다. 그러나 이렇듯 중요한 기능을 수행하는 교재에 관한 연구는 한국어
교육의 전체적인 연구 흐름 안에서 미흡한 편이다. 한국어 교육이 관심을 받
기 시작했던 80년대부터 한국어 교육의 수요가 급증했던 90년대 이후로 국내
외 한국어 교재 개발은 시급했으며 따라서 한국어 교재는 교사나 교수법, 교
재 관련 연구 등 기본적인 여건이 충분히 갖추어진 상태에서 개발된 것이 아
니라 우선 교육이 실시되고 차후에 급급히 개발이 뒤따르는 양상이었다. 이
러한 현실 속에서 간헐적으로나마 진행되었던 한국어 교재론에 관한 연구는
개발론 연구가 주를 이루었고, 현시점에서 더욱 절실히 필요한 기존 교재의
개편과 새 교재의 개발을 위한 기초 작업으로서의 기존 교재의 분석, 평가와
관련된 교재 평가론 연구는 일천한 편이었다.

　이러한 가운데 민현식(2000)은 비교적 이른 시기에 기존 한국어 교재의 실
태를 분석하고 한국어 교재 개발을 위한 대안을 제시한 선구적인 연구 성과
이다. 민현식(2000)에서는 우선 한국어 교재론 연구가 나아가야 할 방향을 교
재 유형론 연구, 교재 개발론 연구, 교재 평가론 연구로 나누어 구체적으로
제시하였다. 특히 교재 평가론 연구에서는 평가 기준과 관련한 기존 논의를
살펴보았고 6개 대학교 언어교육기관에서 개발한 한국어교재를 전체적인 구
성에서부터 문법 설명, 문화 설명 등 미세한 부분까지 비교 분석하였다. 이러
한 논의를 바탕으로 한국어 교재 개선 방안을 표준교육과정과 교수요목, 한
국어 교육용 표준 문법, 교수·학습 방법, 교재 평가 기준, 문화 교육, 발음
교육, 기본 어휘 등 다각도로 제시하였다.

　엄녀(2007)는 이러한 연구 성과에 힘입어 출현한 논의로, 민현식(2000)의
한국어 교재론 연구의 방향을 되짚어 가는 가운데 교재 평가론 연구를 위해

'한국어 교육'과 '중국어권'이란 특수성을 고려한 한국어 교재 평가 기준을 구성하고, 중국 대학교용 통합 한국어 교재를 분석, 평가하여 문제점을 제기하고 나름대로 대안을 제시하였다. 민현식(2000)에서 언급했듯이 교재론 연구는 교재 유형론, 교재 개발론, 교재 평가론 등의 영역으로 무한히 뻗어나갈 수 있으며 더욱 구체적으로 표준 교육 과정의 개발, 교수요목의 선정과 위계화, 나아가 문법 항목의 제시 방법까지 논의할 수 있다는 점에서 연구사적 가치가 확인된다.

한국어 교재의 실태 및 대안[*]

1. 머리말
2. 한국어 교재론의 좌표와 방향
3. 교재 개발의 첫 단계-학습자의 요구 분석
4. 한국어 교재 개선 방안
5. 맺음말

요 약

교재는 학습자의 학습 내용과 학습 방법을 제시해 주는 것이다. 한국어 교육 연구에서 교재론에 대한 관심은 필요하며 지속적, 체계적으로 이루어져야 한다.

한국어 교재론은 교재 유형론, 교재 개발론, 교재 평가론 등의 영역으로 무한히 뻗어 나갈 잠재력이 있다. 주요 대학 기관들의 한국어 교재를 기본 구성에서부터 구체적인 문법 설명에 이르기까지 분석하면서 앞으로 보완하여 할 점을 표준교육과정과 교수요목, 한국어 교육용 표준 문법, 교수 · 학습 방법, 교재 평가 기준, 문화 교육, 발음 교육, 기본 어휘 등 13개 항에 걸쳐 다각도로 제시하였다.

특히 표준 교육과정과 교수요목의 수립, 한국어 교육용 표준 문법의 공표와 번역 문법 용어 통일이 시급하다. 한국어 교육용 문법 지식도 학습 활동

---

[*] 『국어교육연구』 제7집(서울대학교 국어교육연구소 2000년 발행)의 5쪽부터 60쪽까지에 수록되었음. 또한, 요약은 원문에는 수록되지 않았던 것을 이 책에서 새롭게 작성한 것이다.

속에서 언어 자료와 융합하여 인지할 수 있도록 방향만 잡히면 어려움이 없으며, 문법 번역식, 의사 소통식, 과제 중심 교수법의 장점을 종합하여 개선된 교재들이 나오면 문제가 없을 것이다.

중국 내 한국어 교재를 대상으로 한 교재 평가*
-北京大學 朝鮮文化硏究所『한국어1, 2』와 上海復旦大學,
『초급한국어(상, 하)』를 중심으로

엄 녀(상해 사범대학교)

Ⅰ. 서론

최근 국내외의 한국어 교육 현장에서 일고 있는 큰 변화 중의 하나는 교재 개발이 활발히 이루어지고 있다는 점이다. 교재의 개발은 그 주체가 다양하여 개인 집필자의 차원, 개별 교육기관의 차원, 지역 내 협력의 차원, 국가가 주도하는 범세계적 범용 교재의 차원 등으로 진행되고 있다(조항록, 2003ㄴ:224). 특히 지역 내 협력의 차원에서 개발되는 교재 즉 언어권별 교재 개발에 대한 중요성과 시급함은, 최근 많은 한국어교육 연구자에 의해 논의되고 실천에 옮겨지고 있다.[1] 여기에서 교재가 가장 다양하고, 활발하게 개발되고 있는 언어권이 중국어권이라 할 수 있

---

* 『한국어 교육』 제18집 1호(국제한국어교육학회 2007년 발행)의 235쪽부터 262쪽까지에 수록된 '평가 기준을 통한 중국 대학교의 한국어 교재 분석'을 실음.

1 강승혜(2003ㄴ:252~255)에 의하면 한국어 교재 관련 연구는 한국어 교육 일반이나 한국어 교육 내용을 제외한 "단일 주제영역으로는 가장 많은 연구가 이루어져" 문법 연구 버금가는 수의 논문(64편)이 있음을 지적하였다. 여기에서 학습자들의 언어권에 따른 지역별 교재 연구들은 서양권, 일본, 폴란드, 독일, 중국, 러시아로 나누어 총 15편의 논문이 있음을 소개하면서 이런 연구들은 대부분이 교재 개발과 관련된 연구들이라고 지적하고 있다.

으나[2] 교재 관련 연구 특히 교재 개발에 필요한 실제적이고 유용한 자료 수집을 위한 체계적이고 타당한 기준의 교재 분석과 교사, 학습자 집단의 요구분석 등 실제적이고 기초적인 연구들은 상당히 미흡한 상황이다.

본 연구는 기존 교재의 개편과 새 교재의 개발을 위한 기초 작업으로서 기존 교재를 분석, 평가하고자 한다. 교재 분석 결과가 교재 개편이나 개발을 위한 객관적이고 실증적인 유용한 자료가 되기 위하여 본 연구에서는 첫째, 중국에서의 한국어 교재 개발의 흐름, 특징과 교재 관련 연구 동향 분석을 통해 교재 개발과 교재 연구들의 문제점을 살펴본다. 둘째, 기존의 국내외 교재 분석·평가 기준을 검토하여 '한국어교육'이란 특성을 살리고, 중국어권이라는 특수 언어 환경을 고려한 좀 더 객관적이고 체계적인 한국어 교재 분석 기준을 구성한다. 셋째, 분석 대상 교재를 선정하고, 분석 기준에 근거하여 분석, 비판과 아울러 나름대로의 대안을 제시해 보고자 한다.

Ⅱ. 중국에서의 한국어 교재 개발과 교재 관련 연구

1. 중국에서의 한국어 교재 개발의 흐름과 그 특징

외국어로서의 한국어 교재 개발은 한국어 교육 현장과 당시의 주된 언어학적 경향, 외국어 교수방법론과 밀접한 관련을 갖고 있다(조항록, 2003ㄱ:225). 중국의 경우에는 이러한 요소 외에도 중국의 정치, 경제와

---

2 손정일(2005:242~257)에서는 중국에서 출판된 한국어 교재는 160여 종에 이르고, 그 중에서 사전류는 37종, 회화 관련 교재는 36종, 종합교재류는 26종, 어휘 문법 관련 교재는 15종, 경제무역 관련 교재는 9종, 번역 관련 교재는 7종, 여행 관련 교재는 10종, 강독 관련 교재는 5종 및 기타 12종으로 조사 보고하고 있다.

시대의 변화가 중요한 역할을 하기도 한다. 중국에서의 한국어 교재 개발의 흐름과 특징을 한국어 교육 발달 단계와 맞추어 정리해 보면 표 1과 같다.

표1 중국에서의 한국어 교재 개발의 흐름과 특징

시기[3]	학과 설립	대표적인 교재	특 징
1950~ 1960 년대 태동기	1950년 北京大學, 1955년 洛陽解放軍外國語學院에서 조선어학과 개설.	한국어 교육을 위해 공시적으로 출판, 사용된 교재가 없었고, 기관 내 자체 교육용으로 사용된 교재도 발굴되지 않았음.	초기 교육 실시에 관한 자료 부족하고, 자료 발굴이 필요함. 독해능력 신장을 위한 해독법, 서면 번역법이 위주.
1970~ 1980 년대 준비기	1972년 延邊大學에서 조선어학과 설치. 1988년까지 北京大學, 北京對外經濟貿易大學, 延邊大學, 洛陽解放軍外國語學院, 大連外國語學院에서 조선어학과 설치.[4]	金祥元・河振華(1975) 朝鮮語基礎 許東振(1980) 朝鮮語自習讀本 李得春・金祥元(1983), 朝鮮語放送講座 1-3 崔允甲(1980) 朝鮮語文法 洪万植等(1984) 中朝詞典 朴石均(1988) 中朝對譯小詞典	초기 교육 실시에 관한 자료 발굴이 필요함. 북한의 어휘와 문법 체계에 따라 교재가 편성됨. 중국 조선족학생들의 문법 교재를 대용 문법번역식 교수법으로부터 청각구두식 교수법 으로 교체됨.
1990 년대 도약기	1992년 한중수교 후, 대학교에 한국어학과가 대폭 신설됨. 2001년까지 36개의 대학교에서 한국어학과를 설치.[5]	姜信道(1991) 基礎朝鮮語 1-4 《標準韓國語》 敎材編寫組 編 (1996) 標準韓國語 1, 2 韋旭升, 許東振(1994)韓國語實用語法 張敏・黃一仙(1995) 韓國語口語敎程	개별 학자들에 의해 집필된 교재가 위주. 개별 대학교에서 자체 교육용 교재를 개발, 사용하기 시작. 문법 번역식 교수법, 청각구두식 교수법이 위주.

3 조항록(2003:225~233)에서는 한국어 교육 발달 단계에 따른 국내・외 한국어 교재 개발의 흐름을 태동기(1950~70년대), 도약기(1980년대~1990년대 중반), 안정적 성장기

| | 현재까지 40여 개 대학교에서 한국어 학과를 설치. 그 외 정규학과가 아닌 한국어 단과(2년제, 3년제)가 설치되어 있는 대학교, 교양과목으로 설치된 대학교 수는 점점 늘어나고 있음. | 李先漢等(2000,2001,2003,2004) 韓國語1-4
崔羲秀(2000) 初級韓國語(上,下)
崔羲秀等(2001) 中級韓國語(上,下)
崔羲秀等(2002) 高級韓國語(上,下)
姜銀國等(2005) 初級韓國語(上)
姜宝有等(2006) 初級韓國語(下)
張敏·朴成姬(2003) 大學韓國語會話教程
崔羲秀,兪春喜(2003) 韓國語實用語法
柳英綠(2002) 韓中飜譯教程 | 대학교 내에서 자체 교육용으로 사용했던 교재를 공식 출판함. 대학교 내 교수들이 공동 편찬한 교재가 위주. 회화, 어휘·문법, 강독, 번역 등 영역별 교재와 경제 무역, 여행 등 특수 목적을 위한 교재들이 대량 출판됨. 의사소통교수법과 통합교수법을 선호하면서도 문법번역식, 청각구두식 교수법에서 탈피하지 못함. |
| 2000년대 상승기 | | | |

태동기에는 당시의 여건으로 공식적으로 개발, 사용된 교재가 없었고, 교육기관 내 자체 교육용으로 사용한 교재도 발굴되지 않았다. 준비기에

(1990년대 후반부터)로 나누고 있다.

김순녀(2003:186~194)에서는 중국에서의 한국어 교재 편찬을 1950~60년대, 1970년대 초반~1990년대 초반, 1990년대 중반~1990년대 후반, 2000년대~오늘까지 네 단계로 나누고 있다.

본고에서는 1950년 北京大學에서 조선어학과를 개설하여서부터 "문화대혁명"을 거친 60년대를 중국에서의 한국어 교육의 태동기로 보았고, 1972년 延邊大學에서 조선어학과를 설치하여서부터 1988년까지 5개 대학교에서 설치하기까지를 중국에서 한국어 교육이 안정적인 모습을 찾아가는 준비기로 보았으며, 1992년 한중수교를 계기로 2001년까지 36개 대학에서 한국어학과를 증설하기까지를 한국어 교육의 도약기로 보았으며, 중국에서 한국어학과가 계속 증설될 추세이며, 한국어 교재 개발이 호황기를 이룬 2000년대를 상승기로 보았다.

4 1987년 중국 국가교육부에서 수정 반포한『普通高等學校(일반 대학교를 가리킴.)社會科學本科專業目錄』의 "外語語言文學類"에서는 조선어학과는 "개별 학교"에서만 설치한다고 규정하였다. 여기에서 "개별 학교"란 일반 대학교인 北京大學, 北京對外經濟貿易大學, 延邊大學과 군사학원인 洛陽解放軍外國語學院, 외국어학원인 大連外國語學院 등 5개 대학교이다(강보유, 2002:3 재인용).

5 김중섭, 2001:136 재인용.

이르러 일부 학자들에 의하여 한국어 교재가 개발되기 시작하였는데, 대표적인 교재로는 金祥元·河振華(1975)의 『朝鮮語基礎』와 李得春·金祥元(1983)의 『朝鮮語放送講座 1-3』이다. 당시 중국의 외국어교육에서 구조주의 언어학에 바탕을 둔 구어중심의 교육이 각광을 받으면서 교재 개발에서도 회화(듣기, 말하기)교육을 중시하기 시작했다. 따라서 개발된 교재의 전체 구성은 대부분 "발음-회화-독해"였고, "회화" 부분은 다시 "본문(회화형식)-새 단어- 발음-문법(조사, 어미)-연습"으로 구성되었다. 즉 단일 교재 안에 발음, 어휘, 문법, 기본 대화를 담은 교재가 나타났다. 그러나 한국보다 조선과의 교류가 활발하였던 시기였기에 북한의 어휘나 문법체계를 기준으로 교재가 편성되었다.

도약기에 이르러 중국에서 한국어 학과의 급증으로 한국어 교육의 수요가 늘어나자 교재 개발의 필요성이 대두되었다. 따라서 北京大學, 延邊大學, 洛陽解放軍外國語學院 등 일부 대학교에서는 경험과 직관으로 비공식적인 자체 교육용 교재를 개발하여 사용하기 시작하였고, 대부분 대학교에서는 한국의 서울대학교, 연세대학교, 고려대학교 등 한국어교육기관의 교재를 회화 교재로 사용하였다. 이 시기에 출간된 대표적인 교재로는 1996년부터 북경대학 등 25개 대학에서 공동 편찬한 『標準韓國語』 1학년 상, 하권과 2학년 상, 하권이다. 준비기의 교재와 다른 점이라면 교육 내용면에서 선정된 주제들이 정치적인 내용보다 일상생활 내용을 중심으로 했고, 사용된 언어도 생활용어가 중심이었다. 또한 한국의 교수진이 집필, 감수에 참여하였기에 한국의 어휘와 문법체계에 기준하여 편찬하였다.

상승기에는 그동안 대학교 내 자체 교육용으로 사용하였던 교재들이 수정을 거쳐 공식 출판되었고, 대학교 내 교수들이 공동 개발한 교재들이 출판되기 시작하였으며, 회화, 어휘·문법, 강독, 번역 등 영역별 교재와 경제 무역, 여행 등 특수 목적을 위한 교재들이 대량적으로 출판되었다. 그 중에서 대표적인 종합류 교재로는 北京大學朝鮮文化硏究所 李先漢 외(2000~2004년) 총 4권과 延邊大學 崔羲秀 외(2001~2003년) 총 6권, 上海復旦大學 姜銀國, 姜宝有 외(2004, 2005) 총 2권이다. 이 교재들은 교육 내용면에서는 학습자를 고려한 다양한 주제와 한국의 어휘·문법 체계를 기준으로, 일정한 교육목표, 교육과정, 학습자 집단을 고려한 교재로서 이전 시기의 교재보다 발전적인 모습을 보이고 있다. 그러나 현재 개발, 사용하고 있는 교재들은 여전히 단원 구성이나, 교육 내용면에서 전통적인 방법론을 고수하고 있기 때문에 문법번역식, 청각구두식 교수법에서 탈피하지 못하고 있다.

상술한 내용을 정리하면, 중국에서의 한국어 교재 개발도 여느 지역과 마찬가지로 교사나 교수법, 교재 관련 연구 등 기본적인 여건이 충분히 갖추어진 상태에서 교재가 개발된 것이 아니라 수요가 급증됨에 따라 우선 교육이 실시되고 차후에 급급히 개발이 뒤따르는 양상이었다. 따라서 체계적인 분석과 사용자 조사를 통하여 데이터를 추출하고 한국어 제반 특성, 관련 교수법과 연계하여 합리적인 절차와 방법으로 개발된 교재가 아니라 여전히 과거의 직관과 경험에 따른 교재라고 할 수 있다.

2. 중국어권 한국어 교재 연구 동향

중국어권 한국어 교재 연구는 주요하게 중국의 한국어 교육 관련 학술회의에서 이루어지는데, 1997년 11월 연변과학기술대학교 제1회 "중국에서의 한국어교육 연구토론회"에서 발표한 교재 실태와 개발에 관한 네 편의 논문으로부터 시작되어 2006년까지 42편의 소논문과 4편의 석사학위 논문이 발표되었다.

표 2 중국어권 한국어 교재 연구의 주제별 연구동향

주제 영역	논 문
교재 개발/ 구성원리	안병호(1997), 강신도(1997), 이득춘(1997), 장광군(2000), 전정란·유은종(2000), 임형재(2002), 박재현(2002), 김종태(2001), 이성도(2001), 유춘희(2001), 최순희(2001), 주옥파(2001), 서영빈(2001), 강보유(2002), 김순녀(2002), 육애지(2002), 왕단(2002), 최미숙(2002), 이민덕(2002), 주옥파(2002), 신현숙·이지영(2003), 김병윤(2003), 이향(2002)*, 권지현(2003)*, 지연(2004)*, 윤혜리(2006)* [*는 석사논문] ▶ 27편
교재 실태/ 교재 문제점	장광군(1997), 한재영(2000), 임종강(2001), 이은숙(2001), 최희수(2002), 장윤희(2002), 최정순(2002), 김경선(2003), 김순녀(2003), 김영란(2003), 손정일(2005) ▶ 11편
특정 교육 내용	이삼형(2002), 염광호(2002), 유춘희(2002), 이은숙(2002) ▶ 4편
교재 분석	염광호(2001), 장향실(2002), 노금송(2003) ▶ 3편
교사/학습자 분석	김정우(2005) ▶ 1편

위의 도표에서 나타나듯이 중국어권이란 특수 언어 환경과 학습자를 고려한 교재 개발이 시급한 만큼 교재 개발에 관한 연구가 총 27편으로 가장 많았고, 교재 개발을 위한 기초적인 작업으로서의 기존 교재에 대한 분석과 학습자, 교사에 대한 분석 연구는 총 4편으로 가장 적었다. 기존 교재에 대한 분석 연구는 교재의 일부 영역에 대한 장단점 분석이 개괄적으로 이루어졌다.

상술한 한국어 교재 연구에 대한 정리를 통해 앞으로 수행될 연구의 방향은 교재 분석에 관하여 좀 더 체계적인 분석 기준을 제시하고 이에 따른 타당한 분석 방법을 논의할 필요가 있다. 분명한 교재 분석 목적과 체계적이고 타당한 분석 방법으로, 분석을 거친 결과만이 교재 개발에 기초 자료로 적극 활용할 수 있다.

Ⅲ. 대상 교재의 선정 및 평가 기준의 구성

1. 대상 교재의 선정

본고에서 분석하고자 하는 교재는 현재 중국 대학교 정규 4년제 한국어학과의 "정독(精讀)"강좌⁶를 위해 개발한 "기초한국어"⁷ 교재이다. "정독"강좌는 입문부터 시작하는 학습자에게 한국어의 자모, 어휘, 문법을 중심으로 교육함으로써 한국어의 듣기, 말하기, 읽기, 쓰기, 번역 능력을 신장하기 위한 기초를 마련하고자 개설한 강좌이다. 따라서 "기초한국어" 교재는 한국어의 자모, 어휘, 문법을 교육 내용으로 하고, 일정한 주제의 대화문과 산문, 학습활동으로 구성된 대학교에서 사용하는 주교재이다.

본고에서는 중국에서 출간된 "기초한국어" 교재 중에서 北京大學 朝鮮文化硏究所와 上海復旦大學의 교재를 분석 대상으로 한다. 북경대『한국어 1-4』는 현지 대학교에서 가장 많이 사용하고 있는 교재이며, 北京大學 朝鮮文化硏究所와 한국 서울대학교 국어교육연구소가 공동 개발한 교재이다. 복단대『초급한국어(상, 하)』는 2004년 7월 중국의 14개 대학교에서《한국어 전문 시리즈교과서 편찬위원회》를 공동 결성한 이래, 가장 최근에 개발된 교재인 만큼 기존에 출간된 교재들의 장단점을 보완했을 것이라 판단되어 분석 대상으로 선정하였다.

---

6 "정독(精讀)"강좌는 학교마다 조금씩 다른데 보통 2~3년간 개설하고, 주당 10~14시간 수업한다.

7 "기초한국어" 교재는 장광군(2000:81~82)에서 논의한 "종합한국어" 교재에 대응된다. 본 연구에서 '종합한국어'가 아닌 '기초한국어'로 이름을 달리한 것은 한국어 능력 신장을 위한 기초적인 교재임을 강조하기 위해서이다.

2. 평가 기준의 구성

1) 기존의 교재 평가 기준에 대한 검토

좀 더 객관적이고 체계적인 평가 기준을 구성하기 위하여 기존의 국내외의 교재 평가 기준을 검토하기로 한다.

영어교재 평가 기준에 대한 대표적인 예로는 Neville Grant(1987)와 MaDonough & Shaw(1993), 배두본(1999)과 이성희(2003)를 들 수 있다.

Neville Grant(1987:120)에서는 교재가 학습자에게 적합한가, 교사에 적합한가, 교수요목이나 시험에 적합한가 등 3영역으로 교재 선택의 기준표를 제시하고 있다(민현식, 2000:17~18 재인용). 이 평가 이론은 이른 시기에 교재 사용자인 학습자와 교사에 중심을 두고 평가 기준을 세웠다는 점에서 긍정적인 의미를 갖는다. 그러나 교재가 담고 있는 교육 내용에 대한 보다 세부적인 평가 기준은 결여되어 있다.

MaDonough & Shaw(1993)는 평가의 기준을 한층 더 높은 단계인 거시적 평가와 미시적 평가로 구분하였다는 점이 독특하다. 거시적 평가는 보조교재, 교사용 지침서의 이용, 색인, 시각적 자료, 문화적 편견, 시청각 재료, 평가 내용 유무 등을 기준으로 제시하였다. 거시적 평가를 통과한 교재에 대해서 1권당 2~3개의 과를 선택하여 언어기술의 제시, 교재 내용의 등급화, 읽기 내용의 유형, 듣기 내용의 유형, 말하기 내용의 유형, 시험과 연습문제의 유형, 자습 가능성, 교사와 학습자의 연관성 등 8가지 면에서 미시적인 평가를 진행해야 한다고 제시하였다(박경자·장복명, 2002:246~248 재인용). 이 평가 기준은 교재 분석을 보다 더 높은 단계인 거시적 평가와 미시적 평가로 구분하였다는 데 큰 의의가 있다. 그러나 미시적 평가는 주로 제시한 자료의 유형에 대한 평가가 위주였고 여러 가지 언어요소에 대한 세부적인 평가 문항들은 제시되지 않았다.

배두본(1999:294~299)에서는 영어 교재 평가 기준으로 6개영역, 총

50개 항을 제시하였다. 6개영역에는 교육과정에서의 적합성, 구성, 교수 적합성, 언어적 적합성, 교수·학습활동 유형, 실용성 등이 포함된다. 이 평가 기준은 포괄된 내용이 비교적 전면적이라고 할 수 있지만, 6개영역 구분이 명확하지 않아 그 속에 포함된 평가 기준들이 중복되는 현상도 없지 않다.

이성희(2003:273~283)는 평가 목적과 상황에 따라 선택하여 사용할 수 있도록 단순 평가 모형과 심층 평가 모형의 두 가지 모형을 제안하고 있다. 단순 평가 모형은 짧은 시간 내에 확실히 드러나는 특징을 토대로 교재의 장단점을 파악할 수 있도록 구안하여, 크게는 교육과정 및 교수 요목, 내용 및 구성, 학생의 수준과 필요, 교사용 지도서, 오디오 자료, 비디오 자료, CD-ROM, 실용적인 측면 등 8가지 면에서 단순 평가를 진행하도록 하였다. 심층 평가 모형은 교과서, 교사용 지도서, 오디오 자료 및 비디오 자료, 그리고 CD-ROM을 독립적으로 분리하여 각 부분에서 자료의 특성에 따라 목적을 달리하여 평가하도록 구안하였다. 이 평가 모형에서 주목할 만한 것은 평가 모형의 마지막에 총평 부분을 두어 평가자가 교육과정 요인, 학생 요인, 교사 요인, 사회·교육적 요인 등을 고려하여 평가 대상 교재의 장단점 및 수정, 보완 방안을 구체적으로 기술할 수 있도록 주관적인 평가도 시도하였다는 점이다. 또한 평가 상황에 따라 선택적으로 사용할 수 있도록 두 가지 평가 모형을 제시하였다

최근에 '한국어' 교재에 초점을 맞추어 언어 교재의 평가 기준을 다룬 논의들로는 황인교(2003), 강남욱(2005)을 들 수 있다.

강남욱(2005:171~174)은 크게 9영역, 76개 세부 항목을 평가 기준으로 구성하였다. 9개 큰 영역에는 한국어 학습의 목표, 한국어 학습자 배경, 한국어 교수법, 한국어 교재 내용 구성, 한국어 사회 언어학적 영역, 한국어 교사용 지침·조언 및 지도서, 한국어 학습자용 부교재 및 워크북 영역, 한국어 교재의 시각 디자인적 영역, 한국어 교재의 유·무형적

경제 가치 영역 등이 포함된다. 이 평가 기준은 비교적 포괄적이고 세부적인 내용을 담고 있다. 그 중에서 한국어의 사회언어학적 요소와 시각 디자인적 장치에 대한 평가를 반영하였다는 점이 주목할 만하다.

황인교(2003:326~329)에서는 교재 분석 항목을 크게 교수 학습 상황, 교재 외적인 구성, 교재 내적인 구성으로 나누어 설정하였다. 교수 학습 상황에는 현장, 학습자, 교사를 포함하였고, 외적인 구성에는 교재의 모양, 구입, 관련 구성물, 저자 또는 기관 정보 유무를 세부 항목으로 설정하였으며, 교재 내적인 구성에는 구성(전체, 단원), 학습 내용(주제, 문법, 어휘, 발음, 담화, 문화), 학습 활동(말하기, 듣기, 읽기, 쓰기), 학습 평가와 피드백 등을 세부적인 평가 항목으로 설정하였다. 이 평가 모형은 층위 구분이 뚜렷하고, 통합교재 평가로서의 여러 가지 측면들을 고려하여 비교적 구체적인 평가 항목을 제시하였다. 학습 내용에서 담화와 화용, 학습 평가와 피드백에 대한 분석 항목을 설정하였다는 것은 주목할 만한 부분이다.

2) 한국어 교재 평가 기준의 구성

상술한 국내외 교재 평가 기준을 참고로 하여, 본고에서는 아래와 같은 원칙에 의하여 평가 항목을 설정하였다.

첫째, 분석 교재가 교육 기관의 정규 교육과정에서 사용되는 교재이고, 단행본으로 출간된 교재이므로 교재의 외적 구성에 대한 평가 항목을 설정한다.

둘째, 분석 교재가 '기초한국어' 교재인 만큼 총체적인 숙달에 필요한 언어 요소들에 대한 항목들을 모두 구비해야 한다. 따라서 학습내용은 주제, 자모와 발음 교육, 어휘, 문법, 학습활동을 모두 포함한다.

셋째, 분석 교재가 통합교재의 구실을 해야 하는 것만큼 언어 기능의 통합성과 사용자인 학습자 중심의 원리를 구현하였는지를 중심으로 평가항목을 설정한다.

넷째, 분석 교재는 '중국어권'이란 특수성을 지닌 교재이므로 학습 대상 지역을 고려한 평가 항목을 설정한다.

표 3 한국어 교재 평가 기준표

가. 외적평가
① 교수·학습을 위한 지원적 측면에서
- 단일 교재로 사용할 수 있는가?
- 여러 급수로 되어 있는가(또는 시리즈인가)?
- 시청각 자료(테이프, 듣기 CD 또는 비디오), 워크북, 교사용지도서 등 관련 구성물이 있는가?
② 학습자에 대한 접근성 측면에서
- 책의 크기, 쪽수는 적당한가?
- 학습자가 원하는 내용을 쉽게 찾아볼 수 있는가? (교재 구성표, 어휘, 문법 색인 등)
- 디자인, 편집, 인쇄 상태가 어떠한가?
- 교재의 삽화나 사진 자료가 학습자의 흥미와 관심을 반영하는가? 또한 한국 문화와 정서를 표현하고 있는가?
- 내용에 따른 글자의 크기 및 형태, 각 지면의 활용이 적절한가?
- 그래픽 자료(기호, 음영, 윤곽 등)를 효과적으로 제시하고 있는가?

나. 내적 평가
① 교육 목표, 교수·학습 방법 측면에서
- 일러두기 혹은 머리말에 교재 개발의 목적과 목표를 밝히고 있는가?
- 어떤 유형의 교수요목으로 교재가 편성되었는가? 교육과정, 목표와 어울리는가?
- 교재가 어떤 교수법을 반영하고 있는가? 이 교수법은 흥미롭고 학습자의 능력을 향상시키는가? 또한 교사 개인의 적절한 교수법의 적용이 가능할 만한 융통성이 있는가?
② 교재의 단원구성 측면에서
- 교재의 전체 구성, 각 단원의 구성은 어떠한가?
- 각 단원의 구성 요소와 하위 단원 구성의 전개 순서가 학습자를 위해 어떤 배려를 하였는가?
- 각 단원의 배열이 학습 단계와 수준을 충분히 고려하고 있는가?

- 각 단원 앞에 단원 목표, 주제 및 기능을 적절하게 제시하고 있는가?
- 단원 구성에서 자기 진단 평가 내용을 포함하고 있는가?

③ 학습 내용 측면에서

〈주제〉
- 주제가 다양한가?
- 주제가 학습자의 관심, 언어 수준, 지적 수준에 적합한가?
- 주제는 과제/기능과 연관성을 가지는가?
- 한국의 문화를 소재로 하는 텍스트를 다룸에 있어서 전통문화 중심인가? 아니면 일상문화 중심인가? 목표 문화에 대한 이해와 판단을 가능하게 하는가?
- 최근 현지의(중국의) 사회·문화적 관심 소재를 포함하고 있는가?
- 상황에 적합한 다양한 언어 형태(공식적/비공식적, 문어체/구어체)를 적절히 사용하고 있는가?

〈자모와 발음 교육〉
- 자모 교육 순서는 어떠한가?
- 발음 방법은 학습자의 모국어(중국어)와 대조하여 설명하였는가?
- 학습자가 어려워하는 발음에 대한 특별한 지도 방법이 제시되어 있는가?
- 음운 규칙, 문장의 강세, 억양, 구어의 축약형 등을 다루고 있는가?

〈어휘〉
- 새롭게 제시된 어휘의 양과 난이도가 학습자의 수준에 적합한가?
- 교재의 어휘 선정은 기존의 연구 성과물에 기준을 두고 있는가?
- 새롭게 제시된 어휘가 주제와 관련이 있는가?
- 한 어휘장에 속하는 어휘들은 한 과에서 학습할 수 있도록 배려하였는가?
- 어휘에 대한 설명은 어느 정도인가? 별도의 '어휘 활용'란을 배치하였는가?

〈문법〉
- 교재의 문법 체계와 문법 용어는 표준화의 과정을 거친 것인가?
- 문법 항목은 단계적으로 가르쳐지도록 위계화하여 제시하고 있는가?
- 문법 설명은 학습자의 언어(중국어)와 대조적으로 이루어졌는가?
- 문법 설명은 형태, 의미, 화용 정보를 모두 포함하였는가?
- 유사한 의미, 기능을 갖는 문법 항목 간의 차이점과 유사점을 기술하였는가?
- 문법 설명에 부합되는 적절한 예문을 제시하고 있는가?
- 예문은 다른 의사소통 상황에서도 사용될 수 있는가?

〈학습활동〉
- 연습문제의 유형이 다양한가?
- 문법, 어휘 및 발음 영역의 연습을 균형 있게 포함하고 있는가?
- 체계적인 반복 연습이 이루어지고 있는가?
- 말하기, 듣기, 읽기, 쓰기 영역의 활동을 균형 있게 포함하고 있는가?
- 통제된 활동에서 의사소통 중심의 활동으로 점진적으로 옮겨가는가?
- 개인 및 소그룹으로 진행할 수 있는 적절한 학습 활동이 제시되어 있는가?

Ⅳ. 교재 분석

1. 교재 외적 평가

표4 북경대, 복단대의 한국어 교재 외적 구성표

	북 경 대	복 단 대
주교재	단일 교재, 한국어 1-4	단일 교재, 초급 한국어 상, 하
관련 구성물	테이프가 있음.	테이프가 있음.
크기, 쪽수	4×6배판(188×257), 1권:282쪽, 2권:289쪽	4×6배판(188×257), 상권:327쪽, 하권:338쪽
도움 자료	본문 역문, 문법 색인, 어휘 색인	어휘 색인, 문법 색인
삽화나 관련 사진 자료	발음 기관에 대한 사진만 제시. 각 과마다 본문 주제를 반영하는 삽화를 제시·	발음 기관과 발음 방법에 관한 사진이 상세하게 제시되었음. 상권은 각 과마다 본문에 나오는 캐릭터 사진을 제시. 하권은 없음.
디자인, 편집 인쇄 상태	흑백 인쇄. 여백, 줄 간격, 자간이 넉넉하지 않아 시각적으로 피곤감을 줌.	흑백 인쇄. 여백, 줄 간격, 자간이 넉넉하지 않아 시각적으로 피곤감을 줌.

두 교재는 모두 단일 교재로 사용이 가능하고, 북경대 교재는 초급부터 중급까지(1~4권) 개발하였고, 복단대 교재는 현재 초급(상, 하)만 개발된 상황이다. 교재와 관련하여 개발한 기타 보조 자료는 테이프뿐이다. 중국에서 출판되는 한국어 교재들은 거의 대부분 테이프만을 갖춘 정도인데 워크북, 교사용 지침서는 물론, 시청각 자료나 컴퓨터 관련 자료 등이 교재의 보조 자료로 적극 활용되어 교재의 유용성을 배가시켜야 한다.

책의 크기와 분량 면에서 복단대 상권을 예로 들면 약 170~184시간 분량으로 327페이지로 구성되어 있는데, 충분한 학습 내용을 담고 있는

데 반해 두께가 너무 두꺼워서 학습자에게 심리적인 부담감을 줄 수 있다. 또한 도움자료는 두 교재가 모두 많지 않는데, 주로 부록에 어휘와 문법 색인이 있고, 북경대 교재에는 본문 번역문이 추가되어 있다.

삽화나 레이아웃과 같은 교재 디자인 면에서 중국의 교사나 학습자들은 교재의 시각적인 효과에 대한 필요성을 크게 느끼지 않는다. 특히 대학생을 대상으로 하는 교재의 경우는 더욱 그러하다. 그러나 초급 과정일수록 학습자의 흥미를 불러일으키고, 이해를 도와 학습 효과를 높일 수 있는 교재 디자인 효과에 대해서 더욱 중시하여야 한다.

2. 내적 평가

1) 교육 목표, 교수 · 학습 방법 측면에서

조항록(2003:258)의 교육과정 분류[8]에 따르면, 중국 대학교의 한국어 학과의 교육과정은 "한국어교육 전공 목적의 교육과정"이며, 주된 교육 목표는 "한국어 교육 전문 인력의 배양과 한국어 사용 직무 수행 능력 배양"이다.

복단대 교재는 '머리말' 부분에서 교재 편찬의 기본원칙을 다음과 같이 제시하고 있다. "첫째, 복합형 인재 양성을 목표로 듣기, 말하기, 읽기, 쓰기, 번역 등 언어 기능을 유기적으로 통합한 교재. 둘째, 교사의 지도 하에 학습자의 자율 학습이 가능한 교재. 셋째, 지식과 능력의 균형적인 발전을 추구하는 교재. 넷째, 언어 교육과 문화 교육을 유기적으로 결합시킨 교재. 다섯째, 최대한으로 언어 현장에서 사용 가능한 교재이다."

---

8 조항록(2003ㄱ:258)에서는 교육 목표 따라 교육과정을 순수 어학 교육 목적의 교육과정, 한국어교육 전공 목적의 교육과정, 학문적 목적의 교육과정, 직무 수행 능력 제공 목적의 교육과정, 민족 교육 목적의 교육과정으로 나누었다.

즉 실용성을 갖춘, 지식과 언어 기능의 균형적인 발전을 지향하는 통합 교재상이다. 그러나 교재에 적용된 교수요목과 교수법은 이러한 목표와 원리를 구현하기에는 부족한 점이 많다. 교재는 여전히 어휘·문법 지식을 중심으로 단원이 구성되었고, 학습활동이 이루어져 전통적인 문법번역식, 청각구두식 교수법에서 벗어나지 못하고 있다.

2) 교재의 단원 구성 측면에서

표 5 북경대, 복단대의 한국어교재 단원 구성표

<table>
<tr><td colspan="2"></td><td>북경대 교재</td><td>복단대 교재</td></tr>
<tr><td rowspan="2">전체구성</td><td>1권</td><td>차례-한국어 소개-본 단원-부록</td><td>머리말-편집 설명-한국어 자모표-발음 기관-차례-본 단원-부록</td></tr>
<tr><td>2권</td><td>머리말-차례-본 단원-부록</td><td>머리말-편집 설명-차례-본 단원-부록</td></tr>
<tr><td rowspan="2">단원구성</td><td>1권</td><td>1과~10과:
발음방법-쓰기와 발음-단어-연습
11과~25과:
본문-단어-발음-문법과 관용형-연습</td><td>1과~10과:
발음 방법-한글 쓰기-단어 -연습
11과~30과:
본문-단어-발음-문법-연습-보충 단어</td></tr>
<tr><td>2권</td><td>1과~15과:본문-단어-발음-어휘 활용-문법과 관용형-연습-보충 단어</td><td>1과~25과:
본문-단어-문법-연습-보충단어</td></tr>
</table>

두 교재의 전체 구성에서 다른 점이라면 북경대 교재는 첫머리에 "한국어 소개"란을 설정하여 한국어의 자모, 어휘, 문법 특징을 간단히 소개하였다. 이것은 입문 학습자가 목표 언어 특징을 인식하는데 도움을 준다. 대신 복단대 교재는 한국어 자모표와 발음기관 그림을 본 단원의 앞부분에 제시하였다.

각 단원의 구성에서 복단대 교재의 경우 주목할만한 부분은 상권의 1과~10과의 구성이다. '발음 방법'에서는 목표 자모에 대한 발음기관의

위치를 그림으로 제시하고 한국어 발음을 중국어 발음과 대조하면서 발음 부위 및 발음 방법의 차이점을 상세히 다루었다. 중국어 발음과의 대조는 북경대 교재에서는 설명되지 않은 부분이다. 또한 한글 자모의 쓰기 연습에도 많은 배려를 하였는데, '한글 쓰기'에서는 배운 자모의 쓰는 순서를 그림으로 나타내었고, 연습에서는 빈칸을 주어 쓰기 연습을 하도록 하였다. 그러나 자모 쓰기 연습을 강조한 것은 대학생 성인 학습자에게는 어울리지 않는다는 견해도 있다.

복단대 교재 상권에서 '발음(發音)'란은 11과~14과에서만 배치하고 있는데 '같이[가치]', '여덟 시[여덜씨]'처럼 본문에 나온 읽기 어려운 어절에 대해서 괄호 안에 소리 나는 대로 적어 주고 있다. 그러나 네 과를 제외하고 상권과 하권에서 다시 나타나지 않아 일관성이 부족하다. 이 부분에 있어서 북경대 교재는 1권과 2권에서 지속적으로 '발음'란을 제시하고 있다.

북경대 교재에서 주목할 만한 것은 2권부터 시작되는 '어휘 활용(詞彙活用)' 부분이다. 여기에서는 주로 고유어를 위주로 맥락에 따라 의미가 달라지는 어휘, 중국어와의 비교가 요구되는 어휘, 그리고 관용적 표현을 각 과마다 다섯 개씩 선정하여 설명과 예문을 붙였다. 이는 기존의 교재에서 볼 수 없는 참신한 형식으로써 학습자의 어휘 습득은 물론 예문은 또 실제 읽기 자료도 제공해준다.

두 교재는 단원 구성에서 가장 큰 단점이라면 제시 단계와 연습 단계만 있고, 준비 단계와 정리 및 평가 단계가 없다는 것이다. 준비 단계는 단원 주제에 대한 말하기로 이루어지지 않더라도, 목표 문법 항목이나 기능을 제시할 수 있다. 또한 학습자가 스스로 배운 내용을 점검하는 평가 부분도 매우 필요하다.

3) 학습내용 측면에서

(1) 주제

두 교재의 각 단원별 주제를 살펴보면 표 6과 같다.

표6 북경대, 복단대의 한국어 교재의 단원별 주제

	북경대 교재	복단대 교재
1권	11.이것은 무엇입니까? 12.외국어를 배웁니다. 13.뭘 드시겠습니까? 14.어제 뭘 했습니까? 15.영철 씨의 가족사진입니까? 16.시간과 날짜 17.물건 사기 18.병원에서 19.도서관에서 20.은행에서 21.우체국에서 22.미장원, 이발소 23.전화 24.시험 25.겨울 방학	11.안녕하십니까? 12.소개 13.학교 캠퍼스에서 14.하루일과 15.여보세요? 16.한국의 계절 17.약속 18.날씨 19.도서관에서 20.교통 21.물건사기 22.한국 음식 23.우체국에서 24.서울 25.취미 26.여행 27.약국(병원)에서 28.초대 29.예약 30.계획
2권	1.명절 2.극장 3.정보화 시대 4.친구 사이 5.교통 6.관광 7.한국 음식 8.취미 9.운동 10.독서 11.직업 12.물건 세기 13.삐삐와 콜라 14.날씨 이야기 15.여름방학	1.계절과 날씨 2.쇼핑 3.동방의 명주-상해 4.전화 예절 5.생일 선물 6.스포츠 7.문화 탐방 8.축제 9.한복 10.수영 11.영화보기 12.편지 13.취직 14.인터넷 15.등산 16.스피치 17.음식 문화 18.사물놀이 19.이화원과 졸정원 20.한글 21.아르바이트 22.설날 23.북경 24.독서 25.엑스포

표 6에서 보듯이 두 교재는 모두 과제나 기능 중심의 교재는 아니다. 그러나 교재에 선정된 주제는 과제/기능과 연관성을 갖고 있다. 예를 들면 공공시설 이용하기(북경대:1권-20과, 21과; 복단대:1권-23과), 학교 도서관 이용하기(북경대:1권-19과; 복단대:1권-19과), 병원/약국 이용하기(북경대: 1권-18과; 복단대:1권-27과), 전화로 의사소통하기(북경대:1권-23과, 복단대:1권-15과, 2권-4과), 물건 사기(북경대:1권-17과; 복단대:1권-21과) 등이다.

복단대 교재는 상권과 하권이 연계성을 가지고 교재가 편찬되어 있음을 알 수 있다. 예를 들어 '전화로 의사소통하기'와 같은 동일한 기능에서 상권은 전화로 사람 찾기, 약속 정하기 등 기본적인 전화 대화에 대한 내용이고, 하권은 전화를 걸고 받을 때의 다소 복잡한 인사 표현들이 전화 예절로 교육되고 있다. 그러나 한 권에서 같은 주제가 중복이 되었을 경우에는 주제가 다양하지 못하다는 단점도 있다. 일례로 복단대 교재의 계절과 날씨에 관한 주제는 상권의 16과, 18과, 하권의 1과에서 반복되어 나타나고 있다.

다음으로 주제의 다양성 측면에서 두 교재는 학습자들의 일상생활과 학교생활을 중심으로 지극히 생활적이고 한국적인 주제를 선정하고 있다. 이는 분석 교재가 초급 교재라는 데서 비롯된 결과일수도 있다. 그러나 대학생을 대상으로 하는 교재인 만큼 고급으로 올라갈수록 학습자들의 사회 진출을 위해서는 그들의 다양한 관심사를 반영할 수 있는 최근의 사회적이고, 국제적인 주제들을 선정할 필요가 있다. 이런 관점에서 복단대 하권의 25과 '엑스포'는 아주 신선한 주제라고 할 수 있다.

중국의 한국어 교재는 별도의 문화란을 구성하지 않고, 본문의 담화 배경을 한국으로 설정하거나 혹은 한국 문화를 담은 글을 본문에 넣는 것으로 한국의 문화를 다루고 있다. 교재의 문화 주제들은 전통문화, 성취문화보다는 예절, 명절, 교통 등 일상생활 문화를 중심으로 다루고 있다. 특히 최근에 출간한 복단대 교재는 될수록 한국을 배경으로 대화문과 텍스트를 구성하여 학습자에게 간접적으로 한국의 문화를 체험할 수 있도록 배려하고 있다.

교재는 단원 주제의 균형적인 배열도 고려하여야 하는데, 같은 주제를 연속 배열하면 학습자들은 쉽게 흥미를 잃고 피로감을 느낄 수 있다. 복단대 교재 하권에는 한국의 문화를 주제로 하는 단원이 연속 배치되어 있다.(7과, 8과, 9과 17과, 18과, 20과) 그리고 22과는 '설날'을 주제로 하고 있는데, 학습자들이 이 단원을 배울 시점은 무더운 여름 때이다. 여러 가지 면들을 충분히 고려한 균형적인 단원 배열이 필요하다.

다양한 언어 형태의 사용 면에서 북경대 교재는 2권부터 대부분 반말 대화, 높임말 대화, 산문으로 구성하였다. 이는 학습자에게 동일한 주제에 대해 구어와 문어, 반말과 높임말을 함께 익힐 수 있도록 배려한 것이다. 그러나 복단대 교재는 높임말 대화와 산문으로만 구성되었고 친구 간의 대화도 높임말을 사용하였다.

(2) 자모와 발음 교육

두 교재의 자모 교육 순서는 다르다. 북경대 교재는 조음 위치에 따라 (ㅂㅍㅃㅁ-ㄷㅌㄸㄴㄹ-ㅈㅊㅉㅅㅆ-ㄱㅋㄲㅎㅇ) 배치하였고, 복단대 교재는 한국어의 음운 체계에 따라(예사소리:ㄱㄷㅂㅅㅈ-울림소리:ㅁㄴㅇㄹ-된소리:ㄲㄸㅃㅆㅉ-거센소리:ㅋㅌㅍㅊㅎ) 배치하였다. 이러한 배열 순서는 목표어의 발음 방법이나 음운 체계를 인식시키려는 필자의 의도에서 비롯된 것이다. 그러나 한국인들이 익숙하게 알고 있는 순서대로 한글 자모를 익히고, 사전을 찾는 데 빨리 익숙해지기 위한 실용적인 요구에는 부합되지 않는다. 어떤 순서가 중국인 학습자들에게 더 효과적일 지는 교수와 학습자의 분석을 통해 검토되어야 할 것이다.

두 교재는 모두 1권의 앞부분인 10과까지에서 자모와 발음 교육을 배치하였다. 다른 점이라면 북경대 교재는 마지막 부분에서 한국어의 기본적인 음운 규칙과 음운 체계를 정리하는 단원을 구성한 것이다. 9과 '語音變化'에서는 연음, 된소리, 동화, 음의 축약, 탈락, 첨가 현상과 두음법칙을 설명하였고, 10과에서는 한국어의 자모 명칭과, 사전의 자모 배열 순서, 자음과 모음의 분류표, 같은 받침소리를 귀납하는 등 내용을 제시하였다. 이는 학습자에게 한국어의 기본적인 음운 규칙이나 음운 체계를 인식시키는데 필요한 부분이다. 복단대 교재는 자모와 발음 교육에서 학습자 모국어와 상세한 대조를 하였다. 그러나 다른 교재와 마찬가지로 학습자들이 어려워하는 발음에 대한 특별한 지도 방법은 설명되지 않고 있다. 중국인 학습자들이 어려워하는 자모 'ㄹ, ㅅ, ㅈ'과 'ㅐ, ㅔ, ㅢ' 등의 발음에 대해서는 해당 음을 정확히 구별하여 읽을 수 있는 단어를 제시하여 교재에 연습 문제로 구현할 필요가 있다.

발음 교육은 단지 자모의 발음이나 단어의 발음에 국한되는 것이 아니다. 문장의 강세, 억양, 구어의 축약형, 나아가 자연스러운 발화 맥락 안에서의 발음도 교육 내용으로 이루어져야 한다. 중국의 교재는 이러한 문장, 담화 차원의 발음 교육 내용이 결여되어 있다.

(3) 어휘

두 교재에서 선정한 어휘를 비교, 고찰하기 위해 1권의 동일한 주제/기능에서 제시된 어휘를 열거하면 다음과 같다.

표7 북경대, 복단대 1권의 동일한 주제에서 제시된 어휘

주제		제시된 어휘
물건 사기	북경대 17과	근, 얼마, 원, 전, 왜, 이렇게, 비싸다, 싸다, 가게, 팔다, 감, 딸기, 싱싱하다, 서너, 너무, 더, 어서, 찾다, 요즘, 인기, 모양, 재생, 물론, 건전지, 그래, 기능, 시계, 알다, 다양하다, 편, 고르다, 방학하다, *선양(지명)*, 생신, 드리다, *왕푸징 백화점*, 제일, 남성복, 의류, 층, 왼쪽, 와이셔츠, 판매대, 색깔, 가지가지, 대단히, 보이다, 점원, 특징, 알리다, 친절하다, 연하다, 남색, 마음에 들다, 노란색, 스카프, 귀엽다// 까만색, 모르다, 세, 번, 나누다, 규정, 맞다, 모임, 분위기, 어울리다, 건물, 흐르다, 물, 막다, 무덥다, 붉어지다, 사무실, 직장, 혼자, 붓, 칠판, 지하철, 벽돌, 만들다, 나쁘다, 품질, 성적, 가정 형편, 노동자, 소식, 농민, 무상, 비료, *왕용(인명)*, 해결하다, 과일, 킬로그램, 사진첩, 갖가지, 제품, 국산품, 금촉 만년필, 세계 시장, 갑, 넣다, 간, 휴가, *창춘(지명)*, 회갑, 고생하다, *시단 시장(지명)*, 붐비다, 양복점, 벌, 구두점, 켤레, 상하다, 편지,

		등산, 한창, 경치, 교통 규칙, 운전하다, 기회, 시세, 구내 상점, 자세히 내용, 관광객, 쇼핑, 한약, *우황청심환*, 안궁환, 편자황, 호골주, 약방, 반드시, *첸먼(지명)*, 동인당 약국, 통, 약품, 잔돈
	복단대 21과	물건, 사기, 아저씨, 개, 원, 바나나, 킬로, 정도, 거스름돈, 들다, 비싸다, 깎다, 이상, 봉지, 담다, 쇼핑하다, 백화점, 어땠어요, 원피스, 못, 시장, 그래서, 세일, 정기// 귤, 쇠고기, 시금치, 단, 두부, 모, 마리, 옷, 땀, 젖다, 볼, 타다, 환경, 한눈, 입에 맞다, 한눈에 들어오다, 성적, 휴식날(휴식일로 고쳐야 함), 송이, 고양이, 강아지, 병, 낫다, 씩, 수확
도서관에서	북경대 19과	*경미(인명)*, 이용하다, 열람증, 신청서, 내다, 외, 학생증, 개관하다, 참고 자료실, 정기 간행물실, 백과 사전, 활용하다, 도서, 잡지, 정기적, 발행, 간행물, 열람하다, 빌리다, 부분, 복사하다, 대출실, 사회 과학, 자연 과학, 천만에, 궁금하다, 언제, 캠퍼스, 중앙, 자리잡다, 새로, 짓다, 현대식, 홀, 목록실, 목록, 책 번호, 컴퓨터, 카드, 대출 카드. 제목, 성명, 소속, 당장, 기한, 만약, 다시, 연장하다, 조용히, 책장, *국어 국문학 연구(책명)*, 최신호// 여행, 따뜻해지다, 쓰다, 부지런히, 성공하다, 마음대로, 상관없다. 주관적, 객관적, 분석하다, 발전되다. 근년, 고층건물, 몰라보다, 변모되다, 새롭다, 발명되다, 기술, 생산, 직접, 도입하다, 정직하다. 진실하다, 참되다, 나라, 월간 잡지, 천, 학급, 장서, 학습 조건, 인재, 설비, 자리, 가르치다, 차지하다, 서적, 고대, 중세, 근대, 전시회, 학자, 학술 강연, 개최하다
	복단대 19과	중앙, 연구, 학습, 활동, 지원하다, 위하다, 중추적, 기능, 수행하다, 같다, 설, 연휴, 추석, 제외하다, 연중, 개관하다, 대출, 단행본, 서고, 소장, 검색, 용, 홈페이지, 해당, 출납대, 신분증, 제출하다, 절차, 반납, 내, 지나다, 연체료, 내다, 실, 층, 고맙다, 가방, 맡기다, 보관소, 입구, 오른쪽, 잠금장치, 위치하다, 권, 학생증, 보이다, 대여, 얼마, 동안// 대중, 수요, 만족, 국민, 사회, 집단, 주일, 시키다, 맥주, 콜라, 사이다, 축구, 우산, 승용차, 결혼하다, 걸상, 벽, 걸리다, 소파, 눕다, 광고, 붙다, 버스, 피곤하다, 지난해, 올해, 오래, 꼭, 필요하다, 공간

먼저 양적 면에서 볼 때 1권에서만 두 교재는 모두 1,400여 개의 새 어휘를 제시하였는데, 이는 한국에서 편찬한 교재에 비해 두 배 이상으로 많은 편이다. 어휘의 양이 가장 많을 때에는 북경대 교재의 경우 17과에서 무려 141개를 제시하고 있다. 이는 학습자에게 부담감을 줄 수밖에 없는 양이다. 그러나 아래와 같은 몇 가지 면을 극복하면 양을 줄일 수 있다. 첫째, 북경대 교재를 살펴보면 적지 않은 인명, 지명, 약명 등 고유명사가 새 단어로 제시되어있는데(표 7에서는 기울림체로 된 부분), 인명과 같은 경우는 제시할 필요가 없고, 기타 고유명사들은 본문의 여백 부분을 이용하여 간단히 처리할 수 있다. 둘째, 두 교재는 처음 나오는 어휘는 그 기본형 및 관련 어휘를 함께 제시하기도 하였고, '하다'가 붙는 명사는 그 명사와 '하다'가 붙어 이루어진 동사를 모두 새 단어로 제시하기도 하였다. 즉 '어떻게 [부]', '어떻다 [형]'으로 제시하였고, '건강[명]', '건강하다[자]', '결혼[명]', '결혼하다[자]'로 제시하였다. 기본형과 활용형을 설명할 경우에는 교재의 여백 부분을 이용하여 충분히 설명할 수 있고, '하다'가 붙는 명사의 경우에는 '건강(하다) [명(자)]'로 처리할 수 있다. 이렇게 하면 학습자들의 시각적인 부담감도 덜 수 있고 기본형, 활용형에 대한 교육도 더 효과적으로 할 수 있다.

어휘의 제시 순서에서 두 교재는 모두 본문 다음에 바로 이어서 본문에 나온 순서대로 어휘를 산발적으로 배열하여 제시하였다. 어휘 학습의 효율성을 위해서는 일정한 기준에 따라 범주화 하여 배열 제시하는 것도 좋을 것이다. 그리고 '문법'이나 '연습'에서 새로 나타난 어휘는 북경대 1권은 본문 어휘 바로 뒤에, 북경대 2권과 복단대 상, 하권은 각 과의 맨 뒤 '보충 단어'란에 제시하여 초급단계의 학습자들이 되도록 사전을 찾지 않고도 문법을 이해하고 연습문제를 스스로 할 수 있도록 배려하였다. 그러나 학습자의 시각적, 심리적 부담감을 덜기 위해서는 본문의 '새 단어'와 분리하여 '보충 단어'란이나 페이지의 하단에 모아서 제시하는 것이 좋을 것이다.

다음으로 선정된 어휘가 각 단원의 주제나 기능과 연관성을 가지고 제시되었는지를 검토해보면 표 7에서 보듯이 대체적으로 각 과의 어휘는 주제와 어느 정도 관련성을 지니고 있음을 알 수 있다. 그러나 '문법'이나 '연습'에서 나타난 보충 단어들은(표에서 '//'의 뒤는 보충 단어이다) 주제와 큰 연관성을 갖고 있지 않다. 일정한 기능/과제에 대한 의사소통 능력을 강화하기 위해서는, 특히 주제나 기능으로 단원을 구성하는 초급 단계인 경우에는 보충 단어일지라도 주제와의 관련성을 높여야 한다.

어휘의 제시 방식에서 두 교재는 주로 번역 해석 식으로 되어 있으며, 기본형이 아닌 단어의 경우에는 간단한 사동형, 피동형이나 활용형 정보를 덧붙여주고 있다. 두 교재의 다른 점은 복단대 교재에서 한자어 뒤에 일일이 한자(漢字)를 제시한 것이다. 한자의 제시는 한국어 어휘 체계에 빨리 적응되도록 하며 단어의 기억에도 상당한 도움을 준다. 그러나 학생들이 한자에 지나치게 의존하다 보면 중국식 한국어 발음이 나오기 십상이며, 어떤 한자어의 경우에는 용법이나 의미가 중국의 한자와 다르기 때문에 학습자에게 긍정적인 전이를 일으키지 못한다. 따라서 교육현장에서 교사는 예외적인 한자어에 대하여 따로 설명할 필요가 있다.

(4) 문법
두 교재 1권의 문법사항을 제시하면 표 8과 같다.

표 8 북경대, 복단대 한국어 교재 1권의 문법 사항

1권의 문법 사항
북경대	11. 한국어의 품사, -는/은, -입니다/입니까, -가/이, -의, -ㅂ니다/-습니다, -ㅂ니까/-습니까, -는/-은, -가/-이 아니다, 것, 이 그 저, 이것 그것 저것, 여기 거기 저기.

12.-를/을, -에서, -도(1), -와/-과, -지 않다, -고 있다, 그런데 그래서 그렇지만 13. *한국어의 어미, 韓國語的文體法及階稱*, -ㅂ시다/-읍시다, 한국어의 시제, -겠-, -에(1), -시-/-으시-, 하고, 하다, 그리고; 14.-았-/-었-/-였-, -고, -에는, 못; 15.이건, -께서, 있다/계시다, -는, -ㄴ데/-는데/-은데, 16. *한국어의 수사*, 왜냐하면 -기때문이다, -부터 -까지, -아야 하다/-어야 하다/-여야 하다, -려고/-으려고, -려면/-으려면, 안, -ㄴ 지/-은 지, -면서/-으면서, -ㄹ 때/을 때, -는 것, -ㄴ 후(다음 뒤)/-은 후(다음 뒤), -게; 17.-에(2), -에요, -아요/-어요/-여요, -아지다/-어지다/-여지다, -세요/-으세요, -ㄴ데요/-는데요/-은데요, -ㄹ 수 있다, -아서/-어서/-여서(-아/-어/-여), -로/-으로(1), -ㄴ 편이다/-는 편이다/-은 편이다, -에게/-께, -들, -아 주다(드리다)/-어 주다(드리다)/-여 주다(드리다), -ㄹ/-을; 18.-군요, -ㄴ가요/-는가요/-은가요, -ㄴ/-은, -로/-으로(2), -러/-으러, -아 보다/-어 보다/-여 보다, -기 시작하다; 19.-니/-으니, -면/-으면, -든지/-이든지, -라고/-하고, -적, -하다 -되다, 20.-에다(가), -ㄹ까요/-을까요, -기로 하다, -아도/-어도/-여도, -ㄹ 것 같다/-을 것 같다, -로/-으로(3), -짜리, -가 아니라/-이 아니라; 21.-한테, -한테서, -나/-이나, -니까/-으니까, -지만, -ㄹ 겁니까/-을 겁니까, -지요, -로/-으로(4), -기 때문에, -ㄴ 걸/-는 걸/-은 걸, -기는 하지만, 데, -아 가지고/-어 가지고/-여 가지고; 22.-고 싶다, -보다(는), 게, -ㄴ 김에/-는 김에/-은 김에, -에(3), -기도 좋다, -다고 말하다, -느냐고 묻다, -나/-이나, -처럼; 23.-냐/-느냐/-으냐, -자고 하다, -라고 하다/-으라고하다, -다고 하다, -다가, -ㄹ 거예요/-을 거예요, -지 못하다, -ㄴ지/-는지/-은지, -ㄹ 수 없다/도저히 -을 수 없다; 24.-다/-ㄴ다/-는다, -에 대하다, -ㄹ 거다/-을 거다, -나요, -도록, -지 말다, -만, -기 위하다, 대로, -므로/-으므로, -기, -기는 하다, -고 나다; 25.-ㄹ까 하다/-을까 하다, -고요, -ㄹ 겸/-을 겸, -던데요, -더군요, -ㄴ 적이 있다(없다)/-은 적이 있다(없다), -기에, -에 의하다, -ㄴ 데다가/-는 데다가/-은 데다가, -씩, -까지, 네요, -니/-으니(2).

11.-는/-은, -가/-이(1), -에서, -를/-을(1), -ㅂ니다/-습니다, -ㅂ니까/-습니까, -시-, *體詞的謂詞形詞尾和謂詞的體詞形詞尾*(-이-, -기-, -ㅁ-/-음-); 12.-에서, -았-/-었-/-였-/, -에(1), -와/-과, *상용대명사*(인칭, 지시, 의문대명사); 13.-에(2), -의(1), -께서(1), -들(1), -ㄴ(1), -지만, -려고/-으려고 하다; 14.에(3), -아서/-어서/-여서(1), -고(1), -부터(1), -는/-은(20, -나/-이나(1), *한국어 수사*; 15.-아요/-어요/-여요, -ㄴ데요/-는데요, -지요, -에요, -ㄹ까요/-을까요, -세요/-으세요, -한테서, -러/-으러, -어/-어/-여 주다; 16. 고(2),

-게(1), -까지(1), -로/-으로(1), -는(1), -ㄹ/-을 수 있다/없다, -아/-어/-여
지다, 연 월 일 요일 *시간표시법*; 17.-ㅂ시다/-읍시다, -네요, -세요, -면/
-으면, -아서/-어서/-여서, -로/-으로(2), -랑/-이랑, -요, -겠-, -ㄹ/-을 거예
요; 18.-로/-으로(3), -와/과(2), -에서(3), -에(4), -거나(1), -아/-어/-여(1),
-겠-(2), -아야/-어야/-여야 하다; 19.-의(2), -에(5), -겠-(3), -기 위하여 -를
/-을 위하여, -고있다, -아/-어/-여 있다, -아야지요, /-어야지요/-여야지
요; 20.-를/-을(2), -로/-으로(4), -보다, -도(1), 까지(2), -죠, -아야/-어야/
-여야 되다, -기 때문에; 21.-에(6), -ㄴ데/-는데, -나요, -고 싶다, -아니
(안)과 못; 22.-가/-이(2), -는/-은(3), -마다, -지, -ㄴ데/-는데(2), -아/-어/
-여 드리다; 23.-로/-으로(5), -만, -아/-어/-여(2), -아/-어/-여 두다, -라는
/-이라는; 24.-로서/-으로서(1), -다/-ㄴ다/-는다, -거든요, -다니, -면서/
-으면서, -ㄴ(2), -아/-어/-여 가다, -아/-어/-여 지다(2); 25.-을/-를(3), -하
고(1), -군요/-는군요, -아서/-어서/-여서(3), -기 시작하다, -ㄹ/-을 예정
이다; 26.-라(고)/-이라(고), -란/-이란, -에(7) -로/-으로(6), -를/-을 통해
(통하여), -게 되다; 27.-다가, -만큼, -던, -ㄴ지/-는지, -다는/-ㄴ다는/-는
다는, -아/-어/-여 보다, -ㄴ/-은 적이 있다/없다, -기도하고 -기도하다;
28.-처럼, -야/-아, -라서/-이라서, -니/-니까(1), -아/-어/-여, -야, -지, -구
나/-는구나/-로구나, -자, -라는/-으라는; 29.-와/-과(3), -려면/-으려면,
-며/-으며, -아/-어/-여(3), -에 대하여/-에 대한, -ㄴ/-는 것; 30.-한테(1), -려
고/-으려고, -다가(2), -ㄹ래/-을래, -ㄹ게/-을게, -아야/-어야/-여야겠다.

문법 용어에 있어서 두 교재는 서로 다른 기준을 보여주고 있다. 조사
만 보더라도 '-는/-은', '-을/-를', '-에서'를 북경대 교재에서는 '補助詞, 目的
格助詞, 副詞格助詞'로 표시했고, 복단대 교재는 '添意助詞, 賓格助詞, 位格
助詞'로 달리 표시하였다. 즉 북경대 교재는 한국의 학교 문법 용어를 사
용하고 있고, 복단대 교재는 중국의 문법 용어와 북한의 문법 용어를 혼
용하고 있다. 학습자는 고급 단계로 올라갈수록 여러 가지 한국어 학습
사전을 이용하는 기회가 많기 때문에 한국인이 익숙히 알고 있고, 사용
하는 한국의 학교 문법 용어로 통일하는 것이 바람직하다. 그러나 교육
현장에서 학습자의 이해를 돕기 위하여 중국의 문법 용어와의 대조도 꼭
필요하다.

문법 체계에서 볼 때 두 교재는 한국어의 문법체계에 기준하고 있지만 일부 문법 범주에 있어서는 아직도 북한의 체계를 따르고 있다. 예를 들어 복단대 교재 11과에서는 명사형 어미에 해당하는 '-기-, -ㅁ-/-음-'을 '體詞的謂詞形詞尾和謂詞的體詞形詞尾'라 하여 서술격 조사 '-이다'에서의 '-이-'와 함께 제시하고 있다. 이것은 북한 문법에서의 '바꿈토'에 해당된다. 이는 설명의 용이성에서 비롯된 것도 있겠지만, 중국의 교수나 교재 집필자들이 일부 문법 범주에 있어서는 아직도 북한 문법에 더 익숙하다는 증거이기도 하다.

문법의 양적 면에서 볼 때 두 교재는 초급임에도 불구하고 모두 140여 개의 문법 항목을 제시하고 있다. 이는 매 과마다 거의 10개의 문법 항목을 다룬다는 것인데, 학습자에게 상당한 부담감을 준다. 또한 동일한 단원에 제시되어 있는 문법 항목도 동일한 범주나 의미의 문법 항목이 아니라 전혀 다른 문법 항목의 경우가 많다. 예를 들면 북경대 교재 21과에서는 부사격조사 '-한테, -한테서'와 '로/-으로(4)', 보조사 '-나/-이나', 연결어미 '-니까/-으니까'와 '-지만', 종결형 어미 '-ㄹ 겁니까/-을 겁니까'와 '-지요', 의존명사 '-데', 두 가지 이상의 형태 결합으로 이루어진 관용형 '-기 때문에, -ㄴ 걸/-는 걸/-은 걸, -기는 하지만, -아 가지고/-어 가지고/-여 가지고' 등이 동일한 단원에 함께 제시되어 있다. 학습자의 문법 학습의 부담감을 줄이는 대안이 모색되어야 할 것이다.

다음 문법의 배열 순서를 검토해 보기로 한다.[9] 첫째, 사용 빈도의 관점에서 보면 두 교재는 모두 격식체, 비격식체의 교수 순서로 되어 있다. 이는 분석 교재가 회화 교재가 아닌 통합교재이기 때문이기도 하며, 목표 교육과정이 한국어 전문 인재 육성을 위한 교육과정이기 때문이기도

---

[9] 이미혜(2005:72~75)에서는 문법 항목을 배열하는 기준으로 사용 빈도, 난이도, 일반화 가능성, 학습자 기대 문법, 주제/기능/과제, 연계성을 들고 있다.

하다. 북경대 교재에서는 먼저 17과에서 '-에요, -아요/-어요/-여요, --세요/-으세요, -ㄴ 데요/-는데요/-은데요, -ㄴ 가요'를 제시하고, 20과에서 어느 비격식체보다 사용 빈도가 높은 '-ㄹ까요/을까요'를 나중에 제시하고 있다. 또한 '-을/-를 가지고', '-ㄹ 겸/-을 겸'과 같은 사용 빈도가 낮은 문법 항목들이 초급과정에 나타나고 있다. 둘째, 난이도 면에서 볼 때 복단대 교재는 주로 단순한 형태의 조사와 어미를 중심으로 단계적으로 제시하고 있다. 예를 들어 격조사 '-에'는 (7)까지, '-로/-으로'는 (6)까지 단계를 나누어 제시하고 있다. 그러나 지나친 단계적 구분은 학습자에게 오히려 쉽게 이해할 수 있는 것을 의미적으로 꼭 구분하려는 부담감과 혼동을 일으킬 수 있다. 또한 상대적으로 어려운 문법들이 초급 과정에서 일찍 나타나고 있는데, 예를 들어 복단대 교재는 첫 과에서 조사 '-는/-은, -가/-이(1), -에서, -를/-을(1)'과 어미 '-ㅂ니다/-습니다, -ㅂ니까/-습니까'과 함께 명사형 어미 '기-, -ㅁ-/-음-'이 제시되어 있다.

문법 설명 방식과 예문에 대해서 살펴보기로 하자.[10] 문법 설명에 있어서 두 교재의 다른 점은 북경대 교재는 앞에서 언급되었던 문법 항목이 뒤에서 다른 의미나 용법으로 제시될 때 배웠던 내용을 다시 간단히 기술하는 부분이 있는데 복단대 교재는 이러한 설명이 없다. 또한 유사한 의미와 기능을 갖는 문법의 경우도 북경대 교재에서는 두 문법 항목의 차이점과 유사점을 기술하고 있는데 복단대 교재는 거의 기술되어 있지 않다. 예를 들어 북경대 교재에서는 화자의 의지를 나타내는 '-ㄹ까 하다/-을까 하다'를 설명할 때 앞에서 배운 유사한 의미의 '-려고 하다/-으려

---

10 이미혜(2005:104)에서는 한국어 교육문법을 기술할 때 5가지 원칙을 설정하였다. 1. 교육에 필요한 사항으로 적절하게 단순화해야 한다. 2. 유사한 의미, 기능을 갖는 문법 항목 간의 차이점과 유사점을 보여 주어야 한다. 3. 형태, 의미, 화용 정보를 모두 포함해야 한다. 4. 설명, 용어 사용 등 기술 내용이 명확해야 한다. 5. 학습자에게 친숙한 개념으로 기술해야 한다.

고 하다'와 비교하여 차이점을 기술하고 있다.

아래에 복단대 교재에서 보조사 '-는/-은'을 설명한 것을 예로 들어 보자.

A -는/-은(添意助詞)(1) [상권 11과]

用于体词的词干后, 開音節后用 "-는", 閉音節后用 "-은"。表示强調陳述的對向。(예문 생략)

B -는/-은(添意助詞)(2) [상권 14과]

用于体词的词干后, 表示區別說明的對象。

예: 한국어는 장소영 씨가 잘합니다.

노래는 장소영 씨가 잘합니다.

C -는/-은(添意助詞)(3) [상권 22과]

表示部分否定或肯定。

예: 아직 습관은 안 됐지만 괜찮아.

발음은 정확해요.

비는 멎었어요.

A항의 설명 부분에는 '개음절', '폐음절'이라는 용어를 사용하고 있는데 이런 설명 용어는 초급 학습자가 이해하기에는 어려움이 있다. 문법 설명은 학습자의 입장에서 파악할 수 있는 언어로 표현되어야 할 뿐만 아니라, 교사의 입장에서 학습자들이 문법 내용을 이해하도록 도와줄 수 있는 정보를 포함해야 한다. 그리고 문법 항목의 형태, 사전적인 의미만을 기술할 것이 아니라 어떤 맥락에서 사용하는지에 대한 화용상의 정보도 있어야 한다.

B항과 C항의 '-는/-은'은 전제적 의미를 나타내기에 예문을 단순화해서는 안 된다. B항의 경우, '한국어는 장소영 씨가 잘하고, 영어는 **가 (이) 잘한다'로 구별되는 대상을 나타내거나 혹은 '누가 외국어를 잘합니

까? 한국어는 장소영 씨가 잘하고, 영어는 **가(이) 잘합니다.'로 대화문을 만들어야 한다. C항의 경우도 마찬가지이다. 예문은 설명 부분을 충분히 이해할 수 있도록 적절하게 제시되어야 한다.

예문의 경우, 복단대 교재는 모든 문법 항목에 대하여 예문을 다섯 개의 문장으로 한정하여 제시하고 있고, 북경대 교재는 예문을 모두 대화문으로 제시하고 있다. 예문은 학습자들에 의하여 여러 가지 용도로 쓰이는데 학습자들은 예문을 하나의 문법 규칙이나 개념을 이해하기 위해서 사용할 뿐 아니라 다른 의사소통상황에서 언어의 원천으로 사용하기도 한다. 위의 예문처럼 단순한 단어의 조합으로 이루어진 예문은 학습자에게 아무런 정보도 줄 수 없다. 따라서 예문을 제시하는 것을 하나의 의사소통 과정으로 간주하는 것이 바람직하다.

(5) 학습 활동

두 교재의 학습 활동은 주로 전통적인 구조 연습 방법인 응답 연습, 교체 연습, 연결 연습, 변형 연습, 및 번역 연습이 위주이다. 목표 문법을 이용한 다양한 말하기, 듣기, 읽기, 쓰기 활동은 북경대 교재는 없고, 복단대 교재는 연습 활동의 맨 마지막에 본문의 주제와 관련한 말하기와 쓰기 활동을 제시하고 있다. 그러나 상황 설명이나, 활동 절차, 참고 단어 등 제시 사항이 없이 단순히 "중국 음식과 한국 음식의 다른 점에 대해 말해보세요", "부모님이나 선생님 혹은 친구에게 보내는 편지글을 한 통 써보세요"와 같이 주제만을 던져주고 있다. 학습자들이 어떤 방식, 절차로, 무엇을 이용하여 과제를 완성할 것인지, 교사는 어떤 평가와 피드백을 줄 것인지에 대한 정보는 확인할 수 없다.

교재에서 학습 활동은 그 어떤 단원 구성요소보다도 중요한 역할을 한다. 학습자는 학습 활동을 통하여 목표 어휘와 문법을 확인하고 심화시켜 능력으로 확장한다. 따라서 학습자에게 단순한 반복 연습과 확인 연습도 필요하겠지만, 더욱 중요하게는 다양하고 역동적인 기능 통합형 활동이 필요하다. 교재는 좀 더 학습자가 흥미나 관심을 느낄 수 있는 내용으로, 목표 문법이 원활한 사용 단계까지 이르도록 다양한 학습 활동을 개발해야 한다.

Ⅴ. 결론

'한국어 교육'과 '중국어권'이란 특수성을 고려한 평가 기준을 구성하고, 그에 근거하여 중국 대학교용 통합 한국어 교재를 분석하여 문제점을 제기하고 나름대로 대안을 제시하였다. 교재 분석과 함께 교재 개발에서 기초 자료로 사용할 수 있는, 중국의 교사와 학습자에 대한 요구 분석, 중국인 학습자들의 말뭉치 자료 등을 활용한 기초 연구는 추후의 과제로 남긴다.

민현식(2000), 한국어 교재의 실태 및 대안, 국어교육연구 제7집, 서울대학교 국어교육연구소.

신현단(2012), 한국어 문법 교수에서의 교사 코드 전환 양상 연구 - 서울대학교 국제대학원 초급 한국어 수업 사례를 중심으로-, 한국언어문화학 제9권 제2호, 국제한국언어문화학회.

한국어 교재는 한국어 교육 현장과 긴밀하게 연관되어 개발되고 평가된다. 한국어 교육 현장을 염두에 두지 않고 교재를 개발하는 일을 상상하기 어려우며 교재가 한국어 교육 현장에 활용되는 상황을 배제하고 교재를 평가하는 일도 상상하기 어렵다. 반대로 한국어 교육 현장도 한국어 교재와 긴밀하게 연관되어 설계되고 운영된다. 한국어 교육 기관에서 발행한 서적 형식의 교재뿐만 아니라 한국어 교육을 위해 활용되는 교실 환경이나 교사 발화도 넓은 의미에서 모두 한국어 교재라는 점을 생각할 때, 한국어 교육 현장 연구는 한국어 교재 활용 양상 연구이기도 하다. 그러므로 한국어 교재와 교육 현장을 연관하고 아우르는 연구의 중요성은 아무리 많이 강조해도 지나치지 않다. 그럼에도 불구하고 한국어 교재에 대한 연구는 한국어 교육의 여러 연구 분야에서, '교재'라는 실제적이고도 긴급한 필요 때문에 이론적인 토대 없이도 수많은 실제로서의 '교재'를 생산해 내며 간과되기 쉬운 분야 중 하나이다.

민현식(2000)은 이러한 문제에 대해 깊이 고민하고 한국어 교재 연구의 이론적 기초를 확립하기 위해 연구의 거시적인 방향을 유형화하여 제시하였으며 각각의 방향에서 어떤 연구가 이루어져야 하는지 핵심적이고도 시급한 문제들을 상술한 선구적인 연구이다. 이 연구에서는 한국어 교재론의 좌표와 유형을 교재 유형론, 교재 개발론, 교재 평가론의 세 가지로 제시하고 각각에서 이루어져야 할 연구의 방향을 상술하고 있다. 또한 교재 개발의 첫 단계로서 학습자 요구 분석이 필요함을 제시하고 관련 연구들을 예시하여 학습자 요구 분석의 구체적인 양상을 보여주었다. 또 교재 개선 방안을 열세 가지로 요목화하여 제시하였고 각 개선 방안에 대해 구체적인 예를 상술하였다.

신현단(2012)는 이에 따라 한국어 교재의 문법 항목과 설명이 한국어 수업에서 어떻게 활용될 수 있는지의 양상을 교재의 내용, 학습자의 요구, 기타 교실 환경 변인과의 관련성 속에서 살핀 연구이다. 이 연구의 초점은 한국어 교재의 교육 대상 문법 항목이 지닌 형태, 통사, 의미, 담화적 특징에 따라 그 문법 항목에 대한 교재의 영어 설명이 교사 발화 구성에서 활용되어 나타나는 코드 전환 양상을 살펴보는 데 있다. 즉, 민현식(2000)의 초점이 한국어 교육 현장의 요구를 반영한 교재 개발과 교재 평가의 거시적인 방향성을 제시하는 데 있었다면, 신현단(2012)의 초점은 교재 개발과 평가를 위한 구체적인 작업으로서 한국어 교육 현장에서의 교재 활용 가능성과 교사 발화를 통해 교재에 기술된 내용이 가공되는 양상을 보이는 데 있다. 이에서 확인되는 바와 같이, 민현식(2000)은 한국어 교재 연구의 이론화를 위해 한국어 교재의 실태를 분석하고 대안을 마련하는 틀을 제시하였고, 그 틀의 각 기준 항목에 대한 세밀한 상술과 그 기준에 따른 실제적인 분석 예시를 제공하여 후속 연구를 위한 토대를 마련하였다는 점에서 의의가 있다.

한국어 교재의 실태 및 대안[*]

민 현 식

요 약

　언어 교육에서 기본적인 3요소는 교사, 학습자, 교재이다. 한국어 교육에서 교재에 대한 연구는 비교적 잘 이루어지지 못하였으나, 지속적인 관심이 필요한 연구로 앞으로 한국어 교재론 연구가 나아가야 할 방향을 생각해야 한다.
　교재론 연구는 크게 교재 유형론 연구, 교재 개발론 연구, 교재 평가론 연구로 나눌 수 있다. 교재 유형론 연구는 지금까지 거의 주교재 중심, 범용 교재 연구에 치중하여 왔으므로 범용 교재 연구 차원을 넘어서서 한국어 교육 유형이나 학습자의 상황 여건별 유형, 제시 자료 유형, 언어 범주별 유형, 언어 기능별 유형 등 교재의 유형을 여러 기준으로 나누어 연구를 활발히 진행할 필요가 있다. 교재 개발론 연구를 위해서는 다양한 교안과 교재를 인터넷 상에 교수요목별, 등급별, 권역별, 언어 기능별 교재 등으로 저장하고 공유하면 활발한 연구가 가능할 것이다. 교재 평가론 연구를 위해서는 교재 평가 기

---

* 『국어교육연구』 제7집(서울대학교 국어교육연구소 2000년 발행)의 5쪽부터 60쪽까지에 수록되었음. 또한, 요약은 원문에는 수록되지 않았던 것을 이 책에서 새롭게 작성한 것이다.

준에 대한 선행 연구들을 참조하여 다양한 교재에 대한 활발한 서평과 비교 품평이 이루어져야 한다.

이러한 교재론 연구를 바탕으로 교재 개발을 잘하기 위해서는 학습자의 요구를 분석하는 일이 기본적이므로 여러 선행 연구의 학습자 요구 조사 사례를 제시하였다. 그리고 그동안 주요 기관 교재들에 대한 평가 분석에서 거론된 내용을 종합하여 개선 항목을 제시하였다. 학습자 요구 사항에 대한 조사와 교재 개선 항목에 대한 고려를 바탕으로 한국어 교재 개발을 위한 노력이 지속되고 구체화되어야 한다.

한국어 교사의 교사 코드 전환 양상* **
-서울대학교 국제대학원 초급 한국어 수업 사례를 중심으로

신 현 단(서울대 BK21플러스 박사후연구원)

Ⅰ. 서론

1. 연구 주제 및 범위

최근 몇 년간, 코드 전환(code-switching)은 이중 언어 연구 및 제2 언어 교육 연구에 있어서도 주된 주제가 되어 왔다. 그러나 Li Wei(2009: 59)에서 제시하듯, 이들의 개념 정의에 있어서는 학자마다 다양한 견해를 보이고 있다. 특별히 이 개념을 정교화하려는 시도들 가운데, Poplack (2000)은 코드 전환과 차용(Borrowing)을 구별하여, 코드 전환과 같아 보이지만, 역사적으로 이중 언어 뿐 아니라 단일 언어 안에도 역사적인 과정에 의해 잘 조직된 빌려온 단어가 포함되어 있다는 점을 설명한 바 있다. 또한 Muysken(2000)은 이중 언어 발화에 나타나는 특징을 유형화하면서 코드 혼용(code-mixing)이라는 용어를 사용하여 이를 세 가지 하위 범주로 나누어 설명하였는데, 이 세 가지 하위 범주 중 하나로, 언어가 결합하면서 언어들이 개별 특성을 보유하면서 대체(alternation)가 일

* 『한국언어문화학』 제9권 제2호(국제한국언어문화학회 2012년 발행)의 145쪽부터 177쪽까지에 수록된 '한국어 문법 교수에서의 교사 코드 전환 양상 연구'를 실음.
** 이 논문은 2012년 서울대학교 국어교육연구소 연구비 지원을 받아 수행되었음.

어나는 경우를 코드 전환이라는 용어로 설명하기도 했다. 이와 같이 세부적인 개념 정의가 다름에도 불구하고, 각각의 정의에서는 코드 전환이 발화 안에서 두 가지 언어가 두 언어의 문법적 규칙을 위배하지 않는 범위 내에서 교체 사용되는 것이라는 일반적인 관점은 견지하고 있다.

본고에서는 초급 한국어 문법 교수 상황에서 드러나는 교사의 코드 사용 양상을 분석, 제시하기 위해 이와 같은 일반적 관점에서 코드 전환이라는 용어를 사용하여 논의를 전개하고자 한다. 그간 한국어 교육 분야에서 코드전환 사례 연구는 제2 언어로서 한국어를 학습하는 학습자들의 한국어 능력 발달 과정에서의 중간언어를 관찰하기 위한 목적에서 학습자의 코드 전환 양상에 주목하는 관점에서 주로 이루어져 왔다. 그러나 초급 한국어 문법 교수에서는 교수 전략상, 교사가 코드 전환을 효과적으로 진행할 수 있어 교사의 코드 전환 양상 연구가 필요한 지점이 분명히 존재한다.

본고에서는 서울대학교 국제대학원 초급 한국어 문법 수업에서의 사례를 중심으로 교사의 코드 전환을 촉발하는 교수 환경을 학습자 변인, 교수 내용 변인으로 분석한다. 또한 문법 교수에서 활용한 코드 전환 양상 및 빈도, 효과를 분석하여 제시하되 그 분석 기준을 교수 내용과 교수 방법, 코드 전환을 이끄는 주체의 세 가지 요인으로 두어 분석 결과를 제시하기로 한다.

2. 연구 대상 및 방법

2010년 8월 10일부터 2011년 6월 8일까지의 서울대학교 국제대학원 초급 한국어 수업에서 연구자가 교사로서 문법 교수 시, 활용했던 코드 전환 사례를 분석한다. 분석 대상 문법 교수 항목은 이 기간, 교수 시 활용했던 교재인 서울대 언어교육원에서 제작한 'Active Korean 1'의 제2

과부터 9과에서 'Grammar Points'라는 이름으로 제시된 목표 문법 34개 항목[1]과 'Active Korean 2'의 제1과부터 6과에서 동일하게 목표 문법 항목으로 제시된 29개 항목, 총 63개 항목이다.[2] 'Active Korean 1'의 제1과는 한글의 자모음 및 그 발음을 학습하도록 구성되어 있으며 이에 대한 교수는 학생들이 자모음의 모양을 보면서 교사의 발음을 그대로 따라 하는 청각구두식 교수법을 통한 발음 교수가 중심이 되었다. 이는 본고의 연구 대상인 다른 문법 항목들을 학습하기 위한 기초 교육의 성격을 띠고 이루어진 것이라는 점에서 다른 문법 항목의 교수와 차별점이 있어 한글 자모음 교육 항목은 분석 대상에서 제외하였다.

코드 전환에 영향을 주는 교수 환경 분석을 위해서는 연구자가 강의 시작 전, 설문지를 통해 확인한 학습자 배경 변인과 정규 수업 내, 수업 외에 학습자들과 가졌던 질의 및 응답, 면담 시간을 통해 확인하고 기록한 내용, 서울대학교 국제대학원 한국어 수업 행정 담당 조교와의 면담 자료를 활용한다.

---

1 'Grammar Points'라는 이름으로 제시하고 있는 문법 항목에는 'N-이에요/예요'와 같은 형태의 관용적 표현 문법 요소와 '하나, 둘, 셋, 넷'과 같은 어휘 요소가 모두 포함되어 있었다. 여기에는 '문법'이라는 범주 내에 '어휘' 요소를 포함시키는 관점이 깔려 있음을 추론할 수 있는데, '문법' 교수를 연구 범위로 하는 본 연구에서도 이 관점을 그대로 취하였다. '문법'과 '어휘'의 관계 설정에 대해 다양한 견해가 있을 수 있으나, 본질적으로 이 둘은 완전히 분리된 것이라고 할 수 없기 때문이다. 최승언 역(1990:159)에서도 문법적 형태가 그 의미의 측면에서 어휘적 성격을 띠고 있는 경우가 많음을 제시하면서 문법에 대한 논의에서 어휘론을 제외할 수 없음을 기술한 바 있다.

2 수업은 2010년 8월 10일부터 2011년 6월 8일까지, 2011년 1월 한 달의 방학 기간을 제하고 약 120시간 동안 이루어졌다. 수업 방식은 학생 20명을 10명씩 동일한 초급 수준의 두 반으로 나누어 이들을 대상으로 연구자를 포함한 두 명의 교사가 한 반씩 번갈아서 교수하는 방식으로 진행하였다. 즉, 연구자는 한 주에 1.5시간씩 두 번 있는 수업에서 한 번은 초급 1반, 한 번은 초급 2반을 교수하였다. 수업 기간 동안 Active Korean 1권을 마친 후, Active Korean 2권은 모두 마치지 못하고 6과까지만을 학습하였으나 학생들의 논문 일정을 고려하여, 한국어 수업은 2011년 6월 8일에 종강하였다. 따라서 분석 대상도 이 기간 동안 학습한 범위 내의 문법 교수 항목으로 선정하였다.

Ⅱ. 교사 코드 전환의 필요성

1. 교수 내용 요인에 따른 필요성

'문법' 교수의 중요한 목적 중의 하나는 언어 사용의 '정확성'을 기르도록 하는 것이다. 즉, 교사도 학습자가 목표 언어를 정확하게 사용하도록 함을 목표로 하고, 학습자도 그가 교육받은 문법을 정확하게 이해하는 것을 교육 목표로 한다. 이와 관련하여 Bialystok(1982) 등의 문법교육 연구자들은 문법 교수 및 이해를 위해서 상위 언어적(meta-linguistic) 설명이 중요함을 여러 연구를 통해 밝힌 바 있다. 제2 언어의 문법 지식을 익힐 때에는 이러한 상위 언어가 목표 언어가 아닌 학습자가 잘 이해할 수 있는 모국어이거나, 학습자와 교사가 공유하는 제3의 언어일 수 있다. 그러므로 문법교육 시, 상위 언어적 설명을 위해 코드 전환을 하는 사례는 자연스러운 것이며 효과적일 수 있다. 실제로 연구자의 한국어 문법 교육 현장에서 관찰되었고 본고에서도 제시하는 바, 학습자가 정확한 문법의 이해를 위해 교사의 코드 전환을 촉발하는 경우가 많으며, 이는 '문법'이라는 교수 내용 특성상, 코드 전환을 통해 그 내용이 정확하게 전달되어야 하는 요구가 존재함을 보여준다.

2. 학습자 및 교수 환경 요인에 따른 필요성

본고에서 연구 사례가 된 초급 한국어 수업의 학습자는 서울대학교 국제대학원의 국제개발정책학과 석사과정 학생들로 2010년 8월에 KOICA(한국 국제협력단)의 초청을 받아 한국에 입국하여 국제대학원에서 석사과정을 진행하는 학생들이다. 매 해 8월에 약 20명 정도의 학생들이 초청되고 있으며, 이들은 두 개 반으로 편성되어 8월부터 그 다음해 6월까지 한국어를 학습한다. 학습자들은 영어로 진행되는 국제대학원의 전공 수업을 무리 없이 수강할 만큼의 영어 실력을 갖추고 있으며, 한국어 수업 과정에서도 교수 언어 및 교실 대화 언어로 영어를 사용하기를 희망하는 것을 면담 결과를 통해 확인할 수 있었다. 또한 학습자들이 한국어 학습 외에도 전공 수업에 대한 부담을 갖고 있어, 한국어 수업을 방학 기간을 제외하고 약 10개월 간, 주당 3시간이라는 짧은 시간 진행하고 있다. 그러므로 이 짧은 학습 시간 동안 목표 언어로서의 한국어를 학습하기 위해서는 한국어 수업 내에서 목표 학습 내용이 아주 압축적이고 빠르게 전달되어야 할 필요가 있으며, 이를 위해서도 영어를 사용한 교수가 선호되고 있다. 또한 교실 환경을 구성하는 학습자의 국적 및 언어적 배경이 무척 다양하고, 이들 학습자의 한국어 학습 수준이 초급 단계에 있기 때문에 목표 언어와 교수 언어를 모두 한국어로 동일하게 진행할 경우, 한국어 학습이 어려울 수 있다. 이러한 이유로 학습자와 교사가 공유하는 언어로서, 학습자에게 보다 능숙한 영어를 통해 코드 전환이 일어나야 하는 요구가 확인된다.

Ⅲ. 교사 코드 전환의 유형, 빈도, 효과

여기서는 한국어 문법 교수에서 활용한 코드 전환 유형 및 빈도, 효과를 분석하여 제시하되 그 분석 기준을 교수 내용과 교수 방법, 코드 전환을 이끄는 주체의 세 가지 요인으로 두어 분석 결과를 다음 표 1을 통해 개괄적으로 제시하기로 한다. 먼저 표 1을 제시하고 이어서 표에서 제시한 분석 체계 및 용어에 대해 설명하기로 한다.

표1 문법 항목의 교수 내용 및 방법과 코드 전환 주도 양상

문법 항목 \ 코드 전환 양상 분석 기준	형태 교수				통사 교수				의미 교수				담화 교수			
	연역	귀납	교사	학생	연역	귀납	교사	학생	연역	귀납	교사	학생	연역	귀납	교사	학생
N은/는	O				O		O		O		O					
N-이에요/예요	O				O		O		O		O					
네, 아니요									O		O					
V-(으)세요	O				O		O		O		O					
N 주세요					O		O				O					
하나, 둘, 셋, 넷, …											△					
병, 개, 잔					O	O	O		O		O					
N하고 N'					O		O		O		O					
N이/가 있어요/없어요	O				O		O		O		O		O		O	
이거, 그거, 저거									O		O					
이N, 그N, 저N					O		O				O					
일, 이, 삼, 사, …											△					
A/V-아요/어요	O				O		O		O		O		O		O	
N을/를	O				O		O		O		O					
N에 가다/오다					O		O		△		O					
안 A/V					O		O				O					
N이/가 A	O				O		O				O					
그리고					O		O		O		O					
_시 _분							O		△		O					
요일					O		O		△							
N에					O		O		O		O		O		O	
S-지만 S'					O		O		O	O	O					
V-(으)ㄹ까요?	O				O		O		O	O	O					
_월 _일					O		O		△		O					
A/V-았어요/었어요	O				O		O		O	O	O					
N에서					O		O		O		O		O		O	
N이/가 N'에 있다/없다	O				O		O		△		O					
N위/아래/앞/뒤/옆/안에						O			△		O					

코드 전환 양상 / 분석 기준 · 문법 항목	형태 교수				통사 교수				의미 교수				담화 교수			
	연역	귀납	교사	학생	연역	귀납	교사	학생	연역	귀납	교사	학생	연역	귀납	교사	학생
N(으)로 가다/오다	○				○		○		○		○					
N까지					○		○		○		○					
분, 시간							○		○	○	○		○		○	
N-(이)지요?	○				○		○		○		○		○		○	
V-아/어 주세요	○				○		○		○		○		○		○	
V-고 있다					○		○		○	○	○		○		○	
N의 N'	○	○					○		○		○	○				
N(이)세요	○				○		○		○	○		○				
누구	○										△					
A/V-(으)세요	○				○		○		○		○		○		○	
무슨 N					○		○				△	○				
A/V-(으)셨어요	○				○		○		○	○		○				
N에서 N'을/를 타다	○				○		○				△	○				
N에서 내리다					○		○				△	○				
N에서 N'(으)로 갈아타다	○				○		○				△	○				
N을/를 타고 가다/오다	○				○		○				△	○				
'ㄷ' irregular verbs	○	○			○		○									
V-아야/어야 되다	○				○		○		○	○		○				
못 V					○		○		○	○			○	○		○
A/V-아서/어서	○				○		○		○	○		○				
'ㅂ' irregular adjectives	○	○			○		○									
N(이)라서	○				○		○		○	○		○				
N(이)나 N'	○				○		○		○	○		○				
V-(으)ㄹ 거예요	○				○		○		○	○			○	○		○
N(으)로	○				○		○		○		○					
A/V-(으)면	○				○		○		○	○		○				
N한테					○		○		○	○		○				
V-(으)ㄹ 수 있다	○				○		○		○	○		○				
A-(으)ㄴ데요/V-는데요	○				○		○		○		○		○		○	
V-고 싶다					○		○		○	○		○				

문법 항목 \ 코드 전환 양상 분석 기준	형태 교수				통사 교수				의미 교수				담화 교수			
	연역	귀납	교사	학생	연역	귀납	교사	학생	연역	귀납	교사	학생	연역	귀납	교사	학생
N 동안					O		O		O		O					
N부터					O		O		O		O					
V-아도/어도 되다	O				O		O		O	O		O				
V-(으)면 안 되다	O				O		O				O					
A/V-(으)ㄹ 때	O				O		O		O		O					

표 1의 왼쪽 열에 제시된 분석 대상 문법 항목은 앞서 제시한 바와 같이 'Active Korean' 1권과 2권에 제시된 목표 문법 항목이다. 즉, 표의 'N은/는'과 같은 항목이 하나의 문법 항목이다.

표 1의 맨 위 행에 제시된 코드 전환 양상 분석 기준은 하나의 문법 항목에 대해 그 문법 항목이 지닌 형태, 통사, 의미, 담화[3] 정보가 교수될 수 있음을 근거로 한 것이다. 이러한 정보의 특성을 나누어 분석한 것이 첫 번째 분석 기준인 교수 내용에 따른 분석이다.[4] 즉, 'N은/는'에서는

---

3 의미 영역과 담화 영역 간의 구분에 대해 Celce-Murcia & Olshtain(2000:19)에서 의미론과 화용론의 구분에 대해 제시한 바를 참고할 수 있다. 의미론이 의미가 언어로 어떻게 기호화되는지를 기술하는 언어 분석 영역이고 언어를 사용하는 맥락과 상황에 대해서는 크게 고려하지 않은 것과 달리 화용론은 언어 사용이 일어나는 맥락, 상황, 언어 사용자 및 의사소통 참여자들에게 초점을 두는 분야이다. 본고에서는 의미 영역에서 교수되는 내용을 의미론적 관점에서 다루는 의미로, 담화 영역에서 교수되는 내용을 화용론적 관점에서 다루는 의미로 구분하였다. 이 구분에 따라, 초급 학습자들에게 전달되는 대부분의 문법 항목의 의미는 의미 영역에서 교수됨을 확인하였고, 교재에서 초급 학습자들에게 필요하다고 제시하고 있는 의미 외에 해당 문법 요소가 그것이 사용되는 맥락, 그것을 사용하는 사용자와 긴밀하게 연관되어 획득한 의미에 대한 교육이 이루어질 때, 그렇게 교육되는 내용이 담화 영역에서 교수되는 것이라고 분류하였다.

4 교수 내용을 형태, 통사, 의미, 담화 영역으로 나누어 분석하는 것에 대해, 이 기준 설정이 적합하지 않다는 견해가 있을 수 있다. 이 구분이 전통적 구조주의 문법의 산물이라고 볼 수 있고, 최승언 역(1990:160)에서 밝히는 바와 같이 이 네 영역의 경계 설정이 명확하게 이루어질 수 없는 지점도 존재한다. 그러나 본고에서는 국립국어원(2005)를 비롯하여 기본적인 한국어 문법서 및 교재들에 제시된 한국어 교수 내용이 이 네 영역의 틀로

명사 'N'의 받침 유무에 따라 조사 선택이 '은'과 '는'으로 달라질 수 있고, 이것은 형태 정보에 해당한다. 또한 통사 정보로는 'N'이 품사적으로 명사라는 것과 '은'과 '는'은 명사 뒤에 위치하며, 조사라는 내용이 교수될 수 있다. 또한 의미 정보로는 이 항목이 문장에서 행위 및 상태의 주체로서의 의미를 가지고 있음이 전달될 수 있다.[5] 담화 정보로는 맥락 안에서 해당 문법 항목이 어떠한 화용적 의미를 지니고 있는지, 보다 정밀한 맥락과 관련된 의미가 제시될 수 있다. 표 1에서 'O'로 표시한 부분이 해당 문법 항목에 대해 교수가 이루어진 부분이다. 예컨대, 'N은/는'에서는 형태, 통사, 의미 영역에서 교수가 이루어졌고, 'O'로 표시되지 않은 담화 영역에서는 교수가 이루어지지 않았음을 나타낸다. 초급 단계의 학습자이기 때문에 담화 영역의 세밀한 교수는 이루어지지 않았음을 볼 수 있다.

표 1의 위에서 두 번째 행에 제시된 코드 전환 양상 분석 기준은 '교수 방법'과 '교수 주체'이다.

'교수 방법'은 하나의 문법 항목에 대한 형태, 통사, 의미, 담화 정보 각각의 교수가 다양한 교수 방식으로 이루어질 수 있고, 코드 전환도 그러한 교수 방법과의 관계 속에서 다양하게 일어날 수 있어 두 번째 분석 기준으로 선정되었다. 교수 방법에 대한 세부 분석 기준은 '연역적 교수', '귀납적 교수', '연역적 교수와 귀납적 교수의 혼합 교수'로 제시하였다. 표에서 '연역', '귀납'란에 'O'로 표시된 부분이 해당 내용이 어떤 교수법에 의해 교수되었는지를 확인할 수 있는 부분이다. 연역적 교수와 귀납

분류될 때 체계적으로 설명될 수 있다는 장점을 확인, 이를 분석 기준으로 설정하였다.

5 '은/는'이 보조사이기 때문에 보조사로서의 의미도 교수 대상 의미 정보로 포함될 수 있고, 'N은/는'이 주격이 아닌, 목적격으로 쓰일 때의 의미도 교수 대상이 될 수 있다. 그러나 본고의 대상이 된 초급 한국어 수업에서는 '은/는'의 보조적 의미나 'N은/는'이 목적격으로 사용될 때의 의미를 목표 교수 내용으로 다루지 않았다.

적 교수가 혼합적으로 이루어진 부분, 즉, 귀납적 교수로 진행하다가 학생의 문법 이해를 돕기 위해 연역적 교수로 전환된 부분은 '연역적 교수'란과 '귀납적 교수'란 모두에 'O'로 표시하였다. 또한 교수 방법과 관련하여 '연역적 교수'란에 '△'로 표시한 부분이 있는데, 이 부분은 교사가 직접적으로 연역적 교수를 하지 않았지만, Active Korean 1권과 2권 교재 내에 영어로 교수 내용이 적혀 있어 학생들 스스로 학습하였고, 교사가 질문을 통해 학습자가 그것을 잘 학습하였는지를 확인한 부분이다.

'교수 주체'는 코드 전환을 주도한 주체가 교사인지 학생인지에 대한 것으로 세 번째 분석 기준이 되었다. 각각의 내용 영역인 형태, 통사, 의미, 담화의 영역의 교수에서 코드 전환이 일어날 때, 그 코드 전환을 주도한 주체가 교사와 학생으로 다양하게 나타날 수 있음을 근거로 선정되었다. 이 역시 표에서 'O'로 표시된 부분을 통해 교사 주도 코드 전환인지, 학생 주도 코드 전환인지를 확인할 수 있다.

덧붙여 표의 음영으로 처리된 부분이 교수에서 코드 전환이 일어난 부분이다.[6] 즉, 'N은/는' 항목의 교수에서 형태 정보는 코드 전환 없이, 한국어를 사용한 연역적 교수를 통해 교수가 일어났음을 확인할 수 있다. 반면, 통사 영역과 의미 영역의 교수에서는 교사 주도의 코드 전환을 통해 연역적 교수로 교수가 일어났음을 확인할 수 있다.

이어지는 3.1절과 3.2절, 3.3절에서는 이상의 표 1을 바탕으로 분석한 코드 전환 양상의 유형과 빈도, 효과를 제시하기로 한다.

---

6 본고에서 '코드 전환이 일어났다'고 하는 것은 '해당 문법 항목의 형태, 통사, 의미, 담화 정보' 그 자체에 대한 설명에서 코드 전환이 일어난 경우만을 일컫는다. 예컨대, 교사가 '이N, 그 N, 저N'의 의미 영역의 교수에서 해당 의미 정보 교수를 코드 전환 없이 진행하고, 문법 교수와 연관 없는 'Think about it.'과 같은 교수에 필요한 지시 담화를 코드 전환을 통해 진행했다고 해서 이 문법 항목의 의미 영역 교수에서 코드 전환이 일어났다고 간주하지는 않은 것이다.

1. 유형

코드 전환 유형으로는 교수 내용별 유형과 교수 방법별 유형, 코드 전환 주도 주체별 유형을 제시한다. 교수 내용별 유형으로는 형태, 통사, 의미, 담화 영역의 코드 전환 유형을 제시하고, 교수 방법별 유형으로는 연역적 교수와 귀납적 교수, 연역적 교수와 귀납적 교수의 혼합 교수의 코드 전환 유형을 제시한다. 코드 전환 주도 주체별 유형은 교사 주도 유형과 학습자 주도 유형으로 나누어 제시한다.

1) 교수 내용별 유형

(1) 형태 요소

형태 영역에서의 교수 내용은 표 1에서 확인하는 바와 같이 주로 ① 명사와 조사가 결합될 때, 명사의 받침 유무에 따라 결합되는 조사가 다른 것, ② 용언, 즉 동사나 형용사가 활용될 때, 어간 끝음절의 모음 종류에 따라 결합되는 어미의 종류가 다른 것, ③ 용언의 활용에서 어간의 받침 유무에 따라 어미 결합 시, '으'가 결합되는지의 여부, ④ 'ㄷ' 불규칙, 'ㅂ' 불규칙과 같은 용언의 불규칙 활용이 교수되었으며, 교재에서 제시하고 있는 내용으로 ⑤ 'N의 N"에서 '나의 옷'은 '내 옷'과 같은 음운 축약도 제시하였다.

이러한 형태 영역의 교수에서는 코드 전환이 거의 일어나지 않았는데, 그것은 초급 단계에서의 이와 관련된 교수 내용이 단순하고 반복적이기 때문이다. 특히 형태 영역 교수의 대부분의 내용이었던 위 ①, ②, ③의 교수의 경우가 그 규칙의 단순성과 반복성을 잘 보여주는 경우인데, 아래와 같이 교수 용어도 '받침', '있어요', '없어요' 등으로 반복되어 코드 전환이 일어나지 않음을 볼 수 있다.[7]

교: 받침 있어요. '은'. 받침 없어요. '는'. (교사는 칠판에 받침이 있는 단어와 '은'을 함께 쓰고, 받침이 없는 단어와 '는'을 함께 쓰며 설명한다.) 이해했어요?

학: 네.

한편, ④, ⑤의 경우, 형태 규칙이 다소 복잡하여 코드 전환이 효과적으로 사용된다.

교: '걷다'. '걷다' plus '어요'. '걷어요'. 맞아요?

학: 네.

교: 아니에요. Here is an exception. '걸어요'예요. '걷다'에 '받침 this' 있어요.(받침 'ㄷ'에 동그라미로 표시하며 'this'로 지칭한다.) This changes into 'ㄹ' when combined with the ending beginning with vowel. So?

학: 걸어요.

교: 맞아요.

(2) 통사 요소

통사 영역에서의 교수 내용은 표 1에서 확인하는 바와 같이 주로 ① 제시된 조사나 어미 등과 결합되는 언어 요소의 품사 정보, ② 제시된 어휘가 문장과 문장을 연결해 주는 경우 그러한 결합 정보, ③ 제시된 어휘가 '병, 개, 잔, 시, 분'과 같은 단위일 경우 다른 어휘와 결합되는 순서 등의 결합 규칙이 주를 이루며 ④ 'N의 N"에서 소유주와 소유물의

---

7 본고의 예는 인위적 환경이 아닌 자연스러운 환경에서의 교사와 학생 간 대화이다. 이와 관련해 Van Lier(1988)은 자연스러운 환경에서의 관찰의 중요성을 언급한 바 있다.

위치 정보와 같이 학생들이 혼동할 수 있는 내용도 교수되었다.

이러한 통사 영역의 교수에서는 코드 전환이 빈번하게 일어났는데, 그 것은 초급 단계의 학습자들은 목표어인 한국어 문장의 통사 규칙이나 어 휘의 품사 정보에 대해 낯선 상태이기 때문에 제시되는 문법 항목을 정 확하게 사용하기 위해서는 통사 정보를 명확하게 이해하게 해야 할 필요 가 있으며, 이러한 명시적 교수를 위해 코드 전환이 매우 효과적이기 때 문이다.[8] 특히 형태 영역 교수의 대부분의 내용이었던 위 ①의 교수의 경우에는 품사 정보가 그 품사의 영문명으로 전달되며 코드 전환이 일어 났다. '명사', '동사', '형용사' 등의 한국어 품사명을 사용하면 코드 전환 없이도 교수될 수 있는, 다소 간단한 통사 정보였으나, 생활에 필요한 한국어를 학습하는 일반 목적의 학습자들에게 이러한 품사명까지도 인 식하게 하는 것이 부담이 될 수 있어, 영문명을 사용하였다. ②의 경우에 도 비슷한 이유로 '문장'과 '문장'을 잇는 어휘를 교수할 때, '문장'을 지칭 하는 용어로 'sentence'를 명시적으로 사용하기 위해 코드 전환을 하였 다. 아래의 예를 통해 이러한 코드 전환 양상을 확인할 수 있다.

> 교: 'Noun 하고 Noun'이에요. '하고' is used to connect two nouns. 이해
>   했어요?
> 학: 네.

반면, 위의 ③이나 ④의 교수에서는 코드 전환이 한 번을 제외한 나머 지의 경우 일어나지 않았다. 그것은 결합 순서 등의 규칙이 굳이 상위적

---

8 Bialystok(1982)는 분석적 지식으로서 명시적 지식을, 비분석적 지식으로서 암시적 지식을 설명하였다. 이에 따르면 명시적 지식은 분석적인 지식을 발전시킨다. 초급 한국어 학습자는 이러한 명시적 지식을 제공받을 때 그 스스로 한국어 문법 규칙을 설명할 수 있으며 그 문법 규칙의 사용에 대해서도 설명할 수 있다.

으로 설명되지 않아도 학습자가 반복되는 해당 표현에 노출될 때, 자연스럽게 그 규칙을 학습할 수 있기 때문이다. 아래의 예가 코드 전환 없이 결합 순서 정보가 전달된 예이다.

교: '시', '분' 알아요?

학: 네. (학생들은 교재 각 단원의 첫 페이지를 통해 제시된 어휘 목록을 읽고 교재에 제시된 영어 풀이를 본 상태에서 대답한다.)

교: '한 시 오 분'이에요. (한 시 오 분을 가리키는 시계 그림을 보여주며) '두 시 칠 분'이에요. (역시 해당 시계 그림을 보여주며) '세 시 이십 분'이에요. (해당 시계 그림 보여주며) 몇 시예요? (시계 그림을 보여주며)

학: 네 시 십 분이에요.

교: 맞아요. 네 시 열 분 아니에요. '한, 두, 세, 네'. '시'에요. '일, 이, 삼, 사'. '분'이에요. (칠판에 '한, 두, 세, 네'와 '시'를 함께 쓰고 '일, 이, 삼, 사'와 '분'을 함께 쓰며 설명한다.)

(3) 의미 요소

의미[9] 영역에서의 교수 내용은 표 1에서 확인하는 바와 같이 ①어휘가

---

9 어휘의 '의미'가 무엇인지에 대해 여러 견해가 있을 수 있다. Marconi. D.(1997)에서는 Jackendoff가 단어 의미의 요소를 어휘로 표현된 개념과 지각, 행위의 연결의 측면, 추론적 요소와 단어의 상호작용, 어휘와 단어의 관계의 측면으로 설명한 사실을 제시하면서, 그러나 어휘의 의미는 어디에도 존재하지 않고, 단지 어휘 능력만 존재할 뿐이라고 설명하고 있다. 이는 의미의 실체가 무엇인지, 어떻게 언어 사용자 사이에서 공유되는지에 대해 명확하게 확인하기 어려운 부분이 있음을 제시하고 있는 것이다. 본고에서는 이러한 의미 및 의미 활용 능력에 대한 논의에서 한 걸음 물러나 '초급 한국어 학습자에게 필요한 의미 정보'에 집중하여 어휘와 대응하는 실물이나 동작 등의 형상이 존재하는 경우, 그 실물이나 동작 등의 형상과 어휘를 연결시킬 수 있는 것을 어휘 의미의 학습으로 보았고, 조사나 어미에 담긴 의미 정보는 코드 전환을 통해 그 정보를 이해할 수 있도록 그에 유사하게 상응하는 영어의 어휘를 제시하였다. 또한 '-(으)세요', '-았어요/었어요'와 같은 관용적 표현 문법 요소의 의미에 대해서는 '높임', '시제' 등의 정보를 상술하는 방식으로, 그 어휘

지칭하는 시각적으로 확인 가능한 사물 및 방향, 현상 정보, ②격조사와 같이 생략이 가능하고 시각적으로 대응되는 현상을 통해 설명할 수 없는 어휘의 의미, ③주로 용언이 활용된 형태로 나타난 관용적 표현의 '높임', '시제', '상', '양태' 등과 같은 의미 정보 등이 다양하게 교수되었다. 이 영역에서의 코드 전환은 문법 항목의 의미가 지닌 성격에 따라 무척 다양하게 나타났는데, ①과 같이 어휘와 시각적 현상이 대응되는 경우에는 코드 전환 없이도 사물이나 그림을 사용한 의미 교수가 가능한 경우가 많았다. 또한 이러한 어휘의 경우는 대부분 교재의 각 단원 앞에 어휘 목록으로 제시되어 있는 경우가 많았고, 제시된 어휘 목록과 그와 함께 제시된 영어 설명을 통해 학생들이 스스로 의미 학습을 수월하게 할 수 있어 교사가 의미에 대해 이해했는지 확인만 하는 경우도 많았다. 그러나 ②의 경우에는 시각 정보를 통한 교수가 어려운 경우여서, 코드 전환이 매우 효과적으로 이루어지며 교수되었다. ③의 경우에는 담화 상황을 묘사하여 학생들로 하여금 관용적 표현의 의미를 추측하게 한 후, 코드 전환을 통해 맥락과 관계된 정보가 명시적으로 전달되는 경우가 많았다. 아래의 예가 ①의 경우에 해당한다.

교: '책상 위'. 어디예요?
학: (학생들이 책상 위를 가리킨다.)
교: 맞아요.

이하는 ②의 경우로 'N(으)로 가다/오다'의 의미 학습의 예이다.

교: 집으로 가요. '가다' 알아요. '으로'는 뭐예요? '으로' indicates direction.

를 사용하는 맥락 정보를 제시하였다.

학: Go to house?

교: 네. In this sentence '으로' is like 'to'.

③의 경우는 'V-(으)ㄹ 수 있다'를 통해 그 교수의 예를 보이고자 한다.

교: 선생님은 한국어 할 수 있어요. 중국어 할 수 없어요. A[10] 씨 인도네시아어 할 수 있어요. (A 학생은 인도네시아 사람이다.) O 씨 러시아어 할 수 있어요. (O 학생은 우즈베키스탄 사람이다.) O 씨는 인도네시아어 할 수 없어요.

학: '할 수 있어요' 뭐예요?

교: 교실에서 공부할 수 있어요. 하지만 잘 수 없어요.(교사가 자는 시늉을 하고 팔로 'X'를 표한다. 기숙사에서 잘 수 있어요? 네, 잘 수 있어요.

학: 아, '잘 수 있어요' is 'can'?

교: 네, 맞아요. '-(으)ㄹ 수 있어요' is like can. So, '-(으)ㄹ 수 있어요' is used to express possibility or ability.

(4) 담화 요소

담화 요소에 대해서는 초급 수준의 학생을 대상으로 교수할 수 있는 것이 한정되어 있어 깊이 있는 맥락에 따른 사회적 의미나 문화적 의미를 교수하지는 못하였다. 앞의 표 1에서 확인하는 바와 같이 12개의 항목에 대해서만 이러한 담화 요소의 교육이 일어났으며, 이는 교재에서 제시하고 있는 의미 정보 외에 교사가 학습자에게 유익하다고 판단하여 추가적으로 혼동될 수 있는 다른 문법 요소와 그 세부 담화적 의미를 대별하며 교육을 진행한 부분이다. 이 담화 요소의 교육에서는 예외 없

---

10 실제 수업에서는 학생의 실명을 사용하였으나 본고에서는 약자로 소개한다.

이 코드 전환이 일어났는데, 이것은 초급 학습자에게 맥락과 관련한 미묘한 담화적 의미를 전달하는 데 있어 코드 전환이 효과적이었기 때문이다. 아래의 예를 통해 확인할 수 있는데 이미 '-(이)지요'의 의미를 학습한 학생들에게 그 의미가 추가적으로 '-이에요/-예요'의 의미와 담화적으로 어떻게 다른지를 설명하며, '-(이)지요'가 특정 맥락 안에서 나타내는 강한 추측의 의미까지를 전달하고 있는 부분이다.

> 교: '-이지요' 하고 '-이에요' 같아요? 아니에요. 우리 시험 봤어요. S 씨가 E 씨에게 말해요. 'E 씨 100점이에요?' O 씨가 말해요. 'E 씨 100점이지요?' What is the difference? S 씨 doesn't know about grade of E 씨. But, O 씨 knows about the grade of E 씨. Or O 씨 thinks E 씨 got full marks. He is sure! 이해했어요?
> 학: Oh, Conviction?
> 교: 네, 맞아요.

2) 교수 방법별 유형

(1) 연역적 교수

연역적 교수는 학습자에게 문법 규칙 및 사용 정보를 연역적으로 소개하고 언어 규칙에 따라 언어를 사용하게 이끄는 방법이다. 국제대학원 한국어 수업에 임하는 학생들은 앞에서 소개한 것과 같이 주당 3시간이라는 짧은 시간 동안 한국어 수업을 수강하며, 다른 전공 공부의 영향으로 한국어 수업에서도 분석적이고 명확한 교수를 기대하는 경우가 많음을 면담을 통해 확인하였다. 이러한 수업 환경 및 학습자 특성에 근거해 한국어 수업에서도 귀납적 교수에 비해 연역적 교수가 더 많이 이루어졌다.

이러한 연역적 교수는 교수 내용을 명시적으로 전달한다는 점에서 모든 연역적 교수에서 코드 전환이 일어날 것이라고 예상할 수 있지만, 그렇지 않다. 코드 전환이 나타난 것은 통사, 의미, 담화 영역에서 일어난 연역적 교수에서였고, 형태 영역에서 일어난 연역적 교수에서는 거의 코드 전환이 일어나지 않았다. 그것은 앞의 형태 요소 교수의 코드 전환 유형을 설명하면서 언급한 바, 형태 영역에서의 교수 내용은 연역적으로 제시되더라도 초급 단계에서의 이와 관련된 교수 내용이 단순하고 반복적이기 때문에 한국어로도 충분히 교수가 가능하여 코드 전환이 일어나지 않은 경우가 많기 때문이다.

여기서는 연역적 교수의 코드 전환 유형을 통사 영역의 교수를 통해 드러난 예로 확인한다. 학생들에게 언어 자료를 소개하고, 규칙을 추론하게 하는 귀납적 교수에 비해 교사가 명시적으로 코드 전환을 통해 규칙을 제시하는 것을 확인할 수 있다.

교: '-(으)ㄹ까요?' is used with verb. 알아요?
학: 네.
교: '먹을까요?'. '먹다' is verb.

(2) 귀납적 교수

귀납적 교수는 교수 내용을 명시적, 연역적으로 전달하지 않고 언어 자료를 통해 학습자가 문법 규칙이나 사용 정보를 추측하게 하기 때문에, 교사는 한국어 자료를 반복적으로 학습자들에게 제공하게 된다. 본 연구에서 귀납적 교수가 일어난 것은 통사와 의미 영역의 교수에서였고, 형태와 담화 영역의 교수에서는 한 번도 귀납적 교수가 일어나지 않았다. 이것은 형태 영역의 단순한 규칙을 교사가 연역적으로 빠르게 제시하였고, 담화 영역의 어려운 교수 내용을 교사가 초급 한국어 학습자에게 역시 연역적으로 설명하였기 때문이다. 그러나 통사와 의미 영역에서 총 19차례 귀납적 교수가 일어난 것[11]도 연역적 교수의 압도적인 수에 비하면 아주 적은 것이었다. 이렇게 귀납적 교수가 일어나기가 어려웠던 것은 본고의 대상 학습자가 초급 학습자였고, 한국어 수업 시수도 주당 3시간으로 짧았기 때문이다.

이러한 적은 수의 귀납적 교수에서 코드 전환이 일어난 예는 한 번도 없었다. 이 말은, 19차례의 모든 귀납적 교수는 코드 전환 없이, 순수하게 한국어 자료를 사용하여 성공적으로 진행되었음을 의미한다. 물론 귀납적 교수를 진행하다 학생들이 문법 규칙 및 사용 정보 추론에 어려움을 겪는 경우에 연역적 교수로 전환하거나 교사가 전략적으로 귀납적 교수 진행 중 연역적 교수로 전환한 21번의 사례가 있었다. 이는 '3.1.2.3. 연역적 교수와 귀납적 교수의 혼합 교수' 사례에서 소개한다.

참고로 코드 전환 없이 일어난 귀납적 교수는 아래와 같은 경우인데 통사 영역의 '_시 _분'의 교수에 대해 앞에서 제시한 예를 소개한다.

교: '시', '분' 알아요?

학: 네. (학생들은 교재 각 단원의 첫 페이지를 통해 제시된 어휘 목록을 읽고 교재에 제시된 영어 풀이를 본 상태에서 대답한다.)

교: '한 시 오 분'이에요. (한 시 오 분을 가리키는 시계 그림을 보여주며) '두 시 칠 분'이에요. (역시 해당 시계 그림을 보여주며) '세 시 이십 분'이에요. (해당 시계 그림 보여주며) 몇 시예요? (시계 그림을 보여주며)

학: 네 시 십 분이에요.

교: 맞아요. 네 시 열 분 아니에요. '한, 두, 세, 네'. '시'에요. '일, 이, 삼,

---

11 총 19차례 귀납적 교수가 일어났다고 하는 것은 귀납적 교수를 진행하다가 연역적 교수로 전환한 21차례의 혼합 교수를 제외하고, 순수하게 귀납적 교수가 일어난 경우만을 일컫는 것이다.

사. '분'이에요. (칠판에 '한, 두, 세, 네'와 '시'를 함께 쓰고 '일, 이, 삼, 사'와 '분'을 함께 쓰며 설명한다.)

(3) 연역적 교수와 귀납적 교수의 혼합 교수

연역적 교수와 귀납적 교수가 혼합되는 것은 교사가 귀납적 교수를 진행하다가 학습자가 문법 규칙 및 그 사용 정보를 정확히 찾아내지 못해 곧바로 연역적 교수를 진행한 경우와 교사가 전략적으로 연역적 교수 후 귀납적 교수를 진행한 경우이다. 이 경우 귀납적 교수 진행 시에는 귀납적 교수의 특성에 따라 교사가 한국어 자료만을 반복적으로 제공하게 되니 코드 전환을 하지 않고 한국어로 수업을 진행하다가, 연역적 교수 진행 시에는 100% 코드 전환을 하게 된다. 연역적 교수 진행시에도 코드 전환 없이 계속 한국어로 교사 발화를 진행하는 경우는 없는가의 의문이 들 수 있는데, 실제로 코드 전환 없는 연역적 교수는 형태 영역의 단순한 규칙 설명 시에만 일어났고, 이것은 처음부터 연역적 교수가 일어난 경우이며 연역적 교수와 귀납적 교수의 혼합의 사례가 아니다.

다음의 사례는 교사가 '-(으)ㄹ까요?'의 의미에 대해 귀납적으로 교수하려다가 학생들이 정확히 이해를 하지 못하자 연역적 교수로 전환하며 코드 전환을 진행하고 있음을 보여준다.

교: '산에 갈까요?'. '산'. 알아요?

학: 네.

교: 네, 알아요. '에 가다' plus '-(으)ㄹ까요?' 에요. '에 가다' 알아요? 배웠어요.

학: 네. Go to.

교: 네, '-(으)ㄹ까요?' 뭐예요?

학: ……

교: 오킬 씨. 밥 먹었어요?

학: 아니요. 안 먹었어요.

교: 그럼, 밥 먹을까요?

학: ……

교: 산드라 씨, 오늘 날씨가 좋아요. 음. 산에 갈까요?

학: Go to a mountain. Do you want to go to a mountain?

교: Similar. '-(으)ㄹ까요?' is used for suggestion. Shall we go to a mountain?

학: Aha~.

3) 주도 주체별 유형

(1) 교사 주도

코드 전환을 하여 교수한 항목 중, 교사 주도의 코드 전환이 일어나는 경우는 연역적 교수, 귀납적 교수, 이 둘의 혼합 교수의 구분에 관계없이, 교사의 적극적인 의도에 따라 영어를 사용하여 교수를 진행하는 경우이다. 물론 앞서 확인한 바와 같이 순수한 귀납적 교수에서는 코드 전환이 일어나는 경우는 없었으며, 연역적 교수와 혼합 교수 중, 교사 주도의 코드 전환이 주로 진행된 것은 연역적 교수에서였다.[12] 앞에서도 제시한 바 있는 아래의 예를 통해 확인할 수 있다.

교: 'Noun 하고 Noun'이에요. '하고' is used to connect two nouns. 이해했어요?

학: 네.

---

12 교사가 전략적으로 귀납적 교수를 진행하다가 주도적으로 코드 전환을 통한 연역적 교수를 진행한 경우도 몇 항목 존재하였다. 표 1을 통해 확인할 수 있다.

(2) 학습자 주도

코드 전환을 하여 교수한 항목 중, 학습자 주도의 코드 전환이 일어나는 경우는 연역적 교수, 귀납적 교수, 이 둘의 혼합 교수의 구분에 관계없이, 교사는 코드 전환을 희망하지 않았으나, 학습자가 코드 전환을 먼저 하여 질문을 할 때, 이에 대답하기 위해 교사도 코드 전환을 하여 대답을 하며 설명을 하는 경우이다. 앞서 확인한 바와 같이 순수한 귀납적 교수에서는 코드 전환이 일어나는 경우가 없었으며, 연역적 교수와 혼합 교수 중, 학습자 주도의 코드 전환이 주로 진행된 것은 혼합 교수에서였다. 교사 주도의 코드 전환이 연역적 교수에서 일어난 것과 차별되는 결과이다. 즉, 학습자 주도의 코드 전환은 교사가 한국어로 귀납적 교수를 진행할 때, 학습자가 잘 이해하지 못하고 영어로 질문을 하여, 교사도 영어로 대답을 하며 연역적 교수로 전환하는 경우 일어나는 것이다. 앞에서도 제시한 바 있는 아래의 예를 통해 확인할 수 있다. 아래의 예에서 학습자는 'Go to a mountain. Do you want to go to a mountain?'으로 갑자기, 먼저 코드 전환을 하여 교사의 코드 전환을 이끌어 낸다.

교: '산에 갈까요?'. '산'. 알아요?

학: 네.

교: 네, 알아요. '에 가다' plus '-(으)ㄹ까요?' 예요. '에 가다' 알아요? 배웠어요.

학: 네. Go to.

교: 네, '-(으)ㄹ까요?'는 뭐예요?

학: ……

교: O 씨. 밥 먹었어요?

학: 아니요. 안 먹었어요.

교: 그럼, 밥 먹을까요?

학: ……

교: S 씨, 오늘 날씨가 좋아요. 음. 산에 갈까요?

학: Go to a mountain. Do you want to go to a mountain?

교: Similar. '-(으)ㄹ까요?' is used for suggestion. Shall we go to a mountain?

학: Aha~.

2. 빈도

코드 전환 빈도도 코드 전환 유형 제시 순서와 같이 교수 내용별 빈도, 교수 방법별 빈도, 코드 전환 주도 주체별 빈도로 나누어 제시한다. 교수 내용별 빈도는 형태, 통사, 의미, 담화 영역에서 코드 전환이 일어난 빈도를 제시하며, 교수 방법별 빈도는 연역적 교수와 귀납적 교수, 연역적 교수와 귀납적 교수의 혼합 교수 각각에서 나타나는 코드 전환 빈도를 제시한다. 코드 전환 주도 주체별 빈도는 교사 주도의 코드 전환 빈도와 학습자 주도의 코드 전환 빈도를 제시한다.

1) 교수 내용별 빈도[13]

(1) 형태 요소

앞에서 제시한 바와 같이 이 영역의 교수 내용은 규칙의 단순성과 반복성 때문에 교수 전환이 거의 일어나지 않음을 상기할 필요가 있다. 이러한 이유로 이 영역에서의 교수가 이루어진 문법 항목은 전체 63개 항

---

13 내용 영역별 빈도 분석 방법은 다음과 같다.
① 문법 항목은 총 63개이며 이들 중 각 내용 영역 요소가 지도된 항목 수를 각각 산출 (형태 요소 35개, 통사 요소 58개, 의미 요소 57개, 담화 요소 12개)
② 그 다음으로 각 요소별로 지도된 항목 중 코드 전환이 나타난 항목 수 산출

목 중, 35개 항목인데, 이 35개 항목 중에서 코드 전환을 통해 지도된 항목은 3개 항목뿐이다. 이 3개 항목은 단순한 받침 유무에 따른 조사나 어미 결합이나 어간의 모음 종류에 따른 어미 결합에 대한 내용이 지도되는 항목이 아니라, 표 1에서 확인하는 것과 같이 'ㄷ' 불규칙과 'ㅂ' 불규칙, 'N의 N'' 항목이었는데 'N의 N'' 항목에서는 '나의 옷'이 '내 옷'이 되는 것과 같은 음운 축약의 내용이 교수된 것이었다.

결국 형태 요소에 대한 코드 전환은 형태 요소가 지도된 총 35개 항목 중 3개 항목에서 나타나 약 8.6%의 비율로 매우 낮게 나타났다.

(2) 통사 요소

앞에서 제시한 바와 같이 이 영역에서는 초급 단계에서 학습자들의 특성상, 목표어인 한국어 문장의 통사 규칙이나 어휘의 품사 정보에 대해 낯선 상태이기 때문에 제시되는 문법 항목을 정확하게 사용하기 위해서는 통사 정보를 명확하게 이해하게 해야 할 필요가 있어, 코드 전환이 활발하게 일어난다. 이 영역에서의 교수가 이루어진 문법 항목은 전체 63개 항목 중, 58개 항목인데, 이 58개 항목 중에서 코드 전환을 통해 지도된 항목은 55개 항목으로 3개 항목을 제외한 나머지 교수된 항목에서 모두 코드 전환이 일어났다. 이 3개 항목은 품사 정보나 결합 정보가 명시적으로 제시되는 부분이 아니라, 표 1에서 확인하는 것과 같이 '_시 _분', '분, 시간', 'N의 N'' 항목으로, '_시 _분', '분, 시간'의 경우는 결합되는 품사 정보를 교재에서 'N', 'A', 'V' 등으로 제시하지 않았고, 반복되는 언어 표현에 대한 노출을 통해 학습자들이 결합 정보를 익힐 수 있는 경우였다. 'N의 N'' 항목의 경우에도 교사가 'Noun'이라는 품사명을 제시하기보다 반복되는 언어 표현에 노출시키는 방향으로 통사 정보가 전달되게 한 경우였다.

결국 통사 요소에 대한 코드 전환은 통사 요소가 지도된 총 58개 항목 중 55개 항목에서 나타나 약 94.8%의 비율로 매우 높게 나타났다.

(3) 의미 요소

앞에서 제시한 바와 같이 이 영역의 교수에서는 교수되는 의미의 특성에 따라 코드 전환이 다양하게 일어난다. 이 영역에서 교수가 이루어진 문법 항목은 전체 63개 항목 중, 57개 항목인데, 이 57개 항목 중에서 코드 전환을 통해 지도된 항목은 42개 항목이다. 코드 전환이 이루어지지 않은 항목은 대부분의 경우가 앞에서 제시한 바와 같이 의미 정보가 시각적으로 확인 가능한 사물 및 방향, 현상 정보인 경우였다.

결국 의미 요소에 대한 코드 전환은 의미 요소가 지도된 총 57개 항목 중 42개 항목에서 나타나 약 73.7%의 비율로 나타났다.

(4) 담화 요소

앞에서 제시한 바와 같이 이 영역의 교수 내용은 그 의미의 특성과 학습자의 한국어 수준이 초급이라는 특성에 따라 코드 전환이 100%일어난다. 이 영역에서의 교수가 이루어진 문법 항목은 전체 63개 항목 중, 12개 항목인데, 이 12개 항목 중에서 코드 전환을 통해 지도된 항목은 12개 모든 항목이다.

(5) 교수 내용별 빈도 순위

각 영역에서 코드 전환이 일어난 빈도는 담화 영역 100%, 통사 영역 94.8%, 의미 영역 73.7%, 형태 영역 8.6%의 순으로 나타났다. 이를 그림으로 나타내면 아래와 같다.

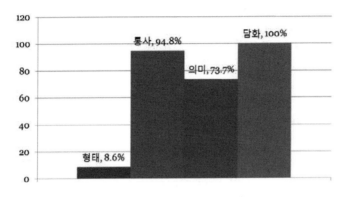

그림 1 교수 내용별 빈도 순위

그림 1과 같은 빈도 순위는 학습자가 초급 수준이기 때문에 어렵고 복잡한 담화 영역에서 코드 전환이 많이 요구되고, 쉬운 규칙이 반복되는 형태 영역의 코드 전환은 거의 요구되지 않음을 확인할 수 있는 결과이다. 통사 영역의 코드 전환 빈도가 높은 것은 통사 정보를 설명하기 위한 품사 등의 명칭을 학습자에게 부담이 덜 되는 영어로 제시하기 때문으로 생각할 수 있다. 의미 영역에서는 코드 전환 없이 초급 학습자가 해당 문법 항목의 의미 정보를 정확히 추론해 내는 것이 어려워 교사의 코드 전환이 일어나는 경우가 대다수 있어 73.7%의 비율을 보임을 확인할 수 있다.

2) 교수 방법별 빈도[14]

---

14 교수 방법별 빈도 분석 방법은 다음과 같다.
① 하나의 문법 항목 당, 최대 4번(형태, 통사, 의미, 담화 영역), 최대 전체 63개 항목 ×4번＝252번의 교수가 이루어질 수 있음
② 어떤 문법 항목의 경우에는 3개 영역에서, 혹은 2개 영역에서만 교수가 이루어진 경우가 있어 총 162번의 교수가 이루어졌음
③ 이 162번 중 각 교수 방법이 몇 번씩 일어났는지 그 수를 산출(연역적 교수 122번, 귀납적 교수 19번, 혼합 교수 21번)

(1) 연역적 교수

연역적 교수는 교수 내용을 명시적으로 전달한다는 점에서 모든 연역적 교수에서 코드 전환이 일어날 것이라고 예상할 수 있지만, 그렇지 않다는 점을 앞에서 제시하였다. 실제로 형태, 통사, 의미, 담화의 영역에서 총 122번 일어난 연역적 교수에서 90번의 코드 전환이 일어났으나 나머지 32번의 교수에서는 그렇지 않았다. 코드 전환이 일어난 것은 통사, 의미, 담화 영역에서 일어난 연역적 교수에서였고, 코드 전환이 일어나지 않은 32번의 교수는 대부분 단순한 규칙 설명의 형태 영역의 연역적 교수의 경우였다.

연역적 교수에서 코드 전환이 나타난 비율은 따라서 73.8%였다.

(2) 귀납적 교수

귀납적 교수는 교수 내용을 명시적으로 전달하지 않고 언어 자료를 통해 학습자가 문법 규칙이나 사용 정보를 추측하게 하기 때문에 코드 전환이 일어나지 않고, 교사는 한국어 자료를 반복적으로 학습자들에게 제공하는 것임을 앞에서 설명한 바 있다. 그렇기 때문에 실제 총 19번 일어난 귀납적 교수에서 코드 전환이 일어난 경우는 한 번도 존재하지 않았다.

따라서 귀납적 교수에서 코드 전환이 나타난 비율은 0%였다.

(3) 연역적 교수와 귀납적 교수의 혼합 교수

연역적 교수와 귀납적 교수가 혼합되는 것은 교사가 귀납적 교수를 진행하다가 학습자가 문법 규칙 및 그 사용 정보를 정확히 찾아내지 못해 곧바로 연역적 교수를 진행한 경우, 교사가 전략적으로 귀납적 교수

---

④ 각각의 교수에서 일어난 코드 전환 수를 산출

를 진행하다가 연역적 교수를 진행한 경우라는 점을 앞에서 설명하였다. 이 경우 귀납적 교수 진행시에는 코드 전환을 하지 않지만, 연역적 교수 진행시에는 100% 코드 전환을 하게 된다. 앞에서도 설명한 바, 귀납적 교수에서 연역적 교수로 변경한 후에도 코드 전환 없이 계속 한국어로 교사 발화를 진행하는 경우는 없는가 하는 의문이 들 수 있는데, 실제로 코드 전환 없는 연역적 교수는 형태 영역의 단순한 규칙 설명 시에만 일어났고, 이것은 처음부터 연역적 교수가 일어난 경우이며 연역적 교수 와 귀납적 교수의 혼합의 사례가 아니어서 빈도 산출에 고려하지 않아도 되는 경우이다.

연역적 교수와 귀납적 교수가 혼합된 교수는 전체 총 21번 일어났는 데, 실제로 21번 모두, 100% 코드 전환이 일어났음을 확인하였다.

(4) 교수 방법별 빈도 순위

각 교수 방법에서 코드 전환이 일어난 빈도는 연역적 교수와 귀납적 교수의 혼합 교수 100%, 연역적 교수 73.8%, 귀납적 교수 0%로 현저한 빈도 차이를 보이며 나타났다. 이를 그림으로 나타내면 아래와 같다.

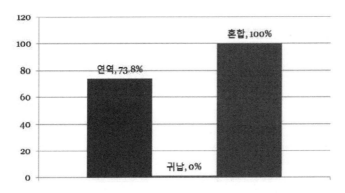

그림 2 교수 방법별 빈도 순위

이는 교수 방법이 코드 전환과 긴밀한 연관성을 갖는 것을 입증하는 것으로, 귀납적 교수는 그 특성상, 코드 전환을 요구하지도 않고, 그것이 성공적으로 일어나는 경우는 코드 전환이 일어나지 않는 것을 확인할 수 있다. 연역적 교수는 복잡한 규칙의 경우 코드 전환을 요구되고, 단순한 규칙의 경우 코드 전환 없이 이루어질 수도 있음을 알 수 있다. 연역적 교수와 귀납적 교수의 혼합 교수는, 귀납적 교수를 진행하던 교사가 학습자의 반응이나 교사의 전략에 따라 연역적 교수를 진행하는 경우인데, 이 경우, 100% 코드 전환을 하게 되는 것이 학습자의 수준이나 교수 흐름상 자연스러운 것임을 확인할 수 있다.

3) 주도 주체별 빈도[15]

(1) 교사 주도

코드 전환을 하여 교수한 항목 중, 교사 주도의 코드 전환이 일어나는 경우는 교사의 적극적인 의도에 따라 영어를 사용하여 교수를 진행하는 경우이며, 주로 연역적 교수에서 나타남을 확인하였다. 코드 전환이 일어난 총 111번의 교수에서 교사 주도의 코드 전환이 일어난 것은 93번으로 많았으며, 이를 비율로 확인하면 약 83.8%이다.

---

15 주도 주체별 빈도 분석 방법은 다음과 같다.
① 하나의 문법 항목 당, 최대 4번(형태, 통사, 의미, 담화 영역), 최대 전체 63개 항목 × 4번 = 252번의 교수가 이루어질 수 있음
② 어떤 문법 항목의 경우에는 3개 영역에서, 혹은 2개 영역에서만 교수가 이루어진 경우가 있어 총 162번의 교수가 이루어졌음
③ 이 162번의 교수 중 111번 코드 전환이 일어났음
④ 이 111번 중, 교사 주도 코드 전환과 학습자 주도 코드 전환 수를 산출

(2) 학습자 주도

코드 전환을 하여 교수한 항목 중, 학습자 주도의 코드 전환은 교사가 한국어로 귀납적 교수를 진행할 때, 학습자가 잘 이해하지 못하고 영어로 질문을 하여, 교사도 영어로 대답을 하며 연역적 교수로 전환하는 경우 일어남을 앞에서 확인하였다. 코드 전환이 일어난 총 111번의 교수에서 학습자 주도의 코드 전환이 일어난 것은 18번으로 적었으며, 이를 비율로 확인하면 약 16.2%이다.

(3) 주도 주체별 빈도 순위

각 주체별 코드 전환이 일어난 빈도는 교사 주도가 83.8%, 학습자 주도가 16.2%의 순으로 나타났다. 이를 그림으로 나타내면 아래와 같다.

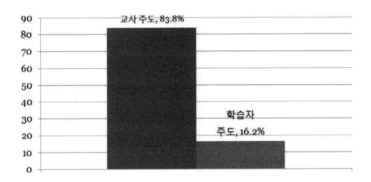

그림 3 교수 주체별 빈도 순위

학습자 및 교실 환경 특성상, 교사가 주도적으로 코드 전환을 진행한 경우가 많았고, 학습자가 교사의 코드 전환을 주도한 경우도 16.2%로 꽤 높았음을 확인할 수 있다.

3. 교사 코드 전환의 효과

앞에서 제시한 교사 코드 전환 양상 및 빈도를 바탕으로 ① 교수 내용과 관련해 코드 전환이 일으키는 효과, ② 교수 방법과 관련해 코드 전환이 일으키는 효과가 기술될 수 있으며, ③ 주도 주체의 측면에서도 코드 전환의 효과를 추론할 수 있다.[16]

먼저, ① 교수 내용과 관련해서는 '담화 영역→ 통사 영역→ 의미 영역→ 형태 영역'의 순으로 코드 전환 빈도가 높았는데, 이것은 담화 영역에서 코드 전환이 매우 효과적으로 사용될 수 있음을 확인할 수 있는 자료이다. 더욱이 본고의 대상 학습자가 초급 수준이기 때문에 어렵고 복잡한 담화 영역에서 코드 전환이 많이 요구되었다고 볼 수 있다. 또한 초급 수준의 형태 영역 교수에서 코드 전환은 거의 필요하지 않고 효과도 낮음을 확인할 수 있다. 통사 영역의 코드 전환 빈도가 높은 것은 통사 정보를 설명하기 위한 품사 등의 명칭을 영어로 제시하기 때문인데, 한국어 품사 명칭이 학습자에게 부담스러울 수 있어 연구자의 교수에서는 이를 영어로 제시하였으나, 한국어 품사 명칭을 한 번 익힌 후, 코드 전환 없이 이를 설명할 수 있다면 그것도 효과적일 수 있다. 의미 영역에서는 코드 전환 없이 초급 학습자가 해당 문법 항목의 의미 정보를 정확히 추론해 내는 것이 어려운 경우, 코드 전환을 통해 확실히 이해할 수 있는 효과가 있다.

② 교수 방법과 관련해서는 '연역적 교수와 귀납적 교수의 혼합 교수→ 연역적 교수→ 귀납적 교수'의 순으로 코드 전환 빈도가 높았는데 귀

---

16 Chalmers(1982)에서 지적한 바대로 이러한 하나의 사례를 바탕으로 이루어진 분석은 한계가 있다. 그러나 이 사례는 20명의 학습자에 대한 일 년 동안의 연구라는 점에서 의미가 있으며 Nunan(1992)에서도 또한 하나의 사례에 대한 사례 연구의 예를 보인 바 있다.

납적 교수의 진행에서는 코드 전환이 필요하지 않으며, 또 성공적인 귀납적 교수의 진행을 위해서는 코드 전환을 하지 않는 것이 효과적일 수 있음을 추론할 수 있는 부분이다. 연역적 교수는 복잡한 규칙의 경우 코드 전환이 효과적이며, 단순한 반복되는 규칙의 경우 코드 전환 없이 이루어질 수도 있다. 연역적 교수와 귀납적 교수의 혼합 교수는, 귀납적 교수를 진행하던 교사가 학습자의 반응 및 교사 전략에 따라 연역적 교수를 진행하는 경우인데, 이 경우, 100% 코드 전환을 하게 되는 것이 학습자의 수준이나 교수 흐름상 자연스럽고 효과적인 것임을 확인할 수 있다.

③ 주체별 코드 전환이 일어난 빈도는 '교사 주도 → 학습자 주도'의 순으로 나타났다. 초급 학습자 및 다양한 언어 배경의 학습자를 대상으로 한, 짧은 기간의 한국어 수업이어서 교사가 주도적으로 코드 전환을 진행한 경우가 많았고, 실제로 이것이 효과적일 수 있음을 추론할 수 있다. 학습자가 스스로 문법 항목 이해를 촉진하기 위해 교사의 코드 전환을 주도한 경우도 16.2%로 꽤 높았음을 볼 때, 코드 전환이 문법 교수에서 효과적인 측면이 존재함을 확인할 수 있다.

그러나 모든 문법 항목 교수에서 코드 전환이 효과적이라고 보기는 어렵다. 물론 종합적으로 볼 때, 전체 총 63개 문법 항목에서 형태, 통사, 의미, 담화의 네 개 영역 모두에서 코드 전환 없이 교수가 진행된 경우는 한 번도 없었다. 그러나 각 영역을 세분화해서 보면 형태, 통사, 의미, 담화 영역에서 교수가 진행된 162번 중, 코드 전환을 통해 교수가 진행된 것이 111항목, 코드 전환 없이 교수가 진행된 것이 51항목으로, 코드 전환 없이 성공적으로 교수가 진행된 경우도 51항목이나 있었기 때문이다. 코드 전환을 효과적으로 사용하기 위해서는 해당 문법 항목의 내용 영역별 특성, 그 문법 항목을 지도할 때 교사가 사용하는 교수 방법 등을 모두 고려함이 바람직하다.

Ⅳ. 교사 코드 전환의 한계 및 단점

1. 내용 요인에 따른 한계

문법 항목의 형태, 통사, 의미, 담화 영역 교수에서 코드 전환 비율이 두 번째로 높았던 통사 영역 교수의 경우에는 코드 전환을 통해, 해당 통사 정보를 잘 전달할 수 있어 비교적 내용의 성격에 따른 한계가 존재하지 않는다. 그러나 코드 전환 비율이 가장 높았던 담화 영역의 경우나 코드 전환 비율이 약 73.7%나 되었던 의미 영역의 경우에서는 그 코드 전환 비율이 높음에도 불구하고, 내용 영역의 특성상 코드 전환의 한계가 존재한다. 담화 영역과 의미 영역 모두, 실상 한국어의 의미를 다루는 것이기 때문에 그 의미를 얼마나 한국어가 아닌 다른 언어인 영어로 설명해 낼 수 있을 것인가의 문제가 있다. 예컨대, 의미 영역 교수에서 한국어의 조사 '에서'와 영어 'at'의 쓰임이 완전히 각 언어가 사용되는 맥락과 문장 안에서 일치하지 않음에도, 때로 '집에서 공부해요'를 'I study at home'으로 지도하는 것이 한국어 조사 '에서'의 총체적 쓰임과 의미를 이해하게 하는 데 오히려 방해가 될 수도 있다. 이러한 한계는 담화 영역의 교수에서 더욱 많이 나타나게 되는데, 담화 영역은 한국어의 사용 맥락과 관련하여 정밀한 사회적, 문화적 의미를 지도하게 되는 부분이므로 이 의미를 한국어와 다른 문화권의 언어인 영어로 설명하는 것이 한계가 있고, 정확히 대응되는 영어 표현을 찾기도 어려운 한국어의 관용적 표현 문법 항목이 다수 존재한다.

2. 학습자의 학습에 미치는 단점

본고에서 진행한 수업 과정에서 학습자는 코드 전환을 통한 명시적인 교수가 이루어지기를 원하는 학습자들이었음을 설문과 면담을 통해서 확인하였고, 교사의 코드 전환은 이들의 요구에 부합하는 것이었다. 또한 학습자가 초급 학습자였기 때문에 이들의 수준을 고려할 때에도 코드 전환은 자연스러운 것이었다.

그러나 이러한 코드 전환이 학습자의 한국어 학습 및 숙달을 저해하는 측면이 있을 수 있다. 수업 내용이 학습자에게 부담 없는 영어로 진행되기 때문에 학습자는 한국어 학습을 소홀히 할 수 있으며, 실제로 수업 내용을 이해하고, 교수 언어를 이해하기 위해 한국어를 열심히 학습하려는 동기가 떨어질 수 있는 것이다.

V. 결론

지금까지 서울대학교 국제대학원 초급 한국어 수업에서의 사례를 통해 교사 코드 전환의 양상 및 빈도를 확인, 그 효과를 추론하였다. 위에서 기술한 바와 같이 코드 전환의 효과는 교수 내용 영역의 특성, 교수 방법의 선택, 학습자 및 교실 변인의 특성과 관련하여 다양하게 나타날 수 있고, 따라서 내용 영역과 교수 방법, 학습자 및 교실 변인과의 상호작용 속에서 효과적으로 교사의 코드 전환이 이루어져야 한다.

본고에서는 내용 영역, 교수 방법, 코드 전환 주도 주체의 세 가지 측면에서 교사 코드 전환 양상 및 빈도를 분석하였으나, 향후에는 다양하고 수많은 한국어 수업 구성 요소를 고려하여 교사 코드 전환의 양상 및 빈도가 분석되고, 그 효과가 검증될 수 있을 것이다.

주제 4 : 응용국어학과 한국어 습득론

민현식(2008), 한국어교육을 위한 문법 기반 언어 기능의 통합 교육과정 구조화 방법론 연구, 국어교육연구 제22집, 서울대학교 국어교육연구소.

박문자(2014), 코퍼스를 활용한 명사 결합형태의 선정 기준과 실제, 국어교육연구 제33집, 서울대학교 국어교육연구소.

의사소통 중심 교육에서 말하기, 듣기, 읽기, 쓰기 기능(skill) 교육을 통합하여 종합적 언어 능력을 함양하는 것을 목표로 함은 이론의 여지가 없을 것이다. 그렇다면 음운, 형태, 의미, 문법 지식을 어떻게 언어의 네 기능에 연계시켜 통합 교육을 진행할 것인지에 대한 논의가 불가피하게 된다.

일찍 민현식(2008)은 문법교육의 내용과 방법이 고립되지 않고 4대 기능별로 지원하는 기초가 되도록 문법 기반 기능 통합 교육을 교육과정에 구현하는 방법론을 제안하였다. 민현식(2008)에서는 우선 언어 4대 기능을 통합적으로 훈련하는 '통합'의 개념을 확장하여 크게 총체적 언어 교수법, 내용 중심 교육, 문법 강화 의사소통 중심교육에서 중요한 기제로 작용하고 있음을 제시하였다. 이러한 문법교육의 중요성에 대한 인식의 전환을 전제로 하여 언어를 형식(form)-의미(meaning)-사용(use)의 3차원으로 다루어 발음, 표기, 어휘, 문장, 담화 단위에 따른 문법 요소는 '형식' 요소에 해당함을, '상황, 주제, 문화' 요소는 담화 맥락, 장면을 뜻하는 '사용' 요소에 해당함을, '감사하기, 질문하기, 주장하기, 요청하기……' 등을 뜻하는 언어 기술 요소는 '의미' 요소에 해당함을 각각 도출하였다. 나아가 문법교육을 의사소통 중심 접근법에 통합하여 강화하는 '문법 기반 기능 통합 교육과정'을 구축하였다.

박문자(2014)는 '코퍼스를 활용한 명사 결합형태의 선정 기준과 실제'에서 민현식(2008)의 연구 성과에 힘입어, 3차원 방법론을 어휘 단위에 적용하여 문법 기반 어휘 단위를 고안한 연구이다. 박문자(2014)는 문법 기반 통합 교육과정의 방법론을 되짚어 가는 가운데 "문법이란, 주어진 장면(상황, 맥락)에서 의미를 전달하는 데 사용되는 언어 형식"이라는 것에 초점을 두어, 한 개의 어휘는 그가 지니는 문법적 특성 및 의미적 특성에 따라 문장에서 다른 단어와 결합관계를 맺으면서 다양한 문맥적 사용을 보여 준다는 것을 탐색하였으며, 명사를 사례로 하여 조사를 매개로 결합하는 명사의 결합형태를 코퍼스에서 추출하고, 나아가 교육 자료의 하나로 활용할 수 있는 사전에서 명사 결합 형태를 제시하는 방안을 구안하였다.

이렇듯, 문법 기반 통합 교육에 대한 논의는 발음, 표기, 어휘, 문장, 담화 단위 전반에 대한 면밀한 탐색이 요구되는 작업일 수밖에 없다는 점에서 민현식(2008)은 문법교육 전반에 대한 중요한 시사점을 제공한다. 또한, 한국어교육에서 학습자의 어휘력 발달, 문법교육 내용 조직, 문법교육과정 설계 등의 거시적 연구로까지 확장될 수 있다는 점에서 연구사적 가치가 확인된다.

한국어교육을 위한 문법 기반 언어 기능의 통합교육과정 구조화 방법론 연구[*]

민 현 식

요 약

'통합'의 개념은 세 가지로 나뉜다. 첫째, 파닉스법과 같은 상향식 접근법(bottom-up approach)과 달리 담화, 문장, 단어에 이르기까지 하향식 접근법(top-down approach)을 하는 총체적 언어교육(whole language teaching)을 가리키다. 둘째, 학문 목적 내용 중심 지도(content-based instruction), 주제 중심 지도(theme-based teaching), 과제 기반 접근법(theme & task-based approach)에서 말하기, 듣기, 읽기, 쓰기 기능 교육을 통합하는 것이 해당된다. 셋째, 유창성(fluency) 중심의 의미 초점화(focus on meaning) 교육을 추구한 의사소통 중심 교육이 문법교육을 소홀히 한 것을 반성하여 정확(acuracy)성을 보강하고자 도입한 형식 초점화(focus on form) 문법교육은 의미와 형식의 통합 관점으로 볼 수 있다.

[*] 『국어교육연구』 제22집(서울대학교 국어교육연구소 2008년 12월 발행)의 261쪽부터 334쪽까지에 수록되었음.

문법 기반 기능 통합 교육과정을 구성하려면 언어를 형식(form)-의미(meaning)-사용(use)의 3차원으로 보고 이에 따라 교육과정을 구축할 수 있다. 이 교육과정에 따른 교재는 ① 대화 상황 요소, ② 대화 주제 요소, ③ 문화 요소, ④ 언어 기술 요소, ⑤ 문법 요소의 영역이 필요하다. '상황, 주제, 문화'요소는 3차원 모형에서 담화 맥락, 장면을 뜻하는 '사용' 요소에 해당한다. '감사하기, 질문하기, 주장하기, 요청하기……' 등을 뜻하는 언어 기술 요소는 의미 소통을 위한 기술이므로 '의미' 요소에 해당한다. 발음, 표기, 어휘, 문장, 담화 단위에 따른 문법 요소는 '형식' 요소에 해당한다.

문법 기반 기능 통합 교육과정을 구성하려면 ① 학습자 요구 분석, ② 목적과 목표, ③ 교재, ④ 교수학습법, ⑤ 평가에 대한 전략을 갖추어야 한다.

교육 목적(goals)에 따라 교육 목적(objectives)은 등급 목표, 주별, 수업시간별 목표를 대화 상황, 주제, 문화, 언어 기술 요소, 문법 요소에 따라 구체적, 계량적으로 세분하여 선정하고 제시하여야 한다. 교재의 실제성(authenticity)과 학습자 중심, 귀납법과 연역법의 혼합, 명사법과 암시법의 혼합 등 교수법의 적절한 선택이 중요하다. 평가 역시 학습자 평가 못지않게 교사 평가, 기관 평가가 있어야 한다.

코퍼스를 활용한 명사결합형태의 선정 기준과 실제

박 문 자(Minzu University of China)

I. 머리말

한국어에 대한 지식 내용을 음운, 형태, 의미, 문법 등으로 나누어 본다면 어느 것 하나 중요하지 않은 것이 없으나 한국어 교육에서는 언어의 사용을 목표로 하므로 이러한 지식을 고립적으로 가르치기보다 듣기, 말하기, 읽기, 쓰기, 통번역과 같은 언어의 기능 교육과 연계하여 한국어 사용 능력을 함양하는 것이 목표가 된다. 따라서 한국어에 대한 음운, 형태, 의미, 문법 지식을 어떻게 효율적으로 듣고 말하고 읽고 쓰고 하는 언어 기능으로 전환시킬 것인지가 한국어 교육이 해결해 나가야 하는 과제가 아닐 수 없다. 이와 관련하여 민현식(2008)에서는 〈문법교육을 기반으로 한 기능 통합교육〉이라는 틀(paradigm)을 제기하고, 언어의 각 기능요소와 문법교육을 통합하여 가르치는 교육과정을 구안하였다. 본고는 이러한 맥락에서 어휘-문법을 기반으로 한 기능 통합교육의 시도로 어휘결합형태를 교육용 어휘 단위로 설정할 필요성을 제기하고, 나아가 교육 자료의 하나로 활용할 수 있는 사전에서 어휘결합형태를 제시하는 방안을 구안하고자 한다.

한 개의 단어는 그가 지니는 문법적 특성 및 의미적 특성에 따라 문장에서 다른 단어와 결합관계를 맺으면서 다양한 문맥적 의미를 보여준다.

따라서 어휘 사용의 측면에서는 낱낱이 단어를 익히는 것도 중요하지만 다른 단어와의 결합형태¹를 통하여 언어적 사용 환경까지 익히는 것이 어휘력 향상에 도움이 될 것이며, 나아가 한국어의 이해와 표현 능력을 키우는 데에 도움이 될 것이다. 현재 어휘의 결합정보에 관심이 쏠리고 외국인 학습자를 위한 어휘 결합정보 사전이 출간되기도(「한국어교육을 위한 한국어 연어사전」, 김하수 외, 2007) 하는 것도 외국인을 위한 한국어 교육에서 어휘의 결합형태를 교육용 어휘 단위로 설정할 수 있는 실제 자료를 보여 주는 것이라 하겠다.

본고에서는 교육용 어휘 단위를 기존의 낱말 단위에서 어휘결합형태로 확장 제시할 필요성을 제기하고, 아울러 사전에서 어휘결합정보를 기술할 필요성과 한국어 명사결합형태의 선정 기준 및 실제에 대해 논의한다. 이는 또한 후속 개발하게 될 명사결합사전의 내용 정보가 적절하고 체계적인 틀을 갖추기 위한 선행 연구가 된다고 하겠다.

II. 사전에서 어휘결합형태 정보의 기술 필요성

1. 한국어 교육용 어휘 단위

현재 특정 언어권 학습자를 대상으로 하는 한국어교육에서 제시되는 어휘 단위는 낱말 단위가 대부분이고 낱말의 의미를 학습자의 모어로 대역하는 것이 일반적이다. 이는 교실 수업이나 교재와 같은 제한된 시간

---

1 어휘장 이론에서는 문장 내부에서 낱말이 다른 낱말과 필연적인 연관을 맺고 있는 것에 대하여 단어 간의 연어 현상(collocation)이라는 술어를 사용하였다(김광해, 2003:228). 어휘의 결합형태란 자세히 기술하자면, 어휘의 공시적 의미 관계에 의하여 나타나는 문법적 공기 형태를 말하는데, 여기에는 연어나 관용어 형태뿐만 아니라 두 개 이상의 단어가 의미적으로 호응하여 자주 공존하는 형태까지를 포함한다.

과 공간에서 어휘를 쉽고 빠르게 전수하는 방법이기도 하며, 어휘의 최소 단위인 어휘 형태소에 대한 기초 지식을 배우게 되므로 중·고급단계에서 나타나는 연어, 관용구와 같은 어휘결합형태 학습의 바탕지식을 쌓는다는 점에서 긍정적이다. 문제는 학습자가 낱말의 발음, 형태, 의미, 품사와 같은 기초 지식만으로 단어를 자유자재로 사용하는 데에는 분명 미흡한 부분이 있으며, 연어, 관용구와 같은 어휘결합형태가 문형이나 어휘 확장이라는 개념으로 묶여 띄엄띄엄 나타나기는 하나 체계적인 학습이 이루어지지 않고 있다는 점이다.

한 개의 낱말이 다른 낱말과 의미적으로나 어떤 요인에 의하여 연관되어 있다면, 두 개 이상의 단어가 공시적으로 결합하여 나타나는 관계를 단어 간의 결합관계라고 볼 수 있을 것이다. 이러한 시각에서 한국어의 어휘결합관계는 연어, 관용구와 같이 단어와 단어사이에 틈이 없는 높은 긴밀도를 나타내는 결합관계가 있는가 하면 긴밀도는 낮지만 자주 결합하는 관계가 있으며, 또한 결합이 불가한 관계도 있다.

한국어 모어 화자라면 이러한 어휘의 결합관계를 자연스럽게 사용할 수 있는 직관이 있으나 외국인일 경우에는 학습을 통하여 숙지하여야 하기 때문에 효율적인 학습방법을 고안하여야 한다. 예를 들면 명사 '눈(眼睛, 眼光)'을 중심으로 '눈이 + 높다/ 크다/작다/예쁘다/맑다', '눈을 + 뜨다/감다/맞추다', '눈에 + 익다/띄다/들다/나다' 등의 표현들은 각각 'N(-이, -을, -에)+V'의 구성을 이루는데, 이러한 구성에서 명사는 뒤에 '-이, -을, -에'와 같은 조사를 취하며, 조사를 매개로 서술어와 결합하여 문맥적 의미를 드러낸다.[2] 말하자면 '눈'이 주격조가 '-이'를 취할 경우 '높다, 크다,

---

2 한국어의 조사는 선행 체언과 서술어와의 문법 관계를 나타내는 문법형태로서 전통적으로 통사적인 기능과 의미적인 기능이 동시에 고려되어 왔다. 본고에서는 명사를 중심으로 명사 뒤에 나타나는 조사의 표면적인 결합형태에 초점을 맞추어 논의를 진행한다.

작다, 예쁘다'와 같은 형용사와 공존하며, 그렇지 않고 부사격 조사 '-에'
를 취할 경우에는 '익다, 띄다, 들다, 나다'와 같은 동사와 공존하게 된다
는 것이다. 이 같은 경우, 학습자는 개개의 형태소 의미를 이해하는 것도
중요하지만 이들이 결합하여 나타내는 의미를 알아야 그것들을 하나로
묶어 정확하게 사용할 수 있을 것이다.

단어 간의 결합은 조사, 어미, 접사와 같은 의존적인 문법형태소와의
관계에서뿐만 아니라 자립적인 어휘형태소와의 공기관계에 의해서도 나
타나는데, 이같이 둘 이상의 단어 간 결합형태인 어휘 덩어리(lexical
chunks)를 하나의 단위로 제시한다면 형태, 의미, 사용을 고려한 어휘
교육이 될 수 있을 것이다.

2. 어휘결합형태 정보의 기술 필요성

학습자가 목표어를 배우거나 사용하면서 이용하는 사전은 학습자 스
스로가 사전에 제시된 정보를 참조하여 언어의 사용 기능을 높일 수 있
다는 점에서 학습 자료로서의 기능을 하게 된다. 따라서 사전에서 어휘
덩어리를 하나의 표제어 단위로 제시한다면 교실 수업에서 낱말 단위로
학습한 어휘 지식을 바탕으로 단어 간의 결합형태를 하나의 어휘 단위로
인지하게 하는 교육 자료로서의 역할을 하게 될 것이며, 학습자의 어휘
력 향상에 적극적인 영향을 줄 것이다.

한국어를 잘하는 학습자는 그렇지 못한 학습자에 비해 어휘력이 좋기
마련이다. 여기에서 말하는 어휘력은 단순히 단어를 기억한 수량을 가리
키는 것이 아니라 단어를 조합하여 이루어진 말을 잘 이해하거나 잘 표
현하여 의사소통을 원활히 하는 능력을 말하는 것이다. 따라서 어휘의
사용 지식에서는 단어를 얼마나 기억하느냐보다는 단어를 어떻게 조합
하느냐와 관련된 지식이 더 중요하다고 하겠다. 그런데 기존의 학습 사

전들이 표제어의 의미 정보, 문법 정보, 발음 정보에 비해 어휘결합정보를 소홀히 했던 것은 내국인을 대상으로 하는 전통적인 국어사전의 틀에서 크게 벗어나지 못했거나, 코퍼스와 같은 실제 언어 자료가 구축되기 전에 출간되었기 때문으로 생각된다.

코퍼스 구축은 핵심어를 중심으로 가까운 거리에 위치한 단어들의 공기 형태를 짧은 시간에 쉽게 추출할 수 있는 가능성을 열어 주었다. 최근 몇 년간 출간된 「한국어 교육을 위한 연어 사전」(김하수 외, 2007)나 「외국인을 위한 한국어 학습사전」(서상규 외, 2006)에서는 코퍼스를 활용하여 어휘 결합정보를 보다 자세히 다룬 학습사전이라고 할 수 있다. 특히 「한국어 교육을 위한 연어 사전」은 기존의 학습사전이 표제어의 의미를 설명하기 위하여 여러 가지 미시 정보를 제시한 것과는 달리 표제어와 다른 단어 간의 결합형태를 통하여 표제어 관련 정보를 기술함으로 어휘 층위에서의 의미뿐만 아니라 구, 문장, 나아가 표현 층위에서의 실제 사용 양상을 보여 주었으며, 표제어와 결합관계에 놓인 단어까지를 습득할 수 있는 학습 확대의 효과를 기대할 수 있다고 보인다. 또한 뜻풀이로 완전한 설명이 어려운 의미를 단어의 결합형태를 통하여 분명하게 보여줌으로써 외국인 학습자들이 보다 정확하게 표제어를 이해하고 실제 사용에 응용할 수 있는 정보를 획득할 수 있을 것으로 기대된다.

사전에서 어휘결합형태를 자세히 다루어야 할 필요성은 또한 학습자의 사전 이용에서 나타나는 오류를 예방하기 위함이다. 학습자는 쓰기와 같은 표현을 위하여 사전을 더 많이 이용하는데(박문자, 2009:143~162) 이는 낱낱이 단어를 이해하고 기억하는 것보다 단어를 조합하여 구 단위, 문장 단위로 사용하기 위하여 사전을 더 많이 이용한다는 설명이 된다. 사전 이용에서 나타나는 학습자의 오류는 말하기와 쓰기 같은 표현영역에서 자주 보인다. 예컨대, "……묘미 많은 일출도 볼 수 있다"[3]라는 문장을 산출하는 것은 명사 "묘미"에 대해 '미묘한 재미나 흥취'라는 어휘적 의미만을 이해하고 사용했기 때문이며, "묘미"와 자주 공존하는 어휘결합관계 정보를 파악하지 못했기 때문이다. 즉, 한국어의 "묘미"는 "많다"라는 형용사와 공기하지 못하는데, 학습자는 이러한 어휘결합정보에 대한 지식을 획득하지 못했기 때문에 어색한 표현을 만들어 내게 된다.

사전에서 표제어가 어울려 쓰이는 결합형태를 하나의 단위로 제시하는 것은 해당 표제어가 어떤 단어와 공기할 수 있으며, 어떠한 의미를 구현하는지를 보여 주므로 사전 이용에서 발생하는 학습자의 오류를 줄이고 한국어를 정확하게 사용할 수 있는 사전 장치를 마련하기 위한 관점에서도 그 필요성을 찾을 수 있다고 하겠다.

Ⅲ. 명사결합형태의 선정 기준

두 개 이상의 단어 결합체를 교육용 어휘의 단위로 제시함에 있어서 학습의 효율성을 고려한다면 결합체 중 핵심이 되는 성분이나 상대적으로 배우기 쉬운 어휘를 중심으로 결합형태를 설명하는 것이 적절할 것이다.

명사는 사람이나 사물, 장소 등의 이름을 나타내는 품사로 기타 동사나 형용사와 같은 품사보다 상대적으로 이해하기 쉬운 품사이면서 주어나 목적어, 보어와 같이 문장에서 근간을 이루는 주요 성분 중의 하나이다. 또한 전체 학습용 어휘의 반 이상을 차지하므로[4] 명사를 통한 어휘결

---

3 중앙민족대학교 전공 2학년 학생이 수업시간에 만든 예문임.

4 국립국어연구원(2003)에서 선정한 한국어 학습용 어휘를 보면, 총 5,965개의 어휘 중 고유명사, 대명사, 의존 명사를 제외한 일반명사의 어휘 수는 3,404개로 전체 어휘 수의 절반 이상을 점한다.

합형태의 학습은 어휘량(vocabulary size)을 확장시키는 중요한 경로가 된다. 가령 '올림픽'이라는 명사를 제시할 때, 우리는 올림픽의 유래나 성격과 같은 개념을 설명할 필요가 없이 학습자의 모국어로 대역하여 제시하는 것이 가장 생산적이나, 이러한 의미의 대역만으로 학습자가 어휘를 사용함에 있어서 정확성을 기대하기는 어렵다. 언어 사용을 위해서는 '올림픽'이 사용되는 언어적 환경을 같이 제시해야 하는데, '올림픽을 개최하다/ 유치하다', '올림픽이 열리다', '올림픽에 참가하다'와 같이 '올림픽'과 다른 단어와의 문법적 결합 관계를 보여 주어야 하며, 이들의 용례를 통해 구체적인 사용을 보여 주는 것이 중요하다.

명사를 중심으로 단어의 결합형태를 제시하는 것은 첫째, 개별 낱말의 어휘-문법적 정보를 통합하여 제시하므로 학습자가 보다 쉽게 실제 언어 사용에 응용할 수 있다는 점에서 의의가 있으며, 둘째, 명사를 중심으로 구성되는 결합형태는 상대적으로 난이도가 높은 동사나 형용사를 좀 더 쉽게 이해할 수 있다는 구조적 장점을 가지므로 어휘 학습의 효율적 측면에서도 의의를 찾을 수 있다. 예컨대, "유치하다"를 중국어로 번역할 경우 목적어와의 결합에 따라 각각 "申辦(올림픽을 유치하다)", "引進(외자를 유치하다)", "吸引(관광객을 유치하다)"로 대역되므로 목적어를 배제한 동사 하나를 놓고 문맥적 의미를 명확하게 설명하기에는 미흡하다. 이에 비하여 "올림픽을 유치하다"와 같은 명사의 결합형태를 하나의 단위로 제시한다면 학습자는 어휘 덩어리를 통째로 인지하므로 동사를 따로 제시하고 기본적 의미를 설명하는 것보다 더 실제적인 의미를 이해하게 된다.

명사를 중심으로 한 결합형태를 체계적인 하나의 교육단위로 제시하기 위해서는 명사결합형태를 선정하는 기준 마련이 필요하다. 이를 위해서는 우선 명사결합형태의 특성이 무엇인지를 파악하고, 그 특성을 기반으로 코퍼스에서 결합형태를 추출하는 기준을 설정해야 할 것이다.

1. 어휘-문법의 통합정보

명사의 결합형태는 명사와 다른 단어가 의미적으로 호응하여 나타나는 문법적 구성을 말한다. 서승현(2002)에서는 '명사-조사-용언'의 형식을 긴밀형식이라고 지칭하고 이 구문의 특성을 명사만도 아니고 용언만도 아닌 '명사-조사-용언'의 긴밀 형식이 결정한다고 하였다. 본고에서는 코퍼스에서 어휘 결합형태의 추출을 목적으로 하므로 명사를 핵심어로 삼고 한 문장 속에서 핵심어와 문법적인 관계를 이루는 단어들의 결합형태에 대해 논의할 것이다. 이러한 관점은 이동혁(2007:60~63)에서도 주장하였듯이 핵심어와의 문법적인 관계를 이루는 단어들이 핵심어에 대해서 연어가 될 수 있는 후보가 되는데, 가령 어떠한 명사를 핵심어로 삼는다면, 한 문장 안에서 그 명사를 주어로 삼는 동사 서술어, 그 명사를 보어로 삼는 동사 서술어, 그 명사의 수식어 등이 핵심어에 대한 연어가 될 수 있기 때문이다.

명사를 핵심어로 하는 결합형태에는 명사와 서술어가 연결되어 구성된 형태, 수식어와 명사가 연결되어 구성된 형태가 포함되는데, 명사가 서술어와 연결될 때는 뒤에 격조사와 같은 문법 형태소를 취하며, 수식어와 연결되어 나타날 때는 앞에 관형형 어미, 관형격 조사가 나타난다.

명사에 후행하는 격조사에는 주격, 목적격, 보격과 같은 구조격 조사와 부사격 조사가 있는데, 주격조사 '-가/-이, -에서, -께서, -서'는 선행 명사가 문장 안에서 서술어의 주어임을 표시하며, 목적격 조사 '-를/-을'은 선행 명사가 문장 안에서 서술어의 목적어임을 표시한다. 보격조사 '-가/-이'는 선행 명사가 문장 안에서 보어임을 표시하는데, 보통 '아니다', '되다'와 호응하여 나타난다. 그리고 문장 안에서 선행 명사가 부사어임을 나타내는 '-에, -에게, -에서, -로/-으로, -와/-과, -처럼, -보다, ……' 등 부사격 조사는 처소, 자격, 원인, 때 등의 의미를 나타낸다. 이처럼 명사가 격조사와 연결되어 문장 안에서 서술어와 맺는 다양한 관계를 도표로 정리하여 보이자면 다음과 같다.

표1 명사와 서술어의 결합 양상

명사 + 문법 표지	ㅋ문법 관계
명사 + -가/-이	주어 + 서술어
명사 + -를/-을	목적어 + 서술어
명사 + -에, -에게, -에서, -로, -처럼……	부사어 + 서술어
명사 + -가/-이	보어 + 서술어

다음으로 명사는 문장에서 다른 성분의 수식을 받는 대상이 될 경우, 관형사나 관형사형 어미, 관형격 조사 '-의'가 붙은 말 뒤에 나타나는데, 이들의 결합형태로는 '관형사 + 명사', '-ㄴ/-는/ -은 + 명사', '명사 + 의 + 명사'의 구성이 있다.

표2 관형어와 명사의 결합 양상

문법 관계	문법 표지 + 명사
관형사	0 + 명사
동사, 형용사의 관형사형	-ㄴ/-은/-는 + 명사
명사, 명사형	-의 + 명사

표 2와 같이 명사는 문장에서 일정한 결합형태를 취하면서 선행어인 관형어와 후행어인 서술어와 연결되어 나타나는데, 격 표지나 어미와 같은 문법 요소를 매개로 취하는 형태와 문법 요소가 없이 다른 단어와 직접 연결되어 나타나는 형태로 나누어 볼 수 있는데, 이를 표 3으로 보이면 다음과 같다.

표 3 명사의 결합형태

결합종류	선행어	문법요소	후행어
①		명사 + -가/-이	서술어
②		명사 + -를/-을	서술어
③		명사 + -에/-에게/-에서/-로/-처럼……	서술어
④	관형어	-의 + 명사	
⑤	관형어	-ㄴ/-은/-는 + 명사	
⑥	관형어	0 + 명사	

표 3은 명사가 선행어와 후행어와 연결되어 나타나는 결합형태를 여섯 가지로 나누어 제시한 것이다. 이 중 결합 종류 ⑥의 형태는 아무런 문법 요소의 개입이 없이 관형사와 직접 연결되어 나타난 형태가 되며, 나머지 형태들은 모두 문법 요소를 매개로 결합형태가 이루어진다.

명사를 핵심어로 앞과 뒤에 나타나는 이러한 결합 양상은 코퍼스에서 명사결합형태를 선정할 수 있는 기준으로 삼을 수 있다. 즉, 명사에 선행하는 요소와 후행하는 요소를 기준으로 코퍼스에서 해당 어휘의 사용 양상을 체계적으로 선정할 수 있으며, 이러한 방법으로 추출된 명사결합형태는 어휘적 의미와 문법적 의미를 연결시켜 설명할 수 있다는 데 의의가 있다.

코퍼스에서 명사의 결합형태를 추출하여 형태 중심으로 관련정보를 배열하는 것은 기존의 사전에서 의미중심으로 어휘 정보를 배열하는 것과는 다른 체계가 된다. 표제어의 의미를 단어 간의 결합정보를 통하여 보여준 "한국어교육을 위한 연어사전"에서도 어휘적 의미를 중심으로 어휘 정보를 나누어 배열하였는데, 표제어 "조건"을 예로 보이자면 다음과 같다.

조건명사
1. [갖추어야 할 상태나 요소] condition, requirement

관 + 조건	객관적인 ~, 경제적인 ~, 근원적인 ~, 기본적인 ~, 충분한 ~, 특수한 ~, 편리한 ~, 구조적 ~, 국제적 ~, 문화적 ~, 물질적 ~, 사회적 ~, 심리적 ~, 국제적 ~, 문화적 ~, 물질적 ~, 사회적 ~, 심리적 ~, 외적 ~, 제도적 ~, 지리적 ~
명 + 조건	여러 가지 ~, 교역 ~, 교육 ~, 근로 ~, 기후 ~, 노동 ~, 농업 ~, 생활~, 선택 ~, 선행 ~, 인간 ~, 자연 ~
조건 + 명사	(조건)반사
조건 + 동	(조건이) 맞다, 좋다, 충족되다 (조건을) 갖추다, 구비하다, 내걸다, 내세우다, 만들다, 충족시키다 (조건에) 영향을 받다.
예문	(생략)

2. [일정한 일을 결정하기 위해 내 놓은 요구나 견해] condition, stipulation, term

관 + 조건	거창한 ~, 공평한 ~, 까다로운 ~, 불가피한 ~, 엄격한 ~, 유리한 ~, 필요한 ~
명 + 조건	결혼 ~, 계약 ~, 근무 ~, 매각 ~, 사업 ~, 요구 ~, 전제 ~, 채용 ~, 필수 ~, 필요 ~
조건 + 동	(조건이) 맞다, 없다, 있다, 좋다, 충족되다 (조건을) 내걸다, 내세우다, 달다, 붙이다, 완화하다, 제시하다, 충족시키다
예문	(생략)

"한국어교육을 위한 연어사전"에서 제시한 표제어 "조건"의 정보 배열을 보면 먼저 어휘적 의미를 1. 과 2. 로 나눈 후 어휘적 의미에 따라 결합정보를 기술하였다. 그 결과 결합구성이 같은 "조건 + 동"에서 "(조건이) 맞다, 좋다, 충족되다", "(조건을) 내걸다, 내세우다, 충족시키다"처럼 같은 결합형태가 1.에서와 2.에서 중복 나타나는데, 이는 외국인 학습자에게 혼란을 줄 수 있는 소지가 있다. 왜냐하면 "조건"을 중국어로 대역할 경우, 1.과 2.의 어휘적 의미 모두 중국어의 "條件"[5]에 대응되므로 의

---

5 『現代漢語詞典』에서 기술된 "條件"을 보면 의미 ①과 ②는 각각 한국어 "조건"의 의미

미1. 과 2.를 나누어 제시할 필요가 없게 된다. 그러므로 결합형태를 중심으로 정보를 배열하고 대역어로 그 의미를 제시한다면 표제어의 내용 정보를 쉽게 획득할 수 있는 구성이 될 것이다.

2. 명사결합형태의 긴밀도

단어와 단어사이는 공시적으로 여러 가지 의미 관계를 맺고 있으며, 이러한 시각에서 단어 간 결합관계는 대개 단어의 의미적 특성에서 비롯된다고 할 수 있는데, 명사와 다른 단어와의 결합관계에서 결합 긴밀도가 높은 형태가 있는가하면 긴밀도가 낮은 형태도 있다. 가령 단어와 단어가 결합하여 특정의 의미를 나타내는 연어나 관용구와 같은 구성은 그 관계가 긴밀하여 구성 요소의 교체나 첨삭이 잘 허용되지 않으며, 그렇지 않고 중간에 부사어와 같은 기타 어휘 형태소의 출현을 허용하면서 의미적으로 호응하는 결합관계는 자주 공기하여 나타나지만 긴밀도는 낮은 형태로 봐야 할 것이다. 또한 두 단어가 결합하더라도 일정한 의미를 구현하지 못한다면 이들은 결합 불가의 형태로 판정해야 한다.

예컨대, 한국어의 '해'라고 하는 낱말에는 모두 18개의 동음동형이의어가 있으며, 이들의 의미적 특성에 의하여 각각 다양한 결합형태를 찾을 수 있다는 것이다. 이 중에서 태양의 의미를 나타내는 '해'를 예로 들면, 문장에서 명사와 의존명사로 쓰일 때 나타내는 의미가 다르고, 명사로 쓰일 경우에도 세 개의 의미로 나타나는데, 사전에서 기술한 '해'의 의미

---

1. 2.에 대응한다.
　【條件】tiaojian 名
　①影響事物發生、存在或發展的因素：自然～|創造有利～。②爲某事而提出的要求或定出的標准：講～|他的～太高，我无法答應。③狀況：他身体～很好|這个工厂～很好，工人素質高，設備也先進

를 「표준국어대사전」의 기술로 보이자면 다음과 같다.

해01

[I] 「명사」

「1」 '태양02 「1」'을 일상적으로 이르는 말.

「2」 지구가 태양을 한 바퀴 도는 동안. 한 해는 열두 달로, 양력으로는
365.25일이고 음력으로는 354일이다.

「3」 날이 밝아서 어두워질 때까지의 동안.

[II] 「의존명사」

(주로 고유어 수 뒤에 쓰여)

지구가 태양을 한 바퀴 도는 동안을 세는 단위.

위에서 기술된 것처럼 '해'은 태양이라는 한 개의 고정적인 의미만 가
지고 있는 것이 아니라 문맥에 따라 지구가 태양을 한 바퀴 도는 동안,
날이 밝아서 어두워질 때까지의 동안, 지구가 태양을 한 바퀴 도는 동안
을 세는 단위 등으로 쓰인다. 여기에서 '해'의 의미를 어휘결합형태를 통
하여 구체적으로 제시하여 보이자면 아래의 표 4와 같다.

표 4 명사 '해'의 문맥적 의미

문법적 구성	결합형태	말뭉치에서의 용례	'해'의 문맥적 의미
명+술	해가 가다	해가 갈수록 식구들이 불어났어요.	[I]의 「2」
명+술	(관형어)+ 해가 되다	······기묘년은 단연 정치의 해가 될 것이다.	[I]의 「2」
명+술	해가 비치다	아침에는 해가 저쪽으로 비치기 때문이지요	[I]의 「1」
명+술	해를 넘기다	혼례를 올리고 그의 아내가 된 이	[I]의 「2」

		후 벌써 해를 넘겼지만, 아직도 그 를 보면 가슴이 쿵쾅거렸다.	
명+술	해를 등지다	해를 등진 그녀의 갈색 머리칼은 엉망으로 헝클어졌고……	[Ⅰ]의 「1」
관+명	한 해	새로운 한 해가 시작된다.	[Ⅱ]
관+명	여러 해	한 가지씩 터득하는 데 여러 날 여 러 해가 걸렸다.	[Ⅱ]
관용 표현	해가 서쪽에서 뜨다	"자네가 자신 있게 의견을 얘기하 다니, 내일부터 해가 서쪽에서 뜨 겠어."	[Ⅰ]의 「1」

표 4는 '해''의 문맥적 의미를 고찰하기 위하여 SJ-RIKS Corpus에서 대표적인 결합형태를 뽑아 제시한 것인데, "해가 서쪽에서 뜨다"와 같이 굳어진 문법구조에 의하여 특수한 의미를 보이는 긴밀 결합형태가 있고, '해가 (저쪽으로) 비치다'처럼 중간에 부사어가 위치할 수 있는 자리가 있어 긴밀도가 낮은 일반 결합형태가 있다. 또한 '해''은 '되다'나 '입다'와 같은 동사와는 결합하지 못한다. 따라서 이러한 어휘결합형태를 단어 사이의 긴밀도에 따라 긴밀 결합형태, 일반 결합형태, 결합 불가형태 등 세 가지로 나누어 선정할 수 있으며, 구체적으로 다음과 같이 설명할 수 있을 것이다.

첫째, 긴밀 결합형태는 표제어와 다른 단어가 특정의 문법구조에 의하여 굳어진 형태를 보이므로 기타 단어나 문법형태소로 대체가 불가하며, 문장 전체가 단어 간의 의미의 합이 아닌 특수한 의미를 나타낸다.

둘째, 일반 결합형태는 표제어와 다른 단어가 일정한 문법 형태소를 매개로 결합되어 해당 표제어의 문맥적 의미를 나타내며, 이때 문법형태소의 생략이나 표제어와 결합된 단어 사이에 부사어와 같은 기타 성분의 출현이 허용되나 해당 표제어의 문맥적 의미는 변하지 않는다.

셋째, 결합 불가 형태는 표제어가 일정한 문법 형태소를 매개로 다른 단어와 문법적 결합관계를 이루지만 단어 간의 의미적 호응이 없을 때,

이들 단어 간의 결합은 불가로 판정해야 할 것이다.

이상에서 논의한 명사결합형태의 어휘-문법적 특징과 긴밀도는 코퍼스에서 결합형태를 선정하기 위한 기준으로 삼을 수 있다.

Ⅳ. 명사결합형태의 실제

사전은 처음 기획단계에서부터 개발 목표나 대상에 따라 설정된다. 어휘결합형태를 코퍼스에서 추출하여 체계적으로 배열하고, 그 의미와 용례를 제시하는 것은 쓰기나 말하기와 같은 표현에 필요한 정보를 보여 주는 것이 된다. 이는 교실 수업이나 교재에서 공간과 시간의 제한으로 문법규칙을 연역적 방법으로 제시하는 것과 달리 해당 표제어의 실제 사용 양상을 통해 어휘-문법적 정보를 귀납적으로 제시하는 격이 되므로 학습자가 사전을 이용하여 단어를 조합할 때 나타나는 오류를 줄이게 한다.

여기에서는 위에서 논의한 명사결합형태의 어휘-문법적 특징과 긴밀도 특징을 기준으로 설정하여 코퍼스에서 명사결합형태를 선정하는 실제를 보이고자 한다. 본 연구자가 활용한 코퍼스는 고려대학교 민족문화연구원에서 대외적으로 서비스하는 SJ-RIKS Corpus[6]로서 약 1,500만 어절의 규모를 가진 범용 코퍼스로 한국어의 사용 양상을 분석하는 데 충분한 객관적 조건 자료를 제공한다. 또한 검색 기능면에서 형태소와 어절 단위를 나누어 검색할 수 있고 '완전 일치', '전방 일치', '후방 일치'의 세 가지 검색 방법을 지원하고 있어 어휘의 형태적 분석과 핵심어를 중심으로 선, 후행 어휘의 출현을 살필 수 있다는 장점이 있다.

---

6 SJ-RIKS Corpus는 2013년 말부터 1억6천만 어절의 확장판을 구성하여 공개 서비스를 진행하고 있다.

아래에 위에서 언급한 '해''을 예로 들어 결합형태를 추출하여 보이자면, 우선 '형태소' 단위로 '해'를 검색하여 동형동음이의어를 가려낸 후, '해''이 취할 수 있는 문법 요소를 확인한다. 다음으로 '해''이 나타내는 문법적 형태에 따라 '어절 단위', '전방 일치' 방법으로 검색한 후 대표적인 결합형태를 선정할 수 있다. 이러한 방법으로 '해'의 결합형태를 정리하여 보이면 다음과 같다.

해¹

◉ 해 + 서술어

해가 ~

해가 가다 // 해가 갈수록 식구들이 불어났어요.

해가 기울다 // 해가 기울고 바깥이 어두워질 때까지……

해가 나다 // 어머니는 해가 나도 비가 와도 걱정이었다.

해가 떠오르다 // 동이 트고 해가 떠오른다.

해가 떨어지다 // 해가 떨어질 찰나였습니다.

해가 들다 // 1층은 사계절 내내 한낮에도 해가 들지 않았다.

해가 뜨다 // 겨울이면 아침 9시에 해가 뜨고 오후 2시면 해가 지는 나라.

해가 바뀌다 // 문화는 하루아침 해가 바뀌면서 갑자기 이뤄지는 게 아니다.

해가 비치다 // 아침에는 (저쪽으로) 해가 비치기 때문이지요.

해가 저물다 // 해가 저물어가자 초조해지기 시작했다.

해가 지다 // 협상은 해가 지고 자정이 넘도록 계속되었다.

해를 ~

해를 거듭하다 // 특히 공개강좌가 해를 거듭할수록 참가자 수가 늘어났다.

해를 넘기다 // 혼례를 올리고 벌써 해를 넘겼지만, 아직도 그를 보면
가슴이 쿵쾅거렸다.

해를 등지다 // 해를 등진 그녀의 갈색 머리칼은 엉망으로 헝클어졌고……

◉ 관형어 + 해

몇 해 // 몇 해가 지나고 나는 재혼을 했다.

붉은 해 // 서산 너머, 무심히 붉은 해가 지고 있었다.

여러 해 // 한 가지씩 터득하는 데 여러 날 여러 해가 걸렸다.

한 해 // 새로운 한 해가 시작된다.

◉ 관용 표현

해가 서쪽에서 뜨다 // "자네가 자신 있게 의견을 얘기하다니, 내일부터
해가 서쪽에서 뜨겠어."

단어 간 결합형태는 실제 언어 자료인 코퍼스에서 추출하는 것이 좋지만 국어사전과 같은 기존의 내국인을 위한 대형사전을 참고하여 정확성을 기하는 것도 중요하다. 사전 편찬을 위해서는 '해가 길다', '해가 짧다'와 같은 결합형태의 누락이 없도록 대형 사전을 참조해야 할 것이며, 특정 학습자를 위해서는 뜻풀이, 각각의 결합형태 및 용례가 학습자의 모어로 번역되어야 할 것이다.

사전에서 표제어의 내용 정보를 기술함에 있어서 또한 학습자가 쉽게 이해하고 한 눈에 정보를 획득할 수 있는 구조를 만들도록 노력해야 하는데, 이를 위해서는 간단한 구성에서 복잡한 구성으로 해당 어휘의 결합정보를 제시할 필요가 있다. 명사의 결합형태에는 명사와 서술어, 관형어와 명사가 결합하여 문장에서 구나 절의 기능을 하는 형태와 명사를 핵심어로 굳어진 관용 표현의 형태뿐만 아니라 명사와 명사가 결합해서 하나의 의미적 단위를 이루는 형태도 포함할 수 있다. 이러한 형태를 단어 층위, 구 층위, 그리고 표현 층위 등 세 개의 단계로 나누어 단계적으로 제시한다면 한꺼번에 많은 정보를 보여 주는 것 보다 학습자의 이해에 도움이 될 것이다.

단어 층위에서의 결합형태는 문법 형태소의 개입이 없이 명사와 자립적인 어휘 형태소가 직접 연결되어 하나의 단어적 역할을 하는 구성으로 '명사＋명사'의 형태를 말하며, 구 층위에서의 결합형태는 문법 형태소를 매개로 두 개 이상의 단어가 결합하여 '명사＋서술어', '관형어＋명사'와 같은 구성을 말한다. 그리고 표현 층위에서의 결합형태는 속담이나 관용구처럼 두 개 이상의 단어로 이루어졌으며, 단어들의 의미만으로는 전체의 의미를 알 수 없는 특수한 의미를 지니는 굳어진 결합형태를 포함한다.

사전에서 표제어의 정보를 제시함에 있어서 단어 층위, 구 층위, 표현 층위 등 3단계 접근 방법을 활용할 수 있는데, 명사 '감기'를 예로 들어 제시하여 보이면 다음과 같다.

표5 명사의 단계적 결합정보

층위	결합구성	결합형태
단어 층위	'감기＋명사'	감기 기운 감기 몸살 감기 바이러스 감기 약 감기 증상 감기 환자
구 층위	'감기＋서술어'	*감기가 ~* 감기가 걸리다 감기가 낫다 감기가 들다 감기가 떨어지다 감기가 유행하다 *감기를 ~* 감기를 앓다 감기를 예방하다 감기를 조심하다 *감기에 ~* 감기에 걸리다 감기에 좋다

	관형어 + 감기	가벼운 감기 지독한 감기 유행성 감기
표현 층위	관용 표현	감기를 달고 살다

위의 표 5는 SJ-RIKS Corpus 자료에서 명사 '감기'의 결합형태를 추출하여 단어 층위, 구 층위, 표현 층위로 나누어 제시하여 보인 것이다. 단어 층위에서의 결합형태는 "감기"와 다른 명사가 직접 연결되어 하나의 의미 기능을 하는 결합형태가 되는데, 이러한 구조는 표제어 "감기"의 상위 개념인 "의학"을 뚜렷이 보여 주므로 학습자가 표제어의 어휘적 의미를 이해하는 데 도움이 될 것이다. 다음으로 구 층위에서의 결합형태는 표제어와 동사, 관형사와 표제어가 각각 조사 "-가", "-를", "-에", 관형형 어미 '-ㄴ', 접미사 "-성"을 매개로 결합하여 문장에서 동사구 내지 형용사구, 명사구의 기능을 하는 결합형태가 되는데, 이러한 구성은 문법 형태소가 있어서 외국인 학습자에게 가장 난이도가 높은 부분이기도 하다. 따라서 위에서처럼 격조사에 따라 표제어의 결합형태를 분류하여 제시한다면 문법적 체계를 이해하는 데 도움이 될 것으로 판단된다. 표현 층위에서의 관용 표현은 말 그대로 오랫동안 써서 굳어진 표현으로 단어 개별적 의미의 합이 아닌 결합형태 전체가 나타내는 특수한 의미를 지니므로 해당 어휘의 비유적 의미, 문화적 의미를 이해하는 데 도움이 될 것이다.

V. 맺음말

본고에서는 한국어 교육용 어휘 단위가 기존의 낱말 단위에서 어휘결합형태로 확장하여 제시할 필요성이 대두되었음을 논의하고, 그 중 명사가 문장에서 나타내는 어휘-문법적 특성 및 어휘결합관계의 긴밀도를 바탕으로 코퍼스를 활용한 명사결합형태의 선정 기준 및 실제를 보이고자 하였다. 또한 사전에서 학습자의 이해를 돕기 위해서는 명사결합형태를 단어 층위와 구 층위, 표현 층위로 나누어 간단한 구조에서 복잡한 구조로 제시하는 점진적 방법에 대하여 거론하였다.

본고는 『한국어명사결합사전』 개발을 전제로 명사에 한정하여 코퍼스에서의 결합형태를 고찰하였으므로 기타 품사를 배제한 이유를 밝히지 않을 수 없게 된다. 사전이 도구서로서의 역할을 수행하기 위해서는 한국어 어휘 전반을 다루어야 함이 마땅하나 한국어교육에서 학습 자료로 활용하기 위한 학습사전이라면 학습의 효율을 전제로 편찬하는 것이 또하나의 이유가 될 것이다. 명사는 한국어 어휘의 반 이상을 차지하며, 문장에서 주어나 목적어, 보어와 같은 핵심성분 중의 하나로 격조사를 매개로 다양한 단어 간 결합형태를 보인다. 이는 동사나 형용사와 같은 활용이 있는 용언을 중심으로 결합형태를 학습하는 것보다 쉽고 체계적인 학습이 될 수 있는 구성이 된다. 그러나 사전의 활용도를 고려하여 명사결합형태에 나타난 동사, 형용사를 색인하여 부록으로 제시하는 보완책도 고려해야 할 것이다. 나아가 한국어 전반을 아우르는 어휘결합형태에 대한 체계적인 접근법에 대해 좀 더 고민하고 해결해 나가야 할 것이다.

민현식(2009), 言語 習得 및 文化 關聯 理論의 動向, 국어교육연구 제24집, 서울대학교 국어교육연구소.
강남욱(2011), 한국어 학습자의 시제 개념 습득 연구 - 과거 시제 형태의 습득 양상을 중심으로, 국어교육연구 제49집, 국어교육학회.

　　인간은 자신의 모국어 이외에도 환경적인 이유나 개인적인 필요에 의해 두 번째 언어 또는 그 이외의 외국어를 배우게 된다. 외국어를 가르치고 학습하는 과정은 개별적이거나 임의적이지 않고 체계적인 일반성이 존재하고 있으며, 이는 외국어로서 한국어를 배우는 경우에도 마찬가지로 적용된다. 이렇게 모국어 화자가 아닌 대상이 한국어를 습득하는 기제(機制)와 과정을 이론화한 것을 일컬어 '(외국어로서의) 한국어 습득론'이라고 할 수 있다.

　　한국어 습득론을 포함한 한국어교육의 여러 이론은 영어교육학을 위시한 외국어교육의 이론에 대한 의존성이 강할 수밖에 없는 것은 사실이다. 그러나 한국어교육학의 성장 과정을 돌이켜볼 때, 정작 이론의 알맹이에 해당하는 한국어를 논구하는 비중은 위축되고 수입 이론의 대입(代入)과 확인 작업에만 몰두한 측면이 있고, 외국어교육의 이론을 도입할 때에도 어떠한 배경에서 형성되어 어떤 좌표에 놓인 이론인지도 불분명한 채 주장의 논거로 활용된 경우도 없지 않아 있었다. 이러한 가운데 발표된 민현식(2009)의 논의는 한국어 습득론이 외국어 습득론의 하위 영역이자 동시에 응용한국어학의 한 영역으로 자리 잡기 위해서는 원용(援用)되는 논의들이 어떤 위상의 것들인지 체계적으로 살펴보아야 할 필요가 있음을 제기하는 연구로서, 외국어교육학에 함몰(陷沒)한 것이 아닌 한국어교육학의 입론(立論)에서 외국어교육학을 조감(鳥瞰)한다는 취지에서 시사하는 바가 크다. 또한 언어의 습득만이 아니라 문화의 습득을 아울러야 습득의 큰 틀이 보인다는 뜻에서 문화 적응과 수용의 제반 이론을 언어 습득의 이론들과 병행하여 다루었다는 점에서도 의미가 있다.

　　강남욱(2011)은 민현식(2009)에서 제시한 거시적인 통찰로부터 시사점을 취하여 실천적인 연구의 한 방향을 보이고자 하는 논의라고 할 수 있다. 이 연구에서는 한국어 학습자의 시제 개념 습득 순서에 주목하여 그 중에서 과거 시간 표현형을 여덟 종으로 분류하고, 급별로 수집된 학습자 말뭉치를 통해 횡단적인 분석을 시도하여 습득의 양상이 어떻게 드러나는지를 밝혔다. 이를 근거로 하여 한국어 학습자가 습득에서 어려움을 겪는 과거 시제 표현형에는 무엇이 있는지를 실증적으로 확인하여 교육적인 처치가 필요함을 제기하였고, 주요 한국어 교재를 분석하여 현행 교육적 입력 순서에는 자연스러운 습득을 저해할 만한 요소가 있음을 지적하였다. 논증 과정에서 한국어를 모국어로 하는 유아의 과거 표현형 습득 연구 결과를 비교·분석하고 학습자의 습득 정도를 나타내기 위한 독자적인 분석 지표 등을 고안하는 등 외국어 습득론으로서의 보편성을 고려하는 한편 한국어 습득론으로서의 고유성을 모색하고자 하였다는 점 또한 민현식(2009)으로부터 영향을 받았다고 평가할 수 있겠다.

言語 習得 및 文化 關聯 理論의 動向[*]

言語 習得 및 文化 關聯 理論의 動向[*]

민 현 식

목 차

요 약

　언어 습득 연구에는 發達心理學, 言語學, 心理言語學, 人類言語學, 言語病理學, 言語敎育, 社會言語學 등 여러 학문이 관여한다. 각 분야마다 연구의 초점이 다르다. 言語 習得 理論에는 네 가지 흐름이 있다. (1) 제1언어습득 이론으로는 대조분석가설, 보편문법이론이 대표적이다. (2) 주의 집중 이론은 인지심리학 관점에서 학습이 어떻게 이루어지는지를 설명하여 행동주의 학습 이론을 대치한다. (3) 경험 이론에는 입력 가설, 대화 이론이 있다. (4) 사회 이론은 학습자를 둘러싼 정치, 경제, 문화적 사회 환경을 중시한다.

　언어습득론에는 열 가지 유형이 있다. 행동주의 이론, 사회-상호작용주의 이론, 인지 이론, 의도성 모형, 경쟁 모형, 사용-기반 이론, 모듈 이론, 보편문법, 통사적 자동 처리설, 의미적 자동 처리설, 연결주의 이론이 있다. 이들

* 『국어교육연구』 제24집(서울대학교 국어교육연구소 2009년 발행)의 71쪽부터 118쪽까지 수록되었음. 또한, 요약은 원문의 '국문초록'을 재수록한 것이다.

이론은 언어습득의 선천성과 후천성에서 차이를 보인다. 언어 습득 이론의 변인들로는 나이, 言語間 影響, 言語環境, 認知, 學習者 言語, 外國語 適性, 動機, 感情 및 個人差에 대해 다양한 이론과 실험들이 제기되고 있다.

言語文化 理論으로는 文化適應化(文化變容)이론이 있어 이민자 적응 유형을 통합, 동화, 분리, 소외의 네 유형으로 나누는데 통합 모형이 이상적이다. 한국인의 문화적 정체성은 언어, 민족, 역사, 민속, 국민성, 종교, 국가 등 7개 정체성으로 설명할 수 있다.

한국어 학습자의 시제 개념 습득[*]
-과거 시제 형태의 습득 양상을 중심으로

강 남 욱(경인교육대학교)

Ⅰ. 서론

외국어를 '교육의 대상'으로 놓을 수 있고, 또 외국어교육을 '학문의 대상으로 삼을 수 있다는 논의 뒤에는 여기에 어떤 일반성이 존재하고 있다는 합의가 전제되어 있다. 즉 '학습(learning)'과 달리 '습득(acquisition)'이라는 개념을 학술적으로 변별하고자 한 이유에는 외국어를 익혀 나가는 과정 속에는 단순히 개별성, 무질서성이나 비일관성만이 있는 것이 아니라 어떤 보편적인 규칙이 존재한다는 판단이 포함되어 있는 것이다.

이와 같은 객관적인 믿음 뒤에는 모든 언어의 습득 자체가 규칙적일 것이라는 이른바 '보편 문법의 가설'이 역사적 배경으로서 자리 잡고 있다. 유아가 제1어(또는 모국어)를 습득하는 과정을 보면 중간에 실수나 오류가 없는 것은 아니지만 특별히 체계적인 문법 구조나 형태를 의도적으로 전달하지 않아도 신기할 정도로 '자연스럽게' 터득해 나간다. 그것이 인간에게 생득적으로 내재된 언어습득장치(LAD)의 기능이라는 설명은 비판과 보완을 통해 다소 변화를 겪기는 했지만 1960년대 중반 이후

---

[*] 『국어교육연구』 제49집(국어교육학회 2011년 발행)의 239쪽부터 268쪽까지에 수록된 '한국어 학습자의 시제 개념 습득 연구'를 실음.

언어학 연구에서 배제할 수 없는 이론적 전제로서 자리매김해 왔다.[1]

이를 확장해 보면, 성인이 제2언어(또는 외국어)를 배우는 과정에서도 일정한 패턴이 있을 수도 있으며, 이 얼개와 순서를 추출해 낸다면 외국어 교육에 획기적이며 확실한 근거가 될 것이라는 가정을 해 볼 수 있다. 이에 대한 초창기 연구로 1973년과 1974년에 수행된 Dulay & Burt의 연구를 들 수 있는데, 이 연구에서는 어린이와 성인을 대상으로 여러 외국어를 모어로 하는 어린이들이 제2어로 영어를 습득할 때 형태소의 습득에 어떤 일정함이 있는지 살펴보았고, 그 결과 제2언어 습득에도 규칙성과 보편성이 있음을 밝혔다. 이어 1974년 Bailey, Madden & Krashen은 성인 학습자들에게도 거의 동일한 실험을 시도해 보았는데 마찬가지로 보편적 유사성을 보인다는 것을 발견했다. 이후 응용언어학 및 외국어 교육학 분야에서는 '습득 순서(acquisition order)'라는 주제 하에 음운, 형태소, 통사 등의 다양한 영역에서 습득의 보편성 탐색 노력을 진행하여 상당한 진척을 이루었으며 습득의 선·후행 관계를 고려하여 학습자를 위한 교육 자료로 반영하는 등 실제적인 성과를 낳고 있다.

위 주장이 제기된 이후 지금까지 이어진 응용언어학 분야의 습득 순서 연구는 대략 세 가지 흐름으로 분화되어 진행되어 왔다. 지면 관계상 충분히 선행연구를 다룰 수는 없겠으나 간단히 정리하면 다음과 같다.

(ㄱ) **오류율 및 출현 빈도 기반의 연구** : 필수 문맥에서의 오류율 및 공급 빈도를 확인하여 습득의 여부를 가리고, 이를 근거로 습득의 순서를 제시하는 형태로서, 앞서 언급한 Dulay & Burt(1974) 또는 Lightbown,

---

1 이 부분의 언급과 관련하여 현재까지 이루어진 언어 습득의 이론의 흐름과 동향을 파악하려면 민현식(2009)를 참고할 것. 본 연구는 민현식(2009:78, 82)에서 정리한 내용에 비추어 본다면 '보편문법이론'의 흐름 위에서 제2언어와 외국어에도 일정한 습득 순서가 있을 것이라는 믿음 위에서 출발한다고 볼 수 있을 것이다.

Spada & Wallace(1980)의 연구 등을 들 수 있다. 여기에서는 잘못된 사용(오류)을 어떻게 판정하며 출현 빈도의 계량을 어떤 방식으로 표준화하는가가 쟁점이 된다.

(ㄴ) **중간 언어 이론 기반의 변이형 연구** : 1980년대를 지나며 중간 언어 이론이 정립됨에 따라 단순 오류율이나 정답률로 습득 순서를 가를 것이 아니라 동일 범주의 자질을 축으로 놓고 학습자가 생산한 변이형의 발달 패턴을 동적인 틀(dynamic paradigm)로 분석하여 이를 함축적으로 제시하자는 논의가 진행되었다. Ellis(1994) 등에 이와 관련된 논의와 방법론이 정리되어 있다.

(ㄷ) **언어 유형론 기반의 가설 검증 연구** : 어휘적, 혹은 통사적인 내재적 의미를 기반으로 하여 습득에 대한 보편적인 가설을 세우고 이를 다양한 L1·L2에 적용하여 검증하는 연구의 흐름이 90년대 후반부터 활발하게 나타났다. 대표적인 것으로 상(相) 가설(Aspect Hypothesis: AH)과 관련한 일련의 시상 습득 연구를 들 수 있으며 Bardovi-Harlig(2000)나 Salaberry & Shirai(2002) 등의 연구에서 그간 이루어진 논의의 결과와 함의를 살펴볼 수 있다.

한국어교육에 있어서 이와 같은 본격적인 의미의 습득 순서 연구는 아직 충분히 이루어지지 못한 듯하다.[2] 더구나 한국어를 모국어로 하는 영유아의 습득 순서나 발달 과정도 구체적으로 드러나 있지 못한 상황이어서 앞으로 개척을 필요로 하는 미지의 영역이 많다. 습득 순서를 확인하는 연구는 대규모 집단을 대상으로 하여 실험을 하거나 충분한 양의

---

2 앞서 살핀 외국어교육 연구 결과와 연계하여, 한국어교육의 시제 습득 관련 선행 연구로서 다음과 같은 연구들을 참고해 볼 수 있다. (ㄱ) 관련: 강남욱·김호정(2011), (ㄴ) 관련: 이해영(2003, 2004), (ㄷ) 관련: 이채연(2008), 박선희(2009) 등.

말뭉치 등이 구축되어야 하는 등 난제가 많아 쉽게 접근하기 어려운 것도 사실이었다. 그러나 한국어교육이 양적으로 안정적인 궤도에 오르고, 학문적으로도 정초(定礎)의 시기를 지난 현 상황에서 한국어 습득의 순서와 관련된 다양한 문제 제기와 해결 과정을 누적해 나가고, 또 이를 이론화할 필요가 있으며, 이를 장차 교육에 적용해 나가는 실천도 요구된다 하겠다.

본 연구에서는 '한국어 문법 항목의 습득'이라는 대 주제 하에, 시제의 습득, 그 중에서도 문법 표지를 비교적 선명하게 추출할 수 있는 '과거 시제'를 주 대상으로 논의해 보고자 한다. 시제와 시간 표현의 습득은 언어의 습득에 있어서도 중요한 영역으로서 습득 순서를 다루는 앞으로 전개할 긴 연구의 시작점으로도 중요한 의의를 갖는다고 여겨진다.

이를 위해 이 연구에서는 다음과 같은 연구 전제와 방법론을 설정한다.

① **전제** : 학습자 말뭉치는 학습자의 언어 사용 실태를 균형적으로 보일 것이다.

방법 : 제2어, 혹은 외국어로 한국어를 학습하는 2~3급 학습자들을 대상으로 충분한 사례수의 언어 자료를 수집하여 균형 말뭉치로 구축한다.

② **전제** : 특정 문법 항목(표지)의 사용의 빈도는 해당 표현에 대한 습득 수준을 대표할 것이다.

방법 : 시제 표현 중 '과거 시제'를 표현하는 문법 항목을 선정하여 구축한 균형 말뭉치 중 출현한 빈도 통계를 작성한다.

③ **전제** : 개별 항목 출현의 횟수를 통해 습득의 정도를, 개별 항목의 급별 출현 빈도의 차이를 통해 습득의 진행을 확인해 볼 수 있을 것이다.

방법 : 항목별 출현 빈도 표를 근거로 하여 동일 급에서 어떤 항목이

가장 많이 쓰이는지를 확인하고, 또 다른 급에서 출현 빈도를
계산하여 성장비를 비교한 후 습득의 진행이 어떻게 이루어졌
는지를 살펴본다.

④ **전제** : 한국어 외국어 학습자(Korean L2/FL learners)들의 과거 시제
　　　습득 양상 및 순서는 한국어 모국어 학습자(Korean L1 learners)
　　　와 어느 정도 유사성을 가지고 있을 것이다.

　방법 : 현재 결과 보고된 기존 연구 논문의 결과 수치를 활용하여 전
　　　제 ③에서 확인된 결과를 활용하고 적용해 보아 순서적 일치성
　　　을 확인해 본다.

　본고에서는 2장에서 위 ①과 ② 항목에 관한 내용, 즉 말뭉치를 위한
자료 수집의 절차와 과정, 방법론 등에 대해서 논의하고 시제 표현의 형
태적 항목 여덟 가지를 추출하는 논리에 대해서 언급할 것이다. 이어 3
장에서는 ②의 논의 일부와 ③에 관련된 내용을 다루어 빈도 조사와 통
계적 처리 및 그 결과를 소개하고자 하며, 이어 4장에서는 ④ 항목에 의
거, 제1언어(모국어)로 한국어를 습득하는 영유아의 과거 시제 습득 순
서에 대한 기존의 연구를 원용(援用)하여 습득 일치성을 검토해 보고, 한
국어교육에서의 시사점을 간단히 짚어보고자 한다.

　사실 본고에서 제시하는 말뭉치의 구축만으로도 많은 인적·물적 자
원이 투입되어야 하는 작지 않은 과제라 하겠다. 그러나 한국어교육의
이론과 실제 현장이 아직 그만한 상황을 뒷받침해 주지 못하는 여건인바,
본 연구에서는 개인의 역량 안에서 최대한 보유하고 있는 자료를 활용하
여 연구를 진척시키고자 한다. 이를 통해 현재 이루어지고 있는 한국어
시제 형태 교육의 교육과정(혹은 교수요목)이 단순히 우리가 내린 직관
만으로 이루어져야 할 것이 아니라 보다 학문적으로 엄밀한 근거 하에
이루어져야 하기에 그것으로서 연구의 필요성과 당위성을 얻고자 한다.

Ⅱ. 연구 방법

1. 분석 대상 및 절차

이 연구에서 연구 분석의 대상으로 삼은 것은 국내외 한국어교육 기관 (대학 포함) 다섯 곳에서 2000년 3월부터 2010년 11월까지 수집한 3,500여 건의 학습자 자유 작문 자료이다.[3]

당연한 언급이겠지만, 학습자 언어의 다양한 면모를 보기 위해서는 물론 문어뿐만 아니라 구어까지 확보가 되어야 할 것이다. 그러나 현재의 상황에서 구어의 수집과 말뭉치 구축이 여러 가지 제약 조건으로 용이하지 않다는 점을 감안하여 문어 자료를 기반으로 분석 대상을 설정하되, 통제된 글쓰기나 쓰기 연습 문제 등 학습한 단원의 문법 항목과 관련된 산출 자료는 모두 배제하였다. 통제된 글쓰기는 특정한 문법 항목을 의도적으로 활용하도록 유도하는 목적을 가지고 있고, 또 단원의 쓰기 연습은 수업을 통해 단기 기억에 남아 있는 문법 요소들을 활용하여 과제를 수행하기 때문에 진정한 의미에서 습득된 한국어를 구사한다고는 보기 어렵기 때문이다. 따라서 분석의 대상으로 수업과 교재로부터 독립적으로 이루어진 자유로운 문어 작문 자료로 한정시켰다. 자유로운 자유 작문이기는 하나, 일기와 같은 완전히 개방된 형식의 자유 작문보다는 주제 작문(예 : '나의 미래', '가장 기뻤을 때', '고향 소개', '더위를 이기는 방법' 등)이 대부분을 차지한다.

연구자는 개인적으로 직접 분석 자료를 수집하거나 해당 기관 근무자

---

3 말뭉치의 최종적인 전산화 작업은 향후 약 5~6년 소요를 예상하고 연구자가 현재 구축 중이다. 1급부터 6급까지의 학급별 안배, 국내를 비롯하여 국외 기관 등 지역적 안배, 외국인 학습자와 교포 학습자 등 학습자 구별 등의 작업이 추후 뒤따라야 하는 작업으로서 아직 현 상태에서는 완결되지 않았음을 밝혀 둔다.

의 협조와 동의를 구하여 자료를 확보하는 방법으로 기본 자료를 수합하였다. 최초 자료는 모두 종이에 자필 쓰기 형태로 이루어진 것이며, 추후 대조 작업의 편의성과, 망실(亡失)을 방지하기 위해 문서 스캔을 통해 그림 파일(*.jpg)로 전산화하였다.

전산화한 것 중 판독이 어려운 파일은 제거하고 이와 같이 확보된 원본 스캔 파일을 텍스트 파일(*.txt)로 입력하는 작업을 진행하였다. 입력 작업은 오타, 띄어쓰기, 줄바꿈 등의 모든 행동적 양상을 반영하여 진행되었으며, 본 연구를 위해 최종적으로 구축된 파일 개수와 입력된 어절 수를 제시하면 아래 표 1과 같다.[4]

표1 분석 대상 말뭉치 개수 및 입력 어절 수

말뭉치 종별	구축된 파일 수		입력된 총 어절 수	
Corpus Ⓐ	2급	17	2급	828
	3급	60	3급	7,532
Corpus Ⓑ	2급	4	2급	144
	3급	78	3급	9,808

---

4 각각의 말뭉치와 관련한 상세한 내역은 비공개로 한다. 다만 이들 중 Ⓐ, Ⓑ는 국외 대학에서, Ⓒ는 국내 대학 부설 한국어교육 기관에서, Ⓓ와 Ⓔ는 각각 유학생을 대상으로 한 국내 대학원과 대학 학부 과정에서 수집된 것임을 밝혀 둔다. 이 중 Ⓐ와 Ⓑ는 강남욱(2010)에서 텍스트 전산화 이전 상태인 원본 형태로 활용된 바 있었으며, Ⓓ 중 일부는 김호정·강남욱(2010ㄱ, ㄴ)에서 종단형(longitudinal) 말뭉치로 활용된 바 있다. 원본 자료 스캔 및 텍스트 입력 등의 말뭉치 구축 작업은 2010년 5월 1일부터 2011년 2월 28일까지 이루어졌다. 이 각주에서 제시한 세 편의 서지사항은 아래와 같으며, 본 연구의 직접 인용 대상이 아니므로 참고문헌에서는 제외한다.
- 강남욱(2010), "몽골인 한국어 학습자의 처·여격 조사 사용에 대한 대조언어학적 분석 및 교육 방안 연구", 『한국어 교육』 21-3, 국제한국어교육학회, 1~21.
- 김호정·강남욱(2010ㄱ), "한국어 학습자의 문법 습득 양상 연구(Ⅰ): '-고'와 '-어서'를 중심으로", 『국어교육』 132, 한국어교육학회, 295~323.
- 김호정·강남욱(2010ㄴ), "한국어 학습자의 문법 습득 양상 연구(Ⅱ): 조사 [이/개와 [은/는]의 사용 양상을 중심으로", 『국어국문학』 156, 국어국문학회, 5~41.

Corpus C	2급	1,413	2급	87,333
	3급	1,732	3급	122,528
Corpus D	2급	30	2급	3,564
	3급	141	3급	5,935
Corpus E	2급	14	2급	1,550
	3급	11	3급	1,495
급별 합계	2급	1,478	2급	93,419
	3급	2,022	3급	147,298
총계	3,500 파일		240,717 어절	

위와 같이 입력된 파일은 별도의 헤더(header) 없이 원자료 형태로 저
장하였다. 말뭉치 헤더는 작성자 성명, 급별, 국적, 모국어, 연령, 성별,
문종(文種) 등 말뭉치 수집과 관련된 정보를 저장해 두는 부분인데, 본
연구에서는 헤더를 읽는 별도의 데이터베이스를 사용하지 않고, 일부 학
습자들에 대한 신상 정보가 아직 확보되지 않은 것들이 있어 그림 1과
같이 파일명에 대부분의 정보를 담았다.

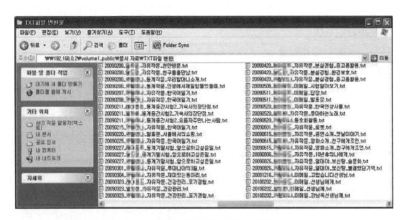

그림 1 개별 말뭉치(*.txt) 파일 구축 예시(인적사항 숨김)

2. 통합 말뭉치 구축 및 항목 추출

위 1절에서와 같은 과정을 통해 다양한 배경을 지닌 학습자들의 문어 자료 3,500건 240,717 어절에 대한 말뭉치를 설계하고 개별 말뭉치 입력을 완료하였다.

상기(上記)한 바와 같이 최초의 텍스트 자료 입력은 수집 자료 당 1개씩 개별 파일로 생성하였는데, 전산 입력에 대한 오류 검증 작업을 마친 뒤에는 말뭉치 계량 및 빈도 조사를 본격적으로 실시하기 위해 이들 개별 파일을 급별로 통합하였다. 2급 1,479개 파일과 3급 2,022개 파일을 간단한 페이지 정보(파일명 등)를 남기고 두 개의 파일로 분산 통합하였다. 이는 급별로 표적하고 있는 항목의 빈도를 각각 추출하는 것을 의도하였기 때문이다.

이어 말뭉치 중 과거 시제 표지로 삼을 만한 항목을 선정하였다. 말뭉치 분석 프로그램은 검색어 또는 검색식으로 해당 항목이 출현한 지점과 빈도를 출력해 주는 얼개를 갖고 있으므로, 문법적으로 타당하고 형태적으로 명시적인 항목을 가려내는 것이 중요하다.

한국어의 과거 시제를 실현하는 방법에서 가장 쟁점이 되는 것은 시간의 외적 시점을 가리키는 '시제(時制)'와 시간의 내적 양상을 가리키는 '상(相)'을 정확하게 분리할 수 없다는 점에 기인한 것들이다. 예컨대 '-더-'와 같은 회상 선어말어미는 과거 시제를 표현할 때에도 쓰이며, 상황에 따라 진행상 능 상적(相的) 의미도 띠고 있기 때문이다. 이에 문법학자들은 이와 관련한 다양하고 치밀한 논의를 펼쳐 왔는데, 본고에서는 과거 시제의 설정 및 분류와 관련한 논의는 깊이 다루지 않기로 하고, 영유아의 시제 및 상의 습득과 관련한 기존 논의를 정리하여 연구 진행을 위해 최적화를 거쳐 범주별로 분류한 이필영 외(2009:302)의 분류표(아래 표 2 참고)를 따라 진행하기로 한다.

같은 논문(2009:301)에서는 한국어의 시제가 종결형, 연결형, 관형형에 나타날 수 있음을 언급하면서, 한국어를 배우기 시작한 아동들에게는 연결어미의 사용 자체가 흔하지 않으므로 종결형과 관형형 표지만으로도 시제 발달을 살펴보는 데에는 무리가 없을 것으로 판단하였다. 본고에서도 이와 같은 체제와 항목을 따르는데, 이는 4장에서 제1어 습득 순서와의 비교를 용이하게 하려는 목적이 있고, 더구나 본고에서 살펴보고자 하는 과거 시제는 연결형에서 사용되더라도 유표적인 '-었-'이 대체로 사용되므로 빈도를 확인하는 데 큰 문제가 없기 때문이다.

표 2 시제 형태의 범주 분류표(이필영 외(2009:302) 참고)

관형형	과거	-던, -었을, (동사)-(으)ㄴ, -었던
	비과거	(형용사)-(으)ㄴ, -는, -(으)ㄹ
종결형	과거	-었-, -었었-, -더-, -었더-
	비과거	-ㄴ/는, ∅

이상의 표 2에 따르면 과거 시제의 형태 범주로는 총 여덟 개가 제시되었음을 알 수 있다. 따라서 이하의 연구에서는 이 8종의 과거 시제 표지의 출현 빈도를 살펴보고, 출현 양상을 분석할 것이다. 항목의 출현을 살펴보기 위한 말뭉치 분석 프로그램으로는 'SynKDP 1.6 (Synthesized Korean Data Processor 1.6, 일명 깜짝새)'을 이용하였는데, 구체적인 조사 방법은 다음과 같다.

첫째, 일차적으로 위 8개의 항목(과거 관형형 표지 4종, 과거 종결형 표지 4종)에 대해 2급과 3급에서의 출현 지점과 그 개수를 살펴보았다. 이때 SynKDP의 '전문가 탐색창'의 문맥 외 색인어(KWOC; Keyword out of context) 형식으로 조건식을 주어 해당 형태가 포함된 모든 용례를 문장 단위로 출력한 후(그림 2 참고), 이 용례 모두를 가나다순으로 정렬

하여 엑셀로 분류 저장하였다.

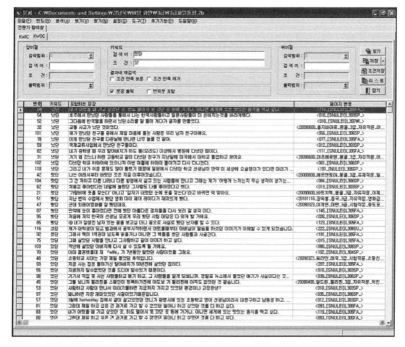

그림 2 3급 관형형 과거 '-ㅆ던' 출력 결과(SynKDP)

둘째, 출력된 용례를 수작업으로 검토하면서 동형이의(同形異義)의 사례나 명백한 오류인 것들을 제거한다. 예컨대, 관형형 과거 시제 항목인 '{동사}-(으)ㄴ'을 검색·출력하면 보조사 '{명사}-은' 등도 모두 같이 검색되어 나타난다. 따라서 이들을 모두 수작업으로 제거해야 한다.[5]

---

5 막대한 양의 수작업을 불가피하게 진행하면서, 자연어 기반 공학 연구의 발전으로 개발된 다양한 형태소 분석기 사용을 검토해 보았다. 예컨대 세종계획의 일환으로 개발된 '지능형 형태소 분석기'나 고려대 자연어처리연구실의 '한국어 형태소 분석기 데모 (*http://cl.korea.ac.kr/Demo/dglee*)', KAIST SWRC의 '형태소 분석기 한나눔 웹 데모 (*http://swrc.kaist.ac.kr/hannanum/morph.php*)' 등을 시범적으로 구동하면서 대규모 형태

셋째, 학습자가 오기(誤記)할 만한 유사 형태를 별도로 검색하여 보충해 넣었다. 예컨대 관형형 과거 시제 항목인 '-던'을 검색할 때에는 학생들이 잘못 표기하기 쉬운 '-떤', '-턴', '-뜬' 등도 모두 검색해서 누락되는 것이 없는지 살펴보아야 하고, 발견되었을 경우 문맥을 확인해서 과거 시제 관형형 '-던'과 차이가 없음이 확인되었을 경우 사용 지점의 일부로 포함되도록 반영해 넣었다.

덧붙여, 다음 장에서 이어질 기초 계량 결과를 제시하기에 앞서 본고에서 다룬 말뭉치 규모에 대해서 별도로 언급할 필요가 있을 듯하다. 주지하는 바와 같이, 말뭉치 중 특정 언어를 학습하는 학습자들이 생산한 언어 자료를 바탕으로 구축된 말뭉치를 '학습자 말뭉치(learner corpus)'라고 하는데, 한 언어에서 다른 한 언어로 언어 습득의 이동 과정을 면밀히 살펴보면서 언어학적 현상을 관찰할 수 있고 교육 현장에 폭넓게 적용·응용할 수 있다는 점에서 활용도가 높다. 이로 인해 주요 언어 학습자 말뭉치 구축은 매우 활발하게 이루어져 왔다(조철현 외, 2002:4~7).

그러나 외국어로서의 한국어 학습자 말뭉치의 구축 현황은 국가적 차원이나 개인적 차원을 통틀어서도 전무한 실정이다. 첫 번째이자 유일한 학습자 말뭉치 구축 사례라고 할 수 있는 것이 2002년 문화관광부(현 문화체육관광부) 국어정책 공모과제로 이루어진 '한국어 학습자의 오류 유형 조사 연구' 정도인데, 여기에서 구축된 어절 수가 원시 말뭉치가 50만 어절 규모였고, 학습자 오류 분석을 위해 만들어진 목적형 말뭉치였으므로 이 말뭉치에서 변인별 조건에 맞는 것만을 추려 103,771 어절

소 분석의 반복적 노력을 줄이고, 정확성을 제고해 보고자 했다. 그러나 프로그램 기본 오류, 문자 코드의 저장 및 변환상의 에러 문제, 학습자 오류에 대한 오인식 등이 다수 발견되어 유용하게 사용할 수 없었다. 향후 학습자 말뭉치의 형태소를 예상 오류를 파악해 내거나 기존 오류 데이터베이스를 참조하는 기능을 더하여 분석해 주는 알고리즘의 개발도 필요할 것으로 보인다.

에 대해서만 연구를 진행하였다. 본 연구에서 구축된 말뭉치는 2급과 3급에만 국한되어 있고 개인 구축 말뭉치라는 한계가 있음에도 불구하고 24만 어절을 상회하여, 그 규모가 작지 않음을 보여준다.

Ⅲ. 연구 결과

1. 항목별 빈도 계량 결과

본 장에서는 먼저 2급과 3급의 학습자 말뭉치로부터 과거 시제 문법 항목의 출현 빈도를 계량한 결과를 분석해 보겠다. 급별로 빈도를 도표로 제시하고, 결과 확인을 위한 용례 등을 살펴보도록 하겠다.

먼저 2급에서 나타난 과거 시제 형태의 출현 빈도는 아래 표 3과 같다.

표 3 2급에서의 과거 시제 형태의 출현 빈도 결과

관형형(93,419 어절 중)				
항목	-던	-었을	-(으)ㄴ	-었던
빈도	6	64	474	6
비율(%)	0.006423	0.068509	0.507391	0.006423

종결형(93,419 어절 중)				
항목	-았-	-었었-	더	-었더-
빈도	3,487	22	2	4
비율(%)	3.732645	0.023550	0.002141	0.004282

2급 말뭉치로 구축된 전체 93,419 어절 중, 단연 가장 많은 빈도를 보인 항목은 종결형 과거 시제 형태인 '-았-'이었고, 이어 관형형 과거 시제

형태 '[동사]-(으)ㄴ'이 다음을 차지했다. 이 두 형태가 2급 과거 시제 표지의 출현 빈도(4,066건) 중 97.4%(3,961건)를 차지하여 2급 수준의 학습자들에게 있어 과거 시제 표현이 매우 제한적인 상태로 이루어지고 있음을 알 수 있다.

이 제한적인 사용에 덧붙여 한 가지 흥미로운 점이 '[동사]-(으)ㄴ'의 사용 용례를 통해 드러난다. 학습자들의 말뭉치를 살펴보면, '[X]-하다'의 과거 관형형인 '[X]-한'의 빈도가 98건, '만나다'의 과거형 '만난'이 91건, '오다'의 과거형 '온'이 62건, '[이리/저러/그러ㅎ]다'의 과서형 '-던' 형태가 45건, '보다'의 과거형 '본'이 34건 등으로 특정 단어의 과거 관형형만으로도 약 69.6%를 차지하고 있어 학습자들의 사용 어휘가 대체로 특정 어휘에 편중되어 있었음을 알 수 있었다.[6]

항목 '-었을(64회 출현)'은 과거 시제이지만 다음의 학생 사례와 같이 실제로는 미래의 어느 순간에 대한 추측이나 예상을 표현하기 위해 사용하거나 '-었을 때' 혹은 '-었을 텐데'와 같은 공기(共起) 형태의 문형으로 사용한다.

(ㄱ) • 10년후에 저는 결혼 <u>했을</u> 겁니다. (169_L205SU)
　　 • 지금보다 더 생활을 알게 <u>됐을</u> 거예요. (195_L206SU)

(ㄴ) • 이 음식을 먹<u>었을</u>때 기분이 좋아요. (168_L205SP)
　　 • 친구들 하고 다 만<u>났으</u>면 좋<u>았을</u>텐데. (090615_MGL_SAI)

---

6 학습자가 자유로운 조건 하에서도 제한된 어휘만을 사용한다는 위 사실은 말뭉치를 통한 분석으로 얻어지는 부수적인 시사점이다. 이를 통해 학습자가 가장 많이 쓰는 관형형 형태의 동사 목록을 추출할 수 있고, 어휘 사용 범위를 확대하고 강화하기 위한 교육적인 모색을 해 볼 수 있을 것이다. 이에 대해서는 본 연구 논의의 본령이 아니므로 다루지 않는다.

실제 2급 학습자의 말뭉치를 살펴본 결과 위 (ㄱ)과 같이 미래의 예상이나 추측으로 사용한 사례의 빈도는 총 13회(20.3%)에 지나지 않은 반면 사례 (ㄴ)의 사례 중 '-았을 때'는 49회(76.6%)로 대부분을 차지하고 있음을 알 수 있다('-었을 텐데'는 1회 출현).

'-던', '-었던', '-더-', '-었더-' 등 '-더-' 형태가 구사된 사례는 극히 드물다. 대부분의 한국어 교재에서 '-더-'는 2급 후반부나 3급 초반에서 다루어지므로 학습자 중에서 이 형태를 구사한 사례는 실제로 이 항목을 학습한 다음 습득의 과정을 거쳐 사용했다기보다는 교포 등 출신에 따른 환경적 영향이 있거나 불균형한 언어 기능(쓰기 등)으로 인해 3급 이상의 문법 항목을 접한 학습자가 2급에 남아 있는 경우로 보인다. 실제로 이 항목들의 출현 사례는 특정 학습자 2~3인의 작문 자료에서만 집중적으로 나타났다.

'-었었-'의 경우는 빈도는 22회이나 비교적 여러 학습자들이 사용했다. '-었었-'은 '-었-'과는 달리 단순하게 사건시를 발화시와 비교하여 과거임을 나타내는 것이 아니라 사건시가 심리적으로 상정한 어떤 기준시보다 과거임을 나타내는 형태로서 의미적으로 상당히 복잡한 인식을 요구한다. 학습자들의 사례 중 상당수는 맥락적으로 정확한 사용이라기보다는 아래 (ㄷ)과 같이 단순 실수나 중간언어적 사용으로 추정되는 것이 상당수 있었으며, 이는 물론 사용 빈도 지점으로 포함시키지 않았다.

(ㄷ) • 지금까지, 저는 한국에 왔어 나싯달쯤 있었습니다. (170_L206SP)
    • 일년기간 일을 했었서 한국친구 많아요. (043_L203SP)

다음으로, 3급에서 나타난 과거 시제 형태의 출현 빈도는 아래 표 4와 같다.

표 4 3급에서의 과거 시제 형태의 출현 빈도 결과

관형형(147,298 어절 중)

항목	-던	-었을	-(으)ㄴ	-었던
빈도	70	409	680	119
비율(%)	0.047523	0.277668	0.461649	0.080789

종결형(147,298 어절 중)

항목	-었-	-었었-	-더-	-었더-
빈도	6,365	50	41	67
비율(%)	4.321172	0.033945	0.027835	0.045486

3급 말뭉치로 구축된 147,298 어절 중, 빈도수가 높은 항목은 앞서 2급과 마찬가지로 '-었-'과 '{동사}-(으)ㄴ'이었다. 이 두 항목의 빈도(7,045건)는 전체 빈도의 90.3%를 차지하여 여전히 가장 높은 비율을 차지하나, 2급의 97.4%에 비해서는 현저히 떨어졌음을 알 수 있다.

앞서 2급 학습자의 '{동사}-(으)ㄴ' 항목에서 사용하는 어휘가 매우 제한적이라는 점을 밝혔는데, 3급에 있어서도 그 양상은 비슷하게 나타났지만 자주 사용된 어휘의 종류는 크게 늘어났다. '{X}-하다'의 과거 관형형인 '{X}-한'의 빈도는 167건, '{이러/저러/그러ㅎ}다'의 과거형 '-런' 형태가 56건, '오다'의 과거형 '온'이 44건 등으로 나타났고, 이외 아래 (ㄹ)에서처럼 주체높임선어말어미 '-시-'가 붙은 '{X}-신'이 17개, 접미사 파생 형태인 '{X}-어지다'의 관형형 활용꼴('{X}-어진')이 11개 등으로 2급에 문법적인 기능을 더한 관형형 과거 형태가 상당히 많이 나타났음을 확인할 수 있었다.

(ㄹ) • 다른 지방에서 오신 분뿐만 아니라 유명하신 가수나 배우도 오십니다. (133_L306SU)

- 다음에 옛날 한국에 가서 한글이 만들어진 순간을 보고 싶다.
  (070_L305FA)

이상에서 논구한 2급과 3급에서의 빈도 결과를 바탕으로, 다음 절에서는 서론에서 전제한 전제 ③에 따라 급별로 발생 비율에 따른 습득의 정도와 급간의 출현 빈도의 성장 비율을 통해 습득의 진행 수준을 분석해 보겠다.

2. 항목별 습득 순서 비교 결과

과거 시제 표지의 습득 정도를 확인하기 위한 방법으로 본고에서는 개별 항목의 출현 빈도와 비율을 살펴보고 상대 비교해 볼 것임을 밝혔다.[7] 이에 따라 먼저 각 급별로 출현 비율을 높은 순서대로 제시하면 다음의 표 5와 같이 정리할 수 있다.

---

7 이는 습득 정도를 알아보기 위한 일반적인 방법으로서 선행 연구에서도 택한 방법이기도 하다. 문맥에서의 출현 빈도와 발생 오류를 기준으로 하여 습득 정도를 계량하는 방법으로 SOC(Percentage of Suppliance in Obligatory Context; 필수 문맥에서의 공급 백분율)를 제안한 Brown(1973), Dulay & Burt(1974), TLU(Percentage of Target-Like Use; 목표 언어적 사용 백분율)를 대안으로 제시한 Lightbown, Spada & Wallace(1980)와 Stauble(1981) 등이 있는데(각 측정법의 특성과 장단점에 대해서는 Pica(1983) 참고), 본고에서는 의도적인 필수 문맥을 요구하지 않는 자유 산출 자료에서의 비율을 계측하므로 이영자 외(1997) 및 이필영 외(2009) 방식을 준용하여 사용 빈도 위주로 살펴보되 필요에 따라 모국어 사용자의 사용 비율을 비교하는 방식을 택한다.

표 5 급별 과거 시제 표지 출현 비율

2급 출현 비율 순				3급 출현 비율 순		
1	-었-	3.732645		1	-었-	4.321172
2	-(으)ㄴ	0.507391		2	-(으)ㄴ	0.461649
3	-었을	0.068509		3	-었을	0.277668
4	-었었-	0.023550		4	-었던	0.080789
5	-었던	0.006423		5	-던	0.047523
6	-던	0.006423		6	-었더-	0.045486
7	-었더-	0.004282		7	-었었-	0.033945
8	-더-	0.002141		8	-더-	0.027835

위 표에서 보는 바와 같이, 학습자들은 '-었-'이나 '[동사]-(으)ㄴ' 등의 항목을 빈번하게 사용하였고, 자주 사용하는 만큼 사용 맥락이나 의미에 대해서도 비교적 정확하게 습득 단계에 오른 것으로 파악되었다. 다음으로 '-었을'이 출현 비율상으로 높았는데, 실제 말뭉치를 살펴본 결과 과거 시제의 표현이라기보다는 대체로 '-었을 때'와 같은 공기 표현을 사용하기 위해 이 항목을 사용하고 있음을 알 수 있었다. 이 부분은 사용된 횟수에는 일부 차이가 있을 수 있지만 2급이나 3급 모두 사용 측면에서는 비슷한 양상으로 나타났다.

'-었었-'의 출현 비율 순위가 2급과 3급 사이에서 차이를 보이는 것도 흥미롭다. 앞에서 설명한 바와 같이 이 항목은 사용 맥락의 의미를 분별하기 어렵고, '-었-'이 단순 중복되어 있는 것처럼 보여 유표성도 떨어진다. 이로 인해 학습자들은 시기가 지나도(전체적인 능숙도(proficiency)가 향상되어 2급에서 3급으로 올라가도) 이 '-었었-'은 쉽게 습득이 되지 않는 것으로 판단할 수 있다. 다시 말하면 학습자가 상급 단계로 간다 해도 이 항목은 완전한 습득이 잘 이루어지지 않는다고 볼 수 있다.

한편, 두 급 모두 '-었던' 〉 '-던' 〉 '-었더-'의 순서로 이어지는 빈도 비율의 순위는 동일했으며, 과거 회상의 선어말어미 '-더-'의 사용이 양 급별 모두 사용 빈도가 각 급 내에서 저조했다는 것이 일치하는 점도 공통적으로 볼 수 있었다.

사용 비율이 낮으면 습득의 정도도 낮을 것이라는 연구의 전제가 있기는 하나, '-더-'의 경우 기본적으로 서술자가 목격한 사건의 상황을 진행상의 의미를 담아 묘사하고 서술하는 기능이 있기 때문에 의미상 문어보다는 구어에서 더욱 빈번하게 사용될 소지가 높은 항목이다. 따라서 이 '-더-'에 대해서는 추후 구어를 포함한 균형 말뭉치를 구축하여 별도로 사용 양상을 추적해 볼 필요가 있다고 여겨진다.

이어 2·3급 사이의 빈도 비율 차이를 분석하여 습득의 진행 수준을 살펴보기로 하자. 본고에서는 각각의 과거 시제 표지들이 학습 시간에 따라 얼마만큼의 변화를 겪었는지를 계량화하기 위해 3급에서의 출현 비율을 2급에서의 출현 비율로 나누어 성장비(growth rate)를 구하였다. 이는 2급에서의 특정 항목이 3급에 들어서는 몇 배 정도 더 사용되었는지를 보여준다. 이를 계산하면 표 6과 같고, 그 양상을 순위별로 그래프로 표시하면 그림 3과 같다.

표 6 2급·3급 간 과거 시제 표지의 사용 성장비

	항목 (순위별)	2급 출현 비율 (FR2)	3급 출현 비율 (FR3)	급간 사용 성장비 (GR = FR3 / FR2)
1	-더-	0.002141	0.027835	13.000934
2	-었던	0.006423	0.080789	12.578079
3	-었더-	0.004282	0.045486	10.622606
4	-던	0.006423	0.047523	7.398879
5	-었을	0.068509	0.277668	4.053015
6	-었었-	0.023550	0.033945	1.441401
7	-었-	3.732645	4.321172	1.157670
8	-(으)ㄴ	0.507391	0.461649	0.909849

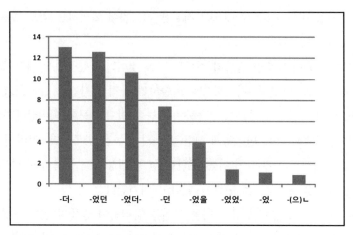

그림 3 시제 표지의 사용 성장비(순위별 정렬)

성장비의 양상을 놓고 보면 앞서 살펴보았던 표 5와 대비하여 흥미로운 결과를 관찰할 수 있다. 출현 비율이 높은 항목들이 급간 성장 비율은 오히려 떨어지는 현상이 나타나기 때문이다. 즉, 출현 비율상으로는 2급이나 3급 모두 가장 하위에 있었던 '-더-'의 경우, 2급에서보다 3급에서의 쓰임이 약 13배 이상 증가한 반면, 2급이나 3급 모두 상위(2위)의 출현 비율을 보였던 '-었-'의 경우 1.16배 사용량 증가에 그쳐 급 사이에 거의 차이가 없었다. 더구나 '[동사]-(으)ㄴ' 항목은 2급에 비해 3급의 사용이 미세하기는 하지만 더 줄어드는 모습이 나타나기도 한다.

이러한 현상에 대해서는 다음과 같은 설명이 가능할 듯하다. 첫째, 사용 빈도는 적으나 사용량이 증가한 것이 뚜렷한 '-더-'와 같은 항목들은 시간의 진행에 따라 습득이 이루어진 것으로 볼 수 있다. 사용량 자체가 적기는 하나 이는 실제 언어 생활에서 해당 항목이 차지하는 비율도 고려해야 하기 때문이다.[8] 둘째, 사용 빈도가 높지만 사용량의 증가가 뚜렷

---

8 서울대학교 IDS 연구실에서 개발한 "꼬꼬마 세종 말뭉치 활용 시스템(http://kkma.snu.ac.kr)"

하지 않거나 그대로일 경우 이미 선행 단계에서 습득이 완료되었다고 해석할 수 있다. 습득이 완료된 상태라면 사용 총량에 거의 변동이 생기지 않기 때문이다. 셋째, 사용 빈도가 많지도 않으며 사용량의 증가도 뚜렷하지 않은 경우 습득이 잘 이루어지지 않은 항목으로 해석할 수 있다. 당연하겠지만 습득이 잘 이루어지지 않으면 해당 항목을 활용하거나 구사할 의도나 의식 자체가 일어나지 않기 때문이다.

이와 같은 기준을 적용하여 한국어 2급(beginner high)과 3급(intermediate low) 사이에서 일어난 과거 시제 습득 순서를 정리하면 다음과 같다.[9]

> ① -었- (2급 이전에 이미 습득) ⇒ ② -(으)ㄴ (2급 이전에 이미 습득) ⇒ ③ -었을¹ ('-었을 때' 등의 제한적인 문형으로만 사용하는 형태) ⇒ ④ -더- (2~3급 사이 강한 습득 발생) ⇒ ⑤ -었던 ⇒ ⑥ -었더- ⇒ ⑦ -던 ⇒ ⑧ -었을² (3인칭 과거 추측이나 1, 3인칭 미래 예측의 의미로 쓰이는 경우 습득이 잘 일어나지 않음) ⇒ ⑨ -었었- (2~3급 사이 습득 발생의 근거 희박)

에서 '-더-(EP)'를 검색해 본 결과 세종 현대 구어·문어 말뭉치 중 해당 용례는 총 28회(문어 1회, 구어 27회), 비율은 0.00%로 나타났다. 학습자 3급 말뭉치에서 나타난 '-더-'의 비율 0.02%는 현대 한국어의 '-더-' 발생 빈도보다 오히려 더 높은 것으로서, 학습자들이 습득한 문법 형태를 오히려 활발히 적용하고 있는 상황으로 진단할 수 있겠다.

9 아래의 정리에서 '-었을'을 연어 형태(-었을¹)와 표층형 형태(-었을²)로 분리한 것은 실제 용례의 습득 양상을 분석하여 반영한 것이다.

Ⅳ. 논의 및 제언

1. 제1어와 제2어 간 습득 차이

이상에서의 연구 결과를 확보한 후 가장 관심을 끌 만한 후속 작업은, 과연 제2언어(혹은 외국어)의 과거 시제 습득 순서가 제1언어(혹은 모국어)의 같은 영역의 습득 순서와 일치하는지의 여부일 것이다. 이는 별도의 연구를 통해 진행할 수 있는 일이기도 하겠으나, 현재까지 제시되어 있는 한국어 모어 학습자(영유아 및 아동)의 시제 습득 연구의 결과가 양적으로 매우 한정되어 있고 학계에서 정설로 굳어진 것이 없는 상황임을 감안하여 이 장(章)에서 간략히 다루어 보도록 하겠다.

이필영 외(2009)의 연구에서는 24개월부터 35개월 사이의 유아로부터 발화 말뭉치를 구축하여(2002년 한국학술진흥재단 기초학문육성지원사업 『한국인의 의사소통능력 발달 단계에 관한 연구』 일환) 유아들의 시제 습득의 양상과 순서를 논의한 바 있다. 이전의 제1어로서의 한국어 습득 연구가 해외 이론에 대한 일반적인 적용 내지는 유아 1인에 대한 관찰 연구에 국한되어 있었기 때문에 말뭉치 기반의 제1어로서의 한국어 시제 습득 연구로서는 거의 유일하다고도 할 수 있다.

같은 연구(2009:306, 312)에서는 한국어의 과거 시제를 종결형과 관형형으로 나누어 습득 순서를 제시하였는데, 그 결과는 다음과 같았다.

① 종결형의 습득 순서 : -었- 〉 -었었- 〉 -더- 〉 -었더-
② 관형형의 습득 순서[10] : -(으)ㄴ 〉 -었을 〉 -던 〉 -었던

---

10 이 순서는 실제로 단 한 명의 여자 유아의 결과이다. 실험 대상은 남아 2명, 여아 2명으로 이루어졌으나, 과거 관형형 시제 항목에 대해서는 여아 1명을 제외하고 24개월에

이를 본고 Ⅲ장에서 도출한 습득 순서와 비교하면 종결형에서 '-었었-'과 '-었더-'의 순서가 바뀌었고(2위 ⇔ 4위), 관형형에서 '-던'과 '-었던'의 순서가 바뀌었음(3위 ⇔ 4위)을 알 수 있다. 이에 대한 시사점과 논의점을 제시하면 다음과 같다.

첫째, 말뭉치를 통한 분석 결과 제1어(모국어)와 제2어(외국어)의 습득 순서가 대체로 일치하는 것으로 드러났으며, 이는 곧 습득 순서의 패턴이 어느 정도 존재하는 것으로 해석할 수 있다. 이를 근거로 하여 향후 다른 문법 항목에 대한 제1어와 제2어 사이의 습득 순서, 특히 선행 항목 습득의 여부가 후행 습득에 영향을 미치는지를 규명해 보는 작업이 필요함을 알 수 있다. 이러한 연구를 통해 학습 시기에 필요한 적절한 자극 제공에 대한 근거를 얻게 되어 교육 내용을 조직하거나 성취도 평가를 구안할 때 중요한 역할을 하게 될 것이다.

둘째, 속단할 수는 없겠지만 제1어(모국어) 학습자들은 단일한 형태에서 중복된 표층 형태로 습득 순서가 이루어지나 제2어(외국어) 학습자들은 의미적으로 유표적인 형태에서 무표적인 형태로 습득 순서가 이루어지고 있다고 볼 수 있다. 예를 들어 '-었었-'의 경우 외국어 학습자에게는 그 세밀한 사용 맥락을 파악하기 어렵고 단일 형태인 '-었'과 유사하여 명시적인 변별면에서도 무표적이므로 습득이 거의 진행되지 않았다. 반면 '-었더-'와 같은 경우는 모국어 학습자들에게 있어 '-더-'의 습득을 거친 후 따라오는 표층 결합 형태로 보이나, 외국어 학습자들에게는 두 항목은 별개로 작용하여 의미적으로 '과거'라는 관념이 강한 유표적 형태인 '-었던'이 선행되고 과거 진행상의 의미가 있는 '-던'이 후행되는 모습을 보인다.

서 35개월 사이 발화가 보고되지 않았다고 한다. 따라서 일반화 측면에서 볼 때 이 순서는 아주 신뢰할 만한 것은 아니다.

셋째, 동일한 형태가 다른 의미로 쓰이는 경우와 이로 인해 생기는 오류를 확인하여 다층적인 습득 순서를 확인할 필요가 있다. 예컨대 관형형 시제 표지 '-(으)ㄴ'의 경우 동사가 선행하면 과거가 되고 형용사가 선행하게 되면 비과거가 된다. 본고에서는 논의되지 않았으나 이러한 동형이의(同形異義)의 표지들로 인해 습득은 매우 복잡하게 전개될 수밖에 없다. 여기에서 중요하게 점검할 수 있는 것이 바로 학습자 말뭉치를 대상으로 한 오류 분석이라고 할 수 있는데, 이를 통해 습득 순서와 함께 습득에 영향을 미치는 요인들을 추출해 낼 수 있다.

2. 습득 순서를 고려한 교육적 처치

현재 실시되고 있는 한국어 교수-학습은, 제1어 내지는 모국어로서의 한국어이든 혹은 제2어나 외국어로서의 한국어이든 그 교수 순서가 검증된 순위나 타당성에 근거한다기보다는 대개 그렇다고 여겨지는 개발자의 직관이나 교수자의 경험에 의존하고 있다. 본 연구는 먼저 그 순서에 대해 일차적인 질문을 던지고 이를 확인하기 위해 대상 집단을 선정하여 계량적인 방법으로 검증해 보았다는 점으로도 어느 정도의 의의를 지니고 있다 하겠다.

실제로도 현 시점에서 가장 널리 사용되고 있는 주요 대학 기관 출판 한국어 교재들의 과거 시제 관련 항목 배열 순서를 보면 아래 표 7과 같이 연구를 통해 제시한 습득 순서와 불일치하거나 일부 순서에 대해서 누락되어 있음을 알 수 있다. 특히 '-더-'와 '-었더-'에 대해서는 모든 교재들이 따로 제시하지 않은 것을 볼 수 있는데, 이들 선어말어미의 형태적 개별성에 주목시키기보다는 대체로 '-더니, -더라, -더군요', 혹은 '-었더니, -었더라면, -었더라니' 등의 형태로 결합된 문형을 제시하는 사례가 많았다.

표7 국내 주요 교재의 과거 시제 항목 제시 순서

	연세대 교재	서울대 교재	서강대 교재	경희대 교재
-었-	① 5과 4항	① 9과	①-A 4과	①-1 13과
-(으)ㄴ	① 6과 4항	② 3과	—	①-2 17과
-었을1	① 6과 4항	② 11과	②-A 3과	①-2 21과
-었을2	① 10과 2항	—	②-B 9과	—
-더-	—	—	—	—
-었던	② 9과 1항	③ 25과	③-B 7과	—
-었더-	—	—	—	—
-던-	② 6과 4항	③ 20과	③-B 7과	—
-었었-	③ 2과 3항	—	③-A 5과	—

(* □는 권수를 지시하며, 해당 항목의 제시 시기만 반영)[11]

한편 말뭉치의 분석을 포함하는 연구는 사용한 어휘의 빈도 정보를 알려주어 교육용 어휘를 선정하는 데에도 도움을 준다. 본고의 Ⅲ장 1절에서도 언급한 바와 같이, 동사로 과거 관형형의 형태를 만드는 경우는 실제 70% 정도가 일부 한정된 단어 안에서만 이루어진다는 사실[12]은, 교육 자료, 연습 및 활동, 평가 등의 예문을 선정하거나 새 어휘를 제시하고자 할 때 유용성을 지니게 된다.

---

11 주요 교재의 선정과 분석의 필요성이라는 취지에서 분석한 내용이나, 사실 교재들이 실제 구현하고자 하는 교수요목과 교수학습법이 동일하지 않으므로 단순히 드러나 있는 표제 항목들을 나열하는 상대적인 비교로는 불완전한 측면이 있는 것도 사실이다. 이 도표에서는 교재에 명시적으로 제시된 문법 항목을 제시하였고, 상황이나 기능, 과제 등을 통해 제시되는 비명시적인 항목은 제외되어 있음을 밝혀 둔다.
12 본 연구를 통해 정리된 어휘를 제시하면 다음과 같다. 아래는 2급과 3급을 통합한 동사 어휘 목록이다. (가나다순)
가다, 계시다, 그렇다, 끝나다, 도와주다, 되다, 들어가다, 마치다, 만나다, 만들다, 먹다, 받다, 배우다, 보내다, 보다, 살다, 시키다, 않다, 오다, 웃기다, 이렇다, 읽다, 입다, 저렇다, 주다, 지내다, 찍다, 찾다, 타다, ○○하다(결혼하다, 공부하다, 관하다, 대하다, 도착하다, 이야기하다, 졸업하다, 좋아하다, 준비하다)

어느 언어에서나 시제 표현은 존재하지만, 시간에 대한 관념이나 시간을 표현하는 방식은 동일하지 않다. 이미 여러 선행 연구에서도 언급하고 있듯이, 한국어교육에 있어 그 습득이 쉽지 않은 대상으로 시제와 관련한 형태를 꼽고 있다. 한국어교육의 습득 순서를 연구함에 있어 시제 습득 순서를 따지는 것은 연구의 선결 과제라는 측면에서도 우선순위에 있는 것이다. 따라서 이 연구가 향후 후속 연구와 교육적 처방을 모색하는 데 있어서도 일조할 부분이 있을 것이라 전망한다.

본고에서는 과거 시제 표지들의 습득 순서를 추출하여 학습자의 발달적 특성을 유형화하였고, 제1어(모국어) 습득 순서와 비교한 다음 의미적 유표성보다는 표층적인 형태에 주목하여 배열된 구조 중심 교재의 배열 순서에 문제가 있음을 지적하였다. 앞으로 관련된 여러 후속 작업들을 통해 이 연구에서 제기한 논의들이 더욱 풍성해질 수 있기를 기대해 본다.

민현식(2009), 국어교육 정책 개선을 통한 한자어 교육 강화 방안, 어문연구 제37집 제4호, 한국어문교육연구회.
근보강(2012), 중국인 학습자 한자어 습득 연구, 어문연구 제40집 제2호, 한국 어문교육연구회.

　한국에서 한글전용과 국한혼용을 둘러싼 오랜 쟁론 속에 정부는 1972년 중학교부터의 한문 교과 분리 정책과 공문서 한글전용 정책을 지속해 오고 있다. 특히 2005년 국어기본법이 나오면서 한글전용만 명시하고 한자 괄호 병기는 필요시에만 하도록 선언하여 국한혼용이 완전 봉쇄된 상황이다. 때문에 한자교육의 부실했으므로 한자어 어휘력 평가되지 않고 국민의 국어능력 저하가 심각하고 동양삼국에서 한자 문맹률이 가장 높다.

　이러한 가운데 민현식(2002)은 국어교육에서 한글전용이냐, 국한혼용이냐의 논쟁은 표기 문제의 문제이므로 국어교육은 더 이상 쓰기 차원의 논쟁에만 갇혀 있지 말고 '이해 교육'을 위한 한자교육 필요의 논리에서 공통점을 찾아야 한다고 주장했다. 또한 한자교육은 전통문화 자료의 이해, 곧 읽기 교육을 위해 필요한 도구를 제공해 주어야 한다는 데서 재출발해야 한다고 지적했다.

　근보강(2012)는 이러한 연구 성과에 힘입어 출현한 논의로, 민현식(2009)의 한자어 교육은 국민의 어휘 이해 능력 향상과 한자 병용은 한글전용보다 국어능력 향상에 더 좋은 교육 효과를 받을 수 있다는 견해에 계발되어 그 견해를 충분히 감안하여 한자문화권의 중국인 학습자를 대상으로 한 한국어 한자어 교육의 본질적 문제와 방향을 잡아 논의했다. 보다 구체적으로, 근보강(2012)에서는 현행 한국 국어정책의 한글전용에 따른 한국어 한자어 교육은 중국 교육 현장에서도 한자교육과의 결합의 중요성을 간과하는 현실을 인식하여 한자어 이해력 향상을 시킬 수 있는 한자병용은 중국인 학습자에게 있어서 한자어 습득에 끼치는 영향이 얼마만큼 있는가를 실증적 한자어 이해력 테스트를 '한글체 제시' 형식과 '한자병용체 제시' 형식으로 설계하여 실시하고 그 한자어 이해 결과에 대해 논의하였다. 이렇듯, 한국어 한자어 교육에 관한 논의는 형태 이해(한글체 이해와 한자체 이해)교육을 둘러싼 제반 요소들에 대한 장기간의 면밀한 탐색이 요구되는 작업일 수밖에 없다는 점에서 민현식(2009)은 한자어육의 핵심적인 문제, 즉 한자병용과 한자교육이 한자어 어휘력 신장에 대한 중요성에 대하여 진지탁견한 시사점을 제공한다. 또한, 학습자의 한자어 능력 발달, 한자어 어휘지식 내용 간의 연계성 등의 세부적 연구는 물론 한자어 어휘 교육 내용의 조직, 어휘 교육과정의 설계 등의 거시적 연구로까지 확장될 수 있다는 점에서 연구사적 가치가 잘 확인될 수 있다.

국어교육 정책 개선을 통한
한자어 교육 강화 방안[*]

민 현 식

요 약

오늘날 국어 시간에 한자교육이 사라졌고 국어 교사는 한자 지도를 포기하였다. 한글전용으로 한자가 사라진 자리에는 영어가 들어왔고, 한글전용의 결과 한자가 추방된 것이 아니라 한국어가 추방되고 있다. 한글이 국자이듯 한자는 동아시아 공동문자로서 한국의 역사적, 관습적 국자라는 지위를 회복해 '전통 국자'로 불러야 한다.

한자교육에 대한 국민 여론조사를 보면 국민 87%가 초등학교 한자교육을 지지하고, 국어 교사도 90%가 지지하며, 중학생들 자신도 70%가 한자교육을 요구한다. 한글전용파나 한자혼용파는 한글 존중과 한자교육 필요에 대해 공감하고 단지 한자교육의 시기만 다를 뿐인데 이는 상호조정할 수 있다.

국사, 사회, 과학 등 각종 교과서의 주요 한자어는 한자 괄호병기를 해야

• 『어문연구』 제37집(한국어문교육학회 2009년 발행)의 439쪽부터 462쪽까지에 수록되었음.

하고 국어 교과서의 어휘 활동에서 한자어 학습을 강화해 국어능력 저하를 막아야 한다.

한국어 학습자의 한국 한자어 습득[*]

근 보 강 (제남대학교)

Ⅰ. 서론

현대 韓國語의 어휘체계는 固有語, 漢字語, 外來語로 이루어졌다. 15世紀 한글이 창제되기 전까지 한국은 한자를 借用하여 언어생활을 영위하여 왔다. 비록 固有文字인 한글이 창제되어 國語로 통용되었으나 한자어는 廢止되지 않고 그 언어 자체의 特殊性으로 말미암아 오늘날까지도 한국어의 言語 속에 깊숙이 자리 잡고 있으며 한국어 語彙體系에서 거의 70%에 가까운 比重을 차지하고 있다.¹ 따라서 日常生活과 출판물에서 심심찮게 접할 수 있는 한자어를 빼 버릴 경우 언어생활에 큰 불편을 초래할 것은 의심할 나위 없다. 한자어의 사용은 같은 漢字圈에 있는 中國人이나 韓國人 내지는 日本人들이 상대의 언어를 배울 때 非漢字圈에 있는 사람들에 비해 敍事나 意味의 해독에서 어려움을 적게 겪고 있는 것이 사실이다. 하지만 모든 한자어의 의미를 자국의 漢字로 이해하여 1:1로 對應시켜 解讀한다면 意味의 파악에 誤謬를 가져올 수 있는 所持가 충분

---

* 『어문연구』 제40집 제2호(한국어문교육연구회 2012년 발행)의 445쪽부터 470쪽까지에 수록된 '중국인 학습자 한국어 한자어 습득 연구'를 실음.

1 金光海(1989:106)에서 제시한 國語의 어휘 類別 構成比를 참조로 하는 것임.

히 있다. 이를테면 韓國에서 '기술 교육의 하나로 기계나 工具 등을 가지고 물건을 만드는 것'을 '공작(工作)'이라고 하나 반면에 中國語에서는 '工作'라고 하는 말이 주로 '일, 직업, 일하다'라는 뜻으로 쓰인다. 반대로 중국어에서 '아내'를 가리키는 '老婆'라는 말이 韓國語에서 '늙은 여자'라는 뜻이다. 이 外에도 처음에는 같은 의미로 使用되었을 漢字語가 현재에 와서 양쪽에서 전혀 다른 意味로 사용되거나, 혹은 어느 한쪽에서 변화를 일으켜 다른 의미로 使用되는 한자어도 많다.

外國語로서의 한국어 교육에서 한자어에 대한 硏究는 그다지 활발히 진행되어 오지 않았다.[2] 중국인 學習者를 對象으로 한 한자어 연구는 大部分 양국 한자어 對照分析이나 학습할 대상 한자 目錄을 提示하고 있다. 實質的으로 학습자의 한자어 습득 樣相과 교수 방법을 제시하고 있는 논문은 많지 않았다. 2000년 이후에 이르러 중국인 학습자만을 對象으로 한 한자 語彙 학습에 대한 연구가 이루어지기 始作하였다. 한재영(2003: 113~164)에서는 效率性, 사용 빈도 및 活用 樣相 그리고 難易度를 선정 기준으로 삼아서 非漢字문화권 학습자들에게 필요한 學習用 한자 목록 1,308個를 제시하였다. 文錦賢(2003:13~35)에서는 한국인의 使用 頻度, 난이도, 기초 基本語彙 우선순위 입말과 글말의 조화를 기준으로 외국인이 학습해야 할 漢字와 한자어 목록을 마련하기 위해서 5단계 작업을 실행하였다. 즉 1단계에서는 『現代 國語 使用 頻度 調査』(조남호 2002:1~1192)에 제시된 한자어 중에서 難易度가 낮은 1, 2단계의 것들 중에서

---

2 윤유선(2007)에서 그 理由로 첫 번째 한글專用論이 支持를 받고 있는 視點에서 제2언어로서의 한자교육이 果然 필요한 것인가 하는 根本的인 問題를 들었고, 두 번째로 非漢字文化圈 학습자의 경우 한자 自體가 또 다른 제3의 目標語가 되어 학습자에게 認知적 負擔을 줄 수 있기 때문이고 마지막으로 한국어 교육 初期 학습자의 많은 比率을 차지하고 한자문화권(中國人, 日本人) 학습자로 한자어에 대한 별도의 교육 없이도 스스로가 한국어의 한자어를 학습할 수 있는 潛在力을 保有하고 있는 학습자가 大部分이었기 때문에 한자어 교육에 대한 많은 硏究가 이루어지지 못했다고 했다(정서영(2008:7) 재인용).

사용 頻度가 높은 것을 선정하였으며, 3단계에서는 口語 자료에 많이 나오는 한자어를 사용 빈도와 난이도에 의해서 나누었다. 4단계에서는 앞 단계 작업에서 마련한 목록을 바탕으로 세 목록에 공동 출현한 한자어를 최종 학습 목록으로 選定했으며, 이를 조남호(2002:1~1192) 제시한 한국인의 사용 빈도와 난이도를 참고하여 초급, 중급1, 중급2, 고급으로 分類했다. 그리고 文錦賢(2005:143~177)은 외국인 학습자에게 漢字語 교육을 어떻게 할 것인가에 대해 먼저 외국인 학습자의 모국어가 漢字圈인지 아닌지의 여부에 따라서 한자교육의 필요성이 달라져야 하고 한자권 學習자의 경우는 初級부터 한자교육을 實施하는 것이 좋다고 指摘했다. 그리고 한자어 교육내용에 관해서는 한자권 학습자의 경우는 자신의 母國語를 習得하는 과정에서 한자에 자연스럽게 노출되었으므로 한자 자체에 대한 별도의 학습이 필요하지 않고 한자의 讀音과 意味 습득을 중심으로 교육하는 것이 바람직하다고도 지적했다. 그런데 시대의 흐름에 따라 현대 한국어 한자어의 語形이 대응된 현대 중국어 繁體字 간에 나타난 差異가 적지 않아서 한자권에 屬한 中國人 학습자라도 한국어 한자어를 배우는 데 어려움이 있을 것이라고 생각한다.

한국어 한자어 습득에 대한 先行硏究인 중국의 齊曉峰(2008:63~70)은 中國인 학습자가 한국어 한자어를 배울 때에 한자어 6유형 간의 쓰임에 있어서 학습자가 쉽게 틀릴 수 있는 한자어 誤謬 양상을 분석하였고, 第2言語習得 영역의 '轉移理論'을 응용하여 그 오류 원인을 분석했다. 구체적으로 말하자면 이 논문에서는 同形同義語(긍정적 轉移), 同形異義語(完全異義, 부정적 전이), 同形異義語(部分異義, 긍정적 전이+부정적 전이), 韓中異形語(完全異形AB-XY, 零 전이), 韓中異形語(部分異形, 肯定的 전이+否定的 전이), 韓中異形語(反序語, 긍정적 轉移+부정적 전이) 이 6가지의 유형과 그 오류 요인을 각각 분류하고 논의했다. 하지만 여럿 선행 연구에서는 한자어의 語形과 意味에서 나타난 차이가 중국인 학습자가

習得할 때 어떠한 影響을 미치는가에 대한 實驗적 연구가 많지 않다. 그래서 본 연구에서는 이상의 선행연구에서 제시된 한자어 유형을 재분류하고 實證적 실험연구를 통해 중국인 學習者가 한자어의 어형·의미 차이 때문에 학습하는 데 있어서 끼친 影響과 각 유형 간 習得 難易度를 객관적인 統計分析 방법으로 밝히고자 한다.

Ⅱ. 韓·中 한자어 對應關係의 類型

한국어와 중국어의 한자어를 比較한 연구는 한국어 교육쪽뿐만 아니라 외국어로서의 中國語 교육에서도 많이 이루어져 주로 한국어와 중국어의 단어 意味 차이에 대해 많이 고찰하고 있다. 본 논문에서는 논의한 한자어 類型이 주로 중국 학계의 齊曉峰(2008:63~70) 등 학자의 한자어 분류와 한국 학계의 후문옥(2003:1~191), 김수희(2005:34~48), 郭爽(2006:32~82), 金洪振(2006:1~77), 정서영(2008:19~21) 등 학자의 분류[3]를 참조하여 아래와 같은 6가지 유형으로 분류하여 논의하고자 한다.

제1유형은 同形同義語이다. 이러한 유형에 속한 한국어 한자어는 한중 언어 체계에서 많이 있는데 語形과 意味가 다 같은 유형이다. 예를 들면 한국어 한자어 '문화(文化), 정치(政治), 공기(空氣), 예술(藝術)'과 중국어 어휘 '文化, 政治, 空氣, 藝術'는 한자 어형뿐만 아니라 의미에도 똑같은 동형동의 유형에 속한다.

제2유형은 同形異義語(완전이의)이다. 즉 어형이 똑 같지만 意味가 완전히 다른 유형인데 한국어 한자어 '예물'과 중국어 '禮物', '심각(深刻)하다'와 '深刻', '은근(慇懃)하다'와 '慇懃', '애정(愛情)'과 '愛情', '애인(愛人)'과

---

3 다음과 같다.

'愛人', '식당(食堂)'과 '食堂' 등이 그 예들이다.

제3유형은 同形異義語(부분이의)이다. 즉 한국어 한자어와 중국어 어휘 간에 어형이 똑같지만 의미의 범위가 부분적으로 다른 유형이다. 예를 들면, 한국어 한자어 '활발(活潑)하다'와 중국어 '活潑', 한국어 한자어 '인색(吝嗇)하다'와 중국어 '吝嗇' 등이 그것이다.

제4유형은 異形同義語(완전이형)이다. 한중 언어에서 다른 어형으로 똑같은 의미를 나타내는 한자어인데 두 단어가 아무 의미 관련이 없는 形態素로 이루어지지만 똑같은 의미를 갖고 있는 한자어 유형이다. 예를 들면 한국어 한자어 '여권(旅券)'과 중국어 '護照', '친구(親舊)'와 '朋友', '숙제(宿題)'와 '作業', '치약(齒藥)'과 '牙膏', '염려'와 '擔心', '弄談'과 '玩笑' 등이 그 전형적 예들이다. 이러한 유형에 속한 한국어 한자어 語形이 중국어에서 안 쓰이지만 한국어에서 쓰이는 경우가 적지 않다.

제5유형은 異形同義語(부분이형)이다. 즉 한국어 한자어와 대응된 중국어 어휘 간에 한 개의 같지 않은 형태소가 있지만 의미가 같은 유형이

先行研究	分類方法
齊曉峰 (2008:63~70)	1) 同形同義語; 2) 同形異義語(완전이의); 3) 韓漢異形語(완전이형); 4) 동형이의어(부분이의); 5) 韓漢異形語(부분이형); 6) 韓漢異形語(反序語)
정서영 (2008:19~21)	1) 同形同義語; 2) 同形異義語; 3) 部分異形同義語; 4) 중국어 없는 어휘
郭爽 (2006:32~82)	1) 同形同義語(절대동의어; 상대동의어); 2) 同形異義語(완전이의어; 부분이의어); 3) 異義語(한국에서 의미가 더 있는 경우; 중국에서 意味가 더 있는 경우; 양국에서 의미가 더 있는 경우)
金洪振 (2006:1~77)	1) 同形語(동형동의어; 同形異義語: 동형-완전이의어, 동형-부분이의어) 2) 異形語(이형이의어; 이형동의어: 동의 - 완전이형어, 동의-부분이형어)
김수희 (2005:34~48)	1) 同形同義語; 2) 同形異義語; 3) 同義異形語(동의부분이형어; 동의완전이형어)
후문옥 (2003:1~191)	1) 同形同義語; 2) 同形異義語(완전이의어; 부분이의어: 중국어에 의미가 더 있는 경우, 한국어에 의미가 더 있는 경우, 양국어에서 의미가 더 있는 경우); 3) 異形同義語(形態素가 顚倒된 경우; 형태소는 같은데 부분적으로 다른 경우; 중국어보다 한국어의 한자어에 音節수가 더 증가된 경우; 形態素가 완전히 다른 경우)

다. 예컨대, 한국어 한자어 '졸업(卒業)'과 중국어 '畢業', '일기(日氣)'와 '天氣', '장점(長點)'과 '優點', '산모(産母)'와 '産婦', '시작(始作)'과 '開始', '분유(粉乳)'와 '奶粉' 등 전형적 예들이 있다.

제6유형은 近形同義語(형태소도치)이다. 이러한 유형에 속한 한국어 한자어는 중국어에서 대응된 어휘의 形態素가 같지만 형태소의 앞뒤 순서가 서로 거꾸로 쓰이고 있는 유형이다. 예를 들면 한국어 한자어 '운명(運命)'과 '命運', '소박(素朴)'과 '朴素', '고통(苦痛)'과 '痛苦', '허용(許容)'과 '容許' 등 예들이 있다.

이상으로 논의된 한중 한자어의 對應關係는 한국어 한자어와 중국어 어휘 間의 복잡한 관계들 중의 일부분이므로 모든 類型을 망라하면 너무 어려워서 본 논문에서 다만 以上의 6가지 유형 관계를 주 考察 對象으로 하고자 한다.

Ⅲ. 硏究問題, 受驗者 情報와 硏究方法

1. 硏究問題

본 연구는 2장에서 논의된 韓·中 漢字語의 語形·意味 대응유형에 따라 한자어의 어형(한글 體와 漢字 體), 의미 등 언어 要素와 숙달도 요인이 중국인 학습자가 한국어 한자어를 배우는 데 있어서 나타나는 影響과 각 유형 간의 습득 難易度를 밝히고자 한다. 앞장에서 설정한 한자어 유형에 따라 分類된 한자어들 중 유형을 대표하는 단어를 각각 8개씩 선정하여 유형별 習得率을 테스트를 通해 알아보고 실험결과로 나타난 正·誤答率이 계층구조를 보이는지 통계분석을 하여 난이도 계열을 도출했다. 이에 대하여 본 연구에서 논의하고자 하는 과제는 정리하면 아래와 같다.

1) 한·중 한자어의 語形, 意味 차이에 따른 유형 요인이 중국인 학습자에게 있어 한국어 6유형 한자어를 習得하는 데 영향이 있는가? 있다면 初級 집단과 中級 집단 間에 顯著한 차이는 나타나는가? 級別 要因이 類型 요인 간에 相互作用 영향이 있는가?

2) 初·中級 學習者가 시험에서 실험 組인 漢字竝用 조와 통제 組인 한글 조 間에 어형 提示 요인이 현저한 影響이 있는가?

3) 습득 正·誤答率에 대한 從屬標本 t검정을 通해 한국어 漢字語 6유형 間에 어떠한 難易度 系列을 보이는가?

2. 受驗者 情報

본 연구에서는 中國語圈 학습자에 속한 중국 종합대인 J대학교 한국어학과 초급 학습자에 속한 2학년 1학기 총 44명(남자 9명, 여자 35명)과 중급 학습자에 속한 3학년 1학기 총 39명(남자 7명, 여자 32명)의 학습자를 實驗 對象으로 2011년 9월 12일에 실험했다. 初級 학습자들의 나이가 19~21歲이고 中級 학습자의 나이가 20~22세이며 受驗者들은 수험하기 전에 J大學校에서 각각 2학기(8개월) 동안과 4학기(16개월) 동안의 正規 수업 課程을 거쳤다. 초·중급 수험자의 前 학기 專攻科目 기말시험의 平點에 대한 一元分散分析(one-way ANOVA) 통계 결과[4]로는 각 급 학습자에 속한 統制 조(한글 組)와 實驗 조(漢字竝用 조) 사이에 顯著한 차이를 보이지 않았다. 이러한 結果는 組別로의 학습자 간에 수험전의 한국어

---

4 2학년 1학기 初級 학습자의 前 학기 기말시험 平均點數(한글 組 86.5점; 漢字竝用 조 80.2점)에 대한 일원분산분석 결과가 F統計값이 2.963이고 p有意確率이 0.076이고 3학년 1학기 중급 학습자의 전 학기 期末試驗 평균점수(한글 조 79.1점; 한자병용 조 83점)에 대한 一元分散分析 결과가 F통계값이 1.609이고 p유의확률이 0.215이기 때문에 현저한 差異를 보이지 않았다.

熟達度가 거의 비슷해서 본 실험에서 나타낸 習得 차이가 '한자어 語形 제시 방법', '급별로의 韓國語 수준', '각 유형에 따른 습득 難易度', 이 세 가지 變數에서 招來된 가능성이 많다.

3. 硏究方法

본 연구에서는 선행연구에서 논의된 6개 한자어 유형에 따라 테스트 문항을 출제하여 실험하였다. 그 6개 한자어 유형은 同形同義語, 同形異義語(완전이의), 同形異義語(부분이의), 異形同義語(완전이형), 異形同義語(부분이형)와 近形同義語(형태소 도치)인데 예시를 들어 보면 아래의 표 1과 같다. 다른 유형의 한자어는 본 연구에서 제외했다.

표1 테스트 문항에서 수험된 6 유형의 한·중 한자어 대응관계

유형	어형-의미관계	예시	
		한국어	중국어
제1유형	同形同義	유학(留學)	留學
제2유형	同形異義(완전이의)	애인(愛人)[5]	愛人[6]
제3유형	同形異義(부분이의)	검토(檢討)	檢討
제4유형	異形同義(완전이형)	친구(親舊)	朋友
제5유형	異形同義(부분이형)	졸업(卒業)	畢業
제6유형	近形同義(형태소도치)	소박(素朴)	朴素

테스트 문항은 선택지 형식으로 하고 정답이 3개의 선택지에서 유일한 것이고 남은 두 개의 선택지는 한 가지가 그 정답인 한자어 어형에 대응된 중국식 繁體漢字인데 헷갈리기 쉬운 한자어이고 다른 한 가지가

---

5 한국어에서는 서로 사랑하는 男女 사이에서 서로 부르는 말을 뜻한다.
6 중국어에서는 夫婦 사이에서 서로 부르는 말을 뜻한다.

문항 내용과 無關한 한자어이다. 문항의 선택지에서 그 正答인 한국어 漢字語와 대응된 중국식 繁體漢字를 섞어 놓았는데, 그것은 한국어 한자어에의 正確率과 그와 유사한 중국식 한자에의 誤答率을 고찰하기 위해서이다. 이러한 정답률과 오답률을 밝힘으로써 한국어 한자어의 6개 유형이 級別로의 中國人 學習者에게 있어 어떠한 습득 差異와 變化를 가져다 줄 수 있는지, 또 그 유형들 간에는 어떠한 習得 難易度를 드러낼 수 있는지를 예측할 수 있다. 구체적인 問項과 선택지 형식은 아래와 같이 6가지의 類型으로 나누었다.

1) 한자병용 조 테스트 문항과 선택지 본보기
ㄱ. 제1유형: 同形同義語
한국에 (   )하러 가고 싶다.
　A. 죄송(罪悚)하다;　B. 유행(流行)하다;　C. 유학(留學)하다
　　(주해: 한국어 漢字語 '유학(留學)'은 중국어 번체자 '留學'과 語形이 같기도 하고 서로 간의 意味도 똑같은 동형동의어임.)
ㄴ. 제2유형: 同形異義語(완전이의)
그녀는 내가 사랑하는 (   )인데 아직 결혼하지 못했다.
　A. 처자(妻子);　B. 애인(愛人);　C. 남편(男便)
　　(주해: 한국어 한자어 '애인(愛人)'은 中國語 번체자 '愛人'과 어형이 같으나 서로 간의 의미가 완전히 다른 동형이의어임.)
ㄷ. 제3유형: 同形異義語(부분이의)
점수 만능의 입시 제도를 개선하는 일이 근본적으로 (   )되어야 한다.
　A. 개최(開催);　B. 검토(檢討);　C. 반성(反省)
　　(주해: 한국어 한자어 '검토(檢討)'는 中國語 번체자 '檢討'와 어형이 完全히 같지만 서로 간에 부분 의미가 같고 부분 意味가 다른

동형이의어임.)

ㄹ. 제4유형: 異形同義語(완전이형, AB-XY)

내가 제남대학교에 입학한 후 착한 (   )을/를 많이 사귀었다.

A. 풍우(朋友);   B. 친구(親舊);   C. 구친(舊親)

(주해: 한국어 한자어 '친구(親舊)'는 중국어 번체자 '풍우(朋友)'와
어형이 완전히 다르지만 의미가 같은 이형동의어임.)

ㅁ. 제5유형: 異形同義語(부분이형)

그는 갓 대학을 (   )한 신입 사원이다.

A. 필업(畢業)하다;   B. 진학(進學)하다;   C. 졸업(卒業)하다

(주해: 한국어 한자어 '졸업(卒業)'은 중국어 번체자 '畢業(필업)'과
간에 한 개의 형태소만 다르지만 意味가 같은 이형동의어임.)

ㅂ. 제6유형: 近形同義語(형태소도치)

대학 입시가 (   )을/를 결정하는 것 같다.

A. 생사(生死);   B. 명운(命運);   C. 운명(運命)

(주해: 한국 한자어 '운명(運命)'은 중국어 번체자 '命運(명운)'과
형태가 같지만 形態素 순서가 서로 거꾸로 되고 의미가 같은 이형
동의어임.)

그리고 본 연구에서 테스트 問項 선택지에서의 한자어는 두 가지의 어
형 形式으로 標記했는데 한 가지는 완전히 한글로 만들었고 다른 한 가지
는 繁體漢字 병용으로 만들었다. 테스트 문항 內容이 똑같지만 '한글' 식
과 '漢字竝用' 식으로 학습 수준이 같은 통제 組와 실험 組를 나눠 實驗하
는 것이 한자어 어형 제시 차이가 中國語圈 학습자에게 학습하는 데 影響
을 끼칠 수 있는지를 考察하기 위해서이다. 漢字竝用 조 문항인 1)과 달
리 한글 조 문항의 形式이 구체적 例示를 들면 아래 2)와 같다.

2) 한글 조 테스트 문항과 선택지 본보기

한국에 (　　　)하러 가고 싶다.

A. 죄송하다;　B. 유행하다;　C. 유학하다

테스트 問項은 각 유형마다 8개의 문항이 있는데 그 중에 4개의 無關한 문항을 섞인 문항으로 각 類型의 문항들에 들어가고 問項番號 순서가 임의대로 배열되어 있다. 또 설명해야 하는 것은 본 테스트의 모든 문항에서 나온 단어들이 연구자 試驗을 위해 만들어진 단어들을 제외하고 다 受驗 학습자가 배웠던 初級 段階 敎材[7]에서 나온 漢字語이다. 이번의 실험은 담당 교수가 감시하는 授業 현장에서 被驗者가 시간제한 없이 問題를 풀었으며, 대부분 20, 30분 內로 끝마치고 문제지를 當場 담당교수에게 제출하였다.

Ⅳ. 實驗 結果 分析

본 연구에서는 中國語圈에 속한 J대학교 한국어학과 2, 3학년 1학기에 재학 중인 두 집단의 中·高級 학습자를 대상으로 '한자병용 체'와 '한글 체' 두 가지의 變數를 설정하는 똑같은 한자어 테스트 問項으로 試驗하여 그 실험 결과를 技術統計 프로그램 SPSS를 응용하여 효과 김징하였다. 구체적으로 말하자면 한국어 수준이 같은 십난[8]에서 각각 다시 漢字並用

---

7 본고에서 검색된 1학년 初級 敎材는 두 가지가 있는데 한 가지는 會話교재로서의 한국 慶熙大學校 國際敎育院에서 편찬한 『新標準韓國語』(초급 1, 2)이고 다른 한 가지는 精讀교재로서의 중국 北京大學校에서 편찬한 『韓國語』(1, 2)이다.

8 본 연구에서 中國語圈에 속한 J대학교 2학년 1학기의 학습자가 초급 수준을 갖고 있는 집단과 3학년 1학기의 학습자가 중급 수준을 갖고 있는 집단을 縱的 대조 조로 나눠서

組와 한글 組 두 그룹으로 나눠 實驗하였으며 그 結果를 한자병용에 일어난 습득 차이를 검증하기 위해 2학년 학습자를 統制 조인 한글 組와 實驗組인 한자병용 조로 나눠 t검정 統計 分析을 하고 동시에 각 한자어 유형별로 초, 중급 集團 간의 어휘력 발달 차이를 검증하기 위해 2, 3학년의 학습자를 初·中級 두 집단으로 나눠 反復測定 分散分析을 했다.

1. 初級 學習者 實驗結果에 대한 統計分析

먼저 한자어 '語形 提示' 變數가 학습자의 테스트 결과에 얼마만큼 영향을 미칠 수 있는지를 측정하기 위해 2학년 1학기에 재학 中인 중국인 초급 학습자를 대상으로 한글 組인 統制 조와 漢字竝用 조인 實驗조로 나누어 실험을 했다. 구체적 實驗결과에 대한 統計分析은 아래와 같다.

1) 初級 學習者 正·誤答率 平均값에 대한 t檢定

먼저 중국어권 2학년 1학기 초급 학습자가 한자어 테스트에서 正答항[10]에 속한 한자어를 선택하는 正確率의 平均값과 標準偏差를 측정하기 위해 우리는 統計프로그램인 SPSS을 응용하여 아래 표 2와 같은 결과를 얻을 수 있다.

논의한다.

9 본 연구에서는 學級별로 2학년 1학기에 在學 中인 학습자의 한국어 수준이 初級이라고 간주하고 3학년 1학기에 재학 중인 학습자의 수준이 中級이라고 간주한다.

10 여기서의 正答이 세 선택지에서 正確한 한자어 항을 의미하는 것인데 誤答 선택지에 속한 중국식 번체 한자어 항과 대조해서 만들어진 것이다.

표 2 초급 학습자의 한자어 正答率 평균값[11]

유형	어형-의미관계	한자병용 조		한글 조	
		평균값	표준편차(s)	평균값	표준편차(s)
제1유형	同形同義	0.84	0.23	0.83	0.15
제2유형	同形異義(완전이의)	0.48	0.36	0.66	0.27
제3유형	同形異義(부분이의)	0.49	0.27	0.51	0.28
제4유형	異形同義(완전이형)	0.65	0.27	0.78	0.16
제5유형	異形同義(부분이형)	0.68	0.15	0.70	0.22
제6유형	近形同義(형태소도치)	0.59	0.21	0.62	0.27

표 2에서 보는 바와 같이 漢字竝用 組와 한글 組는 제1유형에 속한 平均값이 제일 크게 보이는데 이러한 類型에 속한 테스트 문항은 제1유형인 同形同義形 한자어이므로 이는 우리가 학습자가 이 유형에 속한 문항에서 쉽게 정답을 내릴 수 있다는 사실을 잘 알 수 있다. 우리는 다시 표 2에서 보다시피 제2유형인 同形完全異義語(평균값 0.48, 표준편차 0.36)와 제3유형인 同形部分異義語(평균값 0.51, 표준 편차 0.28)의 평균값이 자체가 속한 實驗 조에서 제일 작게 나왔고 표준편차가 제일 크다는 것을 알 수 있으며 그 다음에 제6유형에 속한 近形同義語(형태소도치)의 평균값이 比較적 작은 것으로 보인다. 2학년 1학기 학습자가 組별로의 정답선택지에의 정답률 평균값의 百分率이 아래와 같은 그래프로 비교될 수도 있다.

---

11 정답 선택지에의 정답률 平均값은 학습자가 정확한 한국 한자어를 선택하는 문항의 總數가 총 문항의 수를 제곱했다.

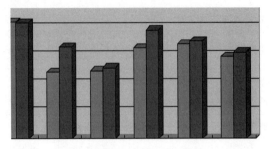

그림1 초급 학습자의 한자어 正答率 평균

한국어 6가지 유형의 漢字語에 대한 테스트에서 正答 선택지에의 평균 값의 百分率이 統制 組와 實驗 組에서 현저한 차이를 나타내는지를 測定 하기 위해 SPSS 독립표본 t검정으로 統計分析을 했다. 그 結果로는 제1유 형(t=0.117, p=0.414), 제2유형(t=-1.097, p=0.212), 제3유형(t=-0.165, p=0.818), 제4유형(t=-0.937, p=0.605), 제5유형(t=-0.157, p=0.090), 제6 유형(t=-0.240, p=0.151)인데 漢字竝用 조와 한글 조 간에 모든 類型에서 현저한 차이를 보이지 않다는 것을 잘 알 수 있다. 하지만 그림 1에서 보는 바와 같이 제1유형을 제외하고 제2, 3, 4, 5, 6 유형에서는 한글 조 平均값이 한자병용 組보다 좀 더 높은 수치를 보이고 있다. 이 結果는 초급 단계에서 중국어권 학습자가 한글 한자어에 대응된 한자 繁體字 어 형에 대한 지식이 많이 부족하기 때문에 나타난 것으로 豫測할 수 있다. 왜냐하면 중국인 학습자 初級 단계에서 교사가 한자어에 대한 명시적 교 수가 부족하기도 하고 배운 한국어 敎材에서 나온 한자어의 語形도 한자 로 竝用되지 않고 완전히 한글 體로 표기되어 있는 것이기 때문이다.

다음으로 우리는 다시 SPSS을 응용하여 2학년 초급 학습자 한자어 테 스트에서 誤答항[12]에 속한 中國식 한자어를 선택하는 誤答率의 평균값과

---

12 정답 선택지인 한국어 한자어와 대응되고 混同하기 쉬운 중국식 繁體 한자어를 誤答 선택지로 함.

標準偏差를 얻었다. 그 결과는 아래 표 3과 그림 2와 같다.

표 3 초급 학습자의 한자어 誤答率 평균값[13]

유형	어형-의미관계	한자병용 조		한글 조	
		평균값	표준편차(s)	평균값	표준편차(s)
제2유형	同形異義(완전이의)	0.42	0.37	0.23	0.26
제3유형	同形異義(부분이의)	0.42	0.27	0.37	0.33
제4유형	異形同義(완전이형)	0.28	0.22	0.05	0.06
제5유형	異形同義(부분이형)	0.20	0.16	0.12	0.07
제6유형	近形同義(형태소도치)	0.27	0.16	0.21	0.19

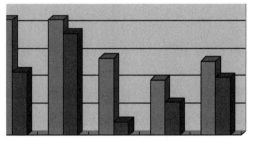

■ 한자병용조
■ 한글조

그림 2 초급 학습자의 한자어 誤答率 평균값

표 3과 그림 2에서 보이는 趨勢가 표 2와 그림 1에서 보이는 것과 대조로 하면 漢字竝用 조와 한글 조의 被驗者가 제2유형과 제3유형에서 제일 두드러진 차이를 보이고 있지만 제5유형에서 현저한 차이를 보이지 않는다. 平均값에 대한 獨立標本 t檢定을 하는 결과로는 제2유형(t=-1.130, p=0.098), 제3유형(t=0.302, p=0.323), 제4유형(t=2.217, p=0.152), 제5유형(t=1.222, p=0.055), 제6유형(t=0.607, p=0.558)인데 한자병용 組와 한글 조 간에는 모든 類型에서 큰 차이를 보이지 않는다.

---

13 한국어 漢字語 語形과 대응된 중국식 한자를 선택하는 오류 間項의 數爻를 총 문항의 수효로 나눈 결과에 대한 평균값임.

2학년 학습자를 대상으로 한 正·誤答率 두 次元에서의 분석 結果를 보면 한자병용 조와 한글 組 간에 현저한 差異를 보이지 않지만 被驗者가 정답 선택지에의 選擇 결과에서 나타내는 特徵과 오답 선택지에의 선택 결과가 相補적인 특징을 나타내고 있다. 즉 정답인 한자어와 대응된 중국식 繁體漢字 간에 語形·意味 上의 近似와 차이가 있기 때문에 학습자가 밝히지 못할 것이다. 예를 들면 한국어 한자어 '애인(愛人)'은 中國語 번체자 '愛人'과 어형이 같으나 서로 간의 의미가 完全히 다른 同形異義語인데 한자어 '애인(愛人)'은 중국어 '愛人', '妻子'와 아무 相關이 없고 도리어 중국어 '情人'과 같은 의미를 갖고 있기 때문에 중국인 학습자에게 있어 그 어형·의미 間의 關係를 밝히는 것이 쉬운 일이 아닐 것이다.

2) 初級 學習者 漢字語 6類型 間의 正答率 平均값에 대한 從屬標本 t檢定

여기서 우리는 똑 같은 組에 속한 초급 피험자가 각 漢字語 유형 간의 정답률이 현저한 차이를 보이는지를 밝히기 위해서 각각 漢字竝用 조와 한글 조의 正答率 平均값(표 2 참조)을 從屬標本 t檢定으로 統計分析을 했다. 結果는 표 4와 표 5에서 나타낸 것과 같다.

표 4 초급 한자병용 조 학습자 한자어 6유형 간의 正答率 평균값 비교

(df[14]=22; * p<0.05)

	제2유형	제3유형	제4유형	제5유형	제6유형
1	* 2.883	* 3.196	1.169	1.003	* 3.259
2		0.095	-1.219	-1.852	-1.028
3			-1.610	-1.332	-0.887
4				-1.044	1.037
5					0.863

표 4에서 보는 바와 같이 漢字竝用 조에 속한 초급 수준의 피험자가

제1類型과 제6유형(p=0.014), 제2유형, 제3유형에서 큰 差異를 보이고 있지만 다른 유형들 간에는 큰 차이를 보이지 않고 있다. 이러한 分析結果는 그림 1과 그림 2에서 나온 正·誤答率 그래프 추세를 종합해 보면 제2, 3유형에 속한 同形異義語와 제6유형에 속한 近形同義語(형태소도치)가 초급 학습자에게 있어 제일 어려운 유형이라고 예측할 수 있다.

표 5 초급 한글 조 학습자 한자어 6유형 간의 正答率 평균값 비교

(df=20; * p＜0.05)

	제2유형	제3유형	제4유형	제5유형	제6유형
제1유형	1.923	* 2.496	0.602	0.996	2.231
제2유형		1.334	-0.244	-0.944	0.064
제3유형			* -4.358	-1.447	-0.880
제4유형				1.289	2.154
제5유형					0.741

표 5에서 드러난 結果를 보면 우리는 제1유형과 제3유형, 제3유형과 제4유형 간에 제일 큰 差異를 보이고 있지만 다른 類型들 간에는 큰 차이를 보이지 않고 있다. 그래서 그림 1과 그림 2에서 나온 正·誤答率 그래프 추세를 종합해 보면 同形異義語(부분이의)에 속한 제3유형은 한글 組에서 제일 낮은 平均값으로 나타내므로 한글 조에 속한 초급 수준의 被驗者에게 제일 어려운 유형이라는 것을 잘 알 수 있다.

이상의 從屬標本 t檢定을 통한 分析結果를 종합해 보면 초급 學習者에 속한 한글 조와 한자 병용 조 間에 제3유형이 제일 어렵다는 것을 알게 해 준다.

---

14 여기의 df는 自由度를 뜻한데 公式으로 표현하면 df=n-1이다. n는 학생들의 수를 뜻한다.

2. 中級 學習者 實驗結果에 대한 統計分析

이 절에서는 3학년 1학기에 재학 중인 中國人 중급 학습자를 대상으로 統制 組인 한글 조와 實驗 조인 漢字竝用 조로 나누어 實驗을 했는데 그 실험 결과에 대한 統計的 分析은 아래와 같다.

1) 중급 학습자 正·誤答率 平均값에 대한 t檢定

먼저, 中國語圈에 속한 3학년 1학기에 재학 중인 中級 수준의 학습자가 漢字語 테스트에서 나타낸 正確率 평균값과 標準偏差가 표 6과 같다.

표 6 중급 학습자의 한자어 正答率 평균값

유형	어형-의미관계	한자병용 조		한글 조	
		평균값	표준편차(s)	평균값	표준편차(s)
제1유형	同形同義	0.98	0.04	0.93	0.07
제2유형	同形異義(완전이의)	0.69	0.24	0.80	0.18
제3유형	同形異義(부분이의)	0.54	0.32	0.54	0.27
제4유형	異形同義(완전이형)	0.81	0.18	0.73	0.24
제5유형	異形同義(부분이형)	0.94	0.10	0.68	0.33
제6유형	近形同義(형태소도치)	0.99	0.04	0.75	0.17

표 6에서 보는 바와 같이 한자병용 조와 한글 組는 제6유형(近形同義語, 평균값 0.99, 표준편차 0.04)과 제1類型(同形同義語, 平均값 0.98, 標準편차 0.04)에 속한 平均값이 제일 크게 보인다. 이 중의 제1유형은 2學年 初級 수준 학습자의 경우와 같은데 우리는 3학년 중급 학습자가 제1유형에 속한 문항에서도 쉽게 正答을 내었다는 사실과 제6유형에서 초급 학습자보다 매우 큰 진보를 보이고 있는 사실을 잘 알 수 있다. 그리고 표 6에서 보는 바와 같이 제3유형(同形部分異義語, 평균값 0.54, 표준편차 0.32)과 제2유형(同形完全異義語, 평균값 0.69, 표준편차 0.24)의 평균값

이 자체가 속한 實驗 조에서 제일 작게 나타냈고 標準偏差가 제일 크게 나타낸 것으로 보인다. 3학년 중급 學習者가 조별로의 정답 평균값의 百分率이 아래 그림 3과 같은 그래프로 나타낼 수도 있다. 그림 3에서 보는 바와 같이 한자 조에서 제2, 3類型을 除外하고 제1, 4, 5, 6 유형에서 한자 組가 한글 조보다 더 높은 平均값을 나타낸다. 이는 統計적인 실험결과를 분석함으로써 한자 語形이 한자병용 여부에 따라 다른 習得 效果를 가질 수 있다는 결론을 내릴 수 있다.

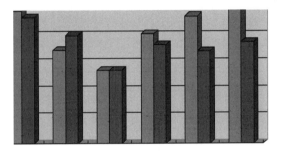

그림 3 중급 학습자의 한자어 正答率 평균값

한국어 6가지 類型의 한자어에 대한 테스트에서 3학년 중급 학습자가 正答 선택지에의 平均값의 百分率에 대해 獨立標本 t檢定을 한 結果는 제1유형(F=2.018, t=-1.844, p=0.086); 제2유형(F=2.138, t=1.076, p=0.300); 제3유형(F=0.718, t=0.008, p=0.993); 제4유형(F=1.036, t=-0.733, p=0.475); 제5유형(F=11.152, t=-2.079, p=0.056); 제6유형(F=11.055, t=-3.859, p=0.002)이다. 漢字竝用 조와 한글 조는 현저한 差異를 나타내는 제6유형(F=11.055, t=-3.859, p=0.002<0.001)을 제외하고 나머지 모든 類型에서 顯著한 差異를 보이지 않는 것으로 잘 알 수 있다. 이러한 結果는 한글 조에 比해 한자 조에서 한자 竝用 때문에 중국어권 중급 학습자에게 한국어 漢字語를 습득하는 데 影響을 끼칠 수 있는데 제6유형에서만 현저한 差異를 보이는 것이고 다른 모든 유형에서는 작은 차이[15]를 나타

냄을 알 수 있다. 1학년 때 學習者가 한자어의 한자 語形을 많이 알지 못해서 初級 학습자에 속한 한글 組가 漢字並用 組보다 더 높은 正確率을 보이고 있지만 2學年 때에 올라가면서 학습자가 한국어 한자어의 한자 語形에 대한 認知가 많아지면서 中級 학습자에 속한 한자병용 조의 한자어 習得 정확률이 한글 組보다 많이 늘어졌다.

다음으로 우리는 다시 SPSS을 응용하여 3學年 中級 학습자 한자어 테스트에서 誤答항에 속한 中國식 한자어를 선택하는 誤答率의 평균값과 標準偏差를 얻었다. 그 결과는 아래 표 7과 그림 4와 같다.

표7 중급 학습자의 한자어 誤答率 평균값

유형	어형-의미관계	한자병용 조		한글 조	
		평균값	표준편차(s)	평균값	표준편차(s)
제2유형	同形異義(완전이의)	0.25	0.27	0.16	0.16
제3유형	同形異義(부분이의)	0.40	0.29	0.33	0.26
제4유형	異形同義(완전이형)	0.15	0.18	0.14	0.13
제5유형	異形同義(부분이형)	0.04	0.08	0.17	0.18
제6유형	近形同義(형태소도치)	0	0	0.16	0.16

표 7과 그림 4에서 보이는 趨勢가 표 6과 그림 3에서 보이는 것과 對照를 하면 漢字並用 조와 한글 조의 被驗者가 제6유형과 제3유형, 제2유형에서 나머지 유형과 달리 제일 두드러진 特徵을 보이고 있지만 제5유형에서 현저한 특징을 보이지 않는다. 중급 학습자의 오답률 平均값에 대한 獨立標本 t檢定을 하는 결과로서는 제2유형(F=6.390, t=-0.754, p=0.463); 제3유형(F=0.037, t=-0.529, p=0.605); 제4유형(F=0.137, t=-0.213,

---

15 2학년 초급 학습자와 3학년 중급 학습자의 문항에의 正答率을 종적으로 비교하면 한자 조와 한글 조에서 제2유형(한자 병용 조 정확률 平均값 0.69가 한글 조 정확률 평균값 0.80보다 적음)을 제외하고 남은 유형에서 작은 差異를 보이고 있다.

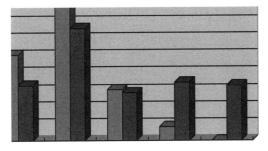

그림 4 중급 학습자의 한자어 誤答率 평균값

p=0.834); 제5유형(F=13.998, t=1.905, p=0.078); 제6유형(F=1.351, t=2.019, p=0.063)인데 한자병용 조와 한글 조 간에는 모든 類型에서 큰 차이를 보이지 않고 있다. 중급 피험자가 正答 선택지에의 選擇 결과에서 나타내는 특징과 誤答 선택지에의 선택 결과와 相補적인 특징을 나타내고 있다. 3학년 學習者를 대상으로 한 正·誤答率 두 次元에서의 분석 결과를 보면 한자병용 조와 한글 조 간에 큰 차이를 보이지 않는다.

한국 학자인 최선영(1996:4)은 한·영 어휘 意味類型별로의 습득 난이도를 정확률로 측정하여 논의했다. 또한 중국 학자인 周小兵(2004:43)은 誤謬의 비율이 제2言語習得의 難易度와 正相關적 관계를 갖고 있다고 지적했는데 즉 오류율이 높은 언어 항목이 習得 難易度도 높다는 것을 지적했다. 이러한 見解에 의하면 한국어 漢字語 조별로의 테스트를 통해 각 유형에 따른 正答率과 誤答率을 導出하여 한자어 各 유형 間의 難易度를 추론할 수 있다. 우리는 표 7의 實驗結果에서 나타낸 3學年 1學期 학습자의 오답 선택지에의 오답률 平均값의 합[16]을 근거하여 아래와 같은 난이도 系列을 예측할 수 있다. 즉 제일 어려운 類型부터 쉬운 유형까지 排列하면 제3유형, 제2유형, 제4유형, 제5유형, 제6유형 순이다. 이 습득 난

---

16 제3유형 平均값 합: 0.73; 제2유형 평균값 합: 0.41; 제6類型 평균값 합: 0.16; 제4유형 평균값 합: 0.29; 제5유형 평균값 합: 0.21.

이도 계열은 다시금 제2言語의 意味 습득은 語形 습득보다 더 어렵다는 것을 檢證할 수 있다. 中國人을 대상으로 한 한국어 漢字語를 교육할 때 한자어의 유형과 학습 段階별로 제일 쉬운 유형부터 學習者에게 한자어의 어형 認識을 높이면서 가장 어려운 類型까지 학습자에게 한자어의 의미를 중국어와 對應된 한자 語彙의 의미와 對照分析을 통해 학습자로 하여금 더 잘 習得할 수 있도록 해야 한다.

2) 中級 學習者 漢字語 6類型 間의 正答率 平均값에 대한 대응표본 t檢定

똑 같은 조에 속한 3학년 1학기의 受驗자가 각 類型에 속한 한자어에 대한 판단이 현저한 差異를 보이는가를 밝히고자 筆者가 漢字竝用 조와 한글 조에 속한 두 집단의 漢字語 정답에 대한 平均값(표 6 참조)을 각각 대응표본 t檢定을 했다. 결과는 표 8과 표 9에서 나타낸 것과 같다.

표8 중급 한글 조 학습자 한자어 6유형 간의 正答率 평균값 비교

(df=22; * p<0.05)

	제2유형	제3유형	제4유형	제5유형	제6유형
1	2.067	* 3.495	1.940	2.179	* 3.503
2		1.922	0.530	1.098	0.560
3			-1.804	-0.820	-2.119
4				0.292	-0.170
5					-0.610

중급 한글 조의 實驗 결과에 의하면 제1類型과 제3, 6유형, 제3유형과 제1유형, 제6유형과 제1유형 간에 현저한 差異를 보이고 있다. 그래서 표 6과 표 7에서 나온 正·誤答率 평균값의 결과와 비추어 보면 中級 한글 組 학습자에 속한 제1유형은 다른 유형에 비해 제일 높은 정답률을 나타내는 것으로 알 수 있다.

표 9 중급 한자병용 조 학습자 한자어 6유형 간의 正答率 평균값 비교

(df=20; * p<0.05)

	제2유형	제3유형	제4유형	제5유형	제6유형
제1유형	* 3.172	* 3.616	2.308	1.327	-1.000
제2유형		1.151	-1.182	* -2.717	* -3.318
제3유형			-2.126	* -3.333	* -3.684
제4유형				-1.457	* -2.483
제5유형					-1.718

중급 한자병용 조의 實驗 결과에 依하면 제1類型과 제2, 3유형 간에, 제2유형과 제3, 5, 6유형 간에, 제3유형과 제1, 5, 6유형 간에, 제4유형과 제6유형 間에, 제5유형과 제2, 3유형 간에, 제6유형과 제2, 3, 4유형 間에 현저한 差異를 보이고 있다. 그래서 이 결과는 표 6과 표 7에서 나온 正·誤答率 평균값의 결과와 비추어 보면 제3유형, 제2유형, 제4유형, 제5유형, 제6유형과 제1유형은 順次적으로 다른 유형에 比해 큰 차이를 보이고 있다. 이것은 앞에 論議된 각 유형에 따른 漢字語 習得 難易度 系列을 다시 檢定하게 될 수 있다.

3. 初·中級 學習者 間의 實驗結果에 대한 反復測定 分散分析

이 장에서는 SPSS 프로그램의 反復測定(repeated measures)을 통해 한자어의 유형 차이요인과 語形(한자병용과 한글) 提示 요인, 한국어 숙달도(初級과 中級) 요인, 이 세 변수가 學習者의 한자어 習得 결과에 어떠한 영향을 미치는지를 밝히고자 한다. 分析의 결과는 아래와 같다.

먼저, 한글 조 수준별로의 反復測定 分散分析 결과에서 아래와 같은 결론을 내릴 수 있다.

(1) 한글 조에서 類型 要因이 習得結果에 미치는 影響이 현저하지 않다. 한글 組에 속한 初級 학습자와 중급 학습자 두 集團 간의 한자어 습득

실험결과에 대한 反復測定 分散分析에서 한자어 6유형 간에서 正確率 차이에 대한 統計적 有意性 檢定 결과는 F統計값이 2.416, p有意確率이 0.093으로서 有意水準 0.05에서 각 유형 간에 유의미한 差異가 없었다. 이는 한글 組에 속한 두 집단에서 각 漢字語 유형 간의 습득 결과가 그 한자어의 語形과 意味 차이 요인에 따른 顯著한 차이가 없는 것으로 意味한다.

(2) 한글 조에서 級別 要因이 습득결과에 미치는 영향이 顯著하지 않다. 한글 조 學習者 급별 간에 대한 反復測定 결과에서는 F統計값이 1.247, p有意確率이 0.290으로서 有意水準 0.05에서 각 同一한 한자어 유형 간에 급별로의 有意味한 差異가 없는 것으로 分析되었다. 이러한 결과는 한글 조에 속한 初·中級 학습자에게 있어 한국어 숙달도 요인이 각 유형의 한자어 習得 結果에 미치는 影響이 없는 것으로 意味한다.

(3) 한글 조에서 類型과 급별 間의 相互作用 영향이 현저하지 않다. 한글 조 초·중급 학습자의 한자어 유형별 習得 結果와 급별 간의 상호작용 效果에 대한 反復測定 결과는 F統計값이 0.574, p유의확률이 0.621로 각 漢字語 類型과 級別 간의 상호작용 效果가 없는 것으로 分析되었다. 이러한 結果는 급별로의 學習者가 각 유형에 대한 習得 效果가 거의 비슷한 추세가 나타나는 것으로 意味한다. 즉 한글 組에 속한 初·中級 학습자 간에 漢字語를 習得하는 데 각각 비슷한 樣相과 추세를 보이는데 제1유형이 다른 모든 유형보다 더 잘 습득되는 것이다.

그 다음으로, 漢字竝用 조에 대한 級別로의 反復測定 分散分析 결과에서 아래와 같은 結論을 내릴 수 있다.

(1) 漢字竝用 組에서 類型 요인이 습득결과에 미치는 影響이 현저하다. 한자병용 조에 속한 초급 학습자와 중급 학습자 두 集團 간의 漢字語 습득 실험결과에 대한 反復測定에서 한자어 6유형 간에서 正確率 차이에 대한 統計的 유의성 검정 結果는 F統計값이 3.737, p有意確率이 0.024로

서 有意水準인 0.05에서 각 유형 간에 유의미한 差異가 있었다. 이 결과는 한국어 한자어 6유형 간에 어형과 의미 차이 요인이 한자 병용 조 학습자의 습득 결과에 미치는 영향이 현저하고 각 유형 간에 다른 습득 난이도를 갖고 있는 것을 의미한다.

(2) 한자병용 조에서 級別 요인이 習得結果에 미치는 영향이 현저하다. 한자병용 조 학습자 급별 간에 대한 반복측정 結果에서는 F통계값이 10.739, p유의확률이 0.008로서 有意수준인 0.05에서 각 동일 類型 간에 유의미한 差異가 있는 것이 분석되었다. 이 결과는 한국어 한자 병용 조 에 속한 中級 學習者가 초급 학습자에 비해 각 동일 한자어 유형의 습득 결과에서 더 높은 正答率을 갖고 있는 것을 의미한다. 또한 이 결과는 앞 한글 組에서 나온 결과(2)에 비추어 보면 中國人 학습자에게 있어 漢字並用 與否는 현저한 다른 습득 효과를 가져다 줄 수 있다는 것을 알게 해 준다.

(3) 한자병용 조에서 類型과 급별 間의 相互作用 영향이 현저하지 않 다. 한국어 漢字語 각 유형과 급별 간의 相互作用 효과에 대한 F統計값이 1.845, p有意確率이 0.165로 한자병용 조학습자에게 있어 各 한자어 유 형과 級別 간의 상호작용 效果가 없는 것으로 分析되었다. 이러한 結果는 한글 組의 경우와 비슷한데 漢字並用 조에 속한 學習者에게 있어 급별이 늘어나면서 각 유형의 한자어는 꼭 좋은 習得 效果를 갖는다는 것은 아니 고 급별 간에 비슷한 양상과 趨勢를 보인다. 이러한 추세가 다시 각 한자 어 유형 간에 習得 難易度 層階構造를 갖는 것을 의미한다.

이상으로 論議된 조별로의 初·中級 학습자 간의 反復測定 分散分析 결 과를 종합해 보면 漢字並用 조에서 유형과 급별 要因으로 因한 현저한 差異를 나타내는 것은 漢字 어형 병용이 특히 중국어권 中級 학습자에게 漢字語를 배우는 데 큰 影響을 끼치는 것과 각 유형들 간에 습득 難易度 系列이 존재하는 것이 事實일 뿐만 아니라 敎師에게도 중요한 피드백 情

報라고 쉽게 판단할 수 있다.

V. 結論

3장과 4장의 實驗결과에 대한 SPSS 통계분석을 종합해 보면 한국어 한자어의 類型 要因, 級別 요인, 語形 提示 요인, 이 세 變數가 중국인 初·中級 학습자의 한자어 습득 結果에 영향을 끼칠 수 있다.

(1) 한국어 漢字語의 類型 要因이 중국인 학습자의 習得 結果에 끼치는 影響이 있다. 다만 실험 조인 漢字 並用 組에 속한 初·中級 집단에서만 각 유형 간에 현저한 差異를 나타내지만 통제 組인 한글 조의 초·중급 學習者에게 있어 顯著한 차이를 나타내지 않는다. 또한 각각 實驗 조와 統制 조에 속한 初·中級 집단에서 級別 요인이 유형 요인 間에 相互作用 영향이 없다. 그리고 한국어 漢字語 한자체 어형과 意味에서 중국어와의 차이가 있는데 이는 각 類型의 정답률에 대한 從屬標本 t檢定을 함으로써 중국인 學習者가 한자어를 배우는 데 있어서 의미 要素가 어형 요소보다 더 큰 影響을 끼칠 수 있다는 것이다.

(2) 시험에서 한자어 한자 어형 提示 요인이 初·中級 학습자에게 있어 실험 組인 한자병용 조만에 顯著한 영향이 있으나 통제 組인 한글 조에 屬한 초·중급 학습자 간에 현저한 차이를 보이지 않는다. 달리 말하자면 한자어의 한자 並用 어형이 한글 어형보다 初·中級의 熟達度에 따라 더 나은 習得 효과를 얻을 수 있는 것이 反復測定을 통해 분석되었다. 하지만 본 연구의 실험 결과에 의해 初級 段階는 한자어 한자 어형이 학습하는 과정에서 한자 병용 組가 한글 조보다 한자 語形에 自然스럽게 노출되지 못하였으므로 드러낸 誤謬가 더 많은 단계인데 1學年 2學期 初級 단계부터라도 한자어의 한글 發音과 어형뿐만 아니라 繁體字의 어형

에 대한 별도의 명시적 對照 敎授와 提示가 필요하다고 생각한다. 이는 文錦賢(2005:143~177)의 한자어 교수에 대한 견해[17]에 좀 어긋나서 漢字 어형 자체에 대한 명시적 교수 효과에 대한 실증적 追加硏究가 필요할까 하는 생각도 든다.

(3) 실험 조와 통제 조 학습자의 습득 正·誤答率에 대한 從屬標本 t檢 定을 통해 한국어 한자어 6유형 間에 難易度 系列을 나타내는데 제일 쉬 운 유형부터 가장 어려운 유형까지 배열하면 同形同義語, 近形同義語(형 태소도치), 異形同義語(부분이형), 異形同義語(완전이형), 同形異義語(완전 이의), 同形異義語(부분이의) 순이다. 한국어 漢字語 6유형들 중에 同形同 義어가 제일 쉽게 잘 習得될 수 있는 유형이고 반대로 同形異義語가 중국 어권 學習者에게 學習하는 데 상당한 어려움을 겪을 수 있는 類型이다.

따라서 한국어 한자어 敎授에 있어서 교사가 漢字語의 難易度를 충분 히 감안하여 점차적으로 학습자의 熟達度에 따라 중국어의 어형, 의미와 똑같고 제일 쉬운 '同形同義語'와 어형이 근사하고 의미가 같은 '近形同義 語'를 주 대상으로 가르쳐야 하며 學習者에게 한자어의 한글 語形과 한자 어형을 동시에 분명하게 對照提示해 주고, 더 한 단계 올라가면서 '異形同 義語'를 重點을 두고 이 유형에 對應된 중국어 어휘와의 어형 차이를 학 습자에게 잘 提示하고 더 나아가 學習자에게 중국어 어휘 의미와 差異가 많이 드러나는 한자어 '同形異義語'를 중점을 두고 그 意味 差異를 밝힘으 로써 학습자로 하여금 否定적 전이를 피하게 하고 肯定적 전이를 강화시 킬 수 있다. 이는 학습자의 한국어 熟達度에 따른 중국인 학습자의 한자 어 語彙力을 높일 수 있는 좋은 敎授法이리라 생각된다.

---

17 文錦賢(2005:143~177)은 한자어 敎育內容에 관해서 漢字圈 학습자의 경우는 자신의 母國語를 習得하는 과정에서 한자에 自然스럽게 露出되었으므로 한자 자체에 대한 별도의 학습이 필요하지 않고 한자의 讀音과 意味 습득을 중심으로 교육하는 것이 바람직하다고도 지적했다.

또한 以上의 논의에서 알 수 있듯이 중국인 학습자들의 한자어 語彙力 테스트에서 제시된 客觀式 문제들로만은 학습자들의 漢字語 활용 능력을 아는 데 한계가 있다. 答案 제시가 3개뿐이기 때문에 우연히 찍어도 正答을 맞힐 수 있는 確率이 적어도 30%에 달하고 문제에 사용된 漢字語의 수가 限定하여 본 연구의 결과를 一般化하기에는 다소 무리가 있다. 앞으로의 추가연구는 한자어 習得은 중국인 학습자가 한자어를 배우는 데 영향을 줄 수 있는 어형과 의미 등 要因을 충분히 감안하여 급별로 한자어 어휘 습득 양상에 대한 多樣한 實證적 연구와 그에 따른 敎育方案을 개발되어야 할 것이며 그 結果 어떠한 학습 效果를 얻을 수 있는지 對照實驗을 통해 이루어져야 할 것이다.

주제 5 : 통일 시대와 사회 소통을 위한 한국어 교육

민현식(2006), 국어교육에서의 지도력(리더십) 교육 시론, 화법연구 9, 한국화법학회.

나카가와 아키오(2014), 한국어교육을 통한 가정내 언어폭력 해결방안에 대하여, 先淸語文 40, 서울대학교 국어교육과.

언어기술의 습득을 통해서 학습자의 인성을 형성·향상케 하는 것이 언어교육의 중요한 목표 중의 하나이다. 그 동안 국어교육의 현장에서는 언어기술의 습득과 인성 형성을 주된 목표로 삼아 왔음에도 불구하고 언어기술 교육과 인성 교육의 상호관계에 대하여 구체적인 방향성을 제시한 연구는 많지 않았다. 그러한 의미에서 민현식(2006)이 사회를 섬기는 봉사적 지도력을 지닌 자를 '지도자'로 정의하고 언어기술 교육과 인성 교육을 겸한 국어교육으로서 가정·사회·국가에 봉사하는 인재를 양육하기 위한 구체적인 교육 방안을 제시한 것은 큰 가치가 있다.

한편 한국어교육은 언어기술의 습득을 첫 번째 목표로 삼는 점에서 국어교육과 차이가 있으나 '언어(한국어)'를 교수하는 점, 언어기술 습득을 통해 원만한 인간관계를 영위하는 의사소통(화법) 능력을 형성·향상케 한다는 교육관에 있어서 국어교육과 공통점을 지닌다.

이러한 문맥 속에서 민현식(2006)이 제시한 지도자를 봉사자로서의 지도자가 갖춰야 하는 언어능력의 항목(경청, 설득과 논증 능력, 개념과 능력, 자기 표현 능력, 토의·토론 및 사회·협상 능력, 표준어 능력, 유머 감각, 정직한 언어) 및 '위인 교육' 방안의 제시는 한국어 교육에도 적용된다.

나카가와(2012)는 언어기술 습득에 길들여 온 한국어 교육의 틀을 넘어서 그 교육적 목표를 학습자에 대한 인성교육에까지 확대시켜야 함을 제안했다. 특히 일어 사회에서 문제가 되어 있는 '가정 내 언어폭력'을 억제·해결하는 방안으로 개인, 학교 교육, 시민강좌, 국가정책 차원에서 올바른 언어사용에 대한 교육을 실시하는 것과 동시에 제2외국어로서의 한국어 교육에서도 언어폭력을 해결하는 언어문화교육을 실시해야 함을 강조했다. 한국어교육의 현장에 있어서 한국어와 학습자의 모어(일어)를 대조함으로써 한일 양어가 지니는 커뮤니케이션 방식의 특징을 이해케 하는 방안, 가족 관계를 주제로 삼는 한국의 영상물을 통해서 폭언(暴言) 행위와 가족 문화의 소중함을 자각케 하는 방안을 제시했다.

가정 내 언어폭력 행위에는 '자기애'를 폭언을 통해서 충족하려는 동기가 숨어 있으며 가족 내에 '지배-피지배' 관계가 성립됨으로써 자기애를 충족하려는 폭언 행위가 습관적으로 이루어진다. 이러한 일그러진 '지배-피지배' 관계를 완화하기 위해서는 '섬기는 봉사자' 관계가 가족임을 이해하고 서로 해결책을 논의할 수 있는 화법을 습득함으로써 신뢰관계를 만들려는 훈련이 필요하다. 가정은 사회나 국가처럼 인간이 영위하는 기본 조직이기 때문에 더욱 신뢰와 배려로 의사소통하는 언어기술을 익혀야 하는 곳이다.

세계 방방곳곳에서 많은 사람들이 한국어를 배우고 있은 현재에 있어서 학습자들이 언어기술의 습득을 통해서 올바른 언어사용을 영위할 수 있는 커뮤니케이션 능력을 높임과 동시에 한국의 가족언어문화를 이해함으로써 올바른 가족 관계를 형성하는 교육적인 책임을 한국어 교육이 맡아야 한다. 이러한 한국어 교육을 확립하는 데에 있어서 민현식(2006)이 제시한 내용이 길잡이가 된다고 본다.

국어교육에서의 지도력(리더십) 교육 시론[*]

민 현 식

요 약

  지도자는 국가, 기업 등 모든 조직의 사활을 좌우하므로 학교는 다양한 분야의 전문가 겸 지도자를 키우는 것이 임무이다. 그런데 현 교육과정은 지도자 육성과 지도력 함양 교육 훈련에 무관심하여 실질적인 지도자 육성 교육은 하고 있지 않다 그러나 지도자 육성 교육은 엘리트 교육, 영재 교육과 달리 선택받은 소수의 간부 학생, 재능 학생만을 위한 교육이 아니라 대다수의 지도력이 떨어지는 보통 학생들을 위한 교육이어야 한다.
  한국인은 지도자를 부정적으로 보는 의식이 강하기 때문에 지도자 육성 교

---

[*] 『한국화법학회 9』(한국화법학회, 2006년 발행)의 231쪽부터 293쪽까지에 수록된 논문을 일부 수정하였음.

육을 오해하고 있지만, 오늘날 지도자는 군림하는 권위적 지배자가 아니라 봉사적 지도자로 조직을 섬기는 자라야 한다. 지도자는 추종자를 알고 추종자는 지도자를 알고 서로가 하나 되는 관계이어야 한다. 국어교육도 그동안 두 가지 측면에서 지도자 교육을 제공해 왔다.

첫째는 지도자에 제1능력인 언어(화법) 능력을 계발하는 것이다. 이는 국어과의 기본 목표로 지도자 교육관의 공동 목표와 같다. 국어과의 목표는 지도자 자질의 제1 요소와 같다는 점에서 국어교육은 지도자 교육과정에서 중요하게 기여할 사명이 있다. 둘째는 위인 전기문 교육을 통해 지도자의 모델을 제공하여 왔다. 따라서 지도자 교육을 위해서는 언어능력 계발과 위인 모델 제시 교육을 강화하고 방법론을 개선해야 한다.

첫째, 지도자의 언어 능력 계발 교육을 위해서는 지도자의 언어 능력에 필수적인 다음 요소 교육을 강화하여야 한다. (1) 경청, (2) 설득과 논증 능력, (3) 사물에 대한 언어 개념화 능력, (4) 자기 표현 능력, (5) 토의 토론 및 사회 협상 능력, (6) 표준어 능력, (7) 유머 감각, (8) 정직한 언행 등의 실천이 그것이다. 이들 요소들은 기존 교육과정에서 단편적으로 존재하고 있으나 지도자 교육을 위해 유기적으로 연계되어 있지 못하다. 현행 교육의 맹점은 7차 교육과정에서 '설득' 교육이 초등학교 5, 6학년에만 나오고 중고교에는 전무한 상태인 데서 단적으로 드러난다. 현재의 화법교육은 부실한 상태인데 개정 교육과정에도 백화점식 나열만 이루어져 구태의연한 상태이다. 경청, 설득, 논증, 수사법, 어휘력 훈련 등을 집중하여 강화하는 실질적 방안을 모색하여야 한다.

둘째, 위인 교육은 도덕, 역사 교과와 협조하되, 국어교육이 언행교육인 만큼 국어과만의 위인 교육이 되려면 지도자의 언행을 소재로 한 교육을 강화하고 인물 선정에서도 합리적 기준과 개선이 필요하다. 전통적으로 국어 교과서의 글감과 필자들이 주로 문인들이나 어문계 학자들이라 '전통적 사대부형 인간형', 즉 '문학적 교양인'만을 육성하는 교육에만 치중하였으므로 앞으로의 위인 교육은 문학자 교양 위에서 실시구시형 인간형 모델을 많이 보여주어 그런 지도자를 육성하여야 할 것이다.

현재 개정 중인 새 교육과정도 구태의연한 화법교육에 머물고 있는데 구체적인 교육 훈련을 제공하는 방향으로 개선하려면 지도자 육성 교육과 같은 구체적 목표 의식이 반영되어야 할 것이다.

한국어교육과 사회 소통 교육[*]
-가족 관계를 중심으로

나카가와 아키오(쇼케이대학교)

Ⅰ. 머리말

가정 폭력으로 인한 이혼의 증가, 가정 붕괴가 사회적 문제가 된 지 오래이다. 가정 내 폭력을 육체적인 것과 심리적인 것으로 분류한다. 후자의 대표적인 것이 바로 언어로 인한 폭력이다. 이것은 가정이라는 밀폐된 공간 안에서 폭언을 통해 행해지는 폭력 행위를 말하며 가족 간에 고독감·좌절감·증오·절망 등의 부작용을 초래하게 된다.

폭력 행위의 배후에는 억압된 '분노'가 숨어 있다. 분노는 자기애(Self-attachment)가 유린 당했을 때의 느끼는 감정이다.[1] 언어폭력에는 육체적인 폭력과 마찬가지로 '지배-피지배'의 관계가 성립되며 폭언을 통해서 자신의 분노를 방출하고 상대방의 심정을 유린한다는 공통점이 있다. 즉 언어폭력의 배후에는 '결여된 인간관계=가정에서의 언어 생활의 장애= 언어폭력 행사'라고 하는 방정식이 숨어있다. 따라서 언어폭력을 해결하기 위해서는 가해자가 자신의 언행의 내재하는 폭력성을 자각하는 절차

---

* 『선청어문』 제40집(서울대학교 국어교육과 2012년 발행)의 747쪽부터 773쪽까지에 수록된 '(한)국어 교육을 통한 언어폭력의 해결방안에 대하여'를 실음.

1 和田(2010, pp.35~36)을 참조.

가 필요하다.

본고는 가족이라는 울타리에서 간과하기 쉬운 '지배-피지배' 관계를 발견하고 언어폭력을 해결하는 열쇠로서 한국어 교육을 통해서 자신의 가정문화 및 언어문화를 재고하는 방안을 제안하고자 한다.

본 연구는 아직 시론적인 성격을 띠고 있으나 한국어 교육이 가정 내 언어생활을 개선하는 데 촉진제가 될 수 있다는 점을 확인하는 것을 의의로 볼 수 있다.

Ⅱ. 선행 연구

폭언이 주는 영향이 크기 때문에 언어 생활을 개선함으로써 인간관계를 재건하고 인간성을 회복하려는 시도가 세계적으로 이루어지고 있다. 그 대표적인 예를 들어보면 다음과 같다.

· '버츄프로젝트(Virtues Project): 심리치료사인 Linda K. Popov가 고안한 인격 신장을 위한 교육 프로그램이다. 말에는 '각인력, 견인력, 성취력'이 있다는 전제 하에서 300여 개에 이르는 미덕(美德)을 나타내는 단어 중에서 52개 단어(감사, 배려, 사랑, 신용 등)를 선정하고 그 단어를 사용함으로서 인격을 형성시키려는 프로그램이다. 교육 전략으로서는 '미덕의 언어로 말하는 것, 정신적 동반을 제공하는 것, 정신적 가치를 존중하는 것, 배움의 순간을 인식하는 것, 미덕의 울타리를 치는 것'을 중요시한다. 이 프로그램은 1994년에 UN으로부터 '범세계적으로 활용할 수 있는 인성교육 프로그램'으로 인정을 받았고 2008년에는 NEA(미국교육협회)가 온라인 인성교육 프로그램으로 채택한 바가 있다. 한국에서는 일부 지역의 유치원이나 어린이집, 초등학교에서 이 프로그램을 도입하고 있다.

· "The Book of Virtues" : 미국 레이건 정권 시에 교육성 장관을 맡은 William J. Benet가 지은 책이다. 성경·그리스신화·시·위인전·민화 등에서 '자제·동정·책임감·우정·근면·용기·인내·정직·충성·믿음'의 10개 항목과 관련된 다양한 이야기를 수집·편집하고, 부모와 아이들이 읽음으로써 미덕에 대하여 생각하고 실천하는 운동을 제시했다. 이 책은 '제2의 성경'이라고 불릴 정도로 호평을 받았다.

· SITH(Self I-dentity Through Ho'oponopono) : 하와이에서 전승되는 민간 심리치료법인 '호·오포노포노'를 기초로 한 심리 치료법이며 '미안해요, 용서해 줘요, 감사해요, 사랑해요'의 네 가지 말을 반복 사용하는 것이 특징이다. 이 네 가지 말들은 인간의 본성의 발로이며 이들을 사용함으로써 잠재기억에 내재된 억압되고 안 좋은 기억을 클리닝 (Cleaning)함으로써 부정적인 잠재기억을 개방한다.

· 국어교육을 통한 인성교육 : 안성수(1998)는 글(수필)을 쓰는 기교 및 문장력에 부담감을 갖지 않고 속마음을 솔직하게 표현하는 쓰기 교육이야말로 학생들의 인성을 성장시키는 것임을 강조하여 '자유과제 지도법·목적과제 지도법'을 제시했다.[2] 권순희(2007)는 입시 교육 환경 속에서 공부 위주의 생활이 되어질 경우, 자기 생각을 주장하는 것에 소극적인 학생들의 증가가 초래됨을 우려하여 말하기·듣기 교육의 목표를 인간 관계를 고려한 창의적 언어 사용 능력 향상을 통해서 바람직한 판단력을 신장시키는 것에 두는 것을 주장했다. 정찬문(2005)은 '정서교육, 가치교육, 도덕교육'을 도모하는 덕목을 중심으로 하는 한문교육의 수업안을 제시하여 도덕성의 내면화를 목표로 하는 한문교육의 중요성을 주

---

2 福嶋(2012)는 쓰기를 중요시하는 국어교육의 중요성을 강조하면서 글쓰기 기교를 가르침으로써 학생들 스스로가 간직하고 있는 내용을 끌어낼 수 있는 기술의 습득이 국어교육의 중심적인 교육내용임을 주장한다.

장했다. 민현식(2006)은 가정을 비롯한 조직 사회에서 올바른 의사소통을 영위할 줄 아는 '지도자'형 인재를 키우는 데에 국어교육이 진력해야 함을 강조했다. 민현식(2006)은 지도력을 '섬기는 봉사적 지도력(servant leadership)'으로 지적하며 이러한 지도력을 기르기 위해서 '경청, 설득과 논증 능력, 개념과 능력, 자기표현 능력, 토의·토론 및 사회·협상 능력, 표준어 능력, 유머 감각, 정직한 언어 능력'을 기르는 교육 내용(특히 화법교육) 마련이 필요함을 지적했다.

이들 활동 및 연구는 언어 생활을 개선함으로써 인간성을 회복·신장 시키려는 데에 초점을 두고 있다. 가족 관계를 다루는 학문을 '가정학(家庭學)이라 부른다면 언어가 지니는 '각인력·견인력·성취력'을 이용해서 언어폭력을 해결하려는 국어교육·한국어 교육은 가정학의 하위영역을 이루는 연구 분야라 하겠다.

Ⅲ. 교육 방법

가정 내 언어폭력 해결에 필요한 첫 번째 단계는 가해자가 자신의 말투가 폭력 행위임(였음)을 '자각'하는 것이다. 그것을 위한 절차로서 다음과 같은 문제 제기와 문제점을 확인하는 도입 과정이 필요하다.

1. 도입 과정

1) 피해·부담감의 확인
언어폭력의 피해자는 가해자에게서 폭력 행위를 받거나 심리적인 스트레스를 받은 사실을 인식하고 그 부담감·피해를 가해자에게 알려야 한다. 당사자(피해자, 가해자)들이 이들 과정에 대한 교육 및 훈련을 받아 문제를 제기하는 방법을 알고 있을 경우에는 당사자로 인한 문제점 제기가 가능하다. 그렇지 않을 경우에는 전문가나 경험을 가지는 사람들 등을 중보로 세우는 것이 바람직하다.

덧붙여 언어폭력 행위로 인하여 어떠한 결과가 초래되었던가를 명백히 파악할 필요가 있다. Gregory L. Jants(2002, pp.112~125)에 의하면 육체적·정신적인 학대를 받으면 가해자는 다음과 같은 정서적인 짐을 짊어지게 된다. 이들 심리적인 장애는 성장하면서 개선될 수 있으나 내재될 경우에는 피해자의 인생에 막대한 영향을 미치게 된다.

자존심의 저하, 자신감 부족, 의지하고자하는 욕구, 완벽주의, 대인관계에서의 장애, 열등감 자기혐오, 위기 지향성, 분노·억울함의 내포

또 언어폭력으로 인한 정신적인 스트레스는 신체상의 이상으로 나타나기도 십상이다. 4~17세 사이에 가족이나 보호자로부터 매일 폭언을 들으면서 자란 아이들은 폭언을 안 듣던 아이들에 비해 뇌의 측두엽에서 청각 기능을 맡는 상측두회(上側頭回)가 좌뇌에서 9.2%, 우뇌에서 9.9% 적은 것으로 나타났다. 나아가 언어를 이해하는 두정엽(頭頂葉) 부분에도 위축 상태가 발견되었다. 이것은 피해자가 폭언을 듣지 않으려는 무의식적인 방위본능으로 인하여 뇌에 거부반응이 일어난 발달 장애이다.[3]

심리적인 학대를 받은 사람들은 특정한 신체적인 증싱이 나타닐 경우가 많다.[4] 여기서 문제가 되는 것은 피해자가 자기가 받은 부담감을 당연

---

3 西日本新聞(2008, http://qnet.nishinippon.co.jp/medical/news/kyushu/post_68.shtm)을 참조.

4 Gregory L. Jants(2002, pp.128~144)을 참조.

한 것으로 여겨서 정신적·신체적으로 일어나는 이상을 방치하게 되는 것이다.

과도한 집착(addiction), 알레르기·천식, 우울증, 소화기계 질병, 섭식 장애, 막연한 불안감, 심기증(心氣症), 편두통, 발작, 공포증, 원인을 알 수 없는 부스럼

부부 간에서 일어나는 언어폭력은 이혼의 원인을 제공한다. 일본 후생 노동성의 자료에 인하면, 부부가 이혼하게 된 동기 중에 '언어폭력으로 인한 정신적 학대'가 큰 비중을 차지하는 현실은 폭언이 가족 관계에 큰 영향력을 미치는 현상을 입증한다.[5]

2) 자각케 하는 과정

언어폭력의 가해자는 자기자신의 행위를 인정하지 않고 책임전가하는 경향이 현저하다. 나아가 커뮤니케이션을 기피하려는 경향도 뚜렷하므로 (가해자가)자신의 행위를 객관적으로 관찰함으로써 자신의 언행이 폭력성을 내재한다는 사실을 확인케 하는 환경을 제공해야 한다.

하지만 가정 내 언어폭력은 '가정'이라는 밀폐되고 관습성을 띠는 공간에서 이루어지기 때문에 당사자(가해자-피해자)에 있어서도 인식하기 어려우며 피해자가 외부에 알리려고 하지않는 심리가 적용되곤 한다. (일본)매일신문사(2003, p.37, p.67)가 일반 시민을 대상으로 실시한 설문조사에 의하면 '어떤 행위를 폭력으로 생각하느냐?'라고 묻는 질문에 대하여 '발로 차는 행위'라고 대답한 사람은 남자가 84.1%, 여자가 82.2%이었는 데에 비해, '소리를 치르는 행위'라고 대답한 남자는 34.0%, 여자

---

5 마츠모토(2004, pp.57~60)를 참조.

는 41.5%이었다. 또 '큰 소리를 치는 행위를 폭력으로 생각하는가?'고 하는 질문에는 '그렇다'고 대답한 사람은 남자가 33.9%, 여자가 42.2%이었다. 기타 질문에 대해서도 대체 남자가 여자에 비해 폭력 행위를 인식하는 감도가 낮은 것으로 나타났다.

가정 내 언어폭력의 원인은 다양하기 때문에 그 해결책을 세우는 것은 간단하지 않으나 다음 신문 투고 내용은 '자각'이야말로 언어폭력을 해결하는 실마리임을 시사한다.

"남편이 바뀌었다"
'…한 달 동안 갑자기 소리를 안 지르게 되었는데, 혹시 얼마 살지 못하나 하고 걱정했다. 그런데, 어느 날 저녁 식사를 하던 자리에서 남편이 '오늘 신문에 나와 있는 『여자의 마음』 읽었어?'라고 느닷없이 물었다. …흠칫흠칫 겁을 내면서 '여보, 당신이 『여자의 마음』 매일 읽으세요?라고 느닷없이 물다. 그러자 '그래, 읽고 있어.'라고 대답하기에 나는 수긍이 갔다. 그렇게 심하게 소리를 치던 남편이 요새 들어 소리를 치지 않게 된 까닭을 알게 된 것 같았다. (언어폭력으로 인하여) 고민하는 아내들이 투고한 내용과 특집기사를 남편은 읽고 있었던 것이다. 나는 웃기면서도 너무 기뻤다. 50여 년 만에 새로 태어난 것만 같은 기분이 들었다.'[6]

언어폭력을 해결하기 위해서는 가해자가 자신이 행한 발언이 폭력성을 띠었고 그로 인하여 피해자가 정신적인 피해를 입었는가를 얼마나 심도 있게 자각하느냐가 해결의 열쇠가 된다. 언어폭력의 당사자들이 자각했을 경우에는 가정 관계에 대한 재건과 언어 생활의 개선 작업이 가능해진다.

---

6 (일본)每日新聞社家庭部編(2003, pp. 144-145)을 참조.

하지만 언어폭력을 비롯한 가정 내 폭력의 가해자가 피해자와의 사이에 형성된 '지배-피지배' 관계가 얼마나 비정상적인가를 자각하는 것은 여간 어렵지 않다. 따라서 명백한 동기와 목적의식을 갖고 가해자에게 자각을 재촉하는 교육(학습) 내용을 마련해야 한다.

2. 방안

본고는 언어폭력의 당사자(일본인)에게 자각케 하는 교육(학습)으로서 가정·교육 기관·시민 강좌·정책 차원에서 실시하는 '계몽 교육'과, 한일 양어가 지니는 언어문화적인 특징을 비교분석하는 '언어문화 교육'을 제안하고자 한다.

1) 계몽 교육

(1) 가정
1) 언어폭력에 관한 자료를 접하는 것이 가정에서 할 수 있는 효과적인 방법이다. 자료로는 다음과 같은 것들을 들 수 있다. (이들 서적은 한국어 아니면 일어로 번역되어 있다.)

Gregory L. Jants, 『HEALING THE SCARS OF EMOTIONAL ABUSE』

Isabelle Nazare-Age, 『LES MANIPULATERES ET L'AMOUR』

Marie-France HIRIGOYEN, 『LE HARCELEMENT MORAL』

Patricia Evans, 『THE VERBALLY ABUSIVE RELATIONSHIP』

Susan Forward, 『TOXIC PARENTS』

매일신문생활가정부 편, 『아버지, 화내지 마세요』

가토 다이조, 『「언짢음」과 「응석 부림」의 심리』

이마이 도모코, 『아내에게 해도 되는 말, 안 되는 말』 등

2) 폭언을 퍼붓는 상대방으로서는 '배우자·자식'이 압도적으로 많다.
일본을 예를 들면 폭언과 그것을 말하는 사람들의 성별은 다음과 같다.[7]

- '시끄러워!', '조용히 해!'   (남 40.5%, 여 32.3%)
- '바보!', '못난이!'   (남 20.1%, 여 21.3%)
- '느림보!', '빨리 해!'   (남 13.1%, 여 22.1%)
- '이놈!', '이년이!'   (남 10.8%, 여 4.7%)
- '누구 덕분에 먹고 사는데!'   (남 7.7%, 여 7.2%)
- '도움이 안 돼!'   (남 2.7%, 여 6.4%)
- '못 생겼어!', '대머리!', '뚱뚱이!' (남 2.7%, 여 3.0%)
- '돈 벌고 나서 말해!'   (남 2.3%, 여 3.0%)

이들 폭언은 일상생활에서 무의식화되고 장기간에 걸쳐서 행해졌을
경우에는 말하는 사람이든 듣는 사람이든 간에 자각하지 못할 경우가 있
다.[8] 그래서 폭언 리스트를 만들어서 당사자가 놓여져있는 현실을 객관

---

7 關井 외(2007, p.113)를 참조.
8 이러한 습관성이 생기는 이유 중의 하나로서 국어교육에서 언어 폭력과 관련된 교육
이 충분히 실시되지 못한 것을 늘 수 있다. 따라서 국어교육 교과에서 민현식(2006, pp.252
~269)이 지적한 다음과 같은 언어 능력의 습득을 교육 내용으로 삼아야 한다.
- 상대방의 말을 경청하고 적절한 질문을 할 줄 아는 언어 능력
- 논리적이고 합리적인 언어생활을 영위할 줄 아는 언어 능력
- 자신의 심리를 정확하고 간결하게 표현하는 어휘를 사용할 줄 아는 언어 능력
- 상대를 배려하면서 자기 의견이나 감정을 나타낼 수 있는 언어 능력
- 갈등 당사자의 의견을 수렴하고 협상·조정할 줄 아는 언어 능력
- 모욕과 조롱에도 분노하지 않고 여유로 응대할 줄 아는 언어 능력
- 신뢰관계를 형성하기 위한 도덕적 바른말을 구사할 줄 아는 언어 능력

적·구체적으로 파악하는 방법이 효과적이다. 폭언을 기록하는 작업은 당사자 간에 오고 가는(가던) 말들이 폭력성을 내재하고 있다는 사실을 인식하는 기회를 제공한다.

(2) 교육 기관

① 초등학교~고등학교 교육

한국 교육과학기술부가 고시된 '교육 과정'에는 '세계와 소통하는 시민으로서 배려와 나눔의 정신으로 공동체 발전에 참여하는 사람'이 되는 것을 교육 과정이 추구하는 인간성임이 명시되어있다.[9] 국어 지식 및 커뮤니케이션 능력을 신장하는 것이 국어교육의 목표임은 두말할 필요도 없다.

하지만 입시에 초점을 두는 교육 환경으로 인하여 국어교육이 높은 점수를 따기 위한 기술 습득을 원하는 학생·학부모가 늘고 있는 현황이다.[10] 한국이나 일본 사회에서 급속도로 만연되고 있는 '언어가 지니는 힘'을 고찰케 하며 상대방의 주장을 존중히 여기면서 듣는 능력과 태도 및 상대방을 배려하고 자신의 생각·감정을 표현할 줄 아는 능력을 형성케 해야 한다.[11]

---

9 교육과학기술부 http://cuits.mest.go.kr을 참조.

10 손영애(2012)는 학교 생활 중에 책을 읽는 시간을 확보하는 것. 독서의 즐거움과 유익한 가치를 직접 체감할 수 있는 학생 중심의 독서활동 프로그램을 발굴하여 학생들이 독서 행위에 스스로 참여하려는 의지를 높이는 것, 타인에 대한 배려, 생명에 대한 존중, 나눔과 공존의 가치를 깨칠 수 있는 책, 눈높이에 맞는 좋은 책을 제공할 수 있는 체제를 갖추는 것을 통해서 현대사회가 요구하는 바람직한 인간성을 형성하는 독서교육을 실시해야 할 필요성을 강조했다.

11 2010년에 (한국)여성가정부·교육과학기술부·문화체육관광부가 실시한 '청소년 언어상태의 실태'에 의하면 청소년 중의 73.4%가 매일 욕설을 사용하고 있다. 그들의 대부분은 친구들에게 아무 의식 없이 욕설을 사용하고 있다. 그들의 언어 습관을 고치지 않은

휴대폰·인터넷을 통해 언어폭력을 가하는 학생들의 대부분이 가족이 무관심하거나 과도의 간섭으로 심정적인 고독감에 시달리는 아이들과 같은 지역에 사는 다른 가족과의 인간관계가 끊어진 가족의 아이들이 대부분이었다.[12] 그들은 성장 과정에 있어서 부모나 교사를 비롯한 어른들과 흥미롭고 따뜻한 커뮤니케이션을 공유 받는 기회가 부족하기 때문에 타인에 대한 배려심을 실감하는 기회가 없었던 것이다. 가족이나 학교, 지역사회에서 커뮤니케이션의 소중함·흥미로움을 체험하지 못하는 학생들은 국어에 대한 지식을 안다고 해도 그 지식을 효과적이고 올바르게 사용하는 방법을 습득하기 어렵다.[13] 일본 고등학생 중에서는 경어 사용에 어려움을 겪는 학생들이 적지 않다. 실제 장면에 맞게 쓰는 방법이나 어떻게 하면 올바른 표현이 되는지를 모르는 것이 이유 중의 하나이다.[14] 한국에서도 학년이 올라갈수록 발표를 하지 않는 경향이 뚜렷하다. 이것도 대입시험에 기준을 맞춘 교육 때문에 발표하는 기회가 많지 않음에 기인한다.[15] 따라서 윤희원(2009)이 주장하듯 (한)국어 교육의 연구 범위를 확대하고 문화적 보편성과 특수성을 반영한 교재 및 교수법을 개발해야 하며[16] 민현식(2006)이 주장하듯이 가정·사회에 봉사하는 지도력을 갖춘 인재 양성을 국어교육의 목표로 삼아야 한다.

언어문화 교육과 더불어 초등학교부터 고등학교까지의 교과 시간에

채 결혼하게 되면 부부지간에서 욕설을 사용할 가능성이 높아진다.
(http://k.daum.net/qna/view.html?category_id=QPR&qid=4sTgm 참조)

12 增田(2008, pp.144~147)을 참조.

13 김대행(1998, p.26)이 주장하듯 국어교육으로서의 문학교육의 목적은 단순히 문학작품을 이해하는 것이 아니라 인간다움의 추구에 있다.

14 吉岡(2006, pp.133~134)을 참조.

15 권순희(2007, pp.77~78)를 참조.

16 윤희원(2009, pp.17~20)은 '다문화 가정'의 자녀들이 전달하고자 하는 메시지와 의도를 직접적으로 표현하는 경향이 있는 현상을 우려해서 감각적인 표현이나 직관과 관련된 추상적인 표현을 교육할 필요성을 강조했다.

'결혼과 가정의 의의 및 올바른 가족 관계'를 가르칠 내용을 도입할 필요가 있다. 부모의 이혼 등을 통해서 아이들이 가정에 대한 중요성을 체휼하기 어려운 환경이 점점 증가하고 있는 가운데서 아이들이 가정에 안락감·가족 관계의 소중함을 경험하지 못하게 되면 가정 내 언어폭력은 더욱 증가할 것이다.

현재 일본에서는 한국 대중문화가 널리 보급되면서 일반화되었다. 일본의 학부모 중에는 한류 드라마를 좋아하고 시청하는 사람들이 적지 않다. 한류 드라마를 선호하는 이유로서 '가족의 사랑'을 드는 사람들이 많다. 실제로 많은 한국드라마가 '가족'을 주제로 삼고 있다. 또, 이혼율이 증가하는 한국 사회이지만, '가족이 무엇보다 소중하다'고 하는 전통적인 가치관은 존속되고 있다. 비록 교사가 한국어에 대한 지식이 없거나 부족하다고 해도 가족 사랑과 가정의 정서적인 커뮤니케이션이 그려진 영상 작품을 국어나 윤리 교육 자료로서 도입할 수 있을 것이고, 그 들 자료를 통해서 가정 및 가족 간의 커뮤니케이션이 얼마나 소중하고 중요한가를 계몽하기에 도움이 된다.

② 대학·대학교

대학·대학교의 이수과목에 언어폭력과 관련된 이수과목을 적극적으로 설치해야 한다. 예를 들면 언어학(언어학입문, 대조 언어학 등), 국어학(국어학개론, 국어화용론 등), 국어교육학(국어과 교육법, 외국어 교육법 등), 외국어로서의 한국어(한국어 회화, 문법 등), 문화론 등, 언어와 문화와 관련된 이수과목 및 심리학이나 철학에 관련된 과목이 해당된다. 본인이 근무하는 (일본)쇼케이 대학교(문화언어학부)를 예로 들면 '한국어' 수업에서 '인사하는 방법, 경어법, 가족명칭' 등을 다루면서 일본어가 사용되는 언어사회와는 상이한 가족 간의 커뮤니케이션 문화가 한국에 있는 사실을 다루면서 한국의 가족 중심주의를 가르치고 있다. '비교언어학 입문·한국문화론'에는 한국 드라마를 부교재로 사용해서 한일 양어의 경어법의 특징을 다루고 있다. 특히 한국 영상물의 일본어 자막과 원문을 비교하는 과정에서 가족 간의 대화가 일어 자막에서는 존대법이 아닌 것에 비해 원문에서는 존대법이 사용되는 사실을 제시하면 많은 학생들이 경악하는 반응을 보인다.

수업을 통해서 한국과 일본 가정 문화의 차이점을 접한 학생들은 대체적으로 한국의 가정문화에 대하여 관심을 가지게 되고 가족 중심적인 한국문화를 좋게 평가한다. 가정 내 언어폭력뿐만 아니라 이혼율도 증가하고 있는 한국 사회임에도 불구하고 여전히 가족을 소중히 여기는 한국문화가 영상에 나타나는 현상을 생각할 때에 가족 간의 커뮤니케이션이 끊어진 가정이 많은 일본 학생들에 있어서 한국 문화가 시사하는 바는 크다고 할 수 있다.[17]

(3) 시민 강좌

일본에서는 한국어 및 한국문화에 대한 관심도가 높아짐에 따라 한국어 및 한국 문화·역사에 관한 시민강좌수가 증가세를 보인다. 본인이 근무하는 대학교가 주최하는 시민강좌에서 본인이 맡은 강좌로서는 '한국인이 본 일본', '(일본)구마모토 지방의 조선문화를 통해서 구마모토 사람을 생각한다.', '새로운 시점에서 보는 한일교류', '한국어의 비유표현에 나타난 사고방식', '가정언어학~한일 양국을 비교해서' 등이 있다.

경제성장을 이룬 일본 사회에서는 가족관계가 소원해지고 부자기간·부부간의 의사소통이 단절된 사례가 적지 않아서 가족 관계에 고민하는

---

17 일본의 대학생들의 가족관은 한국과 차이가 난다. 그 중에서도 아버지에 대한 딸의 호의도가 극히 낮은 것이 특징이다. 본인이 근무하는 대학교에서 '아버지를 사랑하느냐?'고 질문을 했는데, 90% 가까운 여대생들이 '싫다', '이해 못 한다', '이야기를 안 한다'고 대답했다.

사람들이 많다. 이러한 생활환경 속에서 스트레스가 쌓이고 그것을 해소하려는 과정에서 언어폭력을 비롯한 각종 가정 내 폭력이 발생한다.

수강생들 중에서 한국의 가족문화에 관심이 있는 사람들이 많다. 시민을 대상으로 하는 한국어 강좌에서도 한국어 문법이나 어휘만을 다루는 것이 아니라 사회가 원하는 내용에 알맞은 문화적인 내용을 반영시킴으로써 한국어에 반영된 가족중심문화를 강조해야 한다.

(4) 정책

오늘날 일본 국내의 가정 재건 문제는 개인적인 차원을 넘어 정부가 정책으로 다루어야 할 단계로 진입했다. 미국에서는 가정 붕괴로 인하여 정상적인 가치관을 갖지 못한 아이들이 증가함에 따라 많은 사회적인 문제가 일어난 지 오래되었다. 미국 정부는 이 현상을 해결하기 위해 결혼 후 교육은 물론, 결혼 전에 배우자와 원만한 관계를 형성하는 방법, 결혼·가정이 갖춰야 할 모습, 가정에서 일어날 문제들을 해결하는 기술·지식 습득에 초점을 두는 '결혼 교육 운동'이 정부의 주관 하에 시행되고 있다.

예를 들면 '건전한 결혼의 선도(Department of Health and Human Service Healthy Marriage Initiative)'나 국립 건전한 결혼 정보센터(National Healthy Marriage Resource Center)가 연방정부의 예산으로 설치되었다. 이들 활동으로 인하여 가족 관계가 개선되고 가정 내 폭력이 감소되었다는 보고가 있다.

일본이나 한국에서는 부부관계·부자 관계에는 국가나 학교가 개입하지 않는 것이 좋다는 전통적인 윤리관이 있으나 오늘날에는 국가적인 정책을 세워야 할 단계가 되었다고 본다.

2) 언어문화 교육

(1) 영상 자료의 활용

언어폭력은 '지배-피지배' 관계가 성립된 조건 하에서 이루어진다. 가족 내 언어폭력의 경우에도 이러한 관계가 숨어 있다. 따라서 가족이 이 숨은 관계를 자각하는 것이 문제 해결의 실마리가 되는 것이다. 그 실마리를 찾기 위한 매체로서 한국의 영상 자료는 효과적이다. 드라마를 비롯한 영상 자료에는 언어 학습에 필요한 교육 내용이 반영되어 있기 때문에 교육 과정에 적용할 수 있다.[18]

사람은 확고한 신뢰관계가 있는 상황 하에서는 주저 없이 자신의 속마음을 나타낼 수 있다. 비록 자신의 생각이나 견해가 상대방과 다르다고 해도 자신의 발언으로 인하여 신뢰관계가 무너지지 않는다는 것을 잘 알기 때문이다. 대부분의 한국 사람들은 자기 자신의 생각·마음을 솔직하게 표현하는 경향이 있다. 일본 사람들은 이와 대조적으로 상대방이나 상황을 고려해서 자신의 생각이나 감정을 억제하는 경향이 있다.[19] 한국 사람들이 지니는 이러한 특징은 '유교적인 사고방식'에 기인한다. 즉 인간을 근본적으로 선(善)한 존재로 보는 성선설에 입각한 유교적인 가치관에 현현이다.[20] 덧붙여 '대인관계에 있어서 이(理)(도덕성·이념·진리

---

18 G. Bolton(1984, p.17)을 참조.

19 주자학의 이기론에 입각하면 한국에서는 자신이 느끼는 이(理)를 상대방에게 알리는 것이 중요하다고 여기기 때문에 한국 사람들은 일본 사람들에 비해 상대방이 듣기 싫어할 것 같은 내용도 명백히 말하는 경우가 많다. '맞장구'를 치는 태도에 있어서도 한일 양국은 대조적이다. 일본 사람들은 '맞장구 치는 행위'를 대화의 '윤활유'처럼 여기는 경향이 있는 반면에 한국 사람들은 수긍이 가야 비로소 맞장구를 치는 경우가 많다. 또 일본 사람들의 대화에서 연발되는 '스미마셍(미안해요)'도 '맞장구 치는' 것과 같은 의미를 나타내는데, 한국 사람들은 미안하다는 생각이 들어야 '미안해요'라고 말하는 경향이 있다. 이러한 가치관의 차이로 인하여 개인은 물론 국가 간의 대화에 있어서도 한일 양국에서 오해가 생길 수 있다.

등)를 명백히 표현하는 것이 올바른 태도이다'고 하는 이기학(理氣學)에 기인한 표현 의식이기도 한다.[21]

한국의 가족 드라마·영화 중에는 자신의 생각·감정을 솔직하게 털어놓는 커뮤니케이션을 행하는 가족의 모습을 그린 작품들이 많다. 이러한 영상 자료를 통해서 가족 간에 신뢰관계 및 솔직한 의사소통의 소중함을 계몽하는 장치로 응용할 가치는 충분히 있다.

사용하는 영상이 갖춰야 하는 내용은 두 가지 종류로 나눠진다. 가정 내 언어폭력의 당사자(특히 가해자)에게 자신의 언행이 지니는 폭력성을 자각게 하는 영향은 유형1에 속하는 영향이겠으나 유형1과 2를 변용해서 감상하는 것이 유효적이다. 그 줄거리도 가능하면 실화가 바람직하다.

> 유형1(언어폭력 때문에 갈등하는 가족관계를 그린 작품) :
> '언어폭력의 장면'→'자각하는 장면'→'개선하는 장면'→'개선·발전된 장면'
> 예) 영화 "가족", 드라마 "태양의 여자" 등
> 유형2(이상적인 가족관계를 그린 작품) :
> '가족애가 흐르는 장면'
> 예) 영화 "어린 신부", 드라마 "솔약국집 아들들" 등

일본에서 진행되는 한국어 수업에서는 한국의 영상 자료를 부교재로 사용하는 경우가 있다. 또 영상으로 배울 수 있도록 편집한 교재도 극히 소수이지만 출판되었다. 그러나 한국어교육의 현장에서 언어폭력에 관한 내용을 다루는 경우는 드물다. 요즘에 다양한 장르의 한류 작품들을

---

20 串田(2003, p.157)을 참조.
21 小倉(1998)은 한국인들에게는 대체적으로 유교(주자학)의 '이기론(理氣論)'에 입각한 사고방식이 내재되어 있어서 커뮤니케이션 방식에도 이기론적인 사고방식이 반영되어 있음을 주장했다.

접할 수 있게 됨에 따라 한국어에 관심을 가지는 일본 사람들은 영상물에 담긴 언어폭력 장면을 많이 접하게 된다. 또 한국어 학습이 진행되고 한국사람들과 직접 교류하는 기회가 많아짐에 따라 한국어의 '욕설'을 접하게 된다.[22]

언어 폭력이 한국과 일본 가정에서 보급되어 가는 추세를 볼 때에 폭력적인 언어를 교육(중급, 상급 수준)의 현장에서 회피하는 것보다 오히려 한국어 사용의 한 장면으로서 다루고 그 표현뿐만 아니라 욕설을 들었을 때에 대처하는 방법에 대해서도 종합적이고 구체적으로 다루어야 한다.

(2) 한일 양어 비교 교육

① 경어법의 특징

경어의 사용법에는 발신자와 수신자 간의 인간관계가 반영된다. 일어 경어법의 특징은 '우치(ウチ・안: 가치관을 공유할 수 있는 사람)'와 '소토(ソト・밖: 가치관을 공유할 수 없는 사람)'라는 심리적인 관계를 경어 사용의 기준으로 삼는 점이다. 즉 발신자가 심리적으로 '우치'로 판단하는 상대방에 대해서는 경어를 사용하지 않는 것이 일반적이다.[23]

---

22 일본에서 출판된 한국어 '욕설'을 포함한 속어에 관한 자료들이 적지 않는데, 이들 자료에 수록된 한국어 폭력성을 띠는 말투에는 다음과 같은 것들이 있다. (アルク(2006), "役に立たない韓國語(도움이 안 되는 한국어)" 중에서)
'나랑 한번 붙어 볼래?', '내가 니 시다바리가?', '너 구제불능이구나.', '너 나중에 혼나야 되겠다.', '너 말 다 했냐?', '너 정말 재수 없다.', '너 혼자 잘먹고 잘살아라!', '당신을 보고 있으면 화가 나요.', '듣자 듣자 하니까 웃기는 소리만 하네?', '맛 좀 볼래?', '맛이 갔구만.', '생지옥이 어떤 곳인지 확실히 보여 주겠다.', '애들 교육 똑바로 시켜요.', '에이, 정말 미치겠네!', '이 새끼, 두고 봐!', '이 자식, 똑바로 안 해?', '이 자식이 어디서 행패를 부려!', '자식, 건방지게…'
23 (일본)국립국어연구원(1990)이 실시한 조사에 의하면 일본의 가정에서 정중도가 높

이와 대조적으로 한국어에서는 '상하관계·친근감' 등의 요인이 우선 시되는 경향이 있어서 일어처럼 발신자가 지니는 심리적인 거리감은 그다지 경어 사용에 영향을 미치지 않는다.[24] 대체로 한국어에서는 '가족관계·연령·사회적인 지위'등의 귀속적(歸屬的)인 요소를 기준으로 삼는 정형적(定型的)인 경어법이 사용된다.

다음은 한국 드라마의 한 장면인데, 원본과 일어로 번역한 자막 표현을 비교해 보면 한일 양어의 특징이 여실히 나타난다.

예 1) 드라마 『겨울연가』 중에서 (( )은 일어 자막. 기울인 글씨 표시는 반말임을 나타냄.)

아버지 응, 그러고 보니 현수 기일이 며칠 안 남았네.
     (*そう言えばもうすぐ命日だな。*)
아들   유진이 아버지요?
     (*ユジンのお父さん?*)
아버지 응. 상혁이 같이 갈래?
     (*一緒に行くか?*)

은 환경은 다음과 같다.

(정중도가 높음) 손위 친척 → 친척 외 방문자 → 손위 가족 → 나이가 같은 친척 → 방문판매원 → 손아래 친척 → 주문을 받으러 오는 상인 → 나이가 비슷한 가족 → 친척집 아이들 → 손아래 가족 → 배우자

이 조사 결과에서 배우자가 제일 긴장하지 않아도 되는 상대임을 알 수 있다. '친근감을 느끼는 상대에게 경어를 사용하지 않는다.'는 일어 사회의 특징을 감안하면 일본 부부들은 배우자 간에서 경어법을 사용하지 않으려는 경향이 있다고 말할 수 있다(韓美卿·梅田博之 같은 책(p.23)에서 재인용했음).

24 韓美卿·梅田博之(2009, pp.121~129)를 참조.

아들　예.

　　（ああ。）

어머니　아, 여보. 몇 년 기일마다 당신은! 친 형제도 그렇게 못하겠어요.

　　（あなた、もう何年も経つのよ。親戚でもないのに。）

아버지　여보.

　　（母さん。）

아들　와! 튀김, 정말 맛있다! 우리 엄마, 음식 솜씨가 언제 늘었지?

　　（この唐揚げうまい。腕を上げたね。）

어머니　어, 애는 그렇게 손으로 먹니?

　　（お行儀悪いわよ。）

아들　아버지, 아버지도 잡숴 보세요.

　　（父さん、ほら。）

　　상대경어(相對敬語)법이 주류를 이루는 일본 가정에서 절대경어(絶對敬語)인 한국어 식의 가족 간 커뮤니케이션을 일률적으로 적용하기에는 무리가 있다. 그러면, 한국어를 배움으로써 무엇을 배우고 응용하면 좋을까? 그것은 '가족을 소중히 여기는 가족 중심 주의'와 '상대방을 신뢰하고 자신의 생각·감정을 솔직하게 표현하려는 태도'이다. 언어폭력 행위로 인하여 정신적인 부담을 안고 있는 일본의 가정에 있어서 한국어 식의 정형화(定型化)된 경어법을 그대로 도입하기 어려우나 한국어 학습 아니면 한국 드라마를 즐겨 본다는 공통 분모가 형성된다(되어 있다)면 한국어 식의 경어를 일상생활에 조금씩 도입하는 것이 가능해진다.

　　다음은, 한국어를 배우는 대학생 47 명을 대상으로 실시한 설문조사의 결과를 정리한 것이다. 주목할 만한 내용은 한국어로 경어를 말할 때에 심리적인 부담감을 덜 느낀다는 점이다.

· 거의 모든 가정에서 손위 가족(부모 등)은 경어를 사용하지 않는다.
· 절반에 가까운 학생들이 가족이 경어를 사용하는 것이 바람직하다고 생각하지만 경어를 사용한다고 해서 가정 내 언어폭력을 억제한다고는 생각하지 않는다.
· 가정에서 한국어를 사용하는 학생들은 '인사·감사' 등의 장면이나 일상회화에서 한국어를 사용하면서 경어도 사용하고 있다.
· 한국어를 오래 배울수록 한국어로 존댓말을 사용하는 편이 일어로 말할 경우보다 심리적인 부담감이 적다고 대답이 많았다.

또 부모가 한국인과 일본인인 학생 중에서 한국에서 산 후에 일본에 귀국한 귀국자녀(초등학교 4학년부터 고등학교 1학년까지) 10명에게 '가정 내의 경어 사용'에 관한 실태조사를 실시했다. 이 설문조사의 결과에서 주목해야 할 점은 가족 간에서 경어를 사용하는 것을 좋게 생각하는 점과 가정에서 경어를 사용하는 아이들은 경어 사용에 대한 부담감이 줄어드는 점이었다.[25]

질문1   '가정에서 경어를 자주 사용합니까?' 네(100%), 아뇨(0%)
질문2   '부모님에게 경어를 사용하는 것이 좋은 일이라고 생각합니까?'
        네(30%), 아뇨(70%)
질문3   (질문2에서 '네'라고 대답한 학생들에게) '좋다고 생각하는 이유는 무엇입니까?'
        (경어를 사용하지 않으면) 유치스럽게 보이니까, 꾸중을 듣게 되니까,
        (경어를 사용하면) 기분이 좋아지니까, 습관이니까

---

25 中川(2009, p.11)을 참조.

질문4 (질문2에서 '아뇨'라고 대답한 학생들에게) '안 좋게 생각하는 이유는 무엇입니까?'

(경어를 사용하지 않으면) 친근감이 느껴지니까, 친구처럼 느껴져서 마음이 편해지니까, 일본친구들은 부모님에게 반말로 이야기하니까

질문5 '일본 친구들은 부모님에게 경어를 사용합니까?' 네(0%), 아니요(100%)

질문6 (질문5에서 '아뇨'라고 대답한 학생들에게) '친구의 행동을 어떻게 생각합니까?'

좋다(60%), 이상하다(40%)

질문7 (질문6에서 '이상하다'고 대답한 학생들에게) '친구들이 부모님에게 반말로 말하는 이유는?'

가정 교육이 엄하지 못하니까, 일본의 습관(문화)이니까, 부모님도 반말을 사용하니까.

질문8 '부모님은 서로 경어를 사용합니까?'

자주 사용(40%), 가끔 사용(50%), 조금만 사용(10%), 전혀 사용하지 않음(0%)

질문9 '부모가 서로 경어를 사용하는 것을 어떻게 생각합니까?'

좋다(100%), 안 좋다(0%), 잘 모르겠다(40%)

질문10 '가족이 아닌 어른들에게 경어로 말하는 것이 어색하게 느껴집니까?'

네(20%), 아뇨(80%)

(복수 응답 가능)

또 한국어 표현에는 남자말투·여자말투의 구별이 없거나 현저하지 않다. 즉 한국어는 표현 상에서는 남녀평등인 것이다. 다음은 드라마 "겨

울연가"의 한 장면인데, 남녀 주인공(같은 나이)들이 하는 대화문에는 표현 상 남녀의 차이는 없다. 이들 대화를 번역한 일어 자막에는 분명히 남자와 여자의 말투에 남녀의 차이가 나타난다.

예 3) 드라마 "겨울연가"에서 (( ) 안은 일어 자막임, __부분은 여자 말을 나타냄)

유진 '야, 야, 강준상! 첫날부터 학교 수업까지 부협조적이면 안되지! 반장이 곤란하잖아. 클럽활동, 뭐 할거니?'
(ねえ、ちょっと待って チュンサン 何ふてくされてるの 委員長が 困るわ クラブはどこに?)

중상 '학교에선 안 자니?'
(まだ眠い?)

유진 '뭐? 과학고 다녔다고 들은 것 같은데, 과학부 하는 게 어때?'
(えっ? 科學高にいたんだし科學部は?)

중산 '야구선수가 취미로 야구하는 거 봤어?'
(趣味まで科學か…)

유진 '그래? 그럼, 있는 것을 읽어 줄 테니까 아무거나 하나 골라 봐.'
(そうね じゃ 全クラブ名を言うわよ)

영상 자막은 보는 사람의 가슴에 와 닿도록 그 나라의 문화에 맞춰야 되고 자막의 글씨 숫자가 너무 길어지면 안 된다는 한정성이 부여되므로 원본을 변경해서 번역하기 마련이다. 위 일어 번역문은 원본의 뜻을 잘 반영된 번역문임에 틀림없으나 원문은 반말로 표현됨에 반해 일어 번역문은 남자 말 및 여자말로 표현되어 있어서 원본의 '맛을 느끼기에는 한계가 있다.

② 화법의 특징

가정 내 언어폭력의 가해자 중에는 자신의 분노를 방출하는 방법을 모르거나 방출하는 습관(경험)이 부족한 사람들이 많다. 다만 제멋대로 분노를 방출한다 해도 제3자가 받아들일 확률이 낮다. 그러한 경우에는 '약한 마음'을 표현하면 자신의 분노를 효과적으로 방출할 수 있다.[26] 약한 마음을 표현할 수 있게 되면 자신의 감정·생각이 잘 전달할 수 있게 되어 분노·슬픔·소외감·안타까움을 방출하기 쉬워진다.

대체로 한국어 화자들은 자신의 약한 마음을 자주 표현하는 편이다. 반면에 억제를 미덕으로 여기는 일본어 언어생활권에서는 약한 마음을 표현하는 것에서 많은 훈련이 필요하다.

한국의 드라마나 영화에 나타나는 등장인물들의 대화에는 약한 마음을 솔직히 표출하는 장면이 많이 나타난다. 이러한 장면에 초점을 두어서 영상을 감상하면 약한 마음을 표현하는 상황과 더불어 일어와는 다른 커뮤니케이션 문화가 있다는 사실을 계몽할 수 있다.

예2) 영화 『7급공무원』에서

남자   '(술에 취해서) 내가 앞으로 진짜 잘할게!'
상사   '잘 좀 해 봐. 임마!'
남자   '나, 하리마오아, 형!! 날 못 믿어? 못 믿어?'
       …(생략)…
       '형! 나, 이제 어떡하냐?'

---

26 藤井(2009)은 분노하는 마음과 관련되며 마음 속에 숨겨져 있는 약한 마음이나 슬픔 등의 속마음을 "裏感情"이라고 불렀다. 이러한 표현에는 다음과 같은 것이 있다. '…서 슬펐어(요), …서 놀랐어(요), …서 소원했어(요), …서 실망했어(요), …서 기분이 나빴어(요)'

상사 '왜?'

남자 '형…형…형! 형! 나 순수했어. (상사 어깨에 머리를 대면서 울부
짖는다.) 형!'

상사 '…울어, 울어. 어, 우리(비밀경찰관)가 왜 못 울겠냐? 울어.'

위 장면에서 남자와 상사는 의견이 늘 부딪치는 원수지간이었다. 하지
만 남자가 여자친구에게 차인 후에 상사와 술자리를 같이 하는 장면에서
이와 같은 대화가 오고 갔다. 이 장면을 본 대부분의 일본 학생들은 두
남자가 마음을 털어놓고 대화할 수 있다는 사실에 놀라움을 느끼고 일본
사회에서는 보기 드문 인간관계를 발견했다고 대답했다. 일본 대학생들
의 대부분이 상대방이 부담을 느끼는 말을 한다는 것이 인간관계의 문제
를 일으킬 원인이 되므로 약한 마음을 표현하지 않는 경우가 많다. 자세
한 조사는 실시하지 않았으나 이러한 커뮤니케이션에 익숙해진 사람들
이 결혼할 경우 부부지간에서도 비슷한 커뮤니케이션을 취하게 될 가능
성이 클 것으로 추측된다. 일본에서 한류 드라마·영화가 유행되는 배경
에는 직접적으로 속마음을 표현하는 한국어 사회에 대한 동경심이 있다.

한국 영상물을 좋아해서 한국어를 배우는 일반시민들도 한국어가 지
니는 이러한 특징을 거의 모른다. 한국어 대사를 일어로 직역하고 일본
학생들에게 제시해 봤는데, 학생들은 일어와 한국어와의 차이점에 적지
않은 놀라움을 나타냈다. 한국 영상물을 언어폭력 개선의 자료로 사용할
경우에는 원어와 일어 자막의 차이점을 학습자에게 가르쳐 주는 내용이
필요하다.

이상과 같이 한국어가 지니는 언어문화를 이해하기 위해서는 공공의
교육기관 외에 시민을 대상으로 하는 강좌나 공연·강습회를 마련하여
언어폭력에 시달리는 당사자에게 참가를 촉진할 필요가 있다. 학교·대
학교가 개설하는 국어·외국어(한국어, 일어) 수업에서는 일어와 한국어

와의 비교 대조를 통해 일어로 인한 커뮤니케이션의 특징 및 일어 언어 사회의 표현 및 사고방식의 특징을 교육하는 것이 바람직하다.

Ⅳ. 맺음말

가정 내 언어폭력 행위에는 가해자가 충족하지 못하는 자기애를 가족을 통해서 충당하려는 동기가 존재한다. 충족치 못하는 불만・슬픔・답답함이 쌓이고 충당을 원하는 마음을 순조롭게 표현하지 못할 경우에는 분노나 슬픔이 가해자의 마음 속에 축적됨으로써 가족 간에 '지배-피지배'이라는 일그러진 관계가 형성되곤 한다. 이러한 환경에서 가해자는 가족에 대해서 폭언을 토하여 자신의 분노・슬픔・외로움을 방출함으로써 자기애를 충당하려고 하는 것이다. 따라서 언어폭력을 해결하기 위해서는 가해자가 자신의 언행이 폭력성을 띠고 있다는 사실, 자신이 행하는 언행이 가족에게 심리적・육체적으로 부담감과 피로감을 제공했다는 사실을 자각하는 것이 열쇠가 된다.

본고는 국어교육 및 한국어교육을 통해서 언어폭력을 자각케 하는 매체로 삼는 방안을 제안한다. 구체적으로는 초등학교~고등학교, 대학・대학교에서 개강되는 국어 및 한국학과 관련된 수업에서 가족문화 및 한일 양어의 문화적・언어적인 특징을 교육하는 필요성을 주장했다. 특히 한국어 교육의 현장에서는 한국 사회에 특유한 가속주의, 사신의 생긱・감정을 솔직하게 표현하려는 한국사람들이 지니는 언어문화를 일본의 가정・학교 교육・시민강좌・정책에 적용하는 방안을 제안했다.

현재 일본 사회는 가정 내 언어폭력을 비롯한 가족 관계가 위험 순위에 도달했다. 국어교육과 한국어 교육이 언어사용 기능의 형성・향상에 덧붙여 언어생활을 개선함으로써 가족관계를 재건・발전시키는 방향으로 교육 방안을 구축해야 해야 한다. 이러한 뜻에서 한국어 교육은 국어 교육과 더불어 지식교육과 인성교육을 겸한 더욱 영향력이 있는 학문으로 그 범위를 확대해야 한다.

민현식(2000), 한국어 교재의 실태 및 대안, 국어교육연구 7집, 서울대학교 국어교육연구소.

김인규(2012), 조선의 '외국어로서 조선어교육' 연구-류학생 회화 교재를 중심으로-, 한국어교육 23-1, 국제한국어교육학회.

언어 교육에서 교재는 목표 언어의 체계적인 지식과 실용적인 사용을 담고 있는 동시에 해당 언어의 사회, 문화에 대한 내용도 포함하고 있어 학습 도구로서 매우 중요한 기능을 담당하고 있다. 한국어교육에서도 이러한 교재의 역할은 중요하게 인식되었지만 교재 개발을 위한 투자 그리고 교재 분석 및 평가 등에 대한 연구는 미진한 편이었다. 교재 개발의 측면에서는 개발의 표준적 기준과 방향성이 확보되지 않았으며 한국어교재로서 미흡한 부분들도 발견되었다. 교재 평가 또한 무엇을 평가해야 하는지에 대한 대상과 기준도 일치를 보지 못하였다. 교재 개발과 평가가 사실상 교재론에서 매우 중요한 부분이라는 것을 고려할 때 한국어교육에서 교재론의 객관적 연구와 탐구는 중요한 과제였다고 할 수 있다.

이러한 가운데 민현식(2000)에서는 교재론의 중요성을 인식하고 교재 연구를 유형론과 개발론 그리고 평가론의 측면에서 다룰 것을 강조하였다. 유형론은 각각의 교재가 학습자의 목표 달성에 어떻게 부합할 수 있을 것인가에 대한 연구라고 할 수 있으며 개발론은 각 유형의 교재를 개발하기 위한 기초설계에 대한 논의라고 할 수 있다. 교재 평가론에서는 기존의 평가 기준 등을 종합적으로 살피고 이를 통해 교재 개선 방안을 제시하였다.

김인규(2012)는 민현식(2000)에서 제시한 교재론의 외연을 넓힘과 동시에 그동안 한국어교육에서 거의 접근할 수 없었던 북한의 한국어교재 연구를 시도하였다. 이 연구에서는 북한의 한국어 교재의 체제를 주로 밝히는 데에 주안점을 두었는데 이는 민현식(2000)에서 논의한 체제 분석의 맥을 잇는 것이라 할 수 있다. 체제 분석은 교재를 거시적인 틀 속에서 그 유용성을 파악해 내면서 동시에 그 체제와 관련된 미시적인 부분도 함께 다룰 수 있기 때문에 교재 분석에서 매우 중요한 접근법이라고 할 수 있다. 특히 북한의 교재는 실제로 그 교재가 어떻게 사용되는지에 대한 논의가 부족하기 때문에 이러한 분석은 현재의 연구 환경에서 북한 교재를 분석할 수 있는 가장 효과적인 방법이 될 것이다. 이러한 논의에서 민현식(2000)은 향후 교재 분석 및 평가 영역에도 중요한 시사점을 제공한다고 할 것이다.

한국어 교재의 실태 및 대안[*]

민 현 식

요 약

교사, 학습자, 교재는 좋은 교육을 결정하는 중요한 세 가지 기본적인 요소이다. 한국어교육에서는 교재와 관련하여 현재 다양한 학습자의 요구를 충족시켜 줄 수 있는, 말하기·듣기·읽기·쓰기와 같은 기능 영역의 교재는 물론 시청각 교재, 사전 등과 같은 여러 교재의 개발이 요구된다.

교재 연구는 교재 유형론 연구, 교재 개발론 연구, 교재 평가론 연구로 나눌 수 있다. 교재 유형론 연구에서는 학습자 요소와 교재 요소에 의한 다양한 유형의 교재를 다룬다. 교재 개발론 연구에서는 교재 개발 절차를 다루며 교재 평가론 연구에서는 모든 교재의 질을 평가하고 다양한 교재를 위한 평가 기준을 제시한다.

좋은 한국어 교재를 개발하기 위해서는 학습자의 요구를 분석해야 하며 다양한 교수법을 적절하게 융합하여 언어 기능과 자료, 주제, 문어와 구어가 통

---

[*] 『국어교육연구』 7집(서울대학교 국어교육연구소 2000년 발행)의 5쪽부터 60쪽까지에 수록되었음. 또한, 요약은 원문에 수록된 영문 초록을 기초로 하여 정리한 것이다.

합된 교재를 개발할 수 있어야 한다.

　이를 위해 구체적으로 학습자들을 위한 표준 교육과정, 교육용 표준 문법, 교수 항목, 기본 어휘는 즉시 제정되어야 한다. 교재 개발에서 개발자는 평가 기준, 교사 지침서, 부교재, 학습자 요구의 다양한 요소를 고려해야 한다. 또한 인터넷에서 한국어교육과 관련된 다양한 자료와 교수 프로그램, 교수요목 등을 공유할 수 있는 '교재 은행(교안 은행)' 구축을 제안한다.

북한의 외국어로서의 한국어교육[*]
-류학생 교재를 중심으로

김 인 규(서울대 언어교육원)

Ⅰ. 연구의 필요성

본 연구는 교재 분석을 통한, 조선[1]의 '외국어로서의 조선어교육'에 대한 것이다. 조선어교육이 지금까지 어떻게 이루어져 왔는지에 대한 연구는 한국어교육 연구 분야에서 매우 드문 영역에 포함된다. 조선어교육 연구가 한국어교육계에서 많이 이루어지지 않은 것은 조선어교육의 실제를 볼 수 있는 기회를 얻거나 이를 연구할 수 있는 여건을 마련하기가 어려운 탓이다. 그러나 향후 통일 한국의 '한국어교육'을 고려할 때 국어교육에서의 표준어 통일과 함께 한국어(조선어)교육의 통일도 매우 중요하며 이에 대한 연구가 지속적으로 이루어져야 한다. 조선어교육에 대한 연구가 현실적으로 쉽지 아니하더라도 한국어교육의 미래를 준비하는 차원에서 중요한 과제라고 하겠다.

---

[*] 『한국어 교육』 제23집 1호(국제한국어교육학회 2012년 발행)의 283쪽부터 306쪽까지에 수록된 '조선의 '외국어로서 조선어교육 연구'를 실음.

[1] 조선민주주의인민공화국(북한), 이하 '조선'이라 칭하며 '외국어로서의 조선어교육'은 이하 '조선어교육'이라 한다.

Ⅱ. 연구 방법과 연구 대상

본 연구에서는 매년 중국 정부²에서 조선에 파견하는 유학생 프로그램의 조선어교육을 연구 대상으로 삼고 이 프로그램에서 다루는 조선어 교재를 분석하였다. 또한 이 유학생 프로그램을 통해 김일성종합대학에서 조선어를 배우는 조선어 실습생(정부 국비생)이 사용하는 조선어 교재 분석과 이들 교재를 사용한 조선어 실습생에 대한 면접도 실시하였다.³

본 연구에서 분석 대상으로 삼은 조선어 교재는 아래와 같이 회화 교재이다.

· 조선말회화(1) 류학생용/김일성 종합대학출판사, 주체98(2009)
· 조선말회화(3) 류학생용/김일성 종합대학출판사, 주체88(1999)

구술 면접은 유학생 프로그램에 따라 김일성 종합대학에서 조선어를 배운 실습생 학생들로서 북경 시내 소재 대학 본과생(학부생) 2명과 연구생(대학원생) 1명이다. 구술면접은 사전 면접(2010년 12월), 제1차 면접(2011년 4월 9일), 제2차 면접(2011년 6월 12일)의 순으로 북경대학에서 이루어졌다.

---

2 國家留學基金管理委員會(국가유학기금관리위원회)
3 교재분석을 주 접근법으로 삼되 분석 대상 교재로 조선어교육 교육과정을 이수한 학습자를 대상으로 한 구술면접(인터뷰)도 실시하였다. 이는 기존 선행 연구가 갖는 부족한 점들을 보충하고 보완할 수 있는 방편으로 사용될 수 있을 것이다. 지금까지 조선어 교재분석은 대부분 교재 사용자를 제외한 '교재' 자체에 대한 연구에 그쳤다. 교재는 결코 독립된 요소로서 작용하는 것이 아니라 실제 수업 현장에서 교사와 학생과 함께 다루어야 할 중요한 부분이다.

Ⅲ. 선행 연구와 용어의 문제

외국어로서의 조선어교육의 연구는 앞서 밝힌 바와 같이 많은 연구가 이루어지지 않았으나 표 1과 같이 1990년대 중반부터 연구가 시작되었다. 대부분의 연구는 북한어 교재 분석이나 남북 교재 비교 연구에 초점이 맞추어졌다. 강독, 문법, 회화 교재와 같이 다양한 교재 분석이 이루어졌는데 최근의 강남욱(2011)의 연구와 같이 실제 교육 현장을 살피는 교육과정 연구도 주목할 만하다.

표1 선행 연구 개관

연구자	연구 대상	비고
(1) 김중섭 · 조현용(1996)	조선문화어 강독(유학생용)1 · 2	강독 교재 분석
(2) 김중섭 · 조현용(1998)	조선어	종합 교재 분석
(3) 김중섭(2000)	조선어, 조선말 회화1 · 2, 조선문화어 강독1 · 2, 민족과 운명	교재 분석
(4) 이주행(2004)	남북 외국인을 위한 문법 교재	문법 교재 비교 분석
(5) 이관식(2005)	조선어 회화, 조선어회화2	회화 교재 분석
(6) 이관식(2007a)	조선어기본, 조선말토편람	문법 교재 분석
(7) 이관식(2007b)	조선민속학, 조선의 민속 조선문화사	문화 교재 분석
(8) 강남욱(2011)	김형직 사범대학의 조선어교육	교육과정 분석

연구의 분량은 많지 않으나 선행 연구들은 아직 시작에 불과한 조선어교육의 연구사에 단초를 제공한 연구들로 향후 다양한 영역으로의 연구도 지속적으로 이루어져야 할 것이다.

선행 연구와 아울러 논의해야 할 문제가 바로 용어의 문제이다. 선행 연구 모두 '북한의 한국어교육', '북한의 조선어교육' 등의 명칭을 사용하였는데[4] 북한의 공식 명칭을 고려했을 때 '조선어교육' 다시 말하면 조선의 '외국어로서의 조선어교육'이라고 할 수 있을 것이다.[5]

한국에서 한국어교육이 자리를 잡아가면서 한국어교육을 수식하는 '외국인을 위한', '외국어로서' 등을 굳이 사용하지 않는 현실을 볼 때 조선에서도 굳이 수식어를 붙이지는 않는 듯하다. 다만 조선에서 출간된 외국인을 위한 교재들의 머리말에서[6] 대부분 명시적으로 류학생 또는 외국실습생을 위한 교재라고 언급하는 것을 비추어 본다면 정확하게는 '류학생용 조선어교육' 또는 '류학생을 위한 조선어교육'이라고 명명하는 것도 생각해 볼 문제이다.

---

4 선행 연구 가운데 김중섭·조현용(1996, 1998), 이관식(2005, 2007a) 모두 '북한의 한국어교육'이라는 명칭을 사용하였다. 강남욱(2011)에서는 물론 조선어교육이라는 명칭을 사용하였으나 이 또한 '북한의'라는 전제를 달았다. 모두 명칭의 정확성이 떨어질 수 있다. 물론 이관식(2005, 2007a)에서는 한국의 위상을 고려하여 조선의 조선어교육도 '한국어교육'으로 용어를 다루고 있지만 서로 다른 체제 속에서 이루어지고 있는 언어 교육의 특수성을 고려할 때 원래의 의미를 살린 '조선의 조선어교육'으로 다루는 것이 바람직할 것이다.

5 실제로 조선에서 외국인을 대상으로 우리말을 가르치는 것을 무엇이라고 칭하는지 공식 명칭은 알 수가 없다. 북한의 인민학교, 고등중학교용 교과서를 볼 때 인민학교 1~4학년 교과서는 '국어'라고 하고 고등중학교 교과서도 1~3학년까지는 '국어'라고 부른다. 이렇게 볼 때 조선 즉 북한에서도 사실 모국어교육으로서는 우리말과 우리글을 '국어'라고 하며 외국어로서의 우리말과 우리글을 '조선어'로 부른다는 것으로 추측해 볼 수 있다. 물론 '국어'도 조선어라고 말하는 경우도 있지만 우리의 교육과정에 해당하는 '교육강령'과 같은 공식적인 수준에서는 구별하여 부른다고 볼 수 있다.

6 조선어강독1(1999), 조선어실천문법(2006), 조선어강독2(2007), 조선말회화(2009), 조선어문법(2009), 조선어강독3(2009)

Ⅳ. 교재 분석

1. 〈조선말 회화(1) 류학생용〉

〈조선말 회화(1) 류학생용〉은 조선에서 1년 동안 예비반 단계에서 조선어를 배우는 류학생들을 위한 교재로서 기초적인 조선말회화능력을 기르는 데에 그 목적이 있다. 김일성종합대학 프로그램에서는 1학기(4월~7월 중순)에 〈조선말 회화(1) 류학생용〉을 학습하도록 되어 있다.

〈조선말 회화(1) 류학생용〉은 1학기에 모든 단원을 학습하게 된다. 학기 초에는 하루에 세 과를 학습하지만 학습량이 많아지면서 한 과나 두 과를 학습하게 된다. 〈조선말 회화(1) 류학생용〉은 모두 세 편으로 나뉘는데 아래 표 2와 같다.

표 2 〈조선말 회화(1) 류학생용〉의 구성

구성	목표	내용
제1편	초보적 대화 능력 신장	650개 정도의 기초 단어 기초토 40개를 이용한 24개 본문 제시
제2편	류학생 학습과 일상생활의 간단한 회화 진행	1,500개 정도의 단어를 활용한 28개 본문 제시(주제별)
제3편	다양한 인물과 상황에서의 말하고 듣기 능력 신장	예술 영화의 대화 장면 45개 듣기 본문 제시

제1편은 모두 15쪽이고 한 과가 평균 1쪽~1쪽 반의 분량으로 구성되어 있는 반면에 제2편은 모두 35쪽에 이르며 각 과도 2쪽 분량에서 많게는 3쪽 반의 분량으로 구성되어 있다. 제2편은 류학생이 직면하게 될 상황을 제시하면서 학습 내용을 구성하고 있다. 그리고 제3편 듣기련습은 모두 41쪽의 분량으로 각각의 본문은 반 쪽 분량으로 구성되어 있는데 즉각적으로 말하고 듣는 조선어 능력을 신장하여 본과를 수강할 만한 수

준으로 키우는 데에 목적을 두고 있다.

1) 제1편과 제2편의 체제 구성

제1편의 각 과는 대화문과 단어, 문법으로 이루어져 있다. 대화문은 많게는 두 사람이 주고받는 대화로 20개의 문장, 적게는 16개의 문장이 제시된다.

〈조선말 회화(1) 류학생용〉 대화문에서는 다른 조선어 회화 교재와 마찬가지로 대화문 등장인물에 대한 구체적인 정보가 나와 있지 않다. 대화문을 통해 두 사람의 관계나 사회적 지위를 파악할 수 있지만 그렇지 못한 대화의 경우 누가 누구에게 건네는 말인지 대화 당사자의 관계를 쉽게 파악할 수가 없다. 대화문에 등장한 인물의 이름이나 직책이 제시되지 않고 '1과 2', '—과 ○', '△와 ○'와 같은 표식으로 등장인물이 표시되어 있어 학습자가 등장인물 사이의 사회적 관계, 화용에 따른 대화의 다양성을 이해하는 데에 어려움을 겪을 수 있다.

　　—: 동무의 방은 어딥니까?　　○: 3층 15호실입니다.

〈제1편 8과〉

　　1: 건강은 어떻습니까?　　2: 보다싶이 이렇게 건강합니다.

〈제2편 1과〉

이와 같은 경우에 이 대화문 속에서는 대화를 주고받는 인물에 대해서 학습자가 얻을 수 있는 정보는 매우 희박하다. 대화의 인물의 성, 연령, 직위 등을 아는 것이 쉽지 않기 때문이다. 또한 실제의 대화 상황은 두 사람 사이에서만 이루어지는 것이 아니다. 두 사람 이상의 대화가 이루어지는 경우도 있으나 제1편의 대화문은 모두 일대일의 대화문만 제시되어 있어서 다양한 등장인물의 대화에 익숙해질 수 있도록 개선하는 것이 바람직할 것이다.

또한 대화문에서는 한국어와 달리 본디말보다 줄임말을 더 많이 사용하는 것들을 볼 수 있다. 제1편의 학습 목적인 즉각적으로 말하고 듣는 능력 배양을 위해 본디말보다는 구어의 성격이 강한 준말을 교재에 도입하였음을 알 수 있다.

> 김동무가 <u>누굽니까?</u>/김동무의 책상은 <u>저겁니까?</u>　　　〈제2과〉
> 도서관에 가서 무슨 <u>공불</u> 했습니까?　　　　　　　〈제15과〉

그리고 조선어 교재의 특징인 이념적 요소의 강조는 상대적으로 강독 교재에 비해서 두드러지지는 않는다. 다만 고유명사나 지명 등과 연계된 대화문에서만 간간히 제시된다.

> 1: 영예로운 조선인민군 입대를 축하합니다.　　　　〈제6과〉

이번에는 제1편의 각 과의 구성에 대해 살펴보기로 한다. 제1편은 주로 기초 단어와 기초토 학습에 중점을 두고 있다.[7] 제1편에서 다루고 있는 기초토에는 '종결토(습니다), 도움토(-도: 포함), 속격토(-의: 소속), 주격토(-가/이), 대격토(-를/을), 규정토(-는: 한정), 위격토(-에서: 장소), 시간토(-겠: 미래)' 등이 있다. 해당 단원의 본문에 포함된 문장이 각 단원의 제목을 나타내는데 단원 제목에는 학습해야 할 토가 포함되어 있다.

---

[7] 조선 문법에서 토에는 격토, 도움토, 복수토, 종결토, 접속토, 규정토, 상황토, 존경토, 시간토, 바꿈토, 상토가 있다(조선어문법 류학생용, 2009).

언제 조선에 왔습니까? (-에: **여격토**; 존재위치, 도착점, 시간) 〈제5과〉

힘들지만 끝까지 풀겠습니다 (-지만: **접속토**; 맞섬)　　　〈제19과〉

모란봉에 오르니 참 좋군요 (-니: **접속토**; 원인 전제)　　〈제24과〉

따라서 제1편의 과 구성은 학습자가 배워야 할 기초토에 대한 학습을 우선시하여 과를 구성했음을 알 수 있다. 기초토를 포함하여 각 과마다 학습 내용으로 제시된 문법은 아래 표 3과 같다.

1과	-시, -ㅂ니까/습니까, -는/은 -이, -ㅂ니다/습니다, -의	2과	-가/이, -도
3과	-를/을, -가/이 아니다 -고있다, -는	4과	-에서, -았/었/였, -겠
5과	-에, -까지, -ㄴ/은, -들, -부터	6과	-로/으로,
7과	-와/과, -랑/이랑, -와 같이	8과	-고, -을 비롯해서, -와 함께 -만
9과	-에게, -됐, -마다, -에게서 -지요, -지 않다, -아/어 여주다	10과	르/을 때, -아/어/여, -아/어/여보다, -아/어/여하다, -요, -처럼, -보다, -에 대하여
11과	-지 못하다, -ㅂ시다/읍시다, -리, -다고 하다, -답니다, -군요, -는것 같다, -ㄴ/은것 같다, -고싶다, -ㄹ/을	12과	-게, -십시오, -ㄹ/을수록 -뿐 아니라, -아/어/여있다, -우
13과	-도록, -ㄴ/은줄 모르다, -ㄹ/을 수 있다	14과	-라고/이라고, -한테, -라는, -나/이나, -ㄹ/을 것 같다, -라고 하다, -자고 하다, -답니까, -ㄹ/을것이다
15과	-아서/어서/여서	16과	-러
17과	-ㄴ(은)데, -구요(고+요), -ㄴ/은데요(ㄴ데+요), -려고, -세요	18과	-며, -면서
19과	-지만	20과	-면, -면 안되다, -이, -히, -는데

21과	-아야/어야/여야 하다, -려면, -자면, -ㄹ/을가요, -를/을 따라	22과	-아도/어도/여도, -아도 되다, -아야/어야/여야지요
23과	-다가	24과	-니, -듯이

표 3에서 보듯이 각 과별로 제시된 문법 개수가 달라 학습자들의 학습 분량이 비효율적으로 배분되어 있는 듯하다. 단어도 과별로 대개 20~30개에 가깝게 제시되는데 이 또한 학습량으로는 과하다고 볼 수 있다.

제2편에서는 화용적인 기능 학습, 주제별·상황별 언어사용역 학습 및 표현 학습에 중점을 두고 있는 것을 살펴볼 수 있다. 이를 분류하면 아래와 같다.

- 화행별: 제1과 인사. 제2과 소개. 제3과 사의, 사과. 제4과 희망, 청원. 제5과 금지. 제6과 축하, 축원.
- 주제별: 제7과 나이. 제8과 날자. 제9과 요일. 제10과 시간. 제11과 계절. 제12과 날씨, 제13과 텔레비죤시청. 제14과 방문. 제16과 직업. 제17과 가정. 제26과 운동과 경기, 제27과 사진
- 상황별: 제15과 수업시간. 제18과 기숙사생활. 제19과 식당. 제20과 상점. 제21과 책방, 제22과 양복점. 제23과 우편국. 제24과 병원. 제25과 정거장과 비행장. 제28과 거리에서

위의 내용 가운데 특징적인 것만 다루면 다음과 같다. 제1과 인사에서는 일상적으로 많이 사용하는 인사말을 중심으로 대화문을 구성하였는데 특히 〈보충〉 항목을 만들어 자주 사용되는 인사말을 추가한 것이 특징이다. 교재에서 소개한 인사 유형이 매우 다양한데 '먼 여행길 손님 안부, 건강 안부, 휴식 권유, 아침 문안, 오랜만의 인사, 가족과 신변 안부, 기타 헤어지거나 환영 또는 노고에 대한 인사'와 같이 학습자가 대면하게 될 예상 상황별로 제시를 하였다.

제2과 소개에서는 자기소개 및 타인 소개 표현을 학습하게 된다. 첫 대면 장면인 만큼 대화 상대자와의 사회적 거리를 고려하여 모든 대화는 '하십시오'체로 이루어졌다.[8]

어서 소개해주십시오.   앞으로도 강좌에 자주 들리시오.

제3과 사의(謝意), 사과 표현에서는 사과 표현보다 감사를 나타내는 사의 표현을 더 집중적으로 다루었다. 사의의 표현에는 전형적으로 많이 사용되는 '고맙다', '감사하다' 이외에도 매우 공적인 자리에서 표현되는 '사의를 표하다'를 제시하였고 강조 표현에 해당하는 다양한 표현들이 사용되고 있다.

대단히 고맙습니다. 정말 감사합니다. 감사를 드립니다.
사의를 표하는 바입니다.
수고를 잊지 않겠습니다. 당신과 같은 분은 처음 봤습니다.

사과 표현으로는 '공부를 방해해서 안됐습니다', '사죄를 해야지요', '폐를 끼쳐 미안합니다', '죄송합니다' 등등의 표현을 제시하고 있다.
사의와 사과의 표현에 인접쌍으로 나타나는 표현으로 몇 가지가 전형적으로 사용되고 있다. 사의의 표현에 대한 응대로는 '일없습니다, 천만의 말씀입니다, 별 말씀을 다 하십니다'가 사용되고 사과 표현에 대한 응대로는 '일없습니다, 괜찮습니다'가 사용되었다.
제4과 희망과 청원의 표현은 직설적이기보다는 완곡하게 표현하거나

---

8 지나치게 '하십시오체'를 사용하여 한국어 표현에서 볼 때에는 어색하다. 소개 장면은 '류학생'을 중심으로 하였기에 교실 상황을 배경으로 하였다.

간접적으로 표현하는 방식으로 제시되었다. 이를 위해 화자의 희망을 나타내는 '-면 좋겠다', '-면 하다'를 문법 항목으로 배우게 된다.

시간을 내줄 수 없겠는지요? 어떻게 하면 볼 수 있습니까? 가보고 싶습니다. 봤으면 좋겠습니다. 반대가 없겠는지요? 좀 보게 해 주십시오. 좀 만났으면 합니다. 가보면 소원이 없겠습니다.

이러한 청원 표현의 응답으로는 대부분 종결어미 '-(으)ㅂ시다'가 사용되었고 적은 수지만 '도록 하겠다'도 사용되었다.[9]

제5과 금지 표현은 주로 '-지 말다', '(으)ㄹ 수 없다', '안 부정문'을 사용한 직접 금지 표현과 '-면 되겠습니까?', '-면 나쁩니다', '-아/어야 합니다', '-면 실례가 되다'와 같이 완곡하게 금지하는 표현이 모두 제시되었다.

1. 저의 표를 사지 마십시오.　　1. 그 방에 들어갈 수 없습니다.
1. 그 동무를 놀래우면 안됩니다.
1: 동문 혈압도 높은데 술이나 맥주를 많이 마시면 나쁩니다.
2: 충고를 달게 접수합니다.

제6과 축하, 축원 표현은 주로 절기(국제부녀절)나 명절, 개인 축하(논문 심사, 표창수여, 입학, 1등, 졸업 생일 등)에 따른 축하 인사를 학습하도록 되어 있고 조선의 공휴일을 축하하는 인사도 제시된다. 응대 표현으로는 주로 '고맙다, 감사하다'가 사용된다.[10]

---

9 '구해드리도록 하겠어요', '인차 보도록 해 드리겠어요'

10 조선인민군창건일, 태양절, 조선인민군 입대 등과 같이 조선의 정치, 사회를 표현하는 어휘도 종종 제시된다. 이러한 어휘뿐만 아니라 한국에서는 지방사투리(강원도)로 사용되는 '우정(일부러)'이나 조선어인 '인차'가 사용되는 것도 한 특징이다.

1: 새해를 축하합니다   2: 새해를 축하합니다.

1: 동무를 열렬히 축하합니다   2: 대단히 감사합니다.

1: 태양절에 즈음하여…… 축하를 보냅니다. 2: …… 사의를 표합니다.

나이를 묻고 말하는 7과에서는 생년월일과 관련하여 계절을 언급하는 대화도 흥미로운 부분이다. 생일의 연도의 경우도 '주체○○년'과 같이 이야기를 하나 꼭 그렇지만은 않다.

1: 생일이 언제입니까?

2: 4월28일입니다

1: 좋은 계절이군요.

2: 그렇습니다. 만물이 소생하는 봄에 태여났지요.

…(중략)…

2: 동무의 생일은 언제입니까?

1: 저의 생일은 9월 2일입니다.

2: 그러니 동무는 오곡백과 무르익는 가을철이군요.

또한 나이가 많고 적음을 떠나서 '연세'라는 높임말을 사용하지 않고 모두에게 '나이'를 사용하는 것도 한국어와 다른 점이다.[11]

2: 나이가 어떻게들 됐습니까?

1: 할아버지는 올해에 일흔아홉살이고 할머니는
일흔여덟살입니다.

---

11 조선어회화(2005,김형직사대)에서는 '년세'라는 어휘를 사용하는 것을 미루어 본다면 교재마다 통일성이 없는 듯하다.

주제별 항목인 14과에서 다룬 방문의 경우 한국에서는 주로 '들어가도 됩니까?'라고 묻는 반면에 조선에서는 '-ㄹ/을만하다'의 가능성을 나타내는 표현을 사용하여 묻기도 한다.[12]

    1: 들어갈만합니까?
    2: 들어오십시오.

상황별 항목인 15과 수업시간은 실제로 수업을 하는 상황을 대화문으로 구성하여 교사와 학생이 인사를 나누는 수업 시작부터 숙제 검열, 수업 시간 중의 질문, 숙제 내주기 등과 관련된 대화가 시간의 순서대로 배열되어 있다. 본문이 끝나면 보충 항목을 통하여 수업시간에 필요한 교실용어가 제시된다.

〈보충〉
래일 시간표를 좀 알려주십시오.   받아쓰기를 하겠습니다.
칠판에다 쓰십시오.   두 사람씩 회화를 속으로 읽으십시오.
속으로 읽으십시오.   걸그림을 보십시오.
단어로 짧은 문장을 지으십시오,

지금까지 살펴본 바와 같이 제1편과 제2편은 동일한 체제로 구성되어 있지만 제2편은 과별 내용과 문법의 복잡성도 심해지고 단어의 양도 증가한다. 제1편의 문법이 대부분 종결어미(종결토), 선어말어미(종경토), 조사(도움토, 속격토 등등)에 집중되는 반면 제2편에서는 복합구성이 많

---

12 방문하기에서는 '방문하고자 하는 사람이 없는 경우 방문하기', '연장자인 선생님을 방문하기'와 같이 상황별로 나뉘어 제시되고 있다.

이 제시되고 있다.

전반적으로 제2편에서는 앞서 언급한 바와 같이 화행, 주제, 상황별로 학습 단원을 구성하였고 필요에 따라서 주 본문 이외에도 보충 항목을 마련하여 학습자의 이해를 돕도록 하였다.[13]

2) 제3편의 체제 구성

제3편은 '듣기련습'으로 구성되어 있다. 다른 조선어교재와 달리 〈조선말 회화(1) 류학생용〉에는 '듣기련습'이 포함되어 있는 것이 특징이다.[14] '듣기련습'의 내용으로 삼은 본문은 모두 예술 영화 대본의 대화 부분으로서 대화의 배경이 되는 장면은 다음과 같이 크게 세 부분으로 나눌 수 있다.[15]

- 일터(채석장, 당비서방, 연구소 사판실, 산수림지, 작업반 사무실, 공사지휘부, 관리위원회, 간호원실)
- 삶터(집, 마당, 병원, 침대칸, 도로, 상점, 읍종합상점, 역, 만수대예술극장, 침실, 빙상경기장, 계단)
- 자연(소우리, 등판, 벌판, 다리목, 산길, 내가의 언덕, 모닥불가, 비탈길, 산골길, 동구밖 길)

'일터나 삶터'는 일반적으로 언어 학습 교재에 많이 등장하는 장면인데

---

13 보충 항목이 포함된 단원은 인사, 수업시간, 기숙사생활, 식당, 상점, 책방, 양복점, 우편국, 병원, 정거장과 비행장, 사진으로서 주로 상황과 관련된 단원에 집중되었다.

14 조선어회화(2005), 조선어 기초회화(2005), 조선어회화(2007), 조선말회화(2009)의 회화 교재에는 회화 본문, 지문만 제시되어 있고 별도로 듣기를 다루는 부분은 없다.

15 예술 영화로 '어느 한 가정에서', '도라지꽃', '산정의 수리개들', '자신에게 물어보라', '생의 흔적', '대지에 뿌리내린다', '농민영웅', '효녀', '사랑의 노래'에서 대화문을 발췌하였고 텔레비죤극에서는 유일하게 '종달새'의 대화문을 실었다.

이를 통해 조선의 사회상을 엿볼 수 있다. 이와 달리 본문이 모두 영화 대본의 대화 부분인 것을 고려하더라도 자연 공간을 배경으로 삼은 본문이 많이 제시되어 있는 것은 독특한 점이다. 더군다나 자연의 배경이 되는 장면이 대부분 벌판, 산골길, 냇가, 동구밖 길 등과 같이 농촌을 배경으로 한 것이어서 우리의 한국어교육 교재와 비교할 때 크게 구별되는 점이라 하겠다.

또한 위에서 제시된 대화의 배경이 대화 내용과 밀접하게 연계되지 않는 본문도 등장한다. 대화의 내용과 배경의 상관성이 없다는 것이다. 대화의 배경이 대화문과 연관된 내용과 단어들로 구성되는 것이 학습자들의 회화 능력을 더 신장할 수 있는 교재로서의 기본 조건이라고 한다면 이런 점은 개선되어야 할 것이다.

또한 '듣기련습' 본문이 정치적인 내용을 담고 있기보다는 예술영화로서 담고 있을 수 있는 감성적이고 일상적인 내용을 묘사하고 있는 것이 많은데 이는 대부분의 강독교재가 조선의 정치 이념을 담고 있는 본문으로 구성되어 있는 것과는 대조적이다. 아래는 '듣기련습' 대화문의 예이다.

표 4 '듣기련습' 대화문

본문 6 △진주의 집 한길남(영예군인청년): 아니? 이 사람이 너의 아버지란 말이냐?(결혼식사진) 유복녀(광일의 동생): 네, 우리 아버지예요. 우리 아버진 돌아가셨어요. 묘는 어느 섬에 있댔어요. …(후략)… (예술영화 《생의 흔적》 중에서. 영화문학작품집 《생의 흔적》 382페지) △단어 묘 안해 섬 엄마 영웅 아저씨 △문법 -냐(종결토; 물음, 낮춤) ● 언제 돌아왔냐? ● 저분이 너의 어머님이시냐? -란말이다(라는+말+이다: 강조)

- 그 학생은 최우등생이란 말이요.
- 이게 내 고향이란 말인가! 그새 많이도 변했구나.

　　본문은 표 4와 같이 대화문으로 구성되며 대화문이 끝난 뒤에는 신출단어와 문법을 제시하고 있다. 이러한 구성은 본문 1부터 본문 45까지 동일하다.

　　대화문은 주로 두 명이 등장하여 말을 주고받는 장면이 제시되고 세 명이 등장하거나 일대 다자간 대화가 이루어지는 상황은 극히 드물다. 대화문은 후반으로 가면서 등장인물 간에 주고받는 대화가 10개 이상으로 확장되기도 한다. 10개 이상의 대화문도 제시되지만 각 문장은 대부분 짧은 문장으로 구성되어 전체적인 분량은 크게 늘어나지는 않는다.

　　본문의 대화문에 등장하는 인물들은 교재의 머리말에서 밝힌 바와 같이 매우 다양하다. 친족 관계의 호칭, 지칭을 비롯하여 사회적 지위와 직책을 나타내는 말들이 많이 등장하고 있어 조선 사회의 모습을 알 수 있는 데에 도움이 된다.

　　동지, 동무, 비서, 위원회 부위원장, 반장, 소장(부소장), 소조책임자, 대장아바이, 군관, 아주머니, 언니, 아버지, 아저씨, 오빠, 어머니, 할아버지, 막내딸년, 손주, 아버님, 동생

　　또한 등장인물 사이의 관계도 직장 상사와 부하, 가족, 이웃 관계, 교우 관계 등 다양하다. 특히 조선에서 많이 사용되는 동무는 'ㅇㅇ동무'와 같이 동무 앞에 사람 이름을 넣거나 직책을 넣어서 다양하게 사용하고 있는 모습을 잘 보여 주고 있다.

　　송옥동무, 김동무/ 반장동무, 관리위원장동무/ 처녀동무/ 동무들

이와 같이 다양한 인물을 등장시킴으로서 자연스럽게 호칭의 쓰임도 익힐 수 있도록 하고 있다. 대표적인 것이 '동무와 동지'의 쓰임이다.[16]

본문 1 △ 송옥이네 집
　송옥: 아니 **특무장동지**!
　곽실성: **송옥동무**!
　송옥: 아니, 이게 어떻게 된 일이예요? 이게 얼마만이예요?
　곽칠성: 그렇지······ 불길속에서 헤여지군 처음이지.
　송옥: 네

본문 43 △ 청년지원자들이 침실
　곽칠성(지배인): **동무들**. 어떻소? 마음에 드오? 내 이곳 지배인이요. ···(후략)···
　청년1: 저 **지배인동지**, 그런데 ···(후략)···
　곽칠성: 음 동무이름은 뭐요?

본문 1과 43에 등장하는 곽칠성은 상대방(송옥, 청년1)보다 나이나 직책이 높기 때문에 '동지'로 불리고 그 상대방은 곽칠성으로부터 '동무'라고 불리게 된다.

본문의 대화문은 대부분 대면(對面) 대화로 이루어져 있는데 유일하게 하나의 본문만 전화상의 대화로 구성되어 있다. 대화는 대면 상황이나 원격 상황에서 모두 일어날 수 있으므로 이러한 점을 모두 고려하여 회화 교재의 본문을 구성하는 것이 바람직하다.

---

16 '동지'는 존경할 만한 윗사람에게 '동무'는 일반적으로 남을 친근하게 부르는 경우에 사용한다. 이외에도 본문 3, 9, 32에서도 이와 같은 쓰임이 보인다.

본문 7

△ 기상관측소: 인국의 집 (전화)

아버지(기상관측소 부소장): 얘 인국아. 예보토의중인데 눈비가 내릴 것
　　　　　　　　　　　　같다.

인국: 아니 갑자기 눈비라니요?

아버지: 기후변동이 심하구나. 오늘밤 우리 나라 전반적지역에서 한랭전선
　　　의 영향을 받아 기온이 례년보다 9도나 더 떨어질것이 예견된다.

인국: 그래요?

아버지: 일없겠니? 어서 내려가봐라.

인국: 예. 예.

위 본문 7은 전화상의 대화임에도 불구하고 사실 대면 대화의 상황과
크게 다를 바가 없다. 원격 상황을 고려한 장면이라면 이를 충실하게 반
영하여 주는 것이 좋다.

또한 '듣기련습'에서는 본문의 내용과 길이에 따라 신출하는 단어를 제
공하고 있다. 그러나 단어 풀이가 없기 때문에 학습자는 본문에서 그 의
미를 유추하거나 교사의 뜻풀이에 의존해야 한다. 단어는 다양한 품사가
제공되지만 구의 형태도 제공된다. 또한 특히 감동사[17]의 경우는 품사 표
시를 제공하고 있다.

시어머니 역정에, 개배때기 찬다,　하늘아래 첫동네, 쉬는 날
발벗고 나서다, 정신빠진 소리, 불에 덴 소, 나라를 위해서
어허(감), 어마나(감), 헤(감), 아야(감), 어휴(감), 오(감)

――――――――
17 국어의 품사 분류로는 감탄사를 말한다.

문법은 학습 항목으로 삼은 해당 문법의 형태를 제시하고 이에 대한 문법 용어, 의미 또는 기능(▲) 그리고 다양한 예(•)를 제공하고 있다.

본문5

▲-랍디까(종결토; 전달, 목격, 물음, 높음)

• 김동무가 뭐랍디까?

본문20

▲-라는데(라고 하다+는데, 시킴을 강조하여 나타낸다)

• 어서 앉으라는데.

위 본문 5의 경우 문법 항목 '-랍디까'에 대한 설명으로 '종결토'라는 문법 용어를 제시한 후 전달, 목격(체험), 물음, 높음과 같이 의미와 기능을 설명하고 있다. 형태가 축약이 된 경우에는 본문 20의 '-라는데'에서 보듯이 '라고 하다+는데'와 같이 풀어서 외국 학습자의 이해를 돕고 있다.

이와 같이 〈제3편〉 '듣기련습'을 살펴보았다. 실제 상황과 가장 가까울 수 있는 영화와 드라마 대본으로 듣기연습 내용을 제공한 것은 매우 바람직하나 각 본문이 서로 연계성이 없고, 등장인물에 대한 소개와 배경지식이 부족하여 각 본문의 내용 이해와 이를 통해 회화 능력을 향상하는 데에 어려움이 있을 것으로 보인다.[18]

---

18 구술 면접에 의하면 이 교재로 수업하는 경우 회화수업은 주로 교재 읽기 위주의 수업이고 학생이 읽으면서 오류 발생 시 이를 교정해준다고 한다. 1편 단어들은 거의 설명하지 않고 뒤에 나오는 어려운 단어 위주로 학습을 하며 학습 초기 교사에 의해 강조되던 정치적인 요소는 지속적으로 강조되기도 한다. 가령 작문 시험 시 특정 인물에 대해 '위대한……'과 같은 수식어를 사용하지 않으면 불합격이 되는 경우도 발생한다. 평가는 발음, 옮김법(인용법) 위주로 진행되며 제시된 단어보고 문장 만들기, 본문의 사실에 대해서 답하기와 같은 시험 유형이 출제된다.

2. 〈조선말 회화(3) 류학생용〉

〈조선말 회화(3) 류학생용〉은 2학기에 배우는 과목이다. 〈조선말 회화(3) 류학생용〉은 〈조선말회화(1) 류학생용〉의 '듣기련습'의 대화문을 확장한 것으로 볼 수 있다. 〈조선말회화(1) 류학생용〉 듣기련습에서 제시된 본문(대화문)의 원(元) 텍스트가 제공되기 때문이다.[19]

〈조선말 회화(3) 류학생용〉은 300여 쪽에 달하는 분량의 교재이므로 2학기 교육과정에서 모든 단원을 소화할 수는 없다.[20] 이로 인해 실제로 김일성종합대학 조선어교육 프로그램에서는 'TV극 종달새'의 1부와 2부의 절반, 속담만 다루었다. 따라서 본 연구에서도 학습자들이 배운 단원인 'TV극 종달새'와 부록으로 제공된 속담에 대해서만 다루도록 한다. 〈조선말 회화(3) 류학생용〉에서 다루고 있는 단원은 다음과 같다.

표 5 〈조선말 회화(3) 류학생용〉 단원

텍스트 유형	제목	비고
혁명 연극	《딸에게서 온 편지》	
예술영화	《내가 본 나라》	대본
	《도라지꽃》	
	《민족과 운명》 (로동계급편 1, 2부)	
	《생의 흔적》(전, 후편)	
	《춘향전》(전, 후편)	
TV극	《종달새》	
속담집	55개 속담 수록	부록

---

19 조선말회화3에서는 머리말에서 밝힌 바와 같이 입말체를 가르치기 위한 교재이다 이를 통해 다양한 어휘와 문법 형태를 제공하기 위해 많은 작품을 기본으로 편집하였다.

20 이 프로그램의 총 기간은 2010.4.8~10.22였으며 2학기는 8월부터 10월까지이다.

'종달새'의 경우 텔레비전 드라마이기 때문에 교재를 공부하기 전에 먼저 '종달새'를 시청한 후 그 내용을 학습하거나 한 시간 반 정도 드라마를 먼저 보고 30분 정도 내용을 공부하기도 한다.[21]

《종달새 1부》△내가

향미; 노래없이야 청춘이 있니?

　　　 내가 노래없이 산다는건 금붕어가 어항밖에 나와 산다는 것과 같애.

윤실; 뭘? 앤 그저……

향미; 래일모레 군에서 선발경기를 하는데 이번엔 2중창도 있다는 거야.

윤실; 그래?!

향미; 우리 둘이서 경연에 안나가보겠니? …(후략)…

'종달새'는 위와 같이 TV극의 대본만 제시되고 이에 대한 문법이나 단어는 별도로 교재에 수록되어 있지 않다. 따라서 교사가 매 시간 수업 분량에 따라 단어와 문법을 제시하게 된다. 이런 점으로 회화 수업이 결국은 교사 중심으로 이루어지기 쉬우며 회화보다는 대본의 독해에 더 많이 집중할 수밖에 없게 될 것이다.[22]

속담은 교재 뒷부분에 부록으로 제공되는데 총 55개가 수록되었다. 본문에 제시된 속담은 'O' 표식으로 표하고 본문에는 없지만 관련이 있다고 판단하는 속담에는 '※' 표식으로 표하여 수록하고 있다.

---

21 TV극 《종달새》는 농촌에 사는 진향미(농장원 처녀)가 들판을 떠나지 않는 종달새처럼 고향과 마을을 떠나지 않고 일터를 지키며 노래를 부르겠다는 결심을 하는 내용을 다룬 농촌 드라마이다. 극 사이사이에 노래가 나오기 때문에 음악극이라고도 할 수 있을 것이다.

22 이관식(2005, 212쪽)에서는 종달새 대본 뒷부분에 12가지의 '어휘 및 표현'의 설명이 되어 있다고 하였으나 본 연구에서 사용된 교재의 대본에는 '어휘 및 표현' 설명이 제시되어 있지 않았다.

속담은 '가나다' 순으로 제시되고 있는데 속담 풀이와 수록 방법은 아래와 같다.[23]

표6 속담집

> ○ ❶둘이 먹다 하나(가) 죽어도 모르겠다; ❷ 둘이 함께 먹다가 곁의 사람이 죽어도 모를만큼 정신없이 맛있게 먹는다는 뜻으로 ❸《음식이 대단히 맛이 좋음》을 형상적으로 이르는 말. ❹ 례:《둘이 먹다 셋이 죽어두 몰라요.》(《도라지꽃》) = 셋이 먹다가 둘이 죽어도 모른다. 둘이 먹다 셋이 죽어도 모른다.

❶은 표제어로 삼은 속담이며 ❷는 이 속담의 풀이이고 ❸은 이 속담의 속뜻이 된다. 그리고 ❹에서는 이 속담과 관련된 예를 제시하고 있다.

V. 결론 및 제언

본 연구는 교재 분석을 통해 조선의 '외국어로서의 조선어교육'을 살펴보고자 하였다. 유학생의 면접을 통해 실제 교과서가 어떻게 사용되는지를 살펴보는 것이 목적이었으나 여러 가지 한계를 가지고 있다.

그러나 한국어교육계에서 연구의 필요성이 증대되고 있는 조선어 교재 연구를 시도함으로 향후 지속될 관련 연구에 조금이나마 도움이 될 것이라고 생각한다.

앞으로 구체적으로는 교재를 이루는 본문의 구성·성격, 문법의 제시 방법이나 문법 학습에 대한 연습 문제의 다양한 유형 분석 그리고 이들의 어떻게 유기적으로 교재에 반영되는지 그리고 급별 교재는 어떻게 위

---

23 원문자 표식(❶❷❸❹)은 연구자가 표하였다.

계화되고 수준별로 차이가 나는지도 함께 다루어 보는 것이 좋은 연구 과제가 될 것이라고 생각한다.

도입에서 밝힌 바와 같이 조선어교육 연구는 매우 희박하고 접근이 쉽지 않기 때문에 관련 연구자의 공동 연구가 더욱 필요한 분야일 것이다. 앞으로는 관련 연구자의 공동 연구를 통해 교재를 포함하여 교육과정, 학생 면접 등의 연구가 더욱 강화되면 조선어교육에 대한 좋은 연구 결과들이 나올 것으로 기대한다.

민현식(1993), 북한 문법에 대한 연구(2)<조선어문법>(1989)을 중심으로, 국어교육 제81집.
최영란(2010), 『문화어 학습』으로 본 북한의 문법교육, 국어교육연구 제25집.

남북한의 언어는 분단 이후 이질화 과정을 거쳤고 이로 인해 교육에서도 큰 차이를 보이고 있는 것이 사실이다. 언어 즉 국어는 미래의 통일 한국 사회에서 사회적 소통과 교류의 수단으로 그 역할이 아주 중요하다. 그런 언어 연구의 일환으로 북한의 국어연구와 문법 연구 및 문법교육 연구는 통일 한국 사회의 국어 통일을 위해서 지속적으로 이루어져야 할 과제라고 할 수 있다.

이러한 가운데 민현식(1993)에서는 <조선어문법>(1989, 김용구 저)은 문법론을 간결하게 정리한 80년대 문법의 결정판으로 내용은 종전의 문법서들의 체계를 따르나 어음론이 포함되던 종전의 문법서들과 달리 어음론이 빠져 남한문법에서 문법과 음운론을 분리하는 경향과 비슷해진 최초의 책이라고 평가했다. 본 논문에서는 <조선어문법>(1989)의 1, 2부(품사론, 형태론)를 간략하게 제시하고 3, 4부(통사론, 단어 조성론)를 개괄함으로써 북한 문법의 이전 연구서들과 문법학사적으로 비교하여 북한 문법에 대한 이해를 도모하였다. 이러한 연구의 목적은 북한의 문법론에서 우리가 참고할 것을 찾고자 함과 아울러, 장차 남북 통일기의 통일문법을 위한 노력이 필요하다고 지적하였다.

최영란(2010)은 북한 문법에 대한 이러한 연구 성과에 힘입어 출현한 논의로, 민현식(1993)의 북한 문법에 대한 전반 이해를 바탕으로 문화어 운동을 위해 1968년부터 내기 시작한 계간지 『문화어 학습』에 대한 분석을 통하여 북한의 문법교육 및 문법 교수 학습의 실태를 살폈다. 구체적으로, 최영란(2010)에서는 『문화어 학습』의 '학교에서의 문화어교육'란에 게재된 국어교육 및 문법교육 관련 논문 자료 164편을 시대별로 분석하여 논문의 내용적인 측면과 함께 교수 학습 방법적인 측면까지 살폈다. 통일문법을 대비한 북한 문법에 대한 연구가 반드시 필요하다는 점에서 민현식(1993)의 연구는 통일문법 체계 정립, 통일학교문법 체계 정립, 통일학교문법교육과정 설계 등 거시적 연구로까지 확장될 수 있다는 점에서 연구사적 가치가 확인된다.

북한 문법에 대한 연구(2)[*]
-〈조선어문법〉(1989)을 중심으로

1980년대 후반부터 북한 사회에 대한 정보가 개방되면서 북한의 국어학 연구에 대한 논의와 평가 작업이 활발하게 이루어져 왔다. 그 결과 우리는 북한의 국어학 업적에서 나름대로 참조할 만한 부분도 발견하게 되었다.

본고는 이러한 동향과 관련지어 북한 문법서 중에 4부 체재로 된 <조선어문법>(1989, 김용구 저)을 대상으로 북한 문법의 경향을 살폈다. 우선 이 책의 1부와 2부에서 다룬 품사론과 형태론 두 개 부분을 개괄적으로 소개하고 이 책의 3부와 4부인 문장론과 단어 조성론을 중심으로 기존 문법서들과의 차이

---

[*] 『국어교육』 제81집(한국어교육학회 2002년 발행)의 1쪽부터 20쪽까지에 수록되었음. 또한, 요약은 원문에는 수록되지 않았던 것을 이 책에서 새롭게 작성한 것이다.

점, 남한 문법과의 차이점을 세부적으로 분석했다.

본고에서 비교 분석하여 제시한 <조선어문법>(1989)은 우리가 북한 문법을 체계적으로 이해할 수 있는 자료이기도 하며 통일문법을 대비한 반드시 필요한 연구 과제로서의 가치를 가진다고 할 수 있다. 통일을 대비한 언어 연구와 문법 연구는 여러 측면에서 지속적으로 이루어져야 할 것이다.

남북한 국어교육의 동질성과 이질성[*]

최 영 란(북경제2외국어대학교)

Ⅰ. 서론

본 연구는 북한의 『문화어학습』[1]에 게재된 국어교육 및 문법교육 관련 논문 자료에 대한 분석을 통하여 북한의 문법교육 실태, 문법 교수 학습 방법의 문제를 살피는 데 그 목적이 있다.

지금까지 북한의 문법 분야에 대한 남한에서의 연구는 문법 체계, 철자법, 말 다듬기와 같은 실용적인 분야에 거쳐 상당수 이루어졌다고 할수 있다. 그러나 북한의 문법 연구를 문법교육과 관련시켜 종합적으로 검토한 것은 많지 않으며 기존의 북한의 문법교육 연구가 남북한의 교과서 분석을 통한 문법교육 내용 비교에 그치고 있다고 할 수 있다. 본 논문은 『문화어학습』에 게재된 국어교육 및 문법교육 관련 논문을 시대별로 분석하여 그 양상을 살피는데 그 목적이 있으며 기존의 교과서 분석

---

[*] 『국어교육연구』 제25집(서울대학교 국어교육연구소 2010년 발행)의 229쪽부터 269쪽까지에 수록된 '『문화어학습』으로 본 북한의 문법교육'을 실음.

[1] 1968년에 창간된 국어학습지이다. 고영근 외(2004:184)에 의하면 이 책은 1997년 4호까지 간행하다가 1998년부터 『조선어문』과 『문화어학습』을 통합하되 전자를 『조선어문』과 『문화어학습』으로 구분·편찬하였고(1999년까지), 2000년부터는 양자를 구분하지 않았으며 2001년부터는 『문화어학습』을 복간했다고 한다.

위주의 한계를 조금이라도 극복했다는 점, 북한의 『문화어학습』을 1차 자료로 거기에 게재된 내용 중 문법교육의 양상을 직접적으로 살필 수 있는 '학교에서의 문화어교육'란의 논문 자료를 시대별로 분석하여 논문의 내용적인 측면과 함께 교수 학습 방법적인 측면까지 살폈다는 점에 그 의의가 있다고 할 수 있다.

북한의 국어교육은 공산주의 혁명 인재 양성이라는 학교 교육의 목적 아래 존재하며 이러한 전제에 따라, 국어교육관과 교수법, 교육 정책, 교과 내용 등이 결정된다. 따라서 국어교육 내용 요소의 하나인 문법교육 역시 이와 맥을 같이 한다고 할 수 있으나 상대적으로 기타 영역에 비하여 이데올로기적인 영향이 적은 것만은 사실이다. 아래 분석하게 될 『문화어학습』의 '학교에서의 문화어교육'에 실려 있는 논문 자료들에서도 이 점을 파악할 수 있을 것이다. 물론 논문의 서두는 김일성 혹은 김정일의 교시로 시작되지만 내용적인 측면은 다분히 지식적인 요소에 초점이 맞추어져 있음을 알 수 있다.

Ⅱ. 북한 학교 문법의 배경

1. 북한의 어문정책

북한언어연구회 편(1989:26)에 의하면 북한의 어문 정책은 중앙 정부가 어문 정책의 기본 방향을 명시하고 이를 구속력을 가지고 통제하여 시행하는 방식을 지닌다. 북한에서는 1960년 이전까지는 주시경, 김두봉과 조선어학회의 업적과 소련의 언어 이론을 바탕으로 하여 정책을 세우고 실천에 옮겼지만 그 이후에는 김일성의 항일 독립 투쟁 때의 언어 규범화 분야에서 이룩한 혁명전통을 철저히 계승, 발전시키고 사대주의를 극복하여 주체성을 지키며 노동자, 농민을 비롯한 인민대중이 즐겨 쓰는 말에 기초하여 언어정책을 수립하였다. 분단 이후 북한에서 이루어 진 어문 정책은 다음과 같이 요약될 수 있다.

① 문맹퇴치

문맹퇴치 사업은 해방 후 북한이 가장 먼저 벌인 전국민적 언어운동이다. 『문화어학습』(1971년 3호:9～12)에 따르면 당시 북한에는 전체 근로자들의 절반 이상을 차지하는 230여만 명이 문맹자로 남아 있었다. 김일성은 혁명과 건설을 골자로 하는 정치 생활에 이들을 참여시키기 위해서는 무엇보다 문맹 퇴치 사업이 시급하다고 판단하고 1945년부터 성인학교를 세워 근로자들이 글자를 깨우칠 수 있도록 하여 1947년 말경에는 문맹자의 절반 이상을 퇴치하였으며 1949년 3월에는 '문맹이 없는 나라'를 만드는 데 성공하였다고 기술하고 있다.

② 한자폐지

김민수(1993:79)에 의하면 1949년 9월 북한에서는 한자폐지를 단행한다. 그러나 1964년 1월 3일 김일성 담화에 의하면 한자가 배우기 힘들고 쓰기 불편하기 때문에 쓸 필요가 없지만 우리나라 통일 문제와 연관시킬 때 동질성 차원에서 일정한 시기까지 써야 한다고 밝히고 있어 통일 문제와 관련시켜 한자교육이 부활했음을 알 수 있다.[2]

③ 말다듬기

말다듬기는 한자폐지 이후 발생한 부작용을 해결하기 위해 '쉽고 분명

---

2 고영근(1994:42)에 의하면 북한에서는 초·중학교에서 기술학교까지 2,000자, 대학에서는 1,000자, 모두 3,000자로 남한보다 1,200자나 많은 한자를 교육용 한자로 사정하여 교육시키고 있다.

하고 또 간결하게 말을 하고 글을 쓰자는' 의도에서 실시된 것으로 보이는데 1964년의 김일성 담화 발표 이후, 체계적인 운동으로 발전하게 된다.[3]

④ 문화어운동

북한에서 문화어에 대한 언급은 1966년 5월 14일 김일성 담화에서 처음으로 등장한다. 문화어운동은 한자어와 외래어의 정리, 방언에서 좋을 말을 찾아내어 문화어로 사용하기 등을 주요 골자로 하는 언어운동으로서 일종의 어학 혁명이라 할 수 있을 것이다.

1960년대에 김일성은 언어학자들과 두 차례 담화를 진행하고 언어와 관련된 교시를 내린다. 언어와 관련된 두 교시가 내려진 이후, 북한은 문화어를 대중들에게 어떻게 교양할 것인가의 구체적 방도를 고민한다. 「김일성동지의 가르침 따라 우리의 말과 글을 더욱 주체적으로 발전시키자」(『문화어학습』 1969년 2호:1~4)는 문화어 보급의 원칙과 방도에 대해 네 가지로 정리하고 있다.

첫째, 우리 말 문화어를 깊이 학습하고 가꾸며 문화어와 대치되는 온갖 낡은 언어의식을 반대하여 투쟁할 것.

둘째, 우리말을 정리하는 사업을 전군중적운동으로 벌려 우리말을 알기 쉽고 로동 계급의 사상 감정에 맞는 혁명적인 말로 다듬으며 고유조선말에 철저히 토대하여 새말을 만들 것.

셋째, 글자개혁을 위한 연구 사업을 과학 이론적 토대 위에서 심화할 것-문자개혁을 위한 준비를 갖출 것.

넷째, 고장 이름과 사람 이름을 짓는데서 주체를 철저히 확립하며 고

---

3 김일성의 1964년 1월 3일 담화는 언어에 대한 여러 가지 문제점들을 언급하고 그 방향을 제시하고 있는데 말다듬기에 있어서 한자와 외래어에 대하여 우리의 고유어로 말다듬기 할 것을 강조하고 있다.

전을 훌륭한 우리말로 번역하는 사업 등 조선어의 민족적 특성을 옳게 살려나갈 것.

이상 네 가지 방도 중 첫째, 둘째, 셋째 항목은 국어교육적 차원에서 문화어 운동을 어떻게 전개할 것인지의 문제와 연관되어 있다고 할 수 있다.

2. 북한 국어교육의 성격

국어교육의 성격을 무엇으로 규정하고 있는지는 국어교육의 목표 설정, 교육 내용의 선정 및 조직, 교수·학습 방법, 평가에 이르는 국어교육의 설계와 실천의 모든 면에서 중요한 영향을 미친다.

북한은 김일성의 언어 사상과 문예 사상에 기반을 두고 국어교육의 성격을 규정해오고 있다. 즉 국어교육이 김일성의 혁명 사상 등을 전수하는 정치사상 교육을 담당해야 할 핵심적인 역할을 담당해야 한다는 관점이 현재까지도 일관성 있게 유지되고 있다. 김일성이 사회주의 언어관에 따라 말과 글의 혁명적 도구관을 천명한 1960년대에는 말과 글을 혁명의 무기가 되게 다듬는 국어교육을 강조하였다. 1970년대에는 사회주의 혁명과 건설의 강력한 무기로 다듬은 문화어 보급을 국어교육의 중요한 사명으로 강조하였다. 1980년대에 들어서 전 인민을 주체사상으로 무장시키기 위해 주체사상에 입각한 국어교육을 강조하였다고 할 수 있다.

해주제2사범대학 외(1973:13)에 의하면 북한은 국어교육의 문제를 민족 문제와 결부시키고 있다. 이는 언어의 사회적 본질에 관한 김일성의 사상과 가장 과학적이고 혁명적인 맑스-레닌주의적 분석에 기초해야 한다는 관점과 관련되어 있다. 즉 언어는 민족을 이루는 공통성의 하나이자 문화의 민족적 형식을 특징짓는 중요한 표징의 하나로 보는 언어관과 관련되어 있다. 이러한 관점에 따라 북한은 국어교육이 '자라나는 어린이들의 혁명적 세계관을 형성시키며, 어문학에 대한 소양을 증진시켜 새 인간을 양성'해야 한다고 보고 있다.

『국어교수법』(1973:48)에서는 북한에서 국어 과목이 담당해야 할 지식의 체계와 내용을 다음과 같이 제시하고 있다.

첫째, 우리말과 글의 일반지식과 기능을 형성시킴으로써 당의 정책을 파악하고 이해하게 하며 과학과 기술, 사회주의 문화를 전면적으로 습득할 수 있는 언어적 지식을 닦아주는 것이다.

둘째, 문학예술에 대한 일반지식과 기초기능을 형성시킴으로써 사회생활의 필수적 요구의 하나인 문화생활에 적극 참가할 수 있게 하며 전문적인 문학예술작품창작의 토대를 닦아주는데 있다.

셋째, 학생들의 정신생활을 풍부히 하고 생활지식을 넓히며 현실분석의 기초능력을 형성시킴으로써 당의 유일사상체계에 확고히 의거하여 생활과 투쟁을 자각적으로, 창조적으로 조직해나갈 수 있는 토대를 닦아준다.

최현섭·이인제·최영환(1996)과 윤희원·박갑수·박영목 외(1997)의 연구에서는 북한 국어교육의 성격을 다음과 같이 요약하고 있다.

첫째, 국어교육의 성격과 목표에서 북한은 김일성과 김정일 언어에 대한 사상과 이론에 전적으로 의존하고 있으며 북한이 추구하는 국어교육의 목적은 모든 학생들을 김일성과 김정일에 충성을 바치는 공산주의적 혁명 전사로 키우는 데 있다. 이러한 목적을 달성하기 위한 북한 국어교육의 목표는 '김일성의 혁명 사상과 주체사상과 주체적 언어 문예 사상 그리고 김정일의 언어 문예 이론 체득, 문학 작품의 자립적 분석 능력 신장, 말과 글을 다루는 창조적 능력 신장' 따위에 두고 있는데 이들 가운데 주체적 문예 사상과 문예 이론 체득이 핵심적인 목표가 된다.

둘째, 북한에서는 국어교육의 내용으로 '국어 지식과 기능, 문학 지식과 기능, 정서와 사고력 신장' 등을 들고 있는데, 지식은 '당의 의도와 정책, 사회중의 문화에 관한 지식'으로 기능은 '혁명적 실천'에 사용하는 기능으로 규정하여 사용하고 있다.

셋째, 북한은 국어교육의 방법으로 문답과 해설, 직관, 토론과 논쟁, 연습 등을 교수 방법으로 제시하고 있다. 그리고 일반적 교수 방법으로 '깨우쳐 주는 교수법, 감화적 교수법, 원문 통달식 교수법' 등을 강조한다.

이러한 국어교육의 성격에 근거하여 국어교육의 하위 영역으로 볼 수 있는 문법교육의 성격이 결정되었을 것이다. 북한 문법교육의 배경으로 언어 정책 및 국어교육의 성격을 살펴보았다면 다음에서는 북한 문법교육의 실제와 관련하여『문화어학습』의 '학교에서의 조선어교육'에 게재되고 있는 국어교육 및 문법교육 관련 논문들을 시대별로 분류하여 살펴볼 것이다.

Ⅲ. 『문화어학습』으로 본 북한 문법교육의 실제

1. 『문화어학습』의 창간

김일성은 1966년 5월 14일 언어학자들과 한 담화에서 우리말을 주체적으로 발전시키기 위한 두 번째 담화를 발표하는데 그는 이 자리에서 북한의 수도인 평양말 중심의 표준어를 '문화어'[4]라 부를 것을 제창하며 민족적인 특성이 반영된 언어로 발전시킬 것을 교시한다.

---

4 주권을 잡은 로동계급의 당의 령도밑에 혁명의 수도를 중심지로 하고 수도의 말을 기본으로 하여 이루어지는 로동계급의 지향과 생활감정에 맞게 혁명적으로 세련되고 아름답게 가꾸어진 언어(조선말대사전, 1992:1186).

(1) 우리는 우리 혁명의 참모부가 있고 정치, 경제, 문화, 군사의 모든
방면에 걸치는 우리 혁명의 전반적전략과 전술이 세워지는 혁명의
수도이며 요람지인 평양을 중심지로하고 평양말을 기준으로 하여 언
어의 민족적특성을 보존하고 발전시켜나가도록 하여야 하겠습니다.
그런데《표준어》라는 말은 다른 말로 바꾸어야 하겠습니다. 《표준
어》라고 하면 마치도 서울말을 표준하는 것으로 그릇되게 리해될 수
있으므로 그대로 쓸 필요가 없습니다. 사회주의를 건설하고 있는 우
리가 혁명의 수도인 평양말을 기준하여 하여 발전시킨 우리 말을《표
준어》라고 하는것보다 다른 이름으로 부르는것이 좋습니다. 《문화
어》라는 말도 그리 좋은것은 아니지만 그래도 그렇게 고쳐쓰는 것이
낫습니다. (『문화어학습』 1968년 3호:1~9)

이러한 교시가 실천에 옮겨진 것이 1968년에 창간된 『문화어학습』이
다. 고영근 외(2004:184)에 의하면 이 책은 1997년 4호까지 간행하다가
1998년부터 『조선어문』과 『문화어학습』을 통합하되 전자를 『조선어문』
과 『문화어학습』으로 구분·편찬하였고(1999년까지), 2000년부터는 양
자를 구분하지 않았으며 2001년부터는 『문화어학습』을 복간했다고 한다.
북한은 『문화어학습』의 창간을 통해 교육적 차원에서 부딪히는 문제
에 대해 구체적인 해답을 마련하고 있는 것으로 보인다. 문법 및 문법교
육과 관련하여 『문화어학습』에는 다음과 같은 강령들이 실려 있다.

(4) 우리 말은 문법구조도 째였습니다. 문법구조가 째였다는 것은 언어가
그만큼 발전되였다는 것을 말합니다. 특히 조선말은 토가 풍부하고
다양하며 치밀하게 발전되였습니다. 어휘가 풍부하고 문법이 째여져
있기 때문에 우리 말과 글로는 어떤 사상적내용이나 복잡하고 섬세한
감정도 정확하고 풍부하게 표현할 수 있습니다. (「언어생활에서 주체

를 세울데 대하여」 1961년 5월 25일 김일성종합대학 학생들과 한 담화, 『문화어학습』 1994년 2호:3~6)

(5) 심화 발전하는 우리의 현실은 더 풍부하고 섬세한 표현들, 더 치밀하고 쩨인 문법구조, 보다 다양한 문체의 글들을 요구하고 있다. 이 요구를 옳게 학생들에 대한 국어문법교수가 문학교수와 결부되어 진행되어야 하며 그들의 읽기, 말하기, 글씨쓰기, 글짓기 능력을 높이기 위한 데로 더욱더 지향되어야 한다. (「국어교육에서 새로운 전환을 일으키자」, 『문화어학습』 1980년 3호:4)

(4)에서는 우리말의 문법구조의 치밀성을 강조하면서 특히 풍부하고 다양한 토 및 어휘를 가지고 있는 우리말로는 복잡하고 섬세한 감정을 정확하고 풍부하게 표현할 수 있다고 강조하고 있다. 강령 (5)는 문법교육의 실용화에 대한 관점이라고 할 수 있는데 문법교육이 학생들의 말하기, 글씨쓰기, 글짓기 등 표현 능력과 긴밀히 결부됨으로써 실제 언어생활에서의 실천능력을 키워주는데 기여해야 함을 강조하는 북한의 문법교육의 철학을 보여주고 있다.

2. 『문화어학습』에 게재된 국어교육 및 문법교육 관련 논문

『문화어학습』은 대제로 '사실', '강령', '이힉 혁명 앞으로', '문화예술과 우리 생활', '훌륭한 문제작을 더 많이 쓰자', '학교에서의 조선어교육',[5] '표현이 풍부한 우리 말', '우리 생활과 언어', '언어지식' 등 고정란으로 구성되어 있다. 여기에서 '학교에서의 조선어교육'은 거의 매 호마다 등장하는 중요한 란으로 각 급 교사들이 실제 교육 현장에서 가르치면서

---

5 1976년부터 「학교에서의 문화어교육」이라는 제목으로 바꾸어 연재한다.

쌓은 교수 학습 경험과 새로운 방법을 소개하는 부분이다. 1972년 이전에는 산발적으로 국어 교수법과 관련한 논의가 이루어지다가 1972년경부터는 '학교에서의 조선어교육'이라는 고정란을 중심으로 교수법 전반에 대한 다양하고 심도 깊은 논의가 이루어진다. 이러한 논의는 1964년과 1966년의 언어 관련 교시에 드러난 김일성의 국어교육 사상에 입각하여 교수 원칙, 내용, 방법론을 구체화하고 있음을 말해준다. 따라서 『문화어학습』의 '학교에서의 문화어교육'란을 살펴보는 것은 북한의 국어교육 양상 및 문법교육 양상을 교과서가 아닌 다른 측면으로 엿볼 수 있는 좋은 자료가 될 것이다.

우선 현재까지 출판된 『문화어학습』의 '학교에서의 문화어교육'란에서 어떤 내용들이 다루어지고 있는지를 시대별로 살펴보기로 하겠다.

1) 70년대[6]

1972년부터 『문화어학습』에 '학교에서의 조선어교육'란이 등장하고 1976년부터 '학교에서의 문화어교육'라는 고정 이름으로 연재되지만 필자의 조사에 의하면 70년대 『문화어학습』에 게재된 국어교육 관련 논문 자료는 많지 않은 것으로 파악된다. 여기에서 필자가 자료 수집 과정에서 일부 자료를 누락했을 수도 있음을 밝혀둔다.

이 시기 『문화어학습』의 '학교에서의 문화어교육'란에는 총 13편의 국어교육 관련 논문 자료가 게재되는데 그 중에서 문법교육 관련 논문이 7편(53.8%), 기능교육 관련 논문이 4편(30.8%) 기타 논문이 2편(15.4%)을 차지한다. 논문 자료가 많지 않은 관계로 이 시기 북한의 국어교육 양상 및 문법교육 양상이 어떠했다고 짐작하기는 어려우나 문법교육의 비중이 높게 나온 것은 김양희(2002)에서 70년대 북한의 국어교육을 문

---

6 1970년 2호, 3호, 4호, 1971년 2호, 1979년 1호, 2호, 3호, 4호.

화어 보급과 혁명적 국어교육 사상이 고취된 시기로 요약하면서 이 시기 학교에서의 문법교육도 어떻게 하면 학생들에게 문화어를 더욱 효과적으로 보급시킬 것인가에 초점이 맞추어져 있을 것으로 추정한 것과 같은 결과로 해석할 수 있을 것이다.

북한은 김일성의 교시[7]에 근거하여 글씨쓰기 교육을 시종일관 국어교육에서 해결해야 하는 중요한 과제로 삼고 저학년에 특별한 심혈을 기울이고 있다. 글씨쓰기 교육을 문법교육의 일환으로 보는 것이 타당할지는 논의가 더 필요하겠지만 본 논의에서는 일단 규범 교육의 일환으로 문법교육의 영역에 포함시키기로 한다.

표1 70년대 『문화어학습』에 게재된 국어교육 관련 논문

순서	제 목	저 자	영 역
1	• 우리는 인민학교 낮은 학년 국어교수에서의 당정책화를 이렇게 하고 있다	전명옥	기타
2	• 읽기에서의 발음지도	리달선	발음
3	• 졸업론문을 어떻게 쓸것인가	리등빈	쓰기
4	• 작문쓰기를 실속있게 지도하자	천재규	쓰기
5	• 직관교육, 실물교육을 통한 어휘지도를 어떻게 할 것인가	리준무	어휘
6	• 학생들의 화술을 높이는것은 언어교육앞에 나선 중요한 과업	남영회	말하기
7	• 배운 단어를 생활속에서 써먹을수 있노녹 상소석힘을 기워주어야 한다	리준무	어휘
8	• 작문쓰기를 실속있게 지도하자	천재규	쓰기

---

7 지금의 우리 글자는 네모난 글자이기 때문에 쓰기가 좀 불편합니다. 우리 글자는 주로 음을 표준으로 삼았으므로 발음하기는 좋지만 단어형태로 된것은 아닙니다. 그렇기 때문에 글이 보기가 좀 어렵고 쓸 때에 조금만 획을 달리 써도 안 되게 되어있습니다(문화어학습 1979년 3호).

9	・글씨쓰기지도를 위한 기초지식	장명옥	글씨쓰기
10	・뜨거운 충성심을 안고사는 교육자	기자	기타
11	・글씨쓰기의 기본내용과 그 지도	장명옥	글씨쓰기
12	・어휘의 뜻을 원리적으로 가르치려면	석문광	어휘
13	・고유어를 더 많이, 더 잘 가르치자	신원희	어휘

2) 80년대(1980~89년)

이 시기 『문화어학습』의 '학교에서의 문화어교육'에는 총 123편의 국어교육 관련 논문들이 게재되는데 문법교육 관련 논문 67편(54.5%), 기능교육 관련 논문 31편(25.2%), 교수법 관련 논문 4편(3.3%), 교사교육 관련 논문 4편(3.3%), 외국어교육 관련 논문 2편(1.6%), 문학 관련 논문 2편(1.6%), 기타 논문이 13편(10.5%)을 차지한다. 구체적으로 어떤 논의들이 이루어졌는지와 영역별 비중은 아래의 표 2와 그림 1을 참고하기 바란다.

표2 80년대 『문화어학습』에 게재된 국어교육 관련 논문

순서	제 목	저 자	영 역
1	・학생들의 화술을 책임진 립장에서	리춘단	말하기
2	・말뜻을 캐들어가는 방법으로	정광연	어휘
3	・유치원어린이들에게 더 많은 어휘를 가르치기 위하여	정남숙	어휘
4	・국어교수에서 제기되는 몇가지 문제	최해룡	교수법
5	・국어 련습과 실습 교수에서 지켜야 할 원칙적요구	리광섭	교수법
6	・회화를 기본으로 하는 외국어교육방법	박재원	외국어교육
7	・고등중학교에서 어휘지도를 어떻게 할 것인가?	류명은	어휘
8	・글씨쓰기에서의 기본획긋기지도	강덕영	글씨쓰기
9	・학생들이 글씨를 똑바로 쓰도록	강덕영	글씨쓰기

순서	제 목	저 자	영 역
10	·문답을 통하여 말하는 방법을 배워준다	백종익	말하기
11	·인민학교 발음교육에서 쓰이는 교편물에는 어떤 형태들이 있는가?	기태춘	발음
12	·학교에서 문화어 교육을 더욱 강화하기 위하여	류명은	기타
13	·은을 내는 보이기수업	기태춘	보이기
14	·문학교수에서의 문화어 교육	오병세	문학
15	·입말과 발음	최준영	발음
16	·글쓰기 실천능력을 키워주는 생동한 수업	류명은	쓰기
17	·위대한 사랑의 품속에서 자라난 뛰여난 수재	김학렬	기타
18	·교장이 쓴 150여권의 글씨쓰기 련습장	김상현	글씨쓰기
19	·짧은글짓기지도에 힘을 넣어	최길순	쓰기
20	·어휘교육을 단수가 높게	김정국	어휘
21	·모든 학생들이 글쓰는 보람을 직접 느껴보도록	최중영	쓰기
22	·학생들의 문장력을 키워주기 위하여	백춘범	문장
23	·학교들에서 글짓기경연을 짜고들어 조직하고 지도하자	편집부	쓰기
24	·학생들의 문장력을 빨리 키워주는 방법 몇가지	강상호	문장
25	·어교원수첩을 만들어 교원들의 자질을 높인다	승백학	교사교육
26	·문장짜기에 대한 지도	림호군	문학
27	·정성이 지극하면 돌우에도 꽃이 핀다	기자	기타
28	·어버이수령님께서 꽃피워주신 이름을 통한 우리 말 교양	배정숙	기타
29	·학생들이 말과 친숙해지도록	강영숙	말하기
30	·문화어교육에서 단일문의 갈래와 기능을 옳게 가르치기 위하여	권영률	문장
31	·고등중학교시기에 우리 말 문법의 기초를 닦아주어야 한다	안옥규	문법
32	·인민학교에서 얼마만한 어휘를 어떻게 가르쳐야 하는가?	기태춘	어휘

순서	제 목	저 자	영 역
33	·교원은 학생들의 글짓기를 이렇게 이끌어주어야 한다	지운세	쓰기
34	·교원들의 우리 말에 대한 자질을 높여	김순음	교사교육
35	·단어 첫소리의 발음지도	홍윤표	발음
36	·교원의 화술과 억양	김상오	교사교육
37	·한마디의 말투도 놓치지 않고	정천상	기타
38	·학생들의 발표력을 키워주기 위한 지름길	채재옥	말하기
39	·어휘표현수첩이 은을 내도록	지윤세	어휘
40	·숨은 노력가	기자	기타
41	·입말문장짜기에 대한 지도	림호군	문장
42	·받침소리의 발음지도	김윤교	발음
43	·단어발음지도와 관련한 걸그림	김덕조	발음
44	·편지쓰는 법부터 가르친다	김순택	쓰기
45	·문장에서 이음술어와 맺음술어의 어울림을 바로하도록	리승구	문장
46	·여러 가지 글을 쓸줄 알도록	박강윤	쓰기
47	·억양에 대한 지도는 문장속에서 하여야 한다	림호군	발음
48	·구조적제약을 받는 단어결합을 잘 가르치자	우정옥	단어
49	·단어구조풀이	김덕조	단어
50	·문법교수를 깨우쳐주는 방법으로	안옥규	문법
51	·그릇된 소리닮기현상을 바로잡기 위하여	강덕영	발음
52	·토가르치기	김덕조	단어
53	·위대한 수령님의 현지교시를 관철하는 충성의 한길에서	김수복	기타
54	·나날이 높아가는 학생들의 글쓰기능력	안광호	쓰기
55	·규정토를 올바로 쓰도록 가르치려면	최영호	단어
56	·서예교육의 풍만한 열매	김명희	글씨쓰기
57	·그날의 영광을 빛내여나가는 길에서	리봉활	기타
58	·관찰을 통하여 글쓰는 능력을 어떻게 키워줄것인가?	현성일	쓰기

순서	제 목	저 자	영 역
59	・각이한 문장을 짓는 법을 가르친다	김형렵	쓰기
60	・감상문쓰기지도를 이렇게 하였다	현성일	쓰기
61	・단어의 여러 가지 뜻을 잘 가르쳐야 한다	리형태	단어
62	・품사를 옳게 분석하도록 지도하려면	정만복	단어
63	・청년학생들속에서 외국어를 배우는 운동을 적극 벌려 나가자	박재원	외국어교육
64	・한문교수를 통하여 단어의 뜻을 정확히 가르치려면	길경종	단어
65	・섞갈리기 쉬운 토를 잘 가르치자	고명희	단어
66	・유치원에서 기초어휘교육에 힘을 넣어야 한다	리성희	어휘
67	・미래의 창작자들의 재능을 이렇게 키워주었다	김운걸	쓰기
68	・인민학교에서 단어의 뜻을 쉽게 가르치려면	홍윤표	단어
69	・이야기글쓰기지도를 이렇게 하였다	현성일	쓰기
70	・학교도서관과 우리 말 학습	기자	쓰기
71	・국어교수를 문장력을 키워주는데 모를 박으려면	김형렵	문장
72	・학생들이 묘사력을 키워주려면	리수향	쓰기
73	・글쓰기지도에서 집필요강을 잘 만들도록 하는데 모를 박고	문재홍	쓰기
74	・단위명사를 정확히 쓰도록 이끌어주자	윤재환	단어
75	・벽보발간을 통하여 학생들의 글쓰는 힘들 키워나간다	조룡수	쓰기
76	・어휘학습을 이렇게 하여야 한다	윤성옥	어휘
77	・유치원에 놀이를 통하여 우리말을 가르친다	리복필	교수법
78	・단어결합의 원리를 알고 문장을 짜게 하자	오도원	단어
79	・기행문쓰기와 지도방법	현성일	쓰기
80	・은을 내는 어휘수업	심인현	어휘
81	・일기는 글쓰기재능을 꽃펴주는 좋은 수단	김평신	쓰기
82	・문장다듬기에서 주의를 돌려야 할 점	김락삼	문장
83	・련습을 통해 학생들이 토를 옳게 분석하도록	정만복	단어

순서	제 목	저 자	영 역
84	· 이어내기와 끊어내기의 발음지도	김룡남	발음
85	· 우리 말 수사를 정확히 쓰도록 이끌어주자	윤재환	단어
86	· 유치원어린들에게 시간을 나타내는 어휘를 잘 가르치려면	성순옥	어휘
87	· 교원의 말은 학생들의 거울이 되어야 한다	심인현	교사교육
88	· 글짓기지도에서 대안을 잘 주는것이 중요하다	문재홍	쓰기
89	· 속담도 이야기할줄 알도록	곽순향	어휘
90	· 수수께끼풀이를 통한 말하기교육		말하기
91	· 놀이를 통한 언어례절교육		교수법
92	· 문장성분가르치기	김덕조	문장
93	· 학생들의 어휘표현능력은 이끌어줄 탓	김평신	어휘
94	· 감상문은 글쓰는 묘리를 체득시키는 좋은 글형태	차윤숙	쓰기
95	· 맞춤법지도를 원리적으로	최채숙	규범
96	· 물은 트는대로 흐르기 마련이다	심인현	기타
97	· 품사지식을 바로 가지자	최진호	단어
98	· 맞춤법을 바로 쓰도록	윤순임	규범
99	· 국어교수에서 성구를 잘 가르치기 위한 방도	김현옥	어휘
100	· 토의 겹침현상을 똑바로 인식하도록 하려면	한정길	단어
101	· 문답을 통한 말하기지도방법	림명진	말하기
102	· 일기쓰기지도에서 중요한것은 일기의 특성에 맞는 글감을 찾아주는것이다	현성일	쓰기
103	· 첫시작부터 짜고들어	기자	기타
104	· 말재간 문제가 아니였다	김광홍	말하기
105	· 국어교육을 모국어의 우수성을 인식시키는데 모를 박고	현순랑	기타
106	· 문법의 정의, 규칙을 어떻게 가르칠 것인가?	안옥규	문법
107	· 체언형 품사 교육에서 깨우쳐주어야 할 몇가지	최진호	단어
108	· 평범한 생활속에서 의의있는 글감을 찾아쓸줄 알도록	기정심	쓰기

순서	제 목	저 자	영 역
109	・학생들의 문장표현능력을 이렇게 이끌어주었다	김평신	문장
110	・유치원 어린이들속에서 감정정서적 뜻빛갈을 가진 어휘 지도에 낯을 돌리자	성순옥	어휘
111	・발음지도에서 모를 박아야 할 점 몇가지	림룡남	발음
112	・날과 달의 발음과 지도	홍윤표	발음
113	・문장짜는데서 주어를 잘 설정하도록 하려면	강애옥	문장
114	・듣기지도를 말하기지도에 앞세워야 한다	림명진	말하기
115	・우리 글자의 이름을 정확히 부르도록 이끌어주자	윤재환	기타
116	・언어례절이 밝은 학생들로 키운다	기자	기타
117	・목격형 토를 바로 쓰도록 지도하려면	안홍길	단어
118	・토에 대한 학습은 문법지식을 소유하기 위한 디딤돌	안옥규	단어
119	・물음법으로 문장성분의 갈래에 대하여 익혀준 수업	류명은	문장
120	・형상적 표현을 통하여 어휘표현능력을 키워준다	림종철	어휘
121	・뜻같은말에 대한 지도를 잘하려면	성순옥	어휘
122	・토를 바로 쓰도록 하려면	리증녀	단어
123	・점층법을 어떻게 가르칠것인가?	림룡남	문장

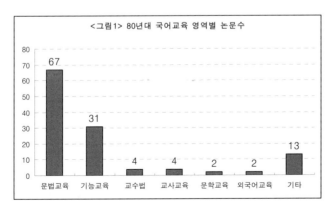

그림1 80년대 국어교육 영역별 논문 수

김양희(2002)에서는 80년대 북한의 언어문제의 성격을 '어학혁명'으로 요약하면서 1980년대 북한의 국어교육에서 문법 과목 교수를 특별히 강조했음을 지적하고 있다. 즉 인민학교에서 시행해야 할 국어 문법 교수는 글자 가르치기, 글 교재를 다루는 작업을 통해 초보적인 언어지식을 실천적으로 습득할 것을 강조하며, 중학교에서는 국어문법의 기초지식에 토대하여 읽기, 글쓰기로 활용하고 심화시켜 나가도록 함으로써 체계적인 언어지식을 가르칠 것을 제안했다고 지적하고 있다. 문법교육의 강조는 당대 북한의 어학 혁명에 있어서 문화어의 보급과 안착이 무엇보다 시급한 과제였음을 의미하는 것으로 해석할 수 있을 것이다. 이 시기『문화어학습』에서는 다음과 같은 문화어 교육 강화와 관련된 글들이 수록되어 있다.

(6) 온 사회에 문화어를 쓰는 혁명적기풍이 차 넘치게 하는데서 첫째로 중요한 문제는 문화어교육을 강화하는 것이다. …(중략)… 문화어교육을 강화하는 것은 온 사회에 문화어를 쓰는 혁명적기풍을 세워나가는데 선차적인 관심을 돌려야 할 중요한 문제이다. (「온 사회에 문화어를 쓰는 혁명적기풍이 차넘기게 하자」,『문화어학습』 1981년 4호:4)

(7) 문화어교육을 강화하는 것은 언어생활에서 문화어를 쓰는 기풍을 세우기 위한 선결조건이다. …(중략)… 사범대학들에서 문화어교육을 잘 하여야 거기서 양성된 교원들이 우리 말 교수교양사업을 잘할 수 있다. …(중략)… 다음으로 문화어교육을 강화하기 위하여 중요한 문제로 제기되는 것은 각급 교육기관들, 특히 보통교육기관들에서 문화어교육의 질을 결정적으로 높이도록 하는 것이다. …(중략)… 사회의 모든 성원들에 대한 문화어교육을 강화하는 데서 다음으로 중요한 것은 기자, 편집원들을 비롯한 글을 많이 쓰는 일군들로부터 문화어

를 올바로 쓰는 것이다. (「온 사회에 문화어를 쓰는 혁명적기풍이 차넘기게 하자」, 『문화어학습』 1981년 4호:4)

3) 90년대(1990~97년)

이 시기 『문화어학습』의 '학교에서의 문화어교육'에는 총 96년의 국어교육 관련 논문이 게재되는데 문법교육 관련 59편(61.5%), 기능교육 관련 논문 15편(15.6%), 교수법 관련 논문 6편(6.3%), 교사교육 관련 논문 1편(1.0%), 문학교육 관련 논문 2편(2.1%), 기타 논문이 13편(13.5%)을 차지한다.

표 3 90년대 『문화어학습』에 게재된 국어교육 관련 논문

순서	제 목	저 자	영 역
1	·나는 학생들의 글을 이렇게 지도하고 있다	안선일	쓰기
2	·어휘교육에 힘을 넣어	최순영	어휘
3	·교원의 기쁨은 어디에 있는가	김영은	기타
4	·둘받침 《ㄻ》을 바로 쓰도록 하려면	한정길	규범
5	·글말교육을 나이심리적특성에 맞게	홍윤표	교수법
6	·어휘표현작업은 글쓰기의 첫걸음	김평신	어휘
7	·가갸표는 우리 글자 학습을 위한 교과서	최능선	규범
8	·된소리발음에 대한 생각	림룡냐	발음
9	·언어례절교양을 강화한다	최성훈	기타
10	·현대적직관수단과 우리 말 교육	림명진	교수법
11	·우리 말 토의 결합적특성을 잘 알고 바로 쓰도록 하려면	안홍길	단어
12	·고유어를 살려쓰는 기풍을 세우도록	강두성	어휘
13	·일기를 씌우는 과정에 얻은 경험	안형국	쓰기
14	·술어를 기준으로 하는 맞물린 문장성분 가르치기방법	심상규	문장

순서	제 목	저 자	영 역
15	·문장성분을 올바로 갈라내도록 하려면	한정길	문장
16	·한문교수과정을 통한 우리 말 교육	리덕선	어휘
17	·자그마한 빈틈에도	김혜숙	기타
18	·학생들에게 형상적표현력을 키워준다	임영준	쓰기
19	·소리빠지기와 관련한 발음현상을 어떻게 가르칠 것인가	김용환	발음
20	·입천장소리되기와 관련한 발음지도	김윤교	발음
21	·한 단어를 열백가지로 써먹도록	최희숙	어휘
22	·학생들에게 동사, 형용사의 차이를 정확하게 가르쳐주자	장여애	단어
23	·주어도 문장구조를 제약한다	한경남	문장
24	·이런 방법도 좋다	조선옥	교수법
25	·말 한마디로 열마디, 백마디의 단어들을 가르친다	리원병	어휘
26	·입천장소리와 사투리적발음현상	리근용	발음
27	·유치원때에 좋을 말버릇을 붙이도록	김정희	말하기
28	·국어교육에 바치는 뜨거운 지성	본사기자	기타
29	·우리 말 형태부들을 정확히 분석하려면	리문수	단어
30	·총련유치반어린이들에 대한 우리 말 지도는 생활속에서	리련실	교수법
31	·토를 정확히 갈라내도록 하려면	김용환	단어
32	·단어조성수법을 어떻게 가르칠것인가	림용남	단어
33	·단어의 뜻 교육과 반대말	황병례	어휘
34	·맞춤법을 어떻게 지도할 것인가	관순재	규범
35	·소중한 싹을 잘 키워줄 때 큰 열매를 기대할 수 있다	최희숙	기타
36	·문장구조와 품사체계의 호상련관속에서	고동혁	문장
37	·유년동요를 어떻게 지도할것인가	김운걸	문학
38	·인민학교학생들의 감상문쓰기 지도와 입말	김동순	쓰기
39	·이음토《지만》의 뜻을 잘 가르치자	김옥희	단어
40	·귀영둥이들의 속삼임소리	박옥	기타

순서	제 목	저 자	영 역
41	·《깨밥》을 누가 지었나?	김혜숙	기타
42	·읽기에서 문장의 통합을 구획하는 능력을 키워주기 위한 련습문제	김철호	읽기
43	·하나의 글을 놓고	김상녀	읽기
44	·매 순간마다	홍영호	기타
45	·낱소리현상을 형성시키는것은 우리 글자 교수의 중심내용	최능선	규범
46	·문장을 통한 우리 말 교육을 바로 하려면	한경남	문장
47	·문체론적물음문을 어떻게 가르칠것인가?	림룡남	문장
48	·대비법을 잘 자르치려면	우정옥	문장
49	·아동문학작품은 재미있게 쓰도록 지도하여야 한다	전병두	쓰기
50	·한자쓰기교수를 잘하자면	김금산	어휘
51	·가갸방법은 낱소리표상을 형성시키는 방법	최능선	발음
52	·어린 학생들의 발음에 대한 지도방법 몇가지	황규본	발음
53	·거센소리되기와 그 발음지도	조혜련	발음
54	·글씨교수교편물 몇가지	리수향	글씨쓰기
55	·토 런습지도내용을 어떻게 설정할 것인가	오도원	단어
56	·통합의 구성과 발음에 대하여	김철호	발음
57	·우리 말 된소리의 특성	김혜영	발음
58	·글짓기를 통하여 키워준 충성심	본사기자	기타
59	·말하기와 국어교육	고희천	말하기
60	·읽기와 쓰기가 다른 단어의 맞춤법	박재규	규범
61	·고유어덧붙이를 잘 알고 쓰자	엄응룡	어휘
62	·하나의 어휘를 알아도 똑바로 알도록	홍영호	어휘
63	·《인용어문장》의 구조적특성과 그 지도	한경남	문장
64	·과장법을 어떻게 가르칠것인가	림룡남	문장
65	·회고록《세기와 더불어》의 명문장을 국어문학수업에 받아들이기 위하여	박준호	문학

순서	제 목	저 자	영 역
66	·누구나 책임지는 립장에 서자	홍상월	기타
67	·토 하나를 가르쳐도	안희순	단어
68	·인민학교학생들의 문장력키우기에서 문장잇기지도	홍윤표	문장
69	·문법교수에 동화적수법을 받아들여	리성희	문법
70	·한문교수를 통하여 우리 말 지식을	박정화	한자
71	·아이들은 가르쳐주기탓	김영걸	교수법
72	·단어의 발음에서 일어나는 변화를 원리적으로 가르치려면	김용환	발음
73	·학생들의 나이심리적특성에 맞게	김귀월	교수법
74	·단어에 대한 표상을 정확히 가지도록 하려면	박재규	단어
75	·애매한 덧붙이를 잘 가르치자	곽순재	단어
76	·비유적어휘를 통한 형상력제고	안도순	어휘
77	·글속에서 문장다듬기	손창선	문장
78	·학생들의 준비정도에 맞게 《받침글자》와 《받침단어》를 잘 가르치려면	류명은	규범
79	·글씨쓰기능력을 키워주려면	리수향	글씨쓰기
80	·인민학교 《국어》에서 본문과 어휘 교육	김경희	어휘
81	·교수화술의 형상성문제	권광찬	교사교육
82	·글씨쓰기지도를 과학적으로 하여 학생들을 충성동이, 효자동이로 키운 경험	리애경	글씨쓰기
83	·어린 학생들의 엉뚱한 생각을 동심에 맞게 표현하기 위한 지도	정영일	쓰기
84	·언어구사의 능수로 키워주려면	김석웅	말하기
85	·《술어》하나를 놓고도	조철호	문장
86	·혁명선배들을 존대하는 마음 뜨겁게 키워간다	윤성옥	기타
87	·학생들이 제힘으로 글을 써내도록	기옥경	쓰기
88	·조선어토의 뜻빛갈을 잘 가르치자	박성실	단어
89	·주격토 《가/이》에 의한 강조형을 똑똑히 알도록	정옥희	단어

순서	제 목	저 자	영 역
90	·적의 제한을 받는 조선어 명사적단어들을 똑똑히 알도록	김성국	단어
91	·여러모로 좋은 일기를 잘 쓰려면	불명	쓰기
92	·인민학교 학생들의 발표력을 키워주기 위한 방도	황규본	말하기
93	·실천에 적용할수 있는 능력을 키우려면	강춘경	기타
94	·수재교육과 교원의 노력	윤성옥	기타
95	·문법수업에서 이런 문제에 관심을 돌리자	최영호	문법
96	·소설의 묘사글을 어떻게 리해할것인가	최영숙	읽기

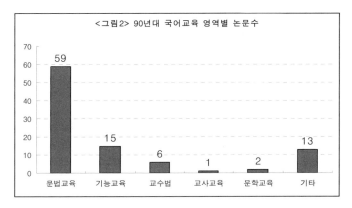

그림 2 90년대 국어교육 영역별 논문 수

4) 2000년대(2002년 이후)

이 시기 게재된 논문은 총 59편인데 문법교육 관련 논문 31편(52.5%), 기능교육 관련 논문 10편(16.9%), 교수법 관련 논문 7편(11.9%), 교사교육 관련 논문 2편(3.4%), 외국어교육 관련 논문 2편(3.4%), 기타 논문 7편(11.9%)로 집게 된다.

표 4 2000년대 『문화어학습』에 게재된 국어교육 관련 논문

순서	제 목	저 자	영 역
1	· 확대문과 그에 대한 지도	한경남	문장
2	· 어휘의미적련관과 언어교육	박혜영	어휘
3	· 학생들의 질문에 귀를 기울이고 정확한 해답을 주는 기풍을 세우자	백운혁	교사교육
4	· 토《이》의 여러 가지 의미를 정황히 인식시키자면	로명희	단어
5	· 국어수업에서 어휘표현풀이를 어떻게 가르칠것인가	김현숙	어휘
6	· 한문교수에서 소리같은말을 통한 어휘가르치기	조복동	어휘
7	· 우리말 교육을 여러 가지 형식과 방법으로 진행한다	정혜숙	교수법
8	· 일기쓰기를 통한 글짓기지도를 실속 있게	김연화	쓰기
9	· 사투리를 버리고 말을 문화성 있게 하도록	리추월	어휘
10	· 국어과목지도에서 얻은 경험	한명호	교수법
11	· 문화어교육을 잘할데 대한 방식상학이 있었다	본사기자	교수법
12	· 계기를 통해 글감을 찾도록	염영남	쓰기
13	· 강의화술에서 표현력을 높이자면	김성희	교사교육
14	· 띄어쓰기규범을 잘 가르치자면	박금룡	규범
15	· 사투리를 없애고 평양문화어를 바로 쓰도록 하자면	하성표	어휘
16	· 학생들속에서 문화어교육을 짜고 든다	신언우	교수법
17	· 말하기지도를 짜고 들어	김영옥	말하기
18	· 문화어의 표준발음규범을 잘 지키려면	김동찬	발음
19	· 형용사동의어들을 잘 살려 쓰자	안광철	어휘
20	· 강조토《서》와《써》를 어떻게 가려 쓸것인가	지미경	단어
21	· 글씨를 곱게 쓰도록	송명환	글씨쓰기
22	· 언어학과목교수에서 개념강의의 순차적단계설정방법	박금룡	교수법
23	· 방언에 있는 좋은 말들을 적극 살려 써야 한다	하성표	어휘
24	· 황해남도의 특이한 지명들과 유래	안경상	기타

순서	제 목	저 자	영 역
25	·영어기원의 외래어규범화사업을 바로 하기 위한 몇 가지 문제	리영희	외국어교육
26	·고유한 우리말을 적극 살려 쓰도록	조성희	어휘
27	·우리 말 된소리를 바로 쓰도록 하자	김예영	발음
28	·뜻을 알고 씁시다	김순학	어휘
29	·《샛별》과 《새별》	지영순	기타
30	·글에서 속격토 《의》가 너무 많이 나타나지 않도록 하자면	김동찬	단어
31	·학생들의 글씨쓰기수준을 높이고 있다	전병두	쓰기
32	·뜻을 알고 씁시다	김순학	어휘
33	·말을 잘 알아듣도록 하자면	김성근	듣기
34	·영조번역에서 풍부한 우리 말 어휘를 적극 활용해쓰자	최인숙	외국어교육
35	·어원과 구조를 통한 어휘뜻풀이	조성희	어휘
36	·말을 알아들을수 있게 똑똑히 하는 습관을 붙여준다	민성숙	말하기
37	·뜻을 알고 씁시다	김순학	어휘
38	·우리 말 문법의 기초를 닦아주자면	김창운	문법
39	·뜻을 알고 씁시다	김송실	어휘
40	·옳은 방법론을 찾고 사업을 짜고들어 진행하였다	김영련	교수법
41	·높은 책임성을 가지고 말하기지도를 과학적으로 진행하였다	전인순	말하기
42	·말하기지도는 과외에도	한명숙	말하기
43	·글짓기지도를 여러 가지 형식과 방법으로	조성희	쓰기
44	·뜻을 알고 씁시다	김송실	어휘
45	·맞춤법강의를 잘하자면	박금룡	규범
46	·문화어의 품사와 토를 가르는 문법적분석능력을 키워주는데서 나서는 중요한 문제	강창조	단어
47	·단어교수에 리용되는 어휘적련관의 류형	장혜경	어휘

순서	제 목	저 자	영 역
48	· 뜻을 알고 씁시다	심송실	어휘
49	· 말을 규범의 요구에 맞게 하자	김영윤	말하기
50	· 소학교학생들이 사칙산법과 관련한 토를 정확히 쓰게 하자	김준녕	단어
51	· 황해남도 지명이야기	안경상	기타
52	· 지금 전해지고 있는 정음문헌의 류형	리동빈	기타
53	· 유길준과 《대한문전》	박영광	기타
54	· 수 《8》	권숭안	기타
55	· 고장이름을 어떻게 지을것인가	박명훈	기타
56	· 문장구성에서 규정어사용과 관련하여 제기되는 몇가지 문제	리기만	문장
57	· 불완전명사의 개념강의를 귀납적방법으로	박금룡	단어
58	· 고유한 방언어휘나 묻혀있는 방언어휘들을 적극 찾아쓰자	하성표	어휘
59	· 깨우쳐주는 교수에서 문법적간결성과 명료성을 보장하기 위한 요구	심용주	교수법

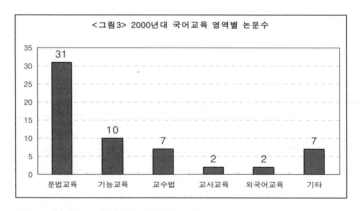

그림 3 2000년대 국어교육 영역별 논문 수

3. 『문화어학습』의 문법 요소별 교수 학습 방법

위에서도 살펴보았듯이 『문화어학습』에 게재된 국어교육 관련 논문 중 문법교육 관련 논문의 비중이 가장 높다. 이는 1차적으로 북한의 국어교육에서 문법교육의 중요성을 설명하는 한편 2차적으로 북한 문법교육의 양상을 그나마 많은 자료를 통해 엿볼 수 있는 근거를 제시해주기도 한다. 앞서 연구사에서도 밝혔듯이 지금까지의 북한 문법교육에 대한 연구가 교과서 내용 분석을 통한 문법교육의 내용적인 측면에 대한 연구였다면 본 논의는 문법교육 관련 논문 자료를 통한 북한 문법교육 및 문법 교수 학습 방법적인 측면에 대한 연구라고 할 수 있다.

70년대에서부터 2000년대에 이르기까지 『문화어학습』에 게재된 문법교육 관련 논문은 총 164편이다. 이러한 논문을 본 논의에서는 다시 글씨쓰기 교육, 발음 교육, 단어 교육, 어휘 교육, 문장 교육, 규범 교육, 한문교육, 문법전반 관련 논문으로 세분화하여 그 교수 학습 방법적인 측면에 대하여 논하고자 한다. 이 중에서 글씨쓰기 교육 관련 논문이 10편(6.1%), 발음 교육 관련 논문이 23편(14%), 단어 교육 관련 논문이 38편(23.2%), 어휘 교육 관련 논문이 49편(29.9%), 문장 교육 관련 논문이 26편(15.9%), 규범 교육 관련 논문이 10편(6.1%), 한자교육 관련 논문이 1편(0.6%), 보이기 관련 논문은 1편(0.6%), 문법 전반 관련 논문이 6편(3.7%)을 차지한다. 예상대로 북한의 문법교육에서 어휘 교육의 비중이 가장 높은 것으로 나타났다.

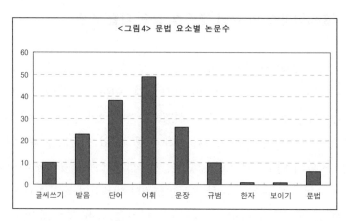

그림 4 문법 요소별 논문 수

교수 학습 방법과 관련하여 『문화어학습』 1977년 4호에는 「위대한 수령 김일성동지께서 깨우쳐주는 교수교양에 대하여 주신 교시(발췌)」가 실려 있다.

(8) 학교교육의 기본 형태는 교수이며 교수의 기본 방법은 깨우쳐주는 교수이다. 깨우쳐 주는 교수는 사회주의 교육의 본성과 인식과정의 합법칙성에 맞는 가장 우월한 교수방법이다. 깨우쳐주는 교수수법에서 중요한 것은 이야기, 담화의 형식으로 설명을 잘하는 것이다. 설명은 생동하고 설득력있고 론리정연하게 하여 학생들이 교수내용을 쉽게 깨달을 수 있도록 하여야 한다. (「위대한 수령 김일성동지께서 깨우쳐주는 교수교양에 대하여 주신 교시(발췌)」, 『문화어학습』 1977년 3호:3에서 부분인용)

실제로 『문화어학습』에 게재된 학교 교육 현장에서의 문화어 교육 관련 논문들을 살펴보면 교수 학습 방법적인 측면에서 '깨우쳐주는 교수법'을 근간으로 하는 다양한 방법론들을 제시하고 있음을 알 수 있다. 아래 구체적으로 문법 전반 관련, 글씨 쓰기 관련, 발음 관련, 어휘 관련 교수 학습 방법에 대하여 논의하도록 하겠다.

1) 문법교육 전반 관련

전반적인 문법교육과 관련한 논문으로 대표적인 것은 준박사 안옥규(1985년 1호:32)의 '문법교수를 깨우쳐주는 방법으로'와 안옥규(1988년 3호:31)의 '문법의 정의, 규칙을 어떻게 가르칠 것인가'가 있다.

안옥규(1985년 1호:32)에서는 문법교수는 첫째로 문법교재의 특성과 문법 지식을 습득하는 과정의 합법칙성에 맞게 학생들의 자각성과 적극성을 높이는 방법으로 쉽게 진행해야 하며 둘째로 문법교재의 특성과 문법 지식의 합법칙성에 맞게 문법 교수 내용의 논리성과 체계성, 순차성을 보장해야 하며 셋째로 문법 활용 기능형성의 합법칙성에 맞게 반복과 련습실천 작업을 강화해야 한다고 강조하고 있다. 우선 문법을 쉽게 가르치기 위해서는 흥미있고 생동한 실례를 들면서 여러 가지 방법으로 설명하여 줄 것과 하나의 문법적 현상을 놓고도 그것을 열 마디, 백 마디로 설명해줄 것, 대상의 특성과 수준에 알맞게 문법적 현상들을 풀이해 줄 것, 문법적 현상의 내용에 맞는 여러 가지 교수 방법을 적용할 것을 강조하고 있다. 다음으로 문법교수 내용의 논리성과 체계성, 순차성을 보장하기 위해서는 학생들 자신의 능동적인 사유 활동을 이끌어주면서 이끌기 과정에 체계성과 순차성을 보장하고 구체적이고 생동한 표상을 통하여 얻어진 자료, 이미 알고 있는 기초지식에 의거하면서 문제점을 똑바로 설정하고 그 본질과 요점을 집중적으로 깨우쳐주며 한 걸음 한 걸음 점차 복잡하고 어려운 데로 이끌어가며 사리정연하고 순차성 있게 일깨워주는 방법을 위주로 할 것을 강조하고 있다. 마지막으로 문법 활용 기능형성의 합법칙성에 맞게 반복과 연습 실천 작업을 강화하기 위해서는 문법지식을 지식을 위한 지식으로서가 아니라 읽기, 말하기, 글씨쓰기,

글짓기에 이바지하는 교재로서 기량과 숙련을 필수로 할 것을 강조하고 있다.

안옥규(1988년 3호:31)에서는 고등중학교 문법교재를 가르치는데서 정의, 규칙들이 차지하는 위치와 의의는 매우 크다고 강조하면서 정의, 규칙들을 과학적으로 밝혀주지 않으면 학생들로 하여금 문법적인 개념을 인식할 수 없을 뿐 아니라 문법적 요구를 잘 지킬 수도 없다고 하고 있다. 문법의 정의, 규칙을 잘 가르치기 위하여서는 무엇보다 먼저 정의, 규칙들을 과학성 있게 설명해야 하며 문법의 정의, 규칙을 과학적으로 가르치기 위해서는 먼저 문법의 정의를 이루고 있는 요소들을 정확히 추려내고 그 요소들에 포함된 내용을 정확히 밝혀줄 것을 요구하고 있다. 즉 정의를 과학적으로 설명한다는 것은 정의를 이루고 있는 요소들을 정확하게 지적하고 그 요소들이 포괄되는 모든 내용들을 구체적인 실례를 들어 밝혀준다는 것을 말한다고 할 수 있다. 이렇듯 문법 교수에서 정의, 규칙을 여러 가지 교수수법을 적용하여 과학적으로, 원리적으로 가르치는 것은 학생들의 문법 지식과 문장 능력을 높여주는데 기여할 수 있을 것으로 보고 있다.

2) 글씨쓰기 교육

앞서도 지적했듯이 북한에서는 특히 저학년에서 글씨쓰기 교육을 특별히 강조한다. 한글의 기본 획 긋기에서부터 글씨를 바르게 곱게 쓸 것을 강조한다.

아래는 글씨 쓰기 교육에서는 글씨 쓰기 규범에 맞게 글씨를 쓸 것을 강조하면서 글자 쓰기 기준 틀을 제시한 사례이다.

(9) 글씨규범에는 우리 말 자모를 받침있는 글자와 받침없는 글자로 나누어 받침없는 글자쓰기에 맞는 특 6가지, 받침있는 글자쓰기에 맞는

틀 7가지, 이렇게 13개의 글자쓰기기준틀이 나와있습니다. 학생들에게 먼저 해당한 기준틀에 맞추어 어떤어떤 글자들을 쓸수 있다는것을 알려준 다음 그 틀에 맞는 글자쓰기에서 공통적으로 지켜야 할 점들을 가르쳐주어야 합니다. 즉

① 자음자는 글자의 가로 중심선보다 조금 높은 자리에 놓인다.

② 자음자의 높이와 너비의 비는 약 3:2이다.

③ 자음자와 모음자 내리금사이의 간격은 자음자의 너비보다 조금 좁다.

④ 모음자 내리금의 길이는 자음자높이의 2배정도이다.

⑤ 모음자《ㅓ, ㅕ》의 짧은 건너금은 자음자를 기준하여 중간에 긋는다.

⑥ 모음자《ㅏ, ㅑ, ㅓ, ㅕ》의 짧은 건너금의 길이, 그 사이간격은 내리금길이의 1/4정도이다. (리수향, 1996 2호:41~42에서 인용)

이 외에도 교수에서 직관교육, 실물교육을 널리 받아들여야 한다는 김정일의 교시에 근거하여 다양한 교편물을 이용한 글씨 쓰기 교육을 진행하고 있는데 리수향(1994, 4호:36~37)에서는 실제 현장 교사가 직접 제작하고 수업에 사용하고 있는 교편물을 다음과 같이 소개하고 있다.

(10) ① 눈자: 이 교편물은 학생들의 글씨쓰기기본자세를 형성시키기 위한 기재라고 할 수 있다. 학생들의 눈과 학습장과의 거리를 30cm, 글쓰는 학생의 눈높이를 10cm, 연필 세우는 각도를 60°로 규정하고 있다. 눈자를 만드는 재료는 합판 또는 가는 막대기를 권장하고 있다.

② 자모음쪼각과 쇠칠판: 우리 글은 40개의 자모음자들이 무어져서 하나하나의 글자를 이루지만 매 자모음자들이 그것이 들어가는

모든 글자에서 다 똑같은 모양으로 쓰이는 것은 아니기 때문에 자모음조각들을 쓰기조절모양수만큼 만들어 그 뒤에 자석을 붙이고 쇠칠판에 붙이는 방법으로 매 글자의 쓰기규범을 가르쳐주는 교편물이다.

③ 글자기준틀: 글씨규범을 매 글자마다 일일이 가르치지 않고 일정한 틀에 맞추어 일반적인 글씨쓰기의 형태를 인식시키기 위한 교편물이다.

④ 글자쓰기 련습판: 손가락쓰기판과 연필(뾰족한 물건)로 쓰기 련습판으로 나누어 손가락쓰기에서 초보적으로 익힌 글씨의 쓰기 원리와 규범을 다시 명확히 익히고 정서에 들어갈 수 있게 준비시키는 교편물이다.

⑤ 학생칠판작업용쓰기판: 많은 학생들이 수업중에 칠판에 나와 배운 글씨를 써보는 경우 매번 도움선을 쳐주는 조건을 보장하기 위한 교편물이다.

⑥ 글씨카드: 학생들의 글씨쓰기 원리와 규범 인식정형을 알기 위한 교편물이다. 한 카드에 한 글자씩 바르게 쓴 것과 틀리게 쓴것을 섞어놓고 학생들이 그 속에서 바르게 쓴것을 찾게 하고 틀리게 쓴 글자의 원인을 밝혀내게 하는 것이다.

⑦ 글씨평가판: 학생들이 쓴 글씨를 규범에 따라 평가하여 기록하는 교편물이다. 평가 내용으로는 모양, 자리, 크기가 있다.

첫 번째 자료가 글씨쓰기 규범에 대한 지식적인 내용이라면 두 번째 자료는 학습자들로 하여금 규범을 익히고 실제로 글씨를 잘 쓸 수 있게 하기 위한 다양한 교편물을 이용한 글씨쓰기 교육의 실제라고 할 수 있다. 두 번째 자료에서는 학습자들의 글씨쓰기 자세에서부터 연습판 나아가 평가판까지 제시되고 있는데 비교적 체계적이고 과학적인 글씨쓰기

교육의 사례를 보여주고 있다고 할 수 있다. 글씨쓰기 교육에서 이외에 강조되고 있는 것이 교사의 모범적인 글씨쓰기를 학습자들로 하여금 모방하게 하는 방법을 들 수 있다. 교사들에게 비교적 부담이 가는 방법이긴 하지만 글씨쓰기에서 모방을 통한 연습이 효과적임을 강조하는 합리적인 방법이기도 하다.

3) 발음 교육

실제로 『문화어학습』에는 발음 교육과 관련한 현장 교사들의 다양한 교수 경험들이 소개되어 있다. 우선 발음 교육과 관련한 김일성 및 김정일 교시에 근거한 발음 교육 철학들이 드러난 내용들을 요약해보면 다음과 같다.

> (11) 김일성동지께서 교시하신 바와 같이 우리 말은 높고 낮음과 길고 짧음이 잘 어울리고 거기에 억양이 조화되여 매우 아름답게 들립니다. …(중략)… 발음을 잘 가르쳐주기 위해서 교원들은 무엇보다 먼저 평양을 중심으로 하여 발전한 문화어의 정확한 표준발음법을 똑똑히 알아야 하며 발음지도 방법을 깊이 연구하여 교수활동에 써먹어야 합니다. (리달선, 1970 3호:23)
>
> (12) 발음지도에서도 다른 모든 교수에서와 마찬가지로 항일무장투쟁시기 경애하는 수령 김일성동지께서 몸소 창조하시고 손수 모범을 보여주신 깨우쳐주는 교수방법에 의하여 하여야 합니다. (리금영, 1972년 3호:22)

(11)에서는 우리 말소리의 우수성과 함께 발음 교육의 중요성 및 발음지도 방법 연구에 대한 필요성을 강조하고 있으며 (12)에서는 발음 지도 방법으로 깨우쳐주는 교수방법을 강조하고 있다. 여기서 말하는 깨우쳐

주는 교수 방법이란 즉 말을 하거나 글을 읽을 때 단어나 문장 속에서 말소리가 바뀌는 현상이 일어나는 이치와 원리를 학습자들에 깨우쳐주면서 가르치는 것을 말한다.

발음 교육에서 개별 자모음들은 단어 속에서 그 말소리 그대로만 발음되는 것은 아니기 때문에 단어나 문장 속에서의 발음지도를 강조하는데 단어의 발음에서 일어나는 변화를 원리적으로 가르치기 위한 방법으로 준박사 김용환(1995 4호:39∼40)에서는 다음과 같은 방법을 활용하고 있다.

① 변화가 일어나는 단어에 대하여 그것이 어떤 원인에 의하여 생겨난 무슨 변화현상인가를 알도록 해야 한다.

② 발음변화는 한 단어에 한가지씩만 있는 것이 아니라 여러 가지가 동시에 작용할 수도 있기 때문에 그 여러 가지를 다 밝혀야 하며 밝히되 순차별로 밝히도록 해야 한다. 예를 들어 《꽃잎같이》와 같은 단어발음의 변화현상을 아래의 6가지로 순차적으로 제시하고 있다.

(13) a. [꼳잎같이] (ㅊ-ㄷ) 막힘소리되기

　　 b. [꼳닢같이] (령-ㄴ) ㄴ소리끼우기

　　 c. [꼰닢같이] (ㄷ-ㄴ) 코안소리되기

　　 d. [꼰닙같이] (ㅍ-ㅂ) 막힘소리되기

　　 e. [꼰닙깥이] (ㄱ-ㄲ) 된소리되기

　　 f. [꼰닙까치] (ㅌ-ㅊ) 입천장소리되기

③ 다음으로 발음변화의 진행 범위를 밝혀줄 것을 강조하고 있다. 발음변화현상은 같은 어음론적 조건을 가진 모든 단어에서 다 일어나는 것도 있지만 그렇지 않은 것도 있다는 것을 강조해야 한다.

④ 단어의 발음변화 교육에서 마지막으로 강조하는 것이 해당한 사례를 많이 들어 이론과 실제를 연결시키게 하는 것이다.

⑤ 이상의 내용을 종합하여 말소리변화 일람표를 다음과 같이 제시할 수 있다.

표 5 말소리 변화 일람표

발음변화의 종류	발음변화의 내용 및 결과	발음변화의 원인	발음변화의 진행범위	례
코안소리되기	막힘받침소리→코안소리	뒤에 있는 울림소리의 영향	절대적	혁명, 부엌문, 깎는다. 맏누이, 끝머리, 밥물, 입말, 앞날
앞모음되기	뒤모음→앞모음	뒤에 있는 끝모음 ㅣ의 영향	제한적	강냉이, 지팽이, 에니, 누데기, 무데기, 오이→외
ㄹ소리 되기	ㄴ→ㄹ	옆에 있는 ㄹ의 영향, 옆에 있는 ㄴ의 영향	절대적, 제한적	관리, 권리, 천리마, 별나라, 칼날, 곤난, 한나산
입천장소리되기	ㄷ,ㅌ→ㅈ,ㅊ	뒤에 있는 끝모음 ㅣ의 영향	절대적	곧이, 맏이, 미닫이, 같이, 끝이, 쇠붙이
된소리되기	순한소리→된소리	앞에 있는 울림받침소리의 영향	제한적	손길, 일당백, 봄미, 당성, 열정, 발전
ㄴ소리끼우기	령→첫소리ㄴ	형태부를 발음상으로 구획지으려는 요구	절대적	앞일, 앞이마, 헛일, 짓이기다, 꽃잎, 홑이불
ㄷ소리끼우기	령→받침소리ㄷ	형태부를 발음상으로 구획지으려는 요구	제한적	해빛, 해발, 기발, 회불, 주대, 배전
모음빠지기	모음→령	발음을 간편히 하려는 요구	제한적	마음→맘, 슬기로운→슬기론
자음빠지기	자음→령	약한 자리에 놓인데	절대적	값, 넋, 곬, 앉다, 훑다, 감히, 흔히, 일흔

발음변화의 종류	발음변화의 내용 및 결과	발음변화의 원인	발음변화의 진행범위	례
모음줄이기	일정한 수의 모음 →보다 적은 소의 딴 모음	발음 간편히 하 려는 요구	제한적	아이→애, 사이→ 새, 주어→줘, 보 이다→뵈다
거센소리되기	순한소리→거센소 리	옆에 있는 ㅎ와 의 결합	절대적	축하, 박해, 특효, 입학, 작황, 급히, 잡화
막힘소리되기	울림소리아닌 받침 자음→받침소리	약한 자리에 놓 인데	절대적	앞, 잎, 꽃, 밭, 낮, 붓, 부엌, 낚시

4) 어휘 교육

앞의 통계에서도 살펴보았듯이 북한의 학교 문법교육에서 어휘 교육
의 비중이 가장 높다. 특히 저급 학년, 유치원 및 인민학교에서의 어휘
교육을 강조하는 것이 특징이라고 할 수 있다.

① 유치원에서의 어휘 교육

어린이들에게 어휘를 가르친다는 것은 해당 어휘의 뜻을 잘 알려주고
그 말소리를 정확하게 내게 하며 해당 어휘의 쓰임을 잘 알고 그것을
옳게 활용할 줄 알도록 한다는 것이라고 정의하고 있다. 유치원에서부터
기초 어휘 교육을 잘하여야 어린이들이 풍부한 우리 말을 잘 알고 옳게
이용할 수 있으며 자연과 사회에 대한 표상을 정확히 가지고 혁명적 세
계관의 골격을 튼튼히 세울 수 있다고 이유를 설명한다.

리성희(1986년 2호:36)에서는 어휘 교육의 위와 같은 교육적 가치와 필
요성을 강조하여 언급하면서 유치원 어휘 교육의 초점은 일상생활과 관
련한 어휘로부터 점차 학교 교육에 필요한 어휘, 사회 정치 생활과 관련
된 어휘들을 체계적으로 가르쳐줌으로써 해당 어휘가 가리키는 구체적인
사물 현상에 대한 생동한 표상을 가지도록 하는 것에 초점을 맞추어야
한다고 지적한다. 이를 위한 효과적인 어휘 교육 방법으로 구체적인 사물

현상을 직접 보여주는 보이기 학습 방법과 성질이나 모양이 서로 비슷하거나 같은 것, 반대되는 것과의 대비를 통한 대비 방법 및 고립된 어휘가 아니라 하나의 완결된 문장 속에서 어휘의 뜻을 이해시키는 방법, 기초 어휘의 범위를 넓혀 주면서 그 활용 능력을 키워주는 방법을 들고 있다.

위에서도 강조했듯이 유치원 어휘 지도에서 강조하는 것이 보여주기 즉 직관 교육, 실물 교육이라고 할 수 있다. 리준무(1979년 1호:26)에서는 유치원 어휘 지도에서 활용할 수 있는 직관물로 그림을 들고 있다. 이러한 방법은 유치원 어린이들에게 흥미 있고 생동하게 원리적으로 어휘를 가르칠 수 있는 좋은 방법일 뿐 아니라 어린이들의 심리적 특성에 맞는 과학적인 방법이라고 할 수 있다. 직관물과 실물 보여주기를 통한 어휘 지도에서 유의해야 할 점으로 교사가 지나치게 보여주기 자체에 주의를 기울인다거나 학습자들을 충분히 이끌지 못하여 보여주기의 초점이 어휘 교육이 아닌 다른 방향으로 흐른다거나 하는 방지하기 위하여 교사가 직관물이나 실물을 충분히 이해할 것과 보여주기와 설명을 적절하게 결합할 것을 권유한다.

② 인민학교에서의 어휘 교육

조선어에 대한 학교 교육에서 첫 공정은 인민학교 교육이며 인민학교 국어교육에서 기본은 어휘 교육이라고 할 수 있으며 인민학교는 정규 교육의 첫 걸음을 떼는 과정이기 때문에 이 시기의 어휘 교육을 어떻게 하는가 하는 것이 조선어 교육의 기초를 마련하는 데에 중요한 작용을 한다는 것이 북한의 인민학교 어휘 교육의 철학이다.

김경희(1996년 3호:3～36)에서는 인민학교 학생들에 대한 어휘 교육의 질을 높이고 목적 지향성있는 결과를 얻으려면 결정적으로 국어 과목의 본문이 바로 짜여 지고 그에 대한 교수 방법이 개선되어야 하며 그 중에서도 특히 국어 과목에 들어가는 어휘 유형과 어휘량을 결정하는 것이 가장 우선되어야 한다고 지적한다. 우리 말을 교육학적 과정을 거쳐 처음으로 배우는 어린 학생들에게 어떤 어휘를 얼마나 배우게 하며 그것을 단계적으로 얼마만큼씩 늘여갈 것인가 하는 것이 체계적으로 과학적으로 결정되어야지만 인민학교에서 효과적인 어휘 교육이 이루어질 수 있다고 강조한다.

김경희(1996년 3호:3~36)에서 국어 교재에서의 어휘 선택과 어휘량에 대한 원리를 제시했다면 홍윤표(1986년 3호:31)에서는 인민학교에서 어휘의 의미를 가르치는데 사용할 수 있는 구체적인 지도 방법을 제시했다고 할 수 있다. 여기에서는 인민학교에서 어휘의 의미를 쉽게 가르치기 위한 방법으로 첫째, 어휘의 의미를 학생들이 잘 알고 늘 쓰는 쉬운 말로 풀이해주는 방법, 학생들의 지적 수준과 어휘 습득의 특성을 고려하여 풀이해 주는 방법, 단어가 가리키는 대상, 현상, 상태, 동작, 표정들을 눈으로 직접 볼 수 있게 직관적으로 보여주는 방법을 들고 있다. 결론적으로는 인민학교 학생들의 학년별 지적 수준에 맞게 여러 가지 교수 수법을 적절히 적용하여 어휘를 정확히 알고 바로 쓰도록 교육하는 것이라고 요약하고 있다.

Ⅳ. 결론

기존의 북한의 문법교육 연구는 주로 북한의 『국어』 교과서 및 『국어문법』 교과서의 문법 내용 분석 및 남한 『문법』 교과서와의 비교가 주를 이루었다고 볼 수 있다. 물론 교과서가 학교 교육의 중요한 매개체라는 점에서 이러한 분석 자료들은 북한의 문법교육의 양상을 엿볼 수 있는 중요한 근거가 되겠지만 현재 찾아 볼 수 있는 교과서 자료가 제한되어 있다는 점에서 한계가 있다고 할 수 있다. 따라서 본 논의에서는 기존의 교과서 분석의 틀이 아닌 또 다른 측면에서 북한의 문법교육의 양상을 살펴 볼 수 있는 자료로 『문화어학습』의 '학교에서의 문화어교육'란에 게 재된 문법교육 관련 논문을 연구 대상으로 삼았다. 여기에 게재된 논문 들은 우선 현장 교사들이 직접 가르치면서 쌓은 교수 경험이라는 점에서 그 가치가 인정되며 최근까지 출간된 『문화어학습』을 시대별로 살펴 볼 수 있다는 점에서도 시대별 북한 문법교육의 양상을 살필 수 있는 근거 가 될 수 있으므로 자료라고 할 수 있다.

본 논의에서는 북한의 학교 문법의 배경을 살피는 것을 시작으로 70 년대에서부터 2000년대 최근까지의 『문화어학습』의 '학교에서의 문화어 교육'에 게재된 국어교육 관련 논문들을 문법교육 관련, 기능교육 관련, 교수법 관련, 교사교육 관련, 문학교육 관련, 외국어교육 관련, 기타 교 육 관련 논문으로 분류하여 문법교육의 비중을 살폈으며 문법교육 관련 논문을 다시 문법교육 전반 관련, 글씨쓰기 교육 관련, 발음 교육 관련, 단어 교육 관련, 어휘 교육 관련, 문장 교육 관련, 규범 교육 관련, 한자 교육 관련 보이기 관련 논문으로 나누어 각 문법 영역별 교육 비중을 살폈다. 결론적으로 북한의 국어교육에서 문법교육의 비중이 가장 높은 것으로 나타났으며 문법교육 중에서는 어휘 교육의 비중이 가장 높은 것 으로 나타났다. 마지막으로 각 문법 영역별 교수 학습 방법에 대한 논의 로 게재된 논문들 중 대표적인 논문을 참고하여 지도 방법, 걸그림 등 구체적인 교수 학습 방안 자료를 제시했다.

이러한 논의를 진행하면서 되도록 70년대에서부터 최근까지의 모든 자료를 살펴보려고 했으나 연구자의 연구 능력의 한계로 70년대 자료가 일부 누락되고 교수 학습 방법에 대한 논의에서 모든 문법 영역에 대한 논의를 진행하지 못한 점, 그리고 더욱 많은 논문 자료를 사례로 제시하 지 못한 점을 한계로 지적할 수 있다. 본 논의에서 빠진 부분은 앞으로의 연구 과제로 남겨두기로 하겠다.

참고문헌

〈잡지〉

『문화어학습』 1970년 2호, 3호, 4호.

『문화어학습』 1971년 2호.

『문화어학습』 1979년 1호, 2호, 3호, 4호.

『문화어학습』 1980년 1, 2, 3, 4호~1989년 1, 2, 3, 4호.

『문화어학습』 1990년 1, 2, 3, 4호~1999년 1, 2, 3, 4호.

『문화어학습』 2000년 1, 2, 3, 4호~최근 호.

〈온라인 자료〉

고려대학교 자연어처리연구실 한국어 형태소 분석기 데모

　　　　　http://cl.korea.ac.kr/Demo/dglee

교육과학기술부 홈페이지 http://cuits.mest.go.kr

국립국어원 표준국어대사전 http://www.korean.go.kr.

김태완(2012), 인성교육, 어떻게 해야 하나 http://edpolicy.kedi.re.kr

東山安子, 日本のジェスチャー · 世界のジェスチャー

　　　　　http://www.sanseido.net/Main/Words/Patio/Article

서울대학교 IDS 연구실 꼬꼬마 세종 말뭉치 활용 시스템 http://kkma.snu.ac.kr

西日本新聞(2008) http://qnet.nishinippon.co.jp/medicalnews/kyushu/post_685.ahml

손영애(2012), 인성 교육 측면에서 본 독서 교육 http://edpolicy.kedi.re.kr

21세기 세종계획 지능형 형태소 분석기 프로그램 http://www.sejong.or.kr

KAIST SWRC 형태소 분석기 한나눔 웹 데모

　　　　　http://swrc.kaist.ac.kr/hannanum/morph.php

http://blog.naver.com/paranzui

http://www.ebs.co.kr/index.jsp

http://www.tvcf.co.kr/PrintK/Default.asp

http://www.youtube.com/watch

〈국내 논저〉

강남욱(2005), 「교재 평가론을 통한 근대 초기 한국어 교재에 관한 연구」, 서울
　　대학교 석사학위논문.

강남욱(2011), 「북한의 외국어로서의 조선어교육 운영 사례에 대한 면담 조사
　　연구-김형직사범대학 연수생 출신의 제보자 면담을 중심으로-」, 『국어교
　　육학연구』 40, 국어교육학회, pp. 295-326.

강남욱・김호정(2011), 「한국어 학습자의 문법 습득 양상 연구(Ⅲ) : 복문에서의
　　시제 사용 양상을 중심으로」, 『한국어 교육』 22-3, 국제한국어교육학회,
　　pp. 1-28.

강보유(2002), 「중국 대학교에서의 한국어 교육과 교수법」, 『이중언어학』 7, 이
　　중언어학회, pp. 1-19.

강승혜(2003ㄱ) 「한국어교육의 학문적 정체성 정립을 위한 한국어교육 연구 동
　　향 분석」, 『한국어교육』 14-1, 국제한국어교육학회, pp. 251-286.

강승혜(2003ㄴ) 「한국어 교재 개발을 위한 학습자 요구 분석-연세대학교 한국어
　　학당 학습자를 대상으로」, 『외국어로서의 한국어교육』 28, 연세대학교 한
　　국어학당, pp. 251-285.

강은국(2002), 「한국어 교육에서의 문법 교육의 과업에 대하여」, 『중국에서의 한
　　국어 교육Ⅲ』, 태학사.

강현화(2006), 「외국인 학습자의 문화 요구조사-문화 교재 개발을 위해」, 『외국
　　어로서의 한국어교육』 31, 연세대학교 언어연구교육원 한국어학당, pp.
　　99-128.

강현화(2007), 「한국어 교재의 문형 유형 분석: 문형 등급화를 위해」, 『한국어교
　　육』 18-1, 국제한국어교육학회, pp. 1-21

강현화(2009), 「최신 문법 교수 이론의 경향과 한국어교육에의 적용」, 『문법교육』
　　11, 한국문법교육학회, pp. 1-27.

고영근(1999), 『북한의 언어문화』, 서울대학교 출판부.

고영근(2004), 『한국어의 시제 서법 동작상』, 태학사.

고영근 외(2004), 『북한의 문법 연구와 문법 교육』, 박이정.

고영근・남기심(1991), 『표준국어문법론』, 탑출판사.

곽상(2006), 「中國人 학습자를 위한 韓・中 同形 한자어의 意味記述과 指導 방안

연구」, 서울대학교 석사학위논문.

국립국어원(2005), 『외국인을 위한 한국어 문법 1·2』, 커뮤니케이션북스.

국립국어원(2005, 2010), 『국민의 언어의식조사』, 국립국어원.

국립국어원(2009), 『여성결혼이민자와 함께하는 한국어 1, 2』, 국립국어원.

국립국어원(2006), 『연령별·계층별 언어 사용 실태 조사연구-일반 호칭어·지
　　　칭어를 중심으로』. 국립국어연구원.

권순희(2006), 「한국어 문법 교육 방법과 수업 활동 유형」, 『한국초등국어교육』
　　　31, 한국초등국어교육학회, pp. 5-38.

권순희(2007), 「초등학생의 인성교육을 위한 말하기, 듣기 교육 방안-적극적 학
　　　생과 소극적학생의 토론 대화 분석을 중심으로-」, 『한국초등국어교육』
　　　34, 한국초등국어교육학회, pp. 35-89.

권재일(1992), 『한국어 통사론』, 민음사.

권재일(2000), 「한국어 교육을 위한 표준 문법의 개발 방향」, 『새국어생활』 10-2,
　　　국립국어연구원, pp. 103-116.

권지현(2003), 『중국어권 학습자를 위한 한국어 초급 교재 개발 연구』, 한양대학
　　　교 교육대학원 석사학위논문.

김경선(2003), 「중국 지역 한국어 교육 자료의 실태 및 개발 방향」, 『제4차 한국
　　　어 세계화국제학술대회 자료집』, 한국어세계화추진위원회.

김경화(2007), 「중국에서의 초급한국어교재 문법항목의 문제점 및 개선방안」, 『문
　　　법 교육』 6,한국문법교육학회, pp. 23-51.

김계욱(1980), 『북한 교육의 분석』, 대제각.

김광해(1989), 『등급별 국어교육용 어휘』, 박이정.

김광해(1993), 『국어 어휘론 개설』, 집문당.

김광해(1997), 『국어지식 교육론』, 서울대학교 출판부.

김남돈(2003), 『북한 문법 이론의 발전 과정』, 한국문화사.

김대행(2001), 「思考力을 위한 文學敎育의 設計」, 『국어교육연구』 5, 서울대학교
　　　국어교육연구소, pp. 5-28.

김명희(2004), 「한국어 교육을 위한 문법」, 『국제한국어교육학회 제14차 국제학
　　　술대회 논문집』, 국제한국어교육학회, pp. 645-657.

김민수(1997), 『김정일시대의 북한언어』, 태학사.

김선정(2007), 「결혼 이주여성을 위한 한국어교육」, 『이중언어학』 33, 이중언어
학회, pp. 423-446.

김세중(2005), 「국립국어원의 '외국인을 위한 한국어 문법' 개발 현황」, 『국어교
육연구』 16, 서울대학교 국어교육연구소, pp. 193-204.

김수희(2005), 「중국인 初級 한국어 학습자를 위한 語彙 교육 연구: 漢字語彙를
중심으로」, 慶熙大學校 석사학위논문, pp. 34-48.

김순녀(2003), 「중국에서의 한국어 교재의 현황과 과제-정독 교재를 중심으로」,
『선청어문』 31, 서울대학교 국어교육과, pp. 183-207.

김영순(2000), 「한국인 손동작의 의미와 화용」, 『한국어 의미학』 6, 한국어 의미
학회, pp. 27-47.

김영순(2001), 「손짓 기호로 광고 텍스트 읽기」, 『몸짓 언어와 기호학』, 문학과
지성사.

김영순·임지룡(2002), 「몸짓 의사소통적 한국어 교수법 모형」, 『이중언어학』
20, 이중언어학회, pp. 1-24.

김영황·권승모(2000), 『주체의 조선어연구 50년사』, 박이정.

김우룡·장소원(2004), 「비언어적 커뮤니케이션」, 나남.

김인택(2009), 「신체언어와 문화의 상관성」, 『우리말 연구』 24, 우리말학회, pp.
165-194.

김일병(2005), 「한국어 문법 교육의 실태와 발전 방향」, 『한국어 교육』 16-2, 국
제한국어교육학회, pp. 65-89.

김재욱(2005), 「문법 교육 방법론」, 『한국어교육론2』, 한국문화사.

김정우(2005), 「한국어 교재 개발을 위한 중국 교수·학습자 요구 분석 연구」,
『한국어교육』 16-1, 국제한국어교육학회, pp. 99-129.

김정은(2002), 「한국어 교재와 문법서에 나타난 문법 용어와 문법 내용 비교」,
『외국어로서의 한국어 문법 교육 국제한국어교육학회 추계학술대회 논문
집』, 국제한국어교육학회.

김제열(2001ㄱ), 「한국어교육에서 기초 문법 항목의 선정과 배열 연구」, 『한국
어 교육』 12-1, 국제한국어교육학회, pp. 93-121.

김제열(2001ㄴ), 「한국어 교재의 문법 기술 방법 연구」, 『외국어로서의 한국어
교육』 25·26, 연세대학교 언어연구교육원, pp. 203-229.

김제열(2004), 「한국어 문법 교육의 문제점과 개선 방안-중급 1단계를 중심으로-」, 『문법교육』 1, 한국문법교육학회, pp. 285-309.

김종도(2002), 『인지문법의 디딤돌』, 박이정.

김중섭(2000), 「남북한 한국어 교육 비교연구」, 『어문연구』 28-2, 한국어문교육 연구회, pp. 77-99.

김중섭(2001), 『러시아 및 중국 지역 한국어교육 실태 조사 및 지원방안 연구』, 교육인적자원부.

김중섭·조현용(1996), 「북한의 언어정책과 한국어교육 연구」, 『이중언어학』 13, 이중언어학회, pp. 115-136.

김중섭·조현용(1998), 「북한의 한국어교육 연구」, 『한국어교육』 9-1, 국제한국 어교육학회, pp. 113-133.

김하수 외(2007), 『한국어 교육을 위한 한국어 연어사전』, 커뮤니케이션북스.

김한란 외(2007), 『언어학습, 교수, 평가를 위한 유럽공통참조기준』, 한국문화사.

김호정(2006), 「한국어 교육 문법의 시간 표현 연구」, 서울대학교 박사학위논문.

김홍진(2006), 「현대 한·중 한자어의 동형이의어·이형동의어 비교 연구」, 연세대학교 석사학위논문.

남기심(2001ㄱ), 「한국어 표준 문법의 필요성과 개발 방향」, 『제2차 한국어세계화 국제학술대회 논문집』, 한국어세계화재단.

남기심(2001ㄴ), 『현대 국어 통사론』, 태학사.

남기심·고영근(1985), 『표준국어문법론』, 탑출판사.

남기심·고영근(1993), 『표준국어 문법론(개정판)』, 탑출판사.

남승림(2001), 「남북한의 문법 교육 연구」, 고려대학교 석사학위논문.

노마 히데키(2002), 『한국어 어휘와 문법의 상관구조』, 태학사.

마츠모토 유지(2004), 『칭찬받고 싶은 남편, 사랑받고 싶은 아내』, 미래북.

문금현(2003), 「한국어 語彙 교육을 爲한 漢字語 학습 방안」, 『이중언어학』 23, 이중언어학회, pp. 13-35.

문금현(2005), 「外國人을 위한 한국어 意味 교육의 現況과 展望」, 『韓國語意味學』 16, 한국어 의미학회, pp. 143-177.

민현식 외(2002), 「한국어교육 전공 발전 방안에 대한 연구」, 『선청어문』 30, 서울대학교 국어교육과, pp. 95-181.

민현식 외(2008), 『함께 배우는 한국어2』, 한선협.

민현식(1993), 「북한 문법에 대한 연구(2)-〈조선어문법〉(1989)을 중심으로」, 『국어교육』 81, 한국국어교육연구회, pp. 1-20.

민현식(1999), 『국어 문법 연구』, 역락.

민현식(2000ㄱ), 「한국어 교재의 실태 및 대안」, 『국어교육연구』 7-1, 서울대학교 국어교육연구소, pp. 5-60.

민현식(2000ㄴ), 「제 2언어로서의 한국어 문법 교육의 현황과 과제」, 『새국어생활』 10-2, 국립국어연구원, pp. 81-101.

민현식(2003), 「국어 문법과 한국어 문법의 상관성」, 『한국어 교육』 14-2, 국제한국어교육학회, pp. 107-141.

민현식(2005ㄱ), 「한국어교사론: 21세기 한국어 교사의 자질과 역할」, 『한국어교육』 16-1, 국제한국어교육학회, pp. 131-168.

민현식(2005ㄴ), 「문법교육의 표준화와 다양화의 과제」, 『국어교육연구』 16, 서울대학교 국어교육연구소, pp. 125-191.

민현식(2006ㄱ), 「국어교육에서의 지도력(리더십) 교육 시론」, 『화법연구』 9, 한국화법학회, pp. 231-293.

민현식(2006ㄴ), 「한국어 교육에서 문화 교육의 방향과 방법」, 『한국언어문화학』 3-2, 국제한국언어문화학회, pp. 137-180.

민현식(2008ㄱ), 「한국어교육에서 소위 다문화 교육의 문제점에 대해」, 『한국언어문화학』 5-2, 국제한국언어문화학회, pp. 115-150.

민현식(2008ㄴ), 「언어 기능의 통합 교육과정 구조화 방법론 연구」, 『국어교육연구』 22, 서울대학교 국어교육연구소, pp. 261-334.

민현식(2008ㄷ), 「한국어교재의 문법 항목 위계화 양상에 대하여」, 『문법 교육』 9, 한국문법교육학회, pp. 105-157.

민현식(2009ㄱ), 「국어교육 정책 개선을 통한 한자어 교육 강화 방안」, 『어문연구』 37-4, 한국어문교육연구회, pp. 439-463.

민현식(2009ㄴ), 「언어습득 및 문화 관련 이론의 동향」, 『국어교육연구』 24, 서울대학교 국어교육연구소, pp. 71-118.

민현식(2009ㄷ), 「한국어교육용 문법 요소의 위계화에 대하여」, 『국어교육연구』 23, 서울대학교 국어교육연구소, pp. 61-131.

민현식(2012), 「한국어교육의 과제와 전망」, 『한국(조선)어 교육연구』 8, 중국 한국(조선)어 교육연구학회, pp. 93-113.

민현식(2013), 「세대 간 소통을 위한 언어정책의 방향」, 『국어국문학』 164, 국어 국문학회, pp. 29-66.

민현식(2014), 「한국의 대외 한국어 교육정책의 현황과 개선 방향」, 『국어교육연 구』 34, 서울대학교 국어교육연구소, pp. 123-183.

박경수·권경희·김혜진(2010), 『쉽고 재미있는 한국어문화1』, 한글파크.

박경자·장복명(2002), 『영어 교재론』, 박영사.

박도순(2006), 『척도법』, 교육과학사.

박동호(2007), 「한국어 문법의 체계와 교육 내용 구축방안」, 『이중언어학』 34, 이중언어학회, pp. 159-184.

박문자(2009), 「한국어 교육과 학습사전 연구」, 『Journal of Korean Culture』 13, 한국어문학국제학술포럼, pp. 143-162.

박선희(2006), 『한국어기초어법여연습』, 북경대학출판사.

박선희(2009), 「중국인 한국어 학습자의 과거시제 습득 연구」, 『한국어 교육』 20-3, 국제한국어교육학회, pp. 79-110.

박성일(2010), 「전자우편에 나타난 중국인 학습자의 경어법 실현 요소에 대한 경향성 분석」, 『국어교육연구』 25, 서울대학교 국어교육연구소, pp. 311-334.

박영숙·제롬 글렌·테드 고든(2013), 『유엔미래보고서 2040』, 교보문고.

박영순(2001), 『외국어로서의 한국어 교육론』, 월인.

박영순(2005), 「한국어 문법 교육의 방향」, 『국어교육연구』 16, 서울대학교 국어 교육연구소, pp. 107-123.

박재호 외(2009ㄱ), 『조선어문법 류학생용』, 김일성종합대학출판사.

박재호 외(2009ㄴ), 『조선말회화(1) 류학생용』, 김일성종합대학출판사.

박춘연(2010), 「중국 대학교 한국어학과의 문화 교육 연구」, 『한국어교육』 21-1, 국제한국어교육학회, pp. 175-195.

박흥순(2008), 『다문화 사회와 국제이해 교육』, 동녘.

방성원(2002), 「한국어 교육용 문법 용어의 표준화 방안」, 『한국어 교육』 13-1, 국제한국어교육학회, pp. 107-125.

방성원(2006), 「한국어 교재론-한국어 교재 분석 및 개발방안」, 『제3차 동남아/ 서남아 한국어 교육자 초청 연수 자료집』, pp. 221-238.

배두본(1999), 『영어 교재론 개관』, 한국문화사.

배두본(2000), 『외국어교육과정론』, 한국문화사.

배재대학교 교재개발팀(2007), 『한국문화읽기』, 배재대학교 출판부.

백봉자(1999), 『외국어로서의 한국어문법사전』, 연세대학교 출판부.

백봉자·최정순·지현숙(2005), 『한국언어문화사진집』, 도서출판하우.

서덕렬(2003), 「의사소통을 위한 제스처 기호」, 『프랑스학 연구』 23, 프랑스문화 학회, pp. 113-131.

서상규 외(2006), 『외국인을 위한 한국어 학습 사전』, 신원프라임.

서승현(2002), 『국어의 형태·통사적 구성에 관한 연구-말뭉치에 나타난 '명사-조사-용언' 긴밀형식 구문을 중심으로』, 보고사.

서울대학교 국어교육연구소(2002), 『고등학교 문법(교사용지도서)』, 교육인적자 원부.

서울대학교 언어교육원(2006), 『Active Korean 1, 2』, 문진미디어.

성광수(2003), 「전통 예절과 문화」, 『몸과 몸짓 문화의 리얼리티』, 소명출판.

성광수·김성도 외(2001), 『몸짓 언어와 기호학』, 문학과 지성사.

성기철(2001), 「20세기 청자 대우법의 변천」, 『한국어 교육』 10-2, 국제한국어교 육학회, pp. 17-45.

성기철(2007), 『한국어 대우법과 한국어 교육』, 글누림.

성은주(1994), 「북한 국어 교과서 분석 연구」, 숙명여자대학교 석사학위논문.

손정일(2002), 「한국어문법 한어용어 통일을 위한 제안」, 『중국에서의 한국어 교 육III』, 태학사.

손정일(2005), 「중국의 한국어 교재」, 『한국어교육론 1』, 한국문화사, pp. 239-262.

손정일(2005), 「조선어 문법용어 한어 표준화 재론」, 『중국에서의 한국어 교육VI』, 태학사.

송영주(1991), 『발화의 시간 의미 연구』, 한신문화사.

시정곤 외(2000), 『논항구조란 무엇인가?』, 월인.

안경화(2003), 「중간언어 어휘론 연구의 과제와 전망」, 『이중언어학』 23, 이중언어학회, pp. 167-186.

안상수(2007),『사회적 의사소통연구: 성차별적 언어표현 사례조사 및 대안 마련을 위한 연구』, 국립국어원·한국여성정책연구원.

안성수(1998),「글짓기 지도를 통한 인성교육 전략」,『白鹿語文』14, 제주대학교 사범대학 국어교육과 국어교육연구회, pp. 145-165.

안정희(2004),「남북한 학교 문법 비교 연구」, 수원대학교 석사학위논문.

연세대학교 한국어학당 편(2007),『연세 한국어 1, 2(Chinese Version)』, 연세대학교 출판부.

연세대학교 한국어학당 편(2002),『한국어 1, 2』, 연세대학교 출판부.

연세언어정보연구원 편(2008),『연세 한국어 사전』, 두산동아.

왕단(2005),「중국어권 학습자를 위한 한국어 문법 교육의 현황과 개선 방안」,『국어교육연구』16, 서울대학교 국어교육연구소, pp. 289-320.

왕한석 외(2005),『국제결혼 이주여성의 언어 및 문화 적응 실태 연구』, 국립국어원.

왕한석(2008),『한국어와 한국 사회』, 교문사.

유네스코 아시아·태평양 국제이해 교육원 엮음(2008),『다문화 사회의 이해: 다문화 교육의 현실과 전망』, 동녘.

유송영(1994),「국어 청자 대우법에서의 힘과 유대(1)-불특정 청자 대우를 중심으로-」,『국어학』24, 국어학회, pp. 291-317.

윤혜리(2006),「학문 목적의 한국어 읽기 교재개발 연구-중국인 학습자를 대상으로」, 경희대학교 석사학위논문.

윤희원(2009),「다문화 사회와 국어교육-다문화 가정 자녀의 (한)국어 교육을 중심으로-」,『국어교육학연구』34, 국어교육학회, pp. 5-25.

이향(2002),「중국어권 학습자를 위한 발음 교재 개발 방안」, 이화여자대학교 석사학위논문.

이관식(2005),「북한의 한국어교육 회화교재 분석 연구-『조선어회화』,『조선어회화2』를 중심으로-」,『한국어교육』16-1, pp. 195-217.

이관식(2007ㄱ),『중국에서의 한국어교육Ⅶ』, 태학사.

이관식(2007ㄴ),「北韓의 韓國語 文化(民俗)教育 教材 분석-조선민속학(류학생), 조선의 민속, 조선문화사를 중심으로」,『어문연구』135, 한국어문교육연구회, pp. 421-447.

이기동(1981), 「A tense-aspect-modality system in Korea」, 『애산학보』 1, 애산학회, pp. 71-118.

이노미(2008), 「문화간 비언어적 커뮤티케이션에서의 한국과 아시아 지역 손짓 언어의 비교 연구」, 『커뮤니케이션학 연구』 16-2, 한국커뮤니케이션학회, pp. 5-34.

이노미(2009), 『손짓, 그 상식을 뒤엎는 이야기』, 바이북스.

이동혁(2007), 『한국어 관용 표현의 정보화와 전산 처리』, 역락.

이득춘(2000), 「중국인용 한국어 교재와 관련되는 몇 가지 문제」, 『중국에서의 한국어 교육』, 태학사.

이득춘(2001), 「한국어표준문법의 문법 술어에 대하여」, 『한국어(조선어)교육을 위한 학술토론회 논문집』, 대외경제무역대학교 한국경제문화연구소.

이미혜(2005), 『한국어 문법 항목 교육 연구』, 박이정.

이성희(2003), 「영어 교재 평가 모형 연구」, 『영어 교재론 연구1』, 한국문화사, pp. 259-285.

이숭녕(1964), 「경어법 연구」, 『진단학보』 25-27, 진단학회, pp. 309-366.

이영자·이종숙·이정욱(1997), 「1, 2, 3세 유어의 의미-통사적 발달 연구」, 『유아교육』 17-2, 한국유아교육학회, pp. 55-75.

이익섭(1994), 『사회언어학』, 민음사.

이익섭·이상억·채완(1997), 『한국의 언어』, 신구문화사.

이익섭·임홍빈(1990), 『국어문법론』, 학연사.

이익섭(2002), 『국어학개설』, 학연사.

이인제 외(2000), 『남북한 초·중등 국어과 교육과정 및 교과서 통합방안 연구』, 한국교육개발평가원.

이인제(1996), 북한의 국어과 교육에 관한 연구, 한국교원대 박사학위논문.

이정복(2006), 「국어 경어법에 대한 사회언어학적 접근」, 『국어학』 47, 국어학회, pp. 408-448.

이정복(2008), 『한국어 경어법, 힘과 거리의 미학』, 소통.

이주행(2004), 「남한과 북한의 외국인을 위한 문법교과서 비교 분석」, 『국어교육』 115, 한국어교육학회, pp. 377-407.

이채연(2008), 「동작류에 따른 한국어 시제와 동작상 습득 양상」, 이화여자대학교 석사학위논문.

이필영(1990), 「관계화」, 『국어연구 어디까지 왔나』, 동아출판사, pp. 467-478.

이필영·전은진·안정호(2009), 「영아의 시제·상 형태 습득에 관한 연구」, 『한국어학』 44, 한국어학회, pp. 295-326.

이해영(2003), 「한국어 학습자의 시제표현 문법항목 발달패턴 연구」, 『이중언어학』 22, 이중언어학회, pp. 269-298.

이해영(2004ㄱ), 「과제 유형에 따른 한국어 학습자의 중간언어 변이: 영어권 학습자의 한국어 시제표현 문법항목 습득을 대상으로」, 『이중언어학』 25, 이중언어학회, pp. 255-283.

이해영(2004ㄴ), 「현행 한국어교재 문법 분석」, 『한국문법교육학회 제1회 전국학술대회자료집』, 한국문법교육학회.

이현희(1990), 「보문화」, 『국어연구 어디까지 왔나』, 동아출판사, pp. 479-492.

이현희·박미영(2011), 「어휘 교육을 위한 전자사전의 활용 방안」, 『〈고려대 한국어대사전〉과 사전학』, 지식과 교양, pp. 319-357.

이화여자대학교 언어교육원(2002), 『말이 트이는 한국어 1, 2』, 이화여자대학교 출판부.

이희수 외(2001), 『한국 성인의 문해 실태 및 OECD 국제비교 조사연구』, 한국교육개발원.

임동훈(2000), 『한국어 어미 '-시-'의 문법(국어학총서37)』, 태학사.

임병권(2002), 「중국어 문법용어 번역의 문제들」, 『인문과학논문집』 35, 대전대학교 인문과학연구소, pp. 167-176.

임호빈·홍경표·장숙인(1997), 『외국인을 위한 한국어 문법』, 연세대학교 출판부.

장경희(1985), 『현대국어의 양태범주연구』, 탑출판사.

장경희(1995), 「국어의 양태 범주의 설정과 그 체계」, 『언어』 20-3, 한국언어학회, pp. 191-205.

장광군(2000), 「중국에서의 한국어 교재 개발」, 『국어교육연구』 7, 서울대학교 국어교육연구소, pp. 79-97.

장광군(2001), 「중국 학생을 위한 한국어 문법 교육의 방안의 초보적 구상」, 『외국어로서의 한국어교육』 25·26, 연세대학교 언어연구교육원 한국어학당, pp. 231-246.

장한업(2001), 「외국어 교수·학습에 있어서 동작의 중요성」, 『몸짓 언어와 기호학』, 문학과 지성사.

전성수(2012), 『자녀교육혁명』, 두란노.

전성수(2013), 『부모라면 유대인처럼 하브루타로 교육하라』, 예담.

정경재(2011), 「결합정보 상세화의 필요성과 방향」, 『〈고려대 한국어대사전〉과 사전학』, 지식과 교양, pp. 427-448.

정서영(2008), 「고급 段階 중국인 韓國語 학습자의 漢字語 어휘 교수-學習 전략 연구」, 상명대학교 석사학위논문.

정연숙(2009), 『한국어 학습사전의 내용 구조』, 도서출판 역락.

정찬문(2005), 「한문교육을 통한 인성교육 방안 연구-고등학교 한문교과를 중심으로-」, 『국어교과교육연구』 10, 국어교과교육학회, pp. 213-248.

조남호(2002), 『현대 국어 使用頻度 調査: 한국어 학습용 語彙選定을 위한 基礎調査』, 국립국어연구원.

조수진(2009), 「한국어교육의 간문화교육 연구-정의적 영역에서의 접근」, 『한국언어문화학』 6-2, 국제한국언어문화학회, pp. 185-207.

조중행(2001), 「남북한 학교 문법 비교 연구」, 인천대학교 석사학위 논문.

조철현 외(2002), 『한국어 학습자의 오류 유형 조사 연구』, 문화관광부.

조항록(2003ㄱ), 「한국어 교재 개발을 위한 기초적 논의-교재 유형론적 관점에서 본 교재개발의 현황과 주요 쟁점」, 『한국어교육』 14-1, 국제한국어교육학회, pp. 249-278.

조항록(2003ㄴ), 「한국어 교재 개발의 기본 원리와 실제-연세대학교 한국어학당 교재 개발을 중심으로」, 『외국어로서의 한국어교육』 28, 연세대학교 언어연구교육원 한국어학당, pp. 223-250.

조현용(2000), 『한국어 어휘 교육 연구』, 도서출판 박이정.

조현용(2009), 『한국인의 신체 언어』, 소통.

조혜진(2002), 「스페인어 교수법에 있어 비음성언어의 활용」, 『스페인어문학』 30, 한국스페인어문학회, pp. 399-418.

지연(2004), 「중국 내 대학교의 한국어 교재 분석과 교재 개발 방안」, 상명대학교, 석사학위논문.

지현숙(2006), 「한국어 구어 문법 능력의 과제 기반 평가 연구」, 서울대학교 박사학위논문.

지현숙(2010), 「한국어교육학에서 제재를 중심으로 한 연구 동향과 향후 과제」, 『시학과언어학』 18, 시학과언어학회, pp. 17-42.

차준경(2011), 「어휘 의미의 특성을 반영한 의미 기술-사건 명사의 다의를 중심으로」, 『〈고려대 한국어대사전〉과 사전학』, 지식과 교양, pp. 359-382.

최경봉(1998), 『국어 명사의 의미 연구』, 태학사.

최선영(1996), 「한·영 語彙의 意味類型별 학습난이도」, 서울대학교 석사학위논문.

최승주 외(1999), 『조선말회화(3) 류학생용』, 김일성종합대학 출판사.

최용기(2003), 『남북한 국어 정책 변천사 연구』, 박이정.

최윤희(2004), 『비언어적 커뮤니케이션』, 커뮤니케이션북스.

최은규(2005), 「외국어로서의 한국어 문법 연구-〈외국인을 위한 한국어 문법 1, 2)의 검토를 중심으로-」, 『국어교육연구』 16, 서울대학교 국어교육연구소, pp. 205-239.

최현덕(2009), 『세계화, 이주, 문화 다양성, 다문화 사회와 국제이해 교육』, 동녘.

최현섭 외(1999), 『남·북한 초등학교 국어과 교육 연구』, 역락.

최희수(2001), 「한국어 문법과 교수에 대하여」, 『중국에서의 한국어교육 II』, 태학사.

추계자(1998), 「비언어적 요소인 한·독 신체언어 기호의 비교 분석」, 『독일어문학』 7, 한국독일어문학회, pp. 93-118.

추계자(2005), 「의사소통수단으로서 비언어적 인사형태」, 『독일어교육』 32, 한국독어독문학교육학회, pp. 235-256.

하치근(1993), 『남북한 문법 비교 연구』, 한국문화사.

한경구(2008), 「다문화사회란 무엇인가?」, 『다문화사회의 이해』, 동녘.

한국어문화연수부 편(2002), 『한국어 1, 2』, 고려대학교 민족문화연구소.

한송화(2003), 「연세대학교 한국어학당 교재 분석」, 『외국어로서의 한국어교육』 28, 연세대학교 한국어학당, pp. 331-362.

한재영(2003), 「外國語로서의 한국어 漢字語 교육을 위한 基礎的 연구-漢字문화권 學習자를 대상으로」, 『이중언어학』 13, 이중언어학회, pp. 113-164.

한재영 외(2008), 『한국어 문법교육』, 태학사.

허용·김선정(2009), 『외국어로서의 한국어 발음교육론』, 박이정.

허웅(1981), 『언어학-그 대상과 방법』, 샘문화사.

허웅(1983), 『국어학-우리말의 오늘·어제』, 샘문화사.

홍민표(1998), 「한국인과 일본인의 비언어행동의 대조 연구」, 『일본학보』 41, 한국일본학회, pp. 263-278.

홍민표(2007), 「한국, 일본, 중국, 미국인의 신체언어에 관한 대조사회언어학적 연구」, 『일어일문학연구』, 61-1, 한국일어일문학회, pp. 359-381.

홍종선 외(2009), 『국어사전학 개론』, 제이앤씨.

황인교(2003), 「국·내외 한국어 교재 분석」, 『외국어로서의 한국어교육』 28, 연세대학교 한국어학당, pp. 288-329.

황인교(2005), 「초급 한국어 교재 개발의 실제-연세대학교 한국어학당의 정규과정 새 교재 '한국어1'을 중심으로-」, 『외국어로서의 한국어교육』 30, 연세대학교 한국어학당, pp. 265-309.

황적륜 편(2000), 『현대 영어교육의 이해와 전망』, 서울대학교 출판부.

황종배(2004), 『제2언어 습득론 개관』, 경진문화사.

후문옥(2003), 「中國人을 對象으로 한 韓國語 어휘 교육」, 연세대학교 석사학위논문.

〈해외 논저〉

姜銀國 외(2005), 『초급한국어(상), (하)』, 上海交通大學出版社.

朴淑子·禹佳京(2006), 『簡明韓國語語法』, 中國宇航出版社.

북경대학교 조선문화연구소 편(2008), 『한국어1(수정본) 2』, 民族出版社.

宣德五(1997), 『朝鮮語基礎語法』, 商務印書館.

孫玉慧 譯(2007), 『(新版) 韓國語』, 北京: 外語教學與研究出版社.

王德春(2000), 『語言學槪論』, 上海外語教育出版社.

葉蜚聲·徐通鏘(2001), 『語言學綱要』, 北京大學出版社.

陸儉明(2007), 『現代漢語語文研究教程』, 北京大學出版社.

韋旭昇·許東振(2006), 『新編韓國語實用語法』, 外語教育與研究出版社.

李得春 외(2002), 『韓國語標準語法』, 吉林人民出版社·延邊教育出版社.

李先漢 외(2001), 『韓國語(1-4)』, 民族出版社.

齊曉峰(2008), 「韓國語漢字詞의 母語遷移與教學對策」, 『北京第2外國語學院學報』 2,

北京第2外國語大學校, pp. 63-70.

朱德熙(2007), 『文法講義』, 商務印書館.

朱成器(2002), 『現代漢語語法教程』, 對外經濟貿易大學出版社.

周小兵(2004), 「學習難度的測定和考察」, 『世界漢語教學』 1, 世界漢語教學學會, pp. 41-48.

陳學忠(2006), 『現代漢語語法』, 華中科技大學出版社.

崔義秀 외(2000), 『初級韓國語(上‧下)』, 延邊大學出版社.

崔義秀(2005), 『韓國語基礎語法』, 黑龍江朝鮮民族出版社.

崔義秀‧兪春喜(2003), 『韓國語實用語法』, 延邊大學出版社.

許維翰(2006), 『現代韓國語語法』, 北京大學出版社.

加藤諦三(2004), 『「不機嫌」と「甘え」の心理』, (일본)PHP文庫.

高燕(2008), 『對外漢語詞匯教學』, 華東師范大學出版社.

串田久治(2003), 『儒教の知惠』, (일본)中公新書.

關井朋子 외(2000), 「地域社會におけるドメスティック・バイオレンスの實体ー言葉による暴力の實態分析ー」, 『人間科學研究』 29, (일본)PHP文庫.

吉岡泰夫(2006), 「敬語についての規範意識」, 『言語行動における「配慮」の諸相』, くろしお出版.

芩運强(2003), 『語言學基礎理論』, 北京師範大學出版社.

金山宣夫(1983), 『世界20カ國ノンバーバル事典』, 研究社出版.

藤井雅子(2009), "人はなぜ怒るのか", (일본)幼冬舍新書.

每日新聞生活家庭판(2003), "お父さん、怒鳴らないで", (일본)徑書房.

伴野 崇生(2009), 「待遇コミュニケーションの教科書に 關する 理論的 考察」, 『早稻田日本語教育學』, 日本語教育研究科, pp. 49-64.

福嶋隆史(2012), "國語が子どもをダメにする", 中公新書ラクレ.

小倉紀藏(1998), "韓國は一個の哲學である", (일본)講談社現代新書.

アルク(2006), 『役に立たない韓國語』, (일본)アルク.

NHKおかあさんといっしょ「ありがとうの花」(2010)

NHKおかあさんといっしょ「ファミリーコンサート モノランモノラン こんにちは!」(2009)

NHKおかあさんといっしょ「ファミリーコンサート 星空のメリーゴーラウンド」(2010)

中川明夫(2009), '家庭內での敬語の使用が家庭再建の力になる', "En-ichi" 23, (일본)NCU-NEWS.

增田修治(2008), '伝え合う力は,開かれた家庭から生まれる', "ネットいじめ・言葉の暴力克服の取り組み", (일본)教育開發研究所.

眞田信治(2006), 社會言語學の展望 ; 강석우 외 역(2008), 『사회언어학의 전망』, 제이앤씨.

蒲谷 宏(2006), 『敬語表現教育の 方法』, 大修館書店.

韓美卿・梅田博之(2009), 『韓國語の敬語入門』, (일본)大修館書店.

和田秀雄(2010), "「怒り」の正体", (일본)basilico.

Adam, K.(2004), *Gesture: Visible Action as Utterance*, Cambridge University Press.

Bailey, K., Madden, C. & Krashen, S.(1974), "Is there a 'natural sequence' in adult second language learning?", *Language Learning 24*, pp. 235-243.

Banks, J. A.(2007), *An Introduction to Multicultural Education*(4th ed.) ; 모경환 외 역(2008), 『다문화 교육입문』, 아카데미프레스.

Bardovi-Harlig, K.(2000), *Tense and Aspect in Second Language Acquisition: Form, Meaning, and Use*, Wiley: Blackwell Publishers.

Barry, T. & Susan, S.(1994), *Cultural Awareness*, Oxford University Press.

Bialystok, E.(1982), "On the Relation between Knowing and Using Linguistic Knowledge", *Applied Linguistics 3*, pp. 181-206.

Bolton, G.(1984), *Drama as Education-An Argument Drama at the Center of Curriculum, Longman*.

Brown, H. D.(1994), *Principles of language learning and teaching* ; 신성철 옮김(1996), 『외국어 교수・학습의 원리』, 한신문화사.

Brown, R.(1973), *A first language: The Early Stages*, Cambridge, MA: Harvard University Press.

Celce-Murcia. M. & Sharon, H.(1988), *Techniques and Resources in Teaching Grammar*, Oxford University Press.

Celce-Murcia. M. & Olshtain. E.(2000), *Discourse and Context in Language Teaching*, Cambridge University Press.

Chalmers, A.(1982), *What is this thing called science? : an assessment of the nature and status of science and its methods*, Australia: University of Queensland Press.

Cho, Y. M., Lee, H. S., Schulz, C. Sohn, H. M. & Sohn, S. O.(2001), *Integrated Korean Beginning 2*, University of Hawaii Press.

Christine, I. B.(2006), *Comprehensive multicultural education: theory and practice*(6th ed.) ; 김옥순 외 공역(2009), 『다문화 교육: 이론과 실제』, 학지사.

Claire, K.(1996), *Language and Culture* ; 장복명 외 역(2001), 언어와 문화, 박이정.

Corder, S. P.(1981), *Error Analysis and Interlanguage*, Oxford University Press.

David, F. A, William F. S. & Sherman E. W.(1995), *Gesture and the Nature of Language* ; 김영순 외 역(2001), 「몸짓과 언어 본성」, 한국문화사.

Dulay, H. & Marina, K.(1973), "Should we teach children syntax?", *Language Learning 23*, pp. 245-258.

Dulay, H. & Marina, K.(1974), "Natural sequences in child second language acquisition", *Language Learning 24*, pp. 37-53.

Ellis, R.(1994), *The Study of Second Language Acquisition*, Oxford: Oxford University Press.

Ellis, R.(2006), "Current issues in the teaching of grammar: An SLA pespective", *TESOL QUARTERLY* 40-1, pp. 83-107.

Ferris, D. R.(2002), *Treatment of Error in Second Language Student Writing*, The University of Michigan Press.

Gregory, L. & McMurray, A.(1995), *Healing the scars of emotional abuse*, Revell.

Hall, J. K.(2002), *Teaching and Researching Language and Culture*, Longman.

Hamiru-aqui, Chang, A. (2004), *70 Japanese Gestures, No Language Communication*, Stone Bridge Press.

Horwitz, E. K.(2008), *Becoming a language teacher: A practical guide to second language learning and teaching*, New York: Pearson Education, Inc.

Isabelle, N.(2000), *LES MANIPULATERES ET L'AMOUR*, CHANTAL GALTIER ROUSSEL.

Jack, C. R.(2001), *Curriculum Development in Language Teaching*, Cambridge University press.

Jaques Montredon(2001), "コミュニケーションにおけるジェスチャーの重要性", 日本語と外國語との對照研究 IX, 國立國語研究所.

Kim, R. & Young, K.(1992), "Cultural and Pragmatic Issues in Teaching and Learning Korean", *Korean Linguistics* 7, pp. 85-97.

Landry, R. & Allard, R.(1992), "Ethnolinguistic vitality and bilingual development of minority and majority group students", In W. Fase et al. (Eds.), *Maintenance and Loss of Minority Language,* Amsterdam: John Benjamins.

Langacker, R. W.(1987), *Foundations of Cognitive Grammar*, Stanford ; 김종도 역(1999), 『인지문법의 토대 1, 2』, 박이정.

Larsen-Freeman, D.(2003), *Teaching Language: from grammar to grammaring,* Hein & Heinle.

Larsen-Freeman, D.(1997), "Chaos/complexity science and second language acquisition", *Applied Linguistics* 18-2, pp. 141-165.

Li Wei(2009), *Research Methods in Bilingualism and Multilingualism*, Blackwell Publishig.

Lightbown P. & Spada(2006), *How languge are learned*, Oxford University Press.

Lightbown, P., Spada, N. & Wallace, R.(1980), "Some effects of instruction on child and adolescent ESL learners", In Scarcella, R. C. & Krashen, S. D.(Eds.), *Research in second language acquisition*, Rowley: Newbury House.

Linda, K. P.(2000), *Simple Ways to Create of Character*, PRO-ED, INC ; 김영경·박소정 역(2011), 『버츄프로젝트 교육자용 안내서』, 한국버츄프로젝트.

Marconi, D.(1997), *Lexical Competence*, Massachusetts Institute of Technology Press.

Marie-France, H.(1998), *LE HARCELEMENT MORAL*, La Decouverte et Syrous.

Morris, D.(2002), *Peoplewatching* ; 김동광 옮김(2004), 『피플워칭 : 보디 랭귀지 연구』, 까치.

Muysken, P.(2000), *Bilingual Speech: A Typology of Code-Mixing*, Cambridge University Press.

Neuner, G. & Hunfeld, H. Methoden des fremdsprachlichen Deutschunterrichts ; 이광숙·이성만 역(2002), 『외국어로서 독일어 교수방법론』, 한국문화사.

Nunan, D.(1992), *Research methods in language learning, Cambridge University Press.*

Nunan, D.(2001), *Language teaching : Syllabus design*; 송석요·김성아 역 (2003), 『Syllabus의 구성과 응용』, 범문사.

Patricia, E.(1992), *THE VERBALLY ABUSIVE RELATIONSHIP*, Adams Media Corporation.

Patrick, R. M.(2001), *Teaching Culture* ; 정동빈 외 역(2004), 『문화교육』, 경문사.

Pica, T.(1983), "Methods of Morpheme Quantification: Their Effect on the Interpretation of Second Language Data", *Studies in Second Language Acquisition 6*, pp. 69-78.

Pinar, W. F. (2004), *What Is Curriculum Theory?* ; 김영천 역(2005), 『교육과정 이론이란 무엇인가?』, 문음사.

*Poplack, S.(2000), "Preface to the reprint of "I'll start a se*ntence in English Y TERMINO EN ESPAÑOL": Toward a typology of code-switching" In Li Wei ed.(2000), *The Bilingualism Reader,* London: Routledge.

Salaberry, R. & Shirai, Y.(ed)(2002), *The L2 Acquisition of Tense-Aspect Morphology*, Amsterdam: John Benjamins Publishing Company.

Saussure, F & Engler, R.(EDT)(1989), *Cours De Linguistique Generale* ; 최승언 역(1991), 『일반언어학 강의』, 민음사.

Scollon, R. & Scollon, S. W.(1995), *Intercultural communication : a discourse approach*, Blackwell ; 施家煒 譯(2001), 『跨文化交際 : 話語分析法』, 社會

科學文獻出版社.

Sohn, S. S.(1995), *Tense and Aspect in Korean*, University of Hawaii Press.

Stauble, A. M.(1981), "*A comparison of a Spanish-English and Japanese-English second language continuum: Verb phrase morphology*", Paper presented at *the first Europe-North American Workshop on Cross-Linguisstic Second Language Acquisition Research*, Lake Arrowhead, California.

Susan, F.(1989), *TOXIC PARENTS* ; 玉置悟 역(2000), 『毒になる親』, (일본)講談社＋α文庫.

Thornbury, S.(1999), *How to Teach Grammar*, Longman.

Thornbury, S.(2005), *Uncovering grammar*, Macmillan Books.

Ur, P.(1988), *Grammar Practice Activities*, Cambridge University Press.

Van Lier, L.(1988), *The Classroom and the Language Learner*, London: Longman.

Wainright, G.(2003), *Teach Yourself Body Language* ; 조은경 옮김(2003), 『몸짓을 알면 대화가 즐겁다』, 미래의 창.

Willam J. B.(1993), *The Book of Virtues*, TOUCHSTONE.

Wolf, H. & Polzenhagen, F.(2009), *World Englishes*, Mouton.

집필진

민현식 (서울대 국어교육과 교수)
서울대 국어교육과, 동 대학원 졸업(국어학 전공). 문학박사(중세국어 시간부사 연구).
창문여고, 강릉대, 숙명여대 국어국문학과 교수, 워싱턴주립대 방문교수, 한국어교육학
회장, 국제한국어교육학회장, 국제한국언어문화학회장, 국립국어원장 역임.
　[논저] 국어정서법연구, 국어문법론연구, 개화기 한글본 〈이언(易言)〉 연구, 국어문법
론의 이해(공저) 등

왕단 (중국 북경대 한국어과)
지현숙 (배재대 한국어문학과)
김수정 (일본 독협[獨協]대 국제교양학부 언어문화학과)
박성일 (한국체대 교양교직학부)
김호정 (서울대 국어교육과)
엄녀 (중국 상해사범대 한국어과)
신현단 (서울대 BK21플러스 박사후연구원)
박문자 (중국 중앙민족대 한국어교육과)
강남욱 (경인교대 국어교육과)
근보강 (중국 제남대 한국어과)
나카가와 아키오 (일본 쇼케이[尚絅]대 문화언어학부)
김인규 (서울대 언어교육원 한국어교육센터)
최영란 (중국 북경제2외대 한국어과)